国家级教学团队

东北财经大学财务管理专业系列教材

刘淑莲 任翠玉 主编

U0674754

高级财务管理 第2版

Advanced Financial Management

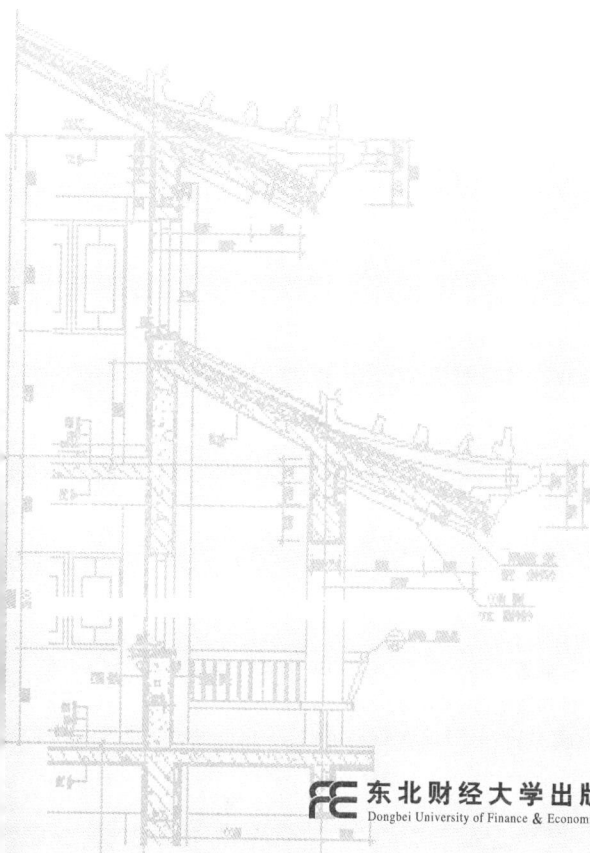

东北财经大学出版社
Dongbei University of Finance & Economics Press

大连

图书在版编目（CIP）数据

高级财务管理/刘淑莲，任翠玉主编. —2版.—大连：东北财经大学
出版社，2017.8（2019.6重印）
（东北财经大学财务管理专业系列教材）
ISBN 978-7-5654-2797-8

Ⅰ．高…　Ⅱ．①刘…②任…　Ⅲ．财务管理–高等学校–教材
Ⅳ．F275

中国版本图书馆 CIP 数据核字（2017）第 145198 号

东北财经大学出版社出版

（大连市黑石礁尖山街217号　邮政编码　116025）

网　　址：http：//www.dufep.cn

读者信箱：dufep@dufe.edu.cn

大连雪莲彩印有限公司印刷　东北财经大学出版社发行

幅面尺寸：170mm×240mm　　字数：501千字　　印张：25

2017年8月第2版　　　　　　2019年6第8次印刷

责任编辑：高　铭　孔利利　　　　责任校对：何　力

封面设计：冀贵收　　　　　　　　版式设计：钟福建

定价：43.00元

东北财经大学财务管理专业系列教材编委会

主 任

张先治　教授　博士　博士生导师

委 员　（以姓氏笔画为序）

万寿义　教授　博士　博士生导师

方红星　教授　博士　博士生导师

牛彦秀　教授　　　硕士生导师

王景升　教授　博士　硕士生导师

刘永泽　教授　博士　博士生导师

刘明辉　教授　博士　博士生导师

刘淑莲　教授　博士　博士生导师

乔世震　教授　　　硕士生导师

池国华　教授　博士　博士生导师

吴大军　教授　博士　硕士生导师

陈友邦　教授　　　硕士生导师

陈国辉　教授　博士　博士生导师

姜　楠　教授　　　硕士生导师

秦志敏　教授　博士　硕士生导师

总　序

随着知识经济和信息经济时代的到来，加之经济全球化趋势的日益凸显，社会对财务管理理论、财务管理实践和财务管理人才培养都提出了更高的要求。因此，高等学校必须为社会培养更多符合其特定要求的财务管理人才。自教育部于1998年设立"财务管理"本科专业以来，越来越多的普通高等学校设立了这一专业。在这种背景下，编写一系列理论融汇实际、符合中国国情的优秀的财务管理专业教材，对于培养财务管理人才的重要性是不言而喻的。为此，国家级教学团队——东北财经大学会计学院财务管理系于2005年组织骨干师资力量，由本团队资深教授担纲，编写并出版了本院第一套财务管理专业系列教材，包括《财务管理基础》《企业财务管理》《高级财务管理》《投资管理》《资产评估》等五部教材。

第一套财务管理专业系列教材一经推出，就得到了广大读者的厚爱，为许多高等院校所广泛选用，并针对本套教材的体系结构、知识组合和内容界定提出了许多富有建设性的意见。这也促进了我们进一步完善财务管理专业系列教材的信心与决心。2006年以来，国内外的环境发生了显著的变化，尤其是新《企业会计准则》、新《企业财务通则》以及《企业内部控制基本规范》的颁布，使得原有教材的部分内容需要修改与更新。美国金融危机的爆发，也促使社会公众认识到风险管理尤其是金融衍生投资风险管理的重要性，财务管理教材需要与时俱进，及时反映这一时代背景的深刻变化。另外，东北财经大学会计学院2005年被列为首批资产评估全国教学建设基地院校，并于2006年在财务管理专业下设置了"资产评估专门化"方向，因此，原有的财务管理专业系列教材已经无法满足本科教学的需要，针对"资产评估专门化"方向的人才培养特点，非常有必要增加一些专业教材。

基于此，我们对原有的财务管理专业系列教材进行了全面修订，并以新版的形式呈现在读者面前，分别是《财务管理基础》《公司理财》《高级财务管理》《证券投资》《资产评估》等五部教材；同时，新编了《财务学》《资产评估原理》《企业价值评估》《房地产评估》等四部教材。

与第一套财务管理专业系列教材相比，本套教材呈现出以下几个特点：

1.体系更加完整。本套教材中，《财务管理基础》《公司理财》《资产评估》《企业价值评估》为财务管理专业（含"资产评估专门化"方向）通用专业教材；《资产评估原理》《房地产评估》是"资产评估专门化"方向所特有的专业教材；《高级财务管理》则作为除"资产评估专门化"方向之外的财务管理专业学生的选用教材；《财务学》是除财务管理专业之外的其他专业学生学习财务学相关知识的教材。这样的体系安排可满足不同方向、不同层次、不同专业学生学习财务管理相关知识的教学需要。

2.内容更加全面。依据《企业会计准则》《企业财务通则》《企业内部控制基本规范》等一系列最新规范制度，结合国内外实务的最新动态，吸收读者反馈的合理建议，在保持原系列教材基本体系、特色与优点的基础上，我们在新系列教材中尽可能地反映了财务管理、资产评估理论和实务的最新进展。

3.更加突出实务。鉴于目前我国高等院校的大部分财务管理专业本科毕业生均走向社会从事实务工作，因此，在教材中除了强调基本概念和基本原理以外，更重要的是培养学生的操作能力。本套教材更加强调理论结合实际，更加强调基本方法的运用和基本技能的掌握，穿插了大量真实的案例，突出案例教学。

4.体例更加合理。教材不仅列出了本章学习目标、学习要点和主要概念，归纳和总结了主要知识点之间的相互联系，而且还配有大量的习题与案例，供教师教学和学生自学使用。

东北财经大学财务管理专业系列教材是国家级教学团队——东北财经大学会计学院财务管理系全体教师共同劳动的结晶，尤其凝聚了众多资深教授和专家多年的经验和心血。当然，由于我们的经验与人力有限，教材中难免存在不足乃至缺陷，恳请广大读者批评指正。

我们的工作尚处于一个开端处，本次再版修订推出的教材仅仅是一个新的起点，而不是终点。随着社会的进步、经济的发展和环境的变化，我们将不断修订，使东北财经大学财务管理专业系列教材不断地与时俱进，及时跟踪反映学科的最新进展。

东北财经大学财务管理专业系列教材编委会

第2版前言

关于高级财务管理的研究内容,目前理论界并没有达成共识。现有的教学实践主要沿着两条主线进行:一是以金融理论为基础,将公司财务决策与公司战略相结合,特别注重金融资产定价、金融工具设计、金融机构对公司价值的影响。其主要代表作是:格林布莱特和蒂特曼的《金融市场与公司战略》[①]。虽然这本书并没有冠以"高级财务管理"的名称,但作者指出:"该书对财务理论、经验和实践进行了深入的分析。"另一条主线是以契约理论为核心,将公司财务决策与公司治理相结合,注重信息不对称和代理冲突对财务活动和财务关系的影响。其主要代表作是:让·梯若尔的《公司财务理论》[②]。在这本书中,作者以契约理论和信息经济学为基础,通过一个统一的框架,成功地将公司财务和契约、激励和控制权等分散理论整合起来,为财务管理专业的学生提供了一本标准的高级教科书。作者在前言中写道:"本书主要从理论与实证两个方面,讨论了公司的高级财务政策与战略,特别是针对美国的非金融公司进行了详尽的分析和研究。"

事实上,大多数商学院在讲授高级财务管理的内容时,通常以"高级公司财务"或"高级财务管理"作为课程名称,一般不提供专门的高级财务管理教材,而是以一本介绍公司财务的教材作为参考书,然后从中找出许多在高级课程中才涉及的具体的专题进行讨论。有的学校提供一些课堂笔记、研究论文、学术专著作为相关专题的参考教材。例如,美国商学院主讲教师通常采用《公司财务变革》[③]或者《新公司财务:理论与实务》[④]。这些书主要汇集了《应用公司财务期刊》(The Journal of Applied Corporate Finance)上的文章,主要由美国商学院的财务学教授撰写,并消除了数学或计量检验模型。这些文章涉及的专题主要包括:

[①] GRINBLATT, TITMAN.Financial markets and corporate strategy [M]. New York: McGraw-Hill Irwin, 2004.

[②] TIROLE.The Theory of corporate finance [M]. NJ: Princeton University Press, 2010.

[③] STERN, CHEW. The revolution in corporate finance [M]. 4th ed.NJ: John Wiley and Sons Ltd, 2003.

[④] CHEW. The new corporate finance: where theory meets practice [M]. New York: McGraw-Hill Irwin, 1993.

资本市场效率、财务战略、实物期权、资本结构与股利政策、公司融资、风险管理、并购与重组、公司治理、国际财务等。2003年，由美国教授约瑟夫等撰写的《高级公司财务：政策与战略》为学生提供了一本有组织地、全面地讨论公司高级财务政策与战略的教材，特别针对美国的非金融公司进行了详尽的分析和研究。

在我国，随着财务管理专业课程体系的改革，许多学校将财务管理课程设置为初级、中级和高级3个层次，但课程体系涵盖的内容相差较大。翻阅这些教材可以发现，初级财务管理和中级财务管理类似于国外的公司理财 I 和公司理财 II，或者说初级财务管理是公司理财的基础教材，而不是财务管理专业的基础教材；高级财务管理与国外较为相似，是对公司财务研究领域的拓展和延伸。但是，到底拓展或延伸哪些内容，学术界并未达成共识。为了保持与《财务管理基础》《中级财务管理》等教材的相关性和独立性，大部分教材都是以公司财务理论为核心，采用各种专题形式来介绍高级财务管理的理论与实务的。

鉴于上述情况，本书的作者根据多年高级财务管理课程的授课经验，将单个专题性内容、期刊文章和阅读材料等零散的知识组织起来，作为教材出版。考虑到教学的需要，本书将高级财务管理分为10章，在第1版的基础上，对书中的内容、相关数据、案例进行了更新和增删。各章的基本内容如下：

第1章以资本市场的融资功能为主线，采用时间序列和横截面相结合的方法，通过对中国资本市场企业融资规模、IPO折价、市盈率分析、上市公司主要财务特征等进行描述性统计，便于读者了解中国资本市场的历史沿革、资本市场的作用及其对上市公司财务政策的影响。

第2章在介绍费雪分离定理和财务决策法则的基础上，简要回顾了在理想市场条件下影响公司财务决策的相关理论。通过分析资本资产定价模型、M-M资本结构理论和期权定价模型的发展轨迹和研究思路，说明同一理论或学说在公司财务领域的应用，以及各种理论的内在逻辑和相互印证关系。

第3章放松了完善市场条件的假设，简要介绍信息不对称及其财务信号传递作用；公司各利益主体（如股东与管理者、股东与债权人、大股东与小股东）之间的代理冲突；分析公司财务与公司治理的内在逻辑，以及解决代理冲突的内部治理机制和外部治理机制等问题。

第4章简要介绍企业不同生命周期的融资方式，说明IPO、股权再融资的发行条件、新股发行的定价方法及定价过程；分析IPO和股权再融资的发行过程和发行费用；讨论债券的信用评级与债券选择、债券的发行程序，便于读者掌握在债券发行过程中的定价与分销问题。

第5章在分析投资决策、竞争战略与价值创造关系的基础上，从股东权益的视角提出经济增加值和市场增加值的评价标准，利用财务战略矩阵将价值创造与现金余缺联系起来，并从EVA和竞争战略两个不同的角度进一步分解了价值驱动因素，最后阐述了价值创造体系在价值管理中的作用。

第 6 章在介绍并购类型和并购浪潮的基础上，分析总结了并购效应的理论并找出相关的经验证据，以此了解并购发展的必然性。在了解了并购动机之后，简要介绍了企业并购价值评估的思路，了解并购定价的理论依据，然后对并购融资和对价方式进行了总结，最后介绍了国外比较常见，但在我国也应引起关注和重视的敌意收购以及相关的防御策略。

第 7 章在介绍衍生工具的基本概念和分类的基础上，简要介绍了衍生工具的功能，重点阐述了利用衍生工具管理商品价格风险、利率风险和汇率风险的基本策略和方法。

第 8 章以财务危机的内涵与特征为研究起点，对财务危机的宏观与微观影响因素予以阐述，以阶段论、业务范畴论和性质论的研究视角，对公司财务危机的共性特征进行研究与探讨，以此推演出财务危机共性特征的财务表现；同时对财务危机预警的经典方法——多元判定分析模型和多元逻辑模型进行理论阐述，并结合我国上市公司的特点进行预警应用研究，以使读者掌握财务危机及其预警的理论和应用方法。

第 9 章在阐述企业集团组织结构与财务管理体制基本特征的基础上，从企业集团投资管理、筹资管理和财务控制 3 个方面阐述了企业集团财务管理的重要内容，目的是解决企业集团投资决策的科学性、资源配置的效率性和控制评价的合理性等问题。

第 10 章首先介绍跨国公司财务管理的环境及特征，根据外汇的相关概念及汇率决定理论，从跨国公司角度出发，说明跨国公司资本预算的方法、跨国公司的融资管理以及跨国公司内部资本转移管理的相关内容。

从教材结构来看，第 1 章描述了中国资本市场的融资功能和上市公司的主要财务特征，第 2 章、第 3 章分别介绍了在理想资本市场、非理想资本市场条件下的财务理论（基于诺贝尔经济学奖中有关金融经济学的相关理论）。书中描述了各种模型及公式，其目的在于通过各种模型及公式说明财务理论（如 CAPM、M-M、BSOPM）之间的内在联系，通过数据分析说明这些模型的应用过程。第 4 章至第 10 章是专题部分，其中第 4 章至第 6 章主要从资本市场融资、投资决策（包括并购活动）方面说明财务决策的相关问题；第 7 章、第 8 章从风险的角度讨论衍生产品与财务危机预警等问题；第 9 章、第 10 章则从公司组织特征的角度研究企业集团财务和跨国公司财务的问题。书中内容设置积木化，各章内容既相互联系，又独立成篇，便于根据实际需要组织教学以及学生自主学习。本书作为财务管理专业系列教材之一，书中的一些内容，特别是在第 2 章、第 3 章中对各种财务理论的内在逻辑和相互印证关系的描述，与财务管理专业系列教材《公司理财》既相互独立，又相互联系。感兴趣的学生也可以将财务管理专业系列教材《公司理财》作为一本参考教材，以便更好地理解本书内容。

本书可以作为MBA、MPAcc和本科高年级学生"高级财务管理"课程的教材，也可以作为财务管理专业、会计专业硕士研究生的参考教材。本书的章节顺序可作为本课程的一般授课顺序，教师也可根据学生的实际情况变更次序或根据需要进行增删。MBA、MPAcc和本科高年级的学生可更加注重专题部分的内容以及教材中的案例分析；财务管理专业、会计专业硕士研究生，可重点关注本书的理论分析以及实证检验的相关结论。在教学中，书中各章设置的讨论题、案例分析可用于课堂讨论、小组作业或现场报告。为方便学习和理解讨论题和案例分析，在各章讨论题和案例分析题后，学生可以扫描二维码了解讨论题指引和案例分析指引。在教学组织中，可由5~7名学生组成小组，在主讲教师的指导下，让学生按特定题目各抒己见，然后展开讨论，互相切磋。这样就为学生提供了在课堂中自我表现的机会。"案例分析"提供了解析过程，有利于学生自己动手、下载数据、查阅文献、设计方案、分析论证、撰写报告，随着课程的进度进行相关的案例分析，使案例分析成为课堂教学和自我测试的一个必要环节。本书各章所选案例具有较强的代表性，注意各章知识的融合和贯通，易于学生把握财务知识的总体框架。

需要说明的是，本书假设学生已经学习了"经济学""概率论与统计学""管理学""会计学""公司财务"等课程。这些先修课程有助于学生加深对本书内容的理解。但是，先修课程并非至关重要。为学习方便，本书对前续课程中的有关概念作了必要的铺垫性说明。书中许多内容曾作为"高级财务管理"课程的授课内容，并在使用过程中不断进行修订和补充。

全书由刘淑莲教授、任翠玉教授主编。各章具体分工如下：第1章至第3章由刘淑莲教授撰写，第4章由宋淑琴副教授撰写，第5章由熊伟讲师撰写，第6章由唐睿明教授撰写，第7章、第9章由任翠玉教授撰写，第8章由秦志敏教授撰写，第10章由罗菲副教授撰写，最后由刘淑莲教授、任翠玉教授对全书进行修改和总纂。任何一部教材的架构和写作源于作者的知识积累和创造，更来自于前人的研究成果和贡献。在本书的写作过程中，作者参阅了国内外许多财务专家、学者的理论和实证研究的最新成果。他们的思想和观点对本书的完成极为重要。为了反映这些专家和学者的贡献，我们对书中引用的观点或案例尽可能标注了相应的出处。相关的论文和专著非常多，而且我们不可能对所有的问题都详细讨论，因此，书中尽量列出了相关的参考书目。感兴趣的读者可以进一步阅读相关文献，以便获得更多的信息。在本书出版之际，对于这些专家和学者的学术成果，我们再次表示诚挚的敬意！

感谢东北财经大学出版社的支持，感谢责任编辑在本书编辑出版过程中所付出的辛勤劳动。他们的支持和帮助使本书增色许多并得以顺利出版。

在本书的写作过程中，虽然穷尽了作者在这一领域教学与实践的积累，许多地方反复推敲，几易其稿，但限于水平和时间，书中难免有许多疏漏和不当之处。谨以此书献给理论界与实务界的理财专家,献给在这一领域学习与探索的未来的理财专家。你们的批评和建议将是本书再次修订的重要依据。

刘淑莲

2017 年 4 月

目　录

第1章

资本市场与公司财务特征

学习目标

◇ 了解资本市场对推动经济发展、企业融资变迁的影响

◇ 熟悉股权融资、债务融资的变动趋势及其行业特征

◇ 了解证券发行成本、IPO折价、发行市盈率的影响因素

◇ 熟悉中国上市公司主要财务指标的变动趋势及其原因

◇ 了解中国上市公司的股利分配行为及其特征

有人说，马克思将《资本论》中的"资本"留在西方，而将"论"留在东方。直到20世纪70年代末期，中国经济体制开始从计划经济向市场经济转型，国有企业资金需求从行政拨款、银行借款向市场多样化发展。伴随着国有企业筹集资金和体制改革的推进，资本市场应运而生，成为推动所有制改革和改进资源配置方式的重要力量。

1980年1月，中国人民银行抚顺市支行代理抚顺红砖厂面向企业发行280万股股票，获得成功。1980年7月，成都市工业展销信托股票公司，按面值向全民和集体所有制单位发行股票，招股2 000股，每股1元，至1983年实际募资1 400万元。这是新中国成立以来有记载的第一家以募集方式成立的股份公司。1983年7月，广东省宝安县联合投资公司在《深圳特区报》刊登招股公告，以县财政为担保，向社会发行股票集资1 300万元。这是首家通过报刊公开招股的公司。1984年7月，北京天桥百货公司向社会公开发行定期3年的股票。这是首家进行股份制改造的国有企业。

1991年11月，上海真空电子器件股份有限公司向海外投资者发行面值100元人民币，共100万股的人民币特种股票，并于1992年2月在上海证券交易所上市。这是新中国证券市场的第一只股票。1993年6月，青岛啤酒股份有限公司在中国香港发行上市，成为中国内地首家在香港上市的H股。1994年8月，山东华能发电股份有限公司在纽约证券交易所发行上市，成为中国内地首家在纽约上市的N股。

1997年3月，北京大唐发电股份有限公司在伦敦证券交易所挂牌上市，成为中国内地首家在伦敦上市的L股。1997年5月，天津中新药业在新加坡证券交易所发行上市，成为中国内地首家在新加坡上市的S股。

历经20多年，中国股票市场得到快速发展。到2014年，中国股市总市值以6 004 947.7百万美元位居全球第二位，仅次于美国。截至2016年年底，沪深两市的上市公司共计3 052家，比2015年年底增加225家，增长7.96%。沪深两市的总市值为50.77万亿元，流通市值为39.34万亿元。

第1章以资本市场融资功能为主线，采用时间序列和横截面相结合的方法，通过对上市公司证券发行融资、IPO折价、市盈率、股利政策、公司主要财务指标等的描述性统计，以期了解中国资本市场的历史沿革，资本市场对经济发展及其对上市公司财务政策的影响。

1.1 资本市场与企业融资

1.1.1 股票市场与企业融资

20世纪70年代后期，随着宏观经济体制改革和金融体制改革的不断深入，中国政府面临着建设资金短缺的巨大压力，企业也面临着融资困境。以1981年发行国库券为始端，国债开始恢复。到20世纪80年代中期，城市的一些国有企业和集体企业开始进行各种形式的股份制尝试，许多企业开始半公开、公开发行股票，股票的一级市场开始出现。这一时期股票一般按面值发行，且保本、保息、保分红，到期偿还，具有一定债券的特性；发行对象多为内部职工和地方公众；发行方式多为自办发行，没有承销商。

随着证券发行和投资者队伍的逐步扩大，证券流通的需求日益强烈，股票和债券的柜台交易陆续在全国各地出现。1986年8月，沈阳市信托投资公司率先开办了代客买卖股票和债券及债券抵押融资业务。同年9月，中国工商银行上海市信托投资公司静安证券业务部率先对其代理发行的飞乐音响公司和延中实业公司的股票开展柜台挂牌交易，标志着股票二级市场雏形的出现。我国证券市场主要有主板市场、中小板市场、创业板市场以及新三板市场。下面着重讲解一下沪深证券交易所主板市场、中小企业板与创业板市场，以及境外融资与外部直接投资。

1）沪深证券交易所主板市场

1990年11月26日，上海证券交易所（上交所）由中国人民银行批准成立，同年12月19日正式开业。当日首批上市公司共有方正科技等7家。1991年7月15日，上交所以1990年12月19日为基期100点，开始发布上证综合指数。1989年11月15日，深圳证券交易所（深交所）开始筹建，1991年4月11日由中国人民银行批准成立，并于同年7月3日正式开业。1991年4月4日，深交所以前一天为基期

100点，开始发布深证综合指数。图1-1列示了1992—2016年上交所、深交所上市公司的数量和股票市值各年数值。

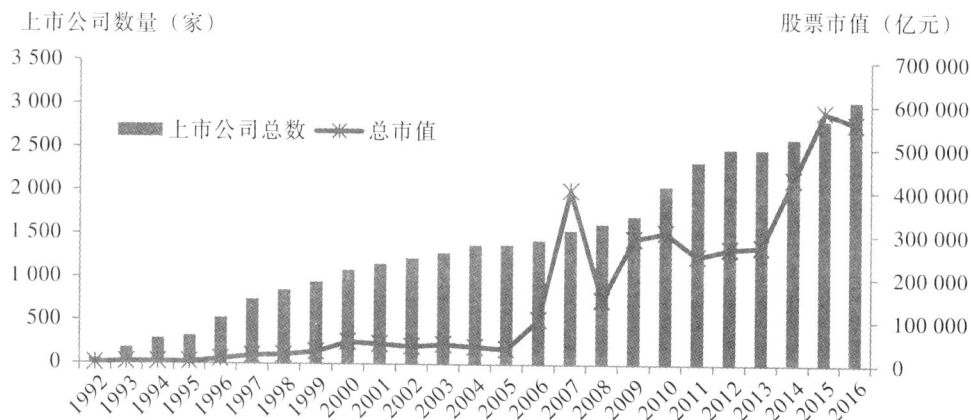

图1-1 上市公司数量和股票市值（1992—2016年）

数据来源：Wind资讯。

在图1-1中，1992—2016年上交所、深交所上市公司的数量由1992年的53家上升到2016年的3 052家，年平均增长率为23.68%；股票市值从1992年的1 060亿元，上升到2016年的557 508亿元，年平均增长率为49.86%。

按证监会的行业分类，在上市公司股票总市值中，制造业上市公司总市值为246 426亿元，占全部上市公司市值的42.91%；其次为金融业，采矿业，信息传输、软件和信息技术服务行业，占全部上市公司市值均超过5%以上；其他类行业的上市公司市值占比均小于5%。这一现象表明，上市公司大部分集中在制造业和金融保险类上市公司，这也说明中国各级政府在选择上市公司时的一个政策偏好，同时也反映了中国经济结构依然以机械、设备等制造业为主的现实。上市公司市值行业分类的有关数据如图1-2所示。

从股权融资分析，中国上市公司主要通过首次股票公开发行（IPO）、再融资（增发和配股）以及在中国香港上市（H股）进行股权融资。1992—2016年上市公司股票发行与资金筹集情况如图1-3所示。

在图1-3中，柱形为各年的发行家数，折线分别表示各年股票募集资金额。在1992—2005年间，上市公司股票发行家数和发行额相对较为平缓。2006年至2016年募集资金变动较大。从图1-3可以看出，这一期间至少经过了三次大的波动，其拐点分别在2005年、2008年和2013年。这三个拐点与2005年我国开始股权分置改革、2008年发生了全球次贷经济危机、2013年IPO暂停（当年的股票融资额仅来自增发或配股所得）有关。

为了解不同融资方式的变动趋势，可以将股权融资方式进一步分解为IPO、增发和配股。上市公司股票发行情况统计（1992—2016年）如图1-4所示。相对来

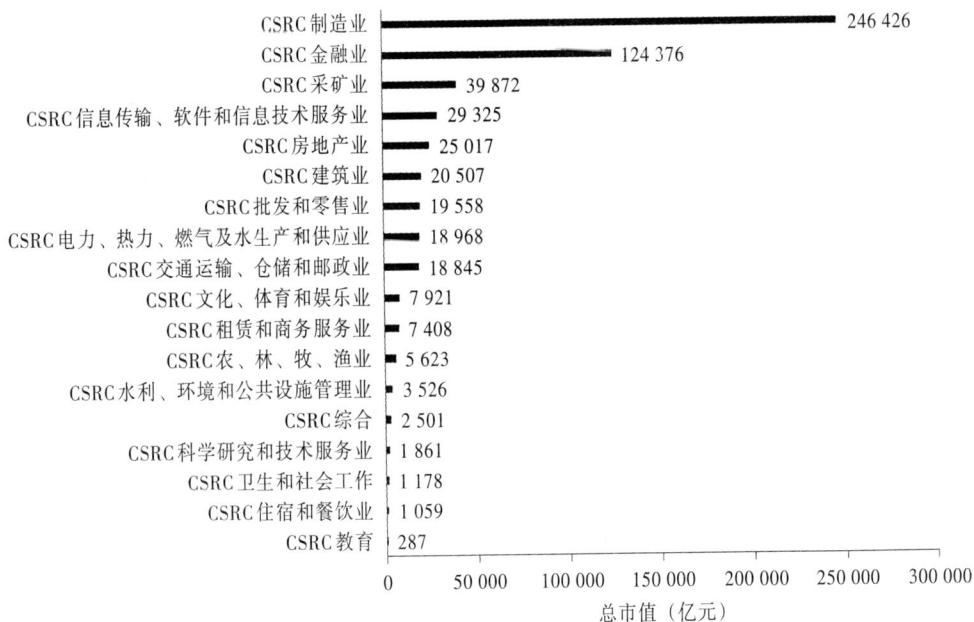

图1-2 上市公司市值行业分类

数据来源：Wind资讯，数据截止日为2017年1月8日。

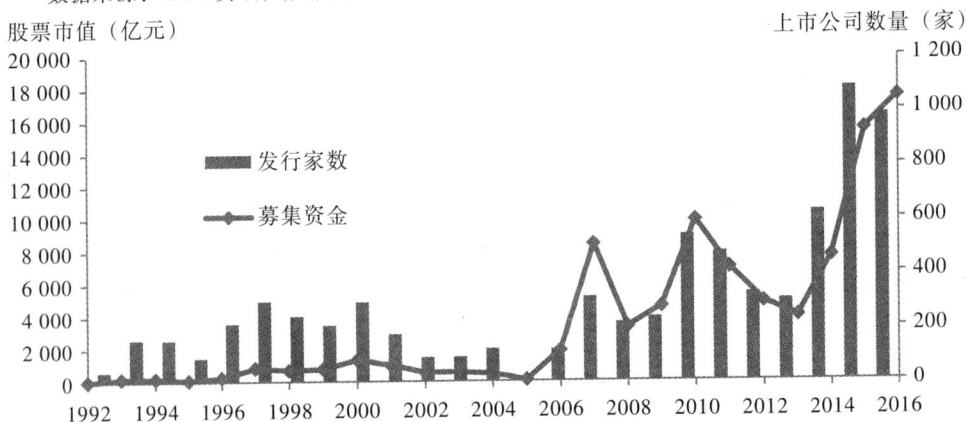

图1-3 上市公司股票发行与资金筹集情况（1992—2016年）

注：（1）发行家数包括IPO、增发、配股发行家数。

（2）股票募集指IPO、增发、配股募集资金总额，没有扣除发行费。

数据来源：Wind资讯。

说，上市公司进行配股融资的数额各年变化比较平缓，上市公司IPO和增发在2005年后有大幅度提升。2005—2013年IPO融资呈M形变化，但增发融资基本上呈上升趋势。这表明在后次贷危机中，上市公司股权再融资主要是通过增发方式完成的。

表1-1描述了2016年融资额地区分布格局，反映了中国目前经济发展的地区差异。股权融资额前五名的地区分别是广东、北京、浙江、江苏、上海。这一点与

亿元

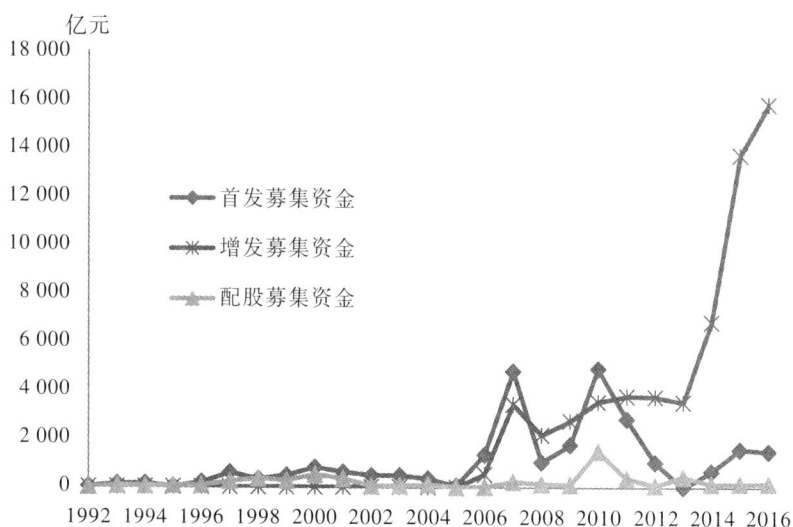

图1-4　上市公司股票发行情况统计（1992—2016年）

数据来源：Wind资讯。

中国改革开放优先发展沿海地区的总体战略有关。除香港特别行政区外，西藏、宁夏、甘肃等西南地区的股权融资水平比较低，这与其历史上的经济地位有关。

表1-1　　　　　　　　　　　2016年融资金额地区分布　　　　　　　　　单位：亿元

省（直辖市、自治区、特别行政区）	IPO	定向增发	配股	股权融资合计	可转债发行	债券发行	融资合计
北京	130	2 068	49	2 247	69	93 026	95 342
广东	248	2 378	5	2 631	268	30 019	32 918
上海	194	1 167	0	1 361	17	24 322	25 700
香港	0	0	0	0	0	23 685	23 685
浙江	208	1 860	0	2 068	49	16 498	18 615
江苏	263	1 614	0	1 877	130	16 186	18 193
福建	40	499	11	550	33	16 650	17 233
山东	173	542	5	720	28	10 929	11 677
重庆	8	435	0	443	0	5 712	6 155
辽宁	1	405	0	406	40	5 343	5 789
四川	40	329	6	375	0	5 035	5 410
河北	0	625	0	625	8	4 199	4 832
河南	34	407	0	441	22	4 350	4 813

续表

省 （直辖市、自治 区、特别行政区）	IPO	定向增发	配股	股权融资 合计	可转债 发行	债券发行	融资合计
天津	25	47	0	72	4	4 475	4 551
安徽	69	506	0	575	36	3 734	4 345
湖南	12	214	0	226	82	3 908	4 216
湖北	35	524	0	559	15	3 112	3 686
陕西	5	412	0	417	0	2 988	3 405
山西	0	183	0	183	0	2 924	3 107
吉林	5	96	53	154	0	2 950	3 104
贵州	63	109	0	172	6	2 890	3 068
江西	4	188	0	192	13	2 555	2 760
内蒙古	0	274	0	274	34	1 982	2 290
广西	14	134	0	148	0	1 834	1 982
黑龙江	0	376	0	376	0	1 478	1 854
新疆	24	607	4	635	20	1 168	1 823
云南	10	118	43	171	0	1 535	1 706
海南	3	646	0	649	5	636	1 290
甘肃	11	89	0	100	0	723	823
宁夏	0	91	0	91	0	728	819
青海	5	188	0	193	0	498	691
西藏	10	5	0	15	0	15	30

数据来源：Wind资讯。

2）中小企业板与创业板市场

为丰富资本市场层次，满足处于不同阶段、属于不同类型企业的融资需求以及不同投资者的风险偏好，深交所于2004年5月设立中小企业板。截至2016年年末，中小企业板的上市公司由2004年的38家上升至812家。2004—2016年中小企业板市场股票融资情况如图1-5所示。在图1-5中，中小企业股票发行与资金募集虽然各年波动较大，但总体上呈上升趋势。2010年、2015年、2016年的融资额有较大幅度的上升。中小企业板上市的行业从以制造业为主，开始向信息技术、互联网、物流服务、金融、房地产等行业覆盖。公司的地区分布也主要从浙江、广东向全国31个省市（区）扩大。

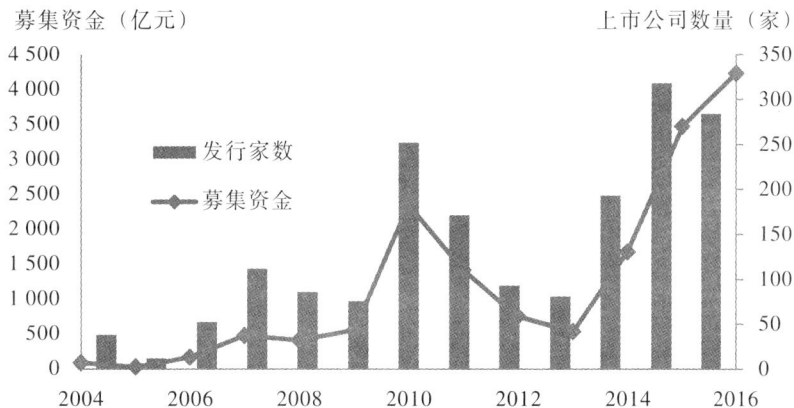

图1-5 中小企业板股票融资情况（2004—2016年）

注：（1）发行家数包括IPO、增发、配股发行家数。

（2）股票募集指IPO、增发、配股募集资金总额，没有扣除发行费。

数据来源：Wind资讯。

如果说中小企业板市场主要面向已符合现有上市标准、成长性好、科技含量较高、行业覆盖面较广的各类公司，那么创业板市场则主要面向符合新规定的发行条件但尚未达到现有上市标准的成长型、科技型以及创新型企业。经过长达10年的准备，创业板于2009年10月正式推出，10月30日创业板的首批28家公司上市。截至2016年年末，创业板的上市公司总数由2009年的36家增至2016年的574家。创业板企业股票融资情况（2009—2016年）如图1-6所示。创业板市场推出后，为一批具有自主创新能力的企业提供了发展所需资金，促进了中小企业政策支持体系的建设，引导社会资金流向自主创新型企业和战略性新兴产业。

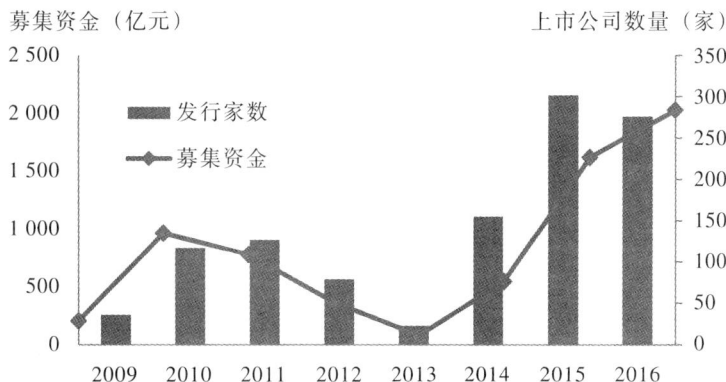

图1-6 创业板企业股票融资情况（2009—2016年）

注：（1）发行家数包括IPO、增发、配股发行家数。

（2）股票募集指IPO、增发、配股募集资金总额，没有扣除发行费。

数据来源：Wind资讯。

3）境外融资与外部直接投资

20世纪90年代，为解决外汇短缺和外汇管制等问题，一些企业开始在海外发行H股、N股、L股。H股是在中国内地注册公司，在中国香港上市的外资股；N股是在中国境内注册公司，在纽约上市的外资股；L股是在中国境内注册公司，在伦敦上市的外资股。

图1-7列示了1992—2014年境内股票融资与境外H股融资情况。1992—2004年，H股融资稳定增长；2005—2014年，H股融资呈现"M"形变化。中国企业海外上市不仅拓宽了中国境内企业的融资渠道，而且加速了国有大型企业转换经营机制，提高了其国际知名度和竞争力，更使中国的证券界开始了解国际成熟资本市场的业务规则。

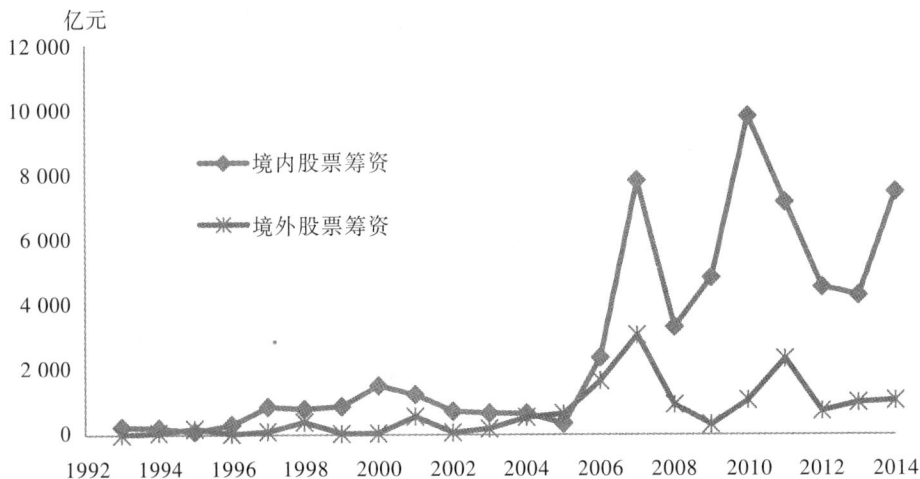

图1-7 境内股票融资与境外H股融资情况（1992—2014年）

数据来源：中国证券监督管理委员会.中国证券期货统计年鉴（2015）［M］.北京：中国统计出版社，2015.

根据中国证券监督管理委员会年报（2015），境内企业赴境外上市融资活跃，2015年共有69家境内企业实现融资454亿美元，其中首发（IPO）融资259亿美元，再融资195亿美元。经中国证监会审核的赴港上市H股企业占香港市场IPO融资额的80%。截至2015年年底，累计233家境内股份有限公司到境外上市，融资总额为2 905亿美元，其中在香港交易所主板上市207家（含中国香港、纽约同时上市10家，中国香港、伦敦同时上市4家，中国香港、纽约、伦敦同时上市1家），在香港交易所创业板上市24家，在新加坡交易所上市2家。境外上市公司中有89家已发行A股，1家发行A、B股，1家发行B股。境外上市公司融资总额（2004—2015年）如图1-8所示。

1.1.2 债券市场与企业融资

与股票交易并行，中国于1981年7日重新开始发行国债。经过30多年的发展，中国已发展形成种类基本齐全、品种结构较为合理、信用层次不断拓展的债券市场。债券品种创新演变见表1-2。

亿美元

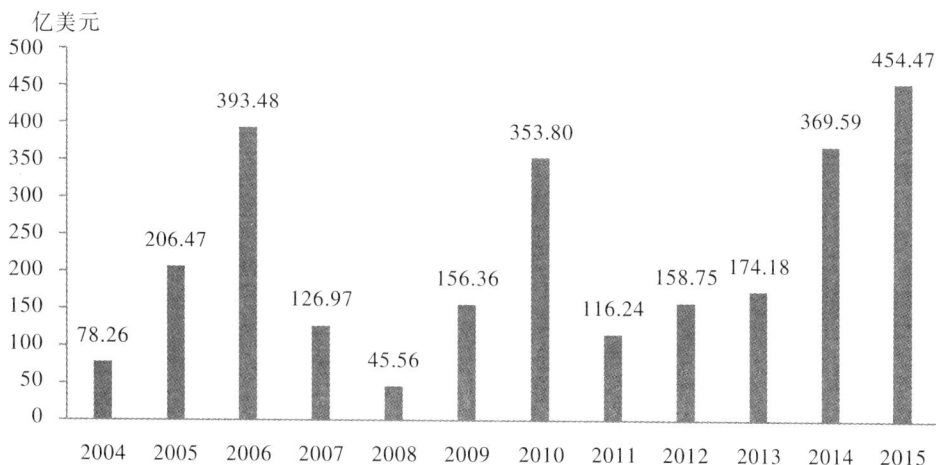

图1-8 境外上市公司融资总额（2004—2015年）

数据来源：中国证券监督管理委员会.中国证券监督管理委员会年报（2015）［M］.北京：中国财政经济出版社，2015.

表1-2 债券品种创新演变

年份	政府信用债券	金融债券	企业信用债券
1981	国债		
1984			企业债
1985		特种贷款金融债	
1992			城投债
1996	贴现债券：央行融资券		
1997		政策性银行债，特种金融债	
2001		非银行金融机构债	
2002	央行票据		
2003		境内美元债	中小企业集合债
2004	凭证式国债（电子记账）	商业银行次级债	
2005		券商短期融资券；国际机构债（熊猫债）	短期融资券；信贷资产支持证券、券商资产支持证券
2006	储蓄国债		可转债
2007	特别国债		公司债
2008			中期票据
2009	地方政府债		中小企业集合票据
2010	政府支持机构债		企业资产支持票据
2011		商业银行普通债券	非公开定向债务融资工具
2012			中小企业私募券
2013		同业存单	可续期债券
2014		证券公司短期公司债券、保险公司次级债	永续中期票据；项目收益债、项目收益票据
2015	定向承销地方政府债	大额存单；专项金融券	

政府信用债券主要有国债和地方政府债券，前者的发行主体是中央政府，由财政部具体进行发行操作，分为记账式国债和储蓄国债；后者的发行主体是地方政府，分为一般债券和专项债券。通过中央结算公司招标或定向承销发行，在银行间债券市场、交易所债券市场交易，在中央结算公司总托管。此外，政府信用债券还有通过中国人民银行发行的中央银行票据；通过中央结算公司发行政府支持机构债券；通过中央汇金投资有限责任公司发行的中央汇金债券等。

金融债券一般是通过中央结算公司发行，在银行间债券市场交易，在中央结算公司托管。主要包括由开发性金融机构（国家开发银行）和政策性银行（中国进出口银行、中国农业发展银行）发行的政策性金融债券；由境内设立的商业银行法人发行的商业银行债券，如一般金融债券、小微企业贷款专项债、次级债券等品种；由境内设立的非银行金融机构法人，包括财务公司、金融租赁公司等银行业金融机构、证券公司、保险机构发行的非银行金融债券。

企业信用债券主要有：（1）企业债。发行主体为企业，经发改委核准，企业债通过中央结算公司发行系统面向银行间债券市场和交易所市场统一发行，在银行间及交易所债券市场交易，在中央结算公司总登记托管。此外，企业债还有中小企业集合债、项目收益债、可续期债等。（2）非金融企业债务融资工具。发行主体为具有法人资格的非金融企业，面向银行间债券市场发行，在银行间债券市场交易，在上清所登记托管。（3）公司债。发行主体为上市公司或非上市公众公司，经证监会核准，在交易所债券市场公开或非公开发行，在证券交易所上市交易或在全国中小企业股份转让系统转让，在中证登登记托管。（4）可转换公司债券。发行主体为境内的上市公司，可转换债券在交易所债券市场发行、交易，在中国证券登记有限公司（以下简称中证登）登记托管。可分离债是认股权和债券分离交易的可转换公司债券。（5）中小企业私募债券。其发行主体为境内中小微型企业，面向交易所债券市场合格投资者非公开发行，只在合格投资者的范围内转让，在中证登登记托管。

从1982年开始，一些企业开始自发地向企业内部或社会集资并支付利息，形成最初的企业债。1984年，银行开始发行金融债以支持一些在建项目。此后，金融债成为银行的一种常规性融资工具。图1-9描述了1998—2016年国债、金融债券、企业信用债券的发行情况。从发行规模看，这一期间，发行最多是国债和地方政府债券，其次是金融债券和企业信用债券。从发行趋势看，金融债券和企业信用债券发行表现为平稳的上升趋势，国债发行的波动率相对高于其他两类债。

公司债券融资的工具主要包括公司债券、可转换债券、可分离债券等。需要说明的是，公司债券和企业债券虽然都是企业依照法定程序发行的、约定在一定期限还本付息的有价证券，但这两种证券产生的制度背景不同，因而存在一定区别：第一，发行主体不同，公司债券目前仅由上市的股份有限公司发行。第二，募集资金的用途不同，企业债券的募集资金一般用于基础设施建设、固定资产投资、重大技术改造、公益事业投资等方面；而公司债可根据公司自身的具体经营需要提出发行需

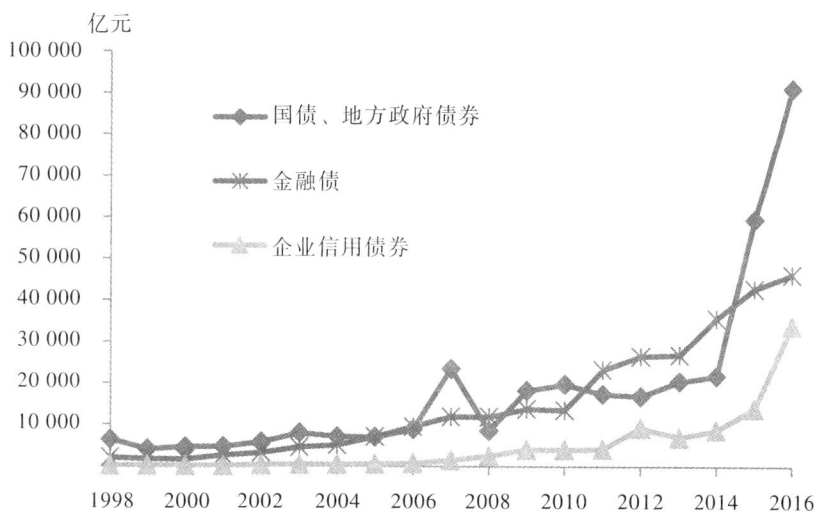

图 1-9　1998—2016 年债券发行情况

注：1. 国债包括地方政府债。

2. 金融债券包括商业银行普通债券、商业银行次级债券、保险公司债券、证券公司债券、证券公司短期融资券、其他金融机构债。

3. 企业信用债券包括企业债券、公司债券、可转换债券、可分离债券。

数据来源：Wind 资讯。

求。第三，监管机构不同，公司债券的发行实行核准制，由中国证监会审核发债公司的材料是否符合法律制度规定，而发行企业债券则由国家发改委审批。第四，信息披露要求的差异，企业债券的发行人没有严格的信息披露义务，公司债券的发行人的信息披露较为严格。

我国可转换债券融资历史较短，进入 20 世纪 90 年代以后，随着股票市场的建立才开始出现。根据中国证监会编制的《中国资本市场二十年》的数据，中国境内发行可转换债券的历史可以追溯到 1991 年 8 月 11 日发行的能源转债。这是一只由非上市公司发行的可转换债券，其发行者为海南新能源股份有限公司，发行规模仅为 3 000 万元、存续期为 3 年，公司股票直到 1992 年 11 月才上市，转换期从 1993 年 6 月 7 日开始，从 1993 年 6 月 7 日至 6 月 16 日之间有 30% 的可转换债券按照配股价转换为 A 股股票并在深交所上市流通。1992 年 11 月，中国宝安集团股份有限公司在国内证券市场第一次公开发行了总额为 5 亿元的 3 年期可转债，该债券于 1993 年 2 月 10 日上市交易，成为我国第一只上市交易的可转换债券。在经济转型的特殊背景下，可转债在中国的发展经历了一个不断积累经验、逐步完善的过程。自 2010 年开始我国可转换债券的融资方式得到了大规模的发展，到 2011 年 2 月随着中石化 230 亿元可转换债券的上市，中国可转换债券的市场容量突破千亿。根据 Wind 资讯，到 2016 年年末，中国大陆可转换债券共发行了 123 只，发行额为 3 222.55 亿元。

2006 年，交易所债券市场推出了分离交易可转换债券，这是一种附认股权证的公司债券，可分离为纯债券和认股权证两部分，赋予了上市公司一次发行两次融资的机会。分离交易可转换债券是债券和股票的混合融资品种，它与普通可转换债券的本质区别在于债券与期权可分离交易。2006年出台的《上市公司证券发行管理办法》首次将分离交易可转换债券列为上市公司再融资品种，并对其发行条件、发行程序、条款设定等方面做出较为具体的规定。2006年11月29日，第一只分离交易可转换债券"06马钢"在上海交易所上市。随后，许多上市公司开始发行分离交易可转换债券进行融资。根据Wind资讯，到2009年，中国大陆共发行了20只分离交易可转换债券，发行总额为933.65亿元。

2015年1月，中国证监会发布修订后的《公司债券发行与交易管理办法》，涵盖扩大发行主体范围、丰富债券发行方式、简化发行审核流程等七方面主要内容。根据中央国债登记结算有限责任公司发布的《2015年债券市场统计分析报告》，公司债券的改革促使公司债券发行量迅猛增长，在2015年7月以后，公司债的发行量明显超过中期票据、短期融资券等同类企业融资工具。全年发行量接近1万亿元，创出历史新高。公司债新规出台之后，受市场资金面宽松、股票市场行情回落、高收益资产短缺、回购质押等因素的影响，公司债发行利率明显下降。

表1-3列示了与企业融资有关的主要金融产品历史发行规模。在2007—2016年间，假设不考虑可分离债，发行规模增长率最高的品种是可转债，年均增长率为167.6%，其后分别为公司债（141.42%）、中期票据（47.01%）、企业债（36.36%）和短期融资券（30.48%）。这一现象表明我国企业主要以企业债为主的融资品种开始向多品种发展。

表1-3　　　　　　　　　　　债务市场主要金融产品发行规模　　　　　　　　　　单位：亿元

年份	企业债	公司债	可转债	可分离债	中期票据	短期融资券
2007	1 109.35	112.00	106.48	171.80	0.00	3 349.10
2008	1 566.90	288.00	77.20	632.85	1 737.00	4 338.50
2009	3 252.33	734.90	46.61	30.00	6 912.65	4 612.05
2010	2 827.03	511.50	717.30	0	4 970.57	6 892.35
2011	2 485.48	1 291.20	413.20	0	7 335.93	10 122.30
2012	6 499.31	2 626.31	163.55	0	8 559.32	14 222.47
2013	4 752.30	1 719.49	544.81	0	6 978.59	16 134.80
2014	6 971.98	1 445.62	320.99	0	9 780.70	21 849.53
2015	3 421.02	10 372.41	98.00	0	12 779.46	32 806.30
2016	5 925.70	27 797.24	212.52	0	11 446.10	33 675.85

数据来源：Wind资讯。

注：企业债指一般企业债和集合企业债；中期票据指一般中期票据和集合票据；短期融资券指一般短期融资券和超短期融资债券。

1991—2016年各类债券发行总额为1 545 465亿元，各种债券发行规模结构如图1-10所示。从图中可以看出，债券发行规模占比前五的品种分别是金融债、央行票据、国债、同业存单、短期融资券；相对而言，企业债和公司债券占比相对较低，还有相当大的发展空间。

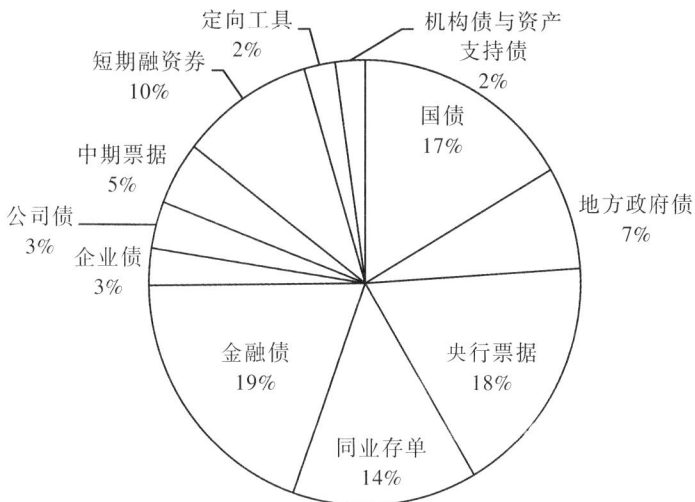

图1-10　债券发行规模结构图（1991—2016年）

注：机构债和资产支持债主要包括国际机构债、政府支持机构债、资产支持证券；公司债主要包括私募债、一般公司债、可转债、可分离交易债、可交换债。

数据来源：Wind资讯。

从债券融资的地区分布看，根据表1-1，2016年债券融资额前三的地区分别是北京、广东和上海，这与股权融资规模排序基本相同。这一现象表明，中国资本市场融资功能主要体现在经济发达地区。

1.1.3　证券市场化率

资本市场的出现和发展，不仅推动了中国经济体制和社会资源配置方式的变革，也使企业的融资方式从财政拨款、银行贷款向股票、债券融资多元化发展。相对于发达国家，中国市场机制不够完善，证券市场历史较短，发展不够充分，证券化率[①]整体上要低于发达国家。图1-11列示了世界主要国家2014年证券化率。

证券化率是衡量一国证券市场发展程度的重要指标。一国或地区的证券化率越高，意味着证券市场在该国或地区的经济体系中越重要。发达国家由于市场机制高度完善，证券市场历史较长、发展充分，证券化率整体上要高于发展中国家。在主要发达国家中，证券化率（股票市价总值与国内生产总值的比率）已经达到较高的程

[①] 证券化率，指的是一国各类证券总市值与该国国内生产总值的比率（各类金融证券总市值与GDP总量的比值），实际计算中证券总市值通常用"股票总市值+债券总市值+共同基金总市值"等来代表。

GDP（10亿美元）   证券化率

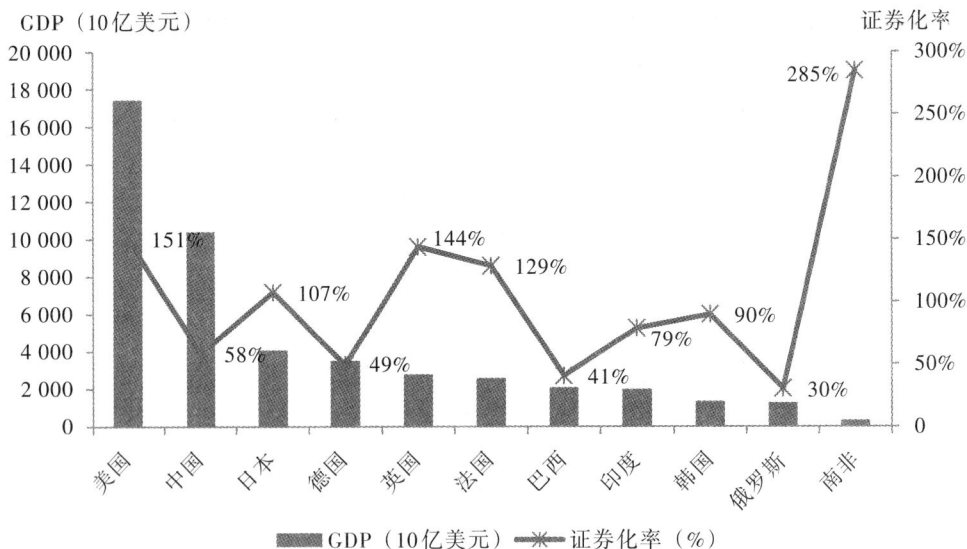

图1-11   世界主要国家的证券化率（2014年）

数据来源：根据《中国证券期货统计年鉴（2015年）》整理。

度，2014年，美国、日本、英国和法国的证券化率都超过100%，而中国、俄罗斯、印度等发展中国家的证券化率均低于80%。证券化率并非完全与经济发展水平成正比，它还受到国家金融体制、经济政策等因素的影响。例如，德国传统上以银行融资为主，证券融资发展缓慢，因此虽然经济高度发达，2014年的证券化率却只有49.49%。由于证券化率与股市市值相关，股市市值又与股票价格相关，如果股票价格水平短期内波动性较大，可能会加剧证券化率的变动，在新兴市场尤其如此。2014年，南非的证券化率为284.62%，在世界上都处于前列，但GDP在12个国家中处于最低位置。证券化率与股价水平的上涨有密切关系，但并不一定表明证券市场在国民经济中地位的提高。

1.2 证券发行成本与IPO折价

1.2.1 证券发行成本

证券发行成本主要指销售公开发行证券的直接成本和间接成本。直接成本最重要的是承销商薪酬，如支付给主承销商或者路演的管理费用、承销进出差价（公开发行价格和承销商购买价格之间的差额）等。[1]证券发行的间接成本主要包

---

① 在实务中，承销进出差价一般是以发行规模或融资总额的百分比进行衡量的。为平衡股票发行的供求关系，在承销合同中一般会包含超额配售选择权（green shoe option），俗称"绿鞋"条款①。这一条款给予承销商按照发行价增购证券的选择，以满足过多的需求和超额认购。它一般延续大约30天时间，包括增购不超过15%的新发行证券。对承销商来说，绿鞋选择权是一种好处；而对发行人来说，它则是一项成本。假如新发行证券的市场价格在30天内升到发行价之上，承销商就可以从发行人那里买入证券，然后立即将其转售给公众。2010年，在海外股票发行中采用"超额配售选择权"机制已成为惯例。交行、建行、中行和招行等多家境内商业银行赴海外上市均采用了"超额配售选择权"机制。证券发行直接成本见第4章相关内容。

括：（1）发行折价。对于首次公开发行，股票价格在发行日后一般会大幅度上升。由于股票是按照小于上市后的有效价格出售的，所以折价对公司来说是一种成本。（2）超常收益。股票多次发行时，在发行公告日股票价格一般下跌1%~2%。下跌将保护新股东，防止公司向他们出售定价过高的股票。（3）发行延迟或撤销的成本。

Lee I，Lochhead S，Ritter J，et al（1996）研究美国上市公司1990—1994年间IPO和SEO发行的直接成本，见表1-4。作为比较表1-5列示了可转换债券、纯债券（不含任何转换、赎回条款的债券）的直接发行成本。

表1-4 股票发行直接成本（1990—1994年）

融资总额（百万美元）	首次公开发行（IPO）				再融资（SEO）			
	发行次数	总价差（%）	其他直接费用（%）	直接发行成本/融资总额（%）	发行次数	总价差（%）	其他直接费用（%）	直接发行成本/融资总额（%）
2~9.99	337	9.05	7.91	16.96	167	7.72	5.56	13.28
10~19.99	389	7.24	4.39	11.63	310	6.23	2.49	8.72
20~39.99	533	7.01	2.69	9.70	425	5.6	1.33	6.93
40~59.99	215	6.96	1.76	8.72	261	5.05	0.82	5.87
60~79.99	79	6.74	1.46	8.20	143	4.57	0.61	5.18
80~99.99	51	6.47	1.44	7.91	71	4.25	0.48	4.73
100~199.99	106	6.03	1.03	7.06	152	3.85	0.37	4.22
200~499.99	47	5.67	0.86	6.53	55	3.26	0.21	3.47
500及以上	10	5.21	0.51	5.72	9	3.03	0.12	3.15
总计	1 767	7.31	3.69	11.00	1 593	5.44	1.67	7.11

资料来源：Lee I，Lochhead S，Ritter J，et al. The costs of raising capital ［J］. Journal of Financial Research，1996，19：59-74.

表1 5 可转换债券、纯债券发行直接成本（1990—1994年）

融资总额（百万美元）	可转债				纯债券			
	发行次数	总价差（%）	其他直接费用（%）	直接发行成本/融资总额（%）	发行次数	总价差（%）	其他直接费用（%）	直接发行成本/融资总额（%）
2~9.99	4	6.07	2.68	8.75	32	2.07	2.32	4.39
10~19.99	14	5.48	3.18	8.66	78	1.36	1.4	2.76
20~39.99	18	4.16	1.95	6.11	89	1.54	0.88	2.42
40~59.99	28	3.26	1.04	4.30	90	0.72	0.6	1.32
60~79.99	47	2.64	0.59	3.23	92	1.76	0.58	2.34
80~99.99	13	2.43	0.61	3.04	112	1.55	0.61	2.16
100~199.99	57	2.34	0.42	2.76	409	1.77	0.54	2.31
200~499.99	27	1.99	0.19	2.18	170	1.79	0.4	2.19
500及以上	3	2.0	0.09	2.09	20	1.39	0.25	1.64
总计	211	2.92	0.87	3.79	1 092	1.62	0.62	2.24

数据来源：Lee I, Lochhead S, Ritter J, et al. The costs of raising capital [J]. Journal of Financial Research, 1996, 19: 59-74.

根据表1-4、表1-5的数据，可以得出三个结论：第一，股票发行和债券发行的各类成本一般随着发行规模的增加而下降，也就是说，发行成本服从于规模经济效应；第二，在全部发行的成本中，发行股票的直接费用高于发行债券的直接费用；第三，公开发行（IPO）的成本是最高的，例如，对于一次融资规模小于1 000万美元的公开发行来说，全部直接费用约占融资总额的16.96%，如果考虑股票发行的间接成本，IPO上市成本将超过20%。

各种证券直接发行成本（直接发行成本总额/融资总额）百分比如图1-12所示。

表1-6列示了中国2016年前十大承销商的承销保荐费和发行费用。在这十大承销商中，承销保荐费率最高的是中信证券，平均费率为9.37%，最低的是中信建设证券，平均费率为4.81%，前十大承销商承销保荐费率平均值为6.85%。从发行费看，在这十大承销商中，发行费最高的是中信证券，平均费率为13.21%，最低的是中银国际证券，平均费率为5.82%，前十大承销商发行费率平均值为9.23%。

直接成本（%）

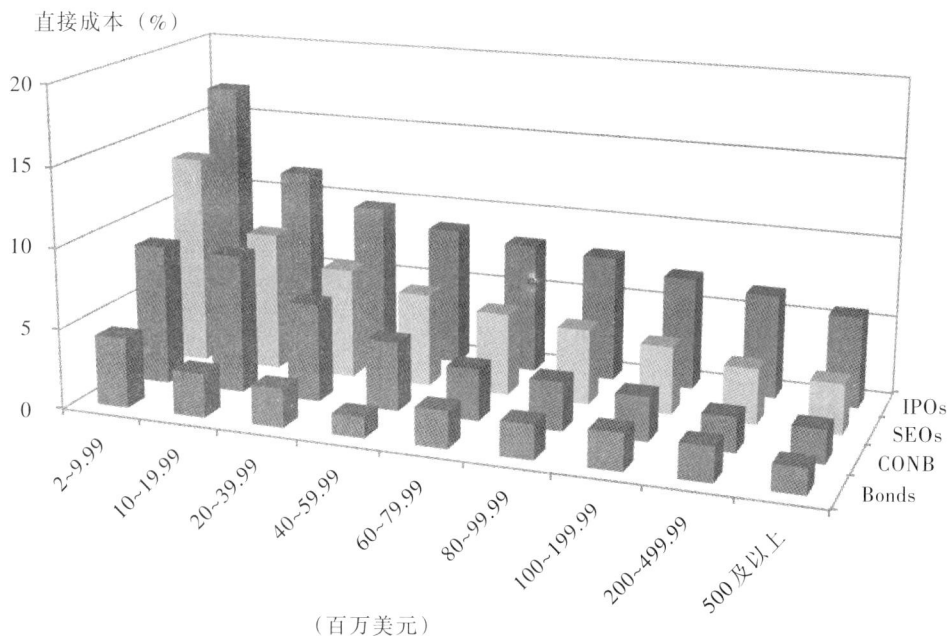

（百万美元）

图1-12 不同融资规模证券发行直接成本比较（%）

注：图中IPOs，SEOs，CONB，Bonds分别代表股票首次发行、股票再融资、可转换债券和纯债券。

资料来源：Lee I，Lochhead S，Ritter J，et al. The costs of raising capital ［J］. Journal of Financial Research，1996，19：59－74.

表1-6　　　　　　　前十大承销商股票发行保荐与发行费用（2016年）

机构名称	募集资金（万元）	承销保荐费用		发行费用		承销家数
		金额（万元）	平均费率（%）	金额（万元）	平均费率（%）	
中信建投证券	1 834 948.03	60 270.76	4.81	79 989.54	6.90	14
中国国际金融	1 212 261.57	56 766.36	6.21	70 132.16	7.93	10
安信证券	1 176 505.94	54 337.94	7.85	68 661.83	10.56	12
中信证券	1 142 255.04	79 919.34	9.37	101 587.13	13.21	18
华泰联合证券	1 085 582.58	37 269.16	4.96	45 583.41	6.41	6
国泰君安证券	986 764.00	28 469.25	7.25	35 470.12	9.34	6
申万宏源证券	665 952.38	34 382.79	7.18	47 215.75	10.46	10
广发证券	633 562.68	52 256.81	9.30	67 733.60	12.19	15
中银国际证券	614 919.63	13 786.23	4.82	16 355.27	5.82	3
招商证券	599 235.92	32 473.60	6.74	44 626.19	9.46	12

数据来源：Wind资讯。

　　为减少股票发行费和保荐费，发行公司应在保证发行成功和有关服务质量的前提下选择发行费和保荐费较低的中介机构和服务机构。

1.2.2　IPO折价：一种可能性的解释

　　确定股票发行价格是首次发行中最难做的事情之一，无论发行价格定得太高或太低，发行公司都会面临潜在的成本。证券发行定价过高，有可能发行失败；发行价格过低（低于真实的市场价值），发行公司原有股东将遭受损失。经验研究表明，股票首次公开发行的价格常常要低于交易第一天的市场收盘价，这种现象一般称作IPO折价。自从Logue（1973）[①]提出这一问题以来，各国学者IPO公司上市首日收盘价相对于发行价之间的溢价提出了各种解释：基于信息不对称的视角，基于制度的视角，基于控制权的视角和基于行为金融的视角。但不论从何种视角审视，折价普遍存在于世界各国的股票市场中，且这种现象在证券市场不发达的发展中国家更为严重。图1-13描述了IPO首个交易日股票溢价率的20个国家和地区的国际比较。

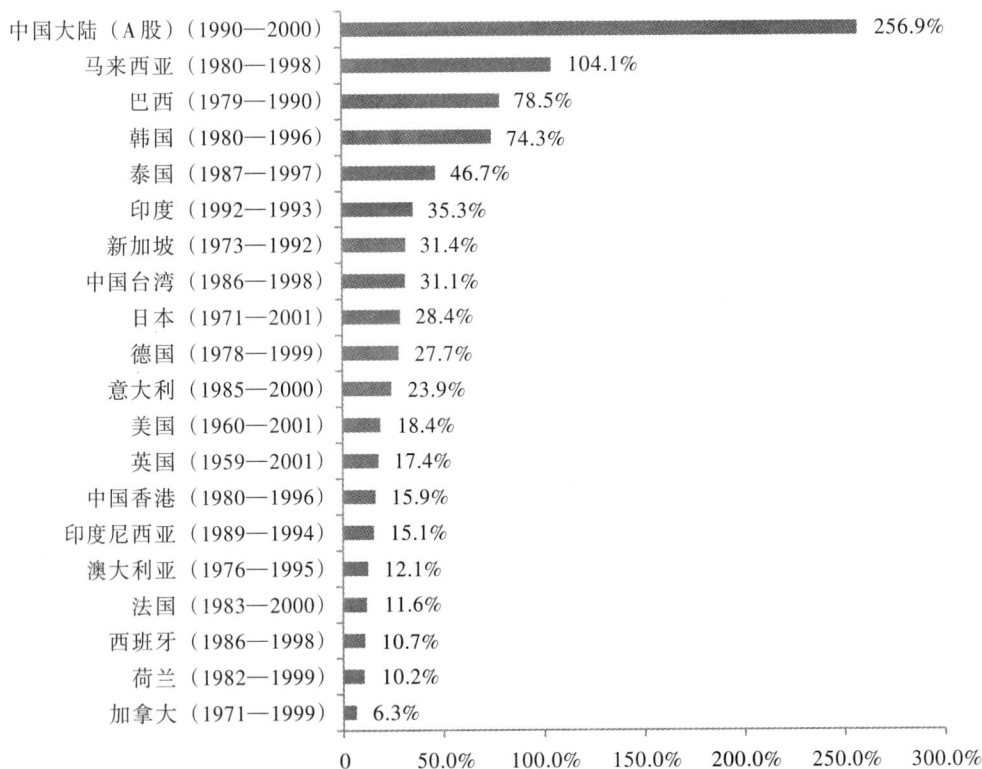

中国大陆（A股）（1990—2000）　256.9%
马来西亚（1980—1998）　104.1%
巴西（1979—1990）　78.5%
韩国（1980—1996）　74.3%
泰国（1987—1997）　46.7%
印度（1992—1993）　35.3%
新加坡（1973—1992）　31.4%
中国台湾（1986—1998）　31.1%
日本（1971—2001）　28.4%
德国（1978—1999）　27.7%
意大利（1985—2000）　23.9%
美国（1960—2001）　18.4%
英国（1959—2001）　17.4%
中国香港（1980—1996）　15.9%
印度尼西亚（1989—1994）　15.1%
澳大利亚（1976—1995）　12.1%
法国（1983—2000）　11.6%
西班牙（1986—1998）　10.7%
荷兰（1982—1999）　10.2%
加拿大（1971—1999）　6.3%

0　50.0%　100.0%　150.0%　200.0%　250.0%　300.0%

图1-13　IPO首个交易日股票溢价率的国际比较

　　资料来源：Ritter J R. Investment banking and securities issuance ［J］. Handbook of the Economics of Finance，2003，1：255-306.

---

　　① Logue D E. On the Pricing of Unseasoned Equity Issues：1965-1969 ［J］. Journal of Financial and Quantitative Analysis，1973，8（1）：91-103.

在图1-13中，中国大陆在1990—2000年间IPO首个交易日股票溢价率为256.9%，在20个国家中居于首位，远高于成熟市场乃至其他新兴市场的收益率水平，其中最重要的原因在于中国股票市场非市场化。在1990—2000年间，股票公开发行价格采取的是固定价格、相对固定市盈率定价，发行价格是由行政控制而非市场决定的。随着IPO市场化程度的加快，IPO首个交易日股票收益率呈下降趋势。

图1-14描述了中国各板块IPO首个交易日股票溢价率，在1995—2014年间，主板市场首个交易日平均涨幅最高的是151.59%（1997年），平均涨幅83.74%，从整体上看，主板市场IPO折价水平呈下降趋势。对中小板市场来说，在2004—2014年间，首个交易日平均涨幅最高209.95%（2007年），平均涨幅66.80%，在整个期间首日涨幅率呈倒"V"型变化。对创业板市场来说，在2009—2014年间，首个交易日平均涨幅最高92.67%（2009年），平均涨幅36.33%，在整个期间首日涨幅率呈"V"型变化。这种变化的原因之一是2013年IPO停发，引起当年涨幅率为零，从而出现一个拐点。如果将这一年作为异常值剔除，首日平均涨幅会有所上升。在这三个板块中，首个交易日平均涨幅波动率最大的是中小板，其平均涨幅率标准差为55.52%，其次主板平均涨幅的标准差为46.59%，创业板平均涨幅的标准差为28.78%。

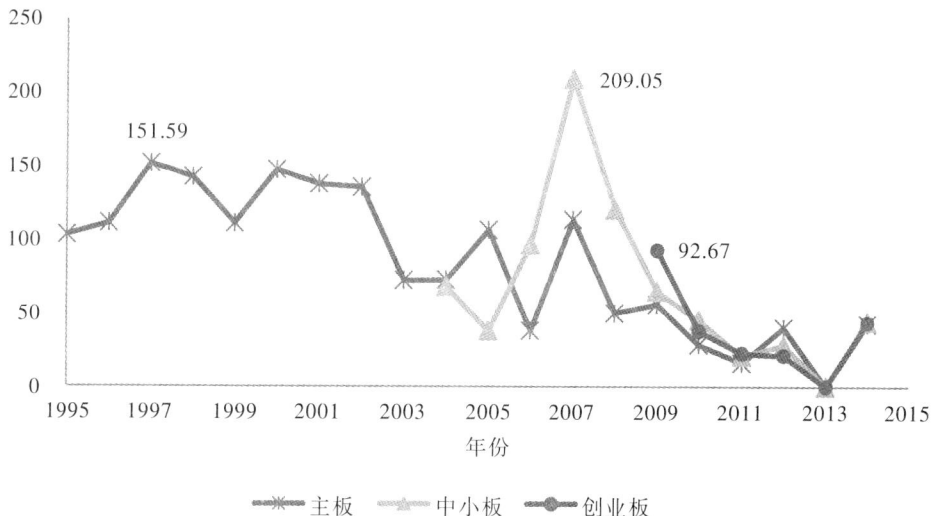

图1-14 IPO首个交易日股票收益率（1995—2014年）

数据来源：《中国证券期货统计年鉴（2015年）》。

大多数公司通过向投资者出售股票上市的，而IPO折价是一种普遍现象。影响IPO折价的因素是什么？根据Ritter J R.（2014）统计数据，美国公司在1980—2013年间，首个交易日股价收益率平均在7.2%~64.5%波动，平均为18%。在表1-7中，按销售额作为划分标准，相对来说，销售额小的公司，IPO折价程度较大。

种可能的解释是，销售额小的公司一般都是规模较小或年轻的公司，这些公司的风险大于规模大的公司。这种不确定性的增加仅当折价存在时才可能在某种程度上吸引风险偏好的投资者。

表1-7　　　　　　　　　IPO首日平均收益率（1980—2013年）

销售收入（万美元）	1980—1989年	1990—1998年	1999—2000年	2001—2013年
0≤销售额≤1 000	10.30%	17.20%	68.90%	5.90%
1 000≤销售额≤2 000	8.70%	18.60%	81.70%	12.10%
2 000≤销售额≤5 000	7.80%	18.80%	74.90%	14.40%
5 000≤销售额≤10 000	6.40%	12.90%	61.20%	19.50%
10 000≤销售额≤20 000	5.10%	11.80%	35.80%	16.30%
20 000≤销售额	3.40%	8.70%	25.20%	12.00%
合计	7.20%	14.80%	64.50%	13.30%

注：表1-7中的分类标准是根据上市前12个月的销售额为依据的，所有的销售额已经按消费者价格指数简化为2003年购买力水平。删除发行价格低于5美元、REIT、ADR、封闭式基金、银行和S&L、发行后6个月没有被CRSP收录的公司，总共有7857家IPI公司，首日平均收益率为18%。

资料来源：Ritter J R. Initial Public Offerings：Updated Statistics ［R］. Working paper, University of Florida, 2013.

谁来承担IPO折价成本？如果投资者能够以IPO价格从承销商手中购买到股票，且能够从第一天的折价发行中受益，那么，IPO折价成本则由公司在上市前的股东承担，或者说，这些股东是以低于股票上市后的价格出售股票的。根据Ritter J R.（2014）的分析，仅仅在美国IPO市场上的IPO公司几乎每年都要在"桌子上"留下数十亿美元。为什么发行股票公司的股东要容忍新股折价发行？一个重要的原因是在IPO交易中的各方当事人之间信息不对称。Rock和Kevin（1986）[①]认为IPO实施的前期实际上存在两类投资者，信息优势者和信息劣势者，从而导致逆向选择。信息优势者在股票价格高于价值时，不会购买股票，使得价格被高估的股票只有信息劣势者购买。由于大多数投资者都是信息劣势者，他们并不清楚企业未来的成长与价值，比信息优势者购买到劣质股票的概率更大。为鼓励信息劣势者购买股票，保持他们的信心，发行公司只好折价发行股票。或者说，通过折价揭示真实信息来对不知情的投资者做出补偿。

新股公开发行折价的另一个解释是承销商垄断力假说，假设投资银行作为股票承销商相对于上市公司来说具有更多的关于股票发行和定价方面的信息，因此，上

---

① Rock K. Why new issues are underpriced ［J］. Journal of financial economics, 1986, 15（1）：187-212.

市公司将股票发行的定价交由投资银行决定。由于委托—代理关系的存在，发行公司在发行过程中很难监督投资银行的行为，而投资银行通过低价发行的方式可以提高承销活动的成功概率。

公司通过IPO完成了上市和融资两项最重要的工作，是企业在生命周期特定时点改变其财务和所有权结构的重要方式。要成为一家上市公司，需要承担很多成本。Brau J C，Fawcett S E.（2006）对在2000—2002年间发生IPO的上市公司336位CFO问卷调查，当问及公司选择上市的原因，近60%的CFO回答是为创造用于未来并购的公众股份，51.2%的CFO认为上市可以为公司界定一个市场价格；仅有14.3%的CFO认为是因为债务融资成本太高，CFO选择IPO的原因的调查如图1-15所示。

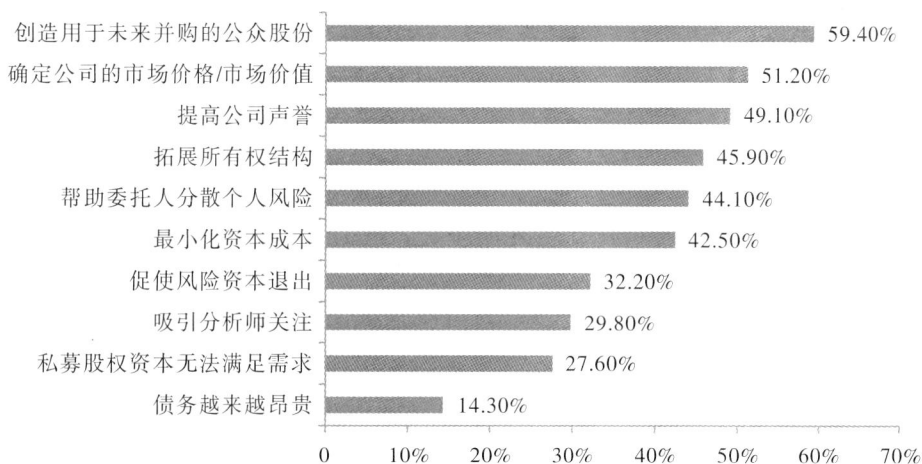

原因	比例
创造用于未来并购的公众股份	59.40%
确定公司的市场价格/市场价值	51.20%
提高公司声誉	49.10%
拓展所有权结构	45.90%
帮助委托人分散个人风险	44.10%
最小化资本成本	42.50%
促使风险资本退出	32.20%
吸引分析师关注	29.80%
私募股权资本无法满足需求	27.60%
债务越来越昂贵	14.30%

图1-15 公司上市原因的调研

数据来源：Brau J C，Fawcett S E. Evidence on what CFOs think about the IPO process: practice, theory, and managerial implications ［J］. Journal of Applied Corporate Finance，2006，18（3）：107-117.

1.3 市盈率与风险分析

1.3.1 市盈率分布情况

市盈率（P/E）是股票价格相当于当前会计利润的比值。自从20世纪20年代出现于华尔街以来，经Benjamin Grahanm在其《证券分析》（1934年）中正式表达得以流传，已成为股票发行定价和股票市场评价股票投资价值最常用的估价模型。市盈率这一指标的数学意义是表示每1元净利润对应的股票价格；经济意义为购买公司1元净利润价格，或者按市场价格购买公司股票回收投资需要的年份。市盈率的投资意义通常以一定的市盈率为基准，超过视为股票被高估，低于视为股票被低估。前者应出售股票，后者应买入该股票。但以市盈率作为投资评价标准的意义并不明确，因为基准市盈率很难确定。

与其他股票估值模型一样，市盈率必须结合时间序列进行观察，以发现其变动趋势。图1-16描述了沪深两市上市公司首发平均市盈率，在2000—2014年间，主板上市公司首发平均市盈率最高为46.45倍（2009年），平均值为26.15倍；中小板上市公司在2004-2014年间，首发平均市盈率最高为54.59倍，平均值为28.46倍；创业板上市公司首发市盈率最高值平均值为70.45倍，平均值为40.96倍。由于2013年IPO停发，各个板块首发市盈率最小值均为零。从首发平均市盈率的波动率看，其标准差从大到小依次为创业板（23.92）、中小板（14.30）和主板（11.41）。市场

首发平均市盈率（倍）

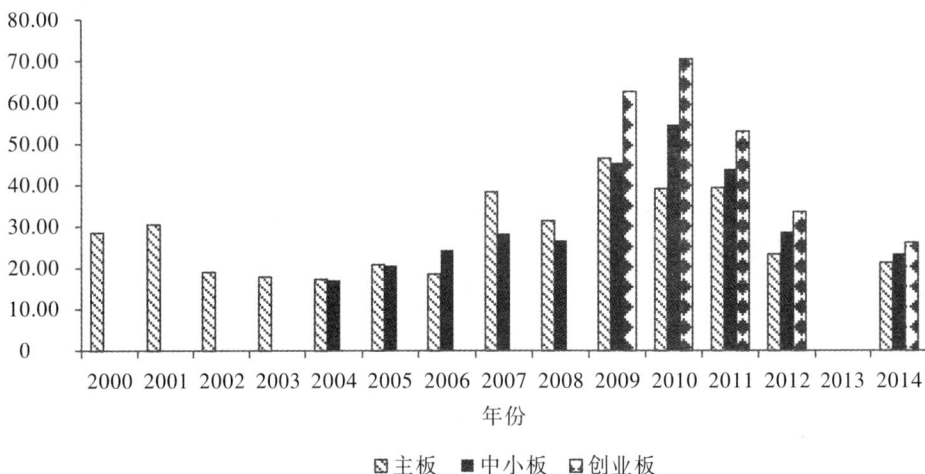

图1-16 深沪两市上市公司首发平均市盈率（2000—2014年）

数据来源：根据《中国证券期货统计年鉴（2015）》整理。

图1-17分别描述了上证A股、深证A股、中小板、创业板上市公司1992—2016年间各年的市盈率，从图中可以看出，上证A股上市公司市盈率最大值为107.64倍，最小值为11.96倍，平均值为35.31倍。深证A股上市公司市盈率最大值为92.10倍，最小值为9.78倍，平均值为46.23倍。在2004—2016年间，中小板上市公司市盈率最大值是86.57倍，最小值是24.12倍，平均值为46.41倍。在2009—2016年间，创业板上市公司市盈率最大值为116.87倍，最小值为33.12倍，平均值为74.37倍。从图中可以看出，在这几个板块中，市盈率高低依次为创业板、中小板、深证A股和上证A股。各板块市盈率的市盈率波动趋同基本相同（上证A股和深证A股的市盈率在2001—2003年变动趋势相背离）。这表明各板块估值水平具有一定的联动性。在1993—2009年间，无论是上升还是下降波动区间，深市市盈率的波动幅度均大于沪市。

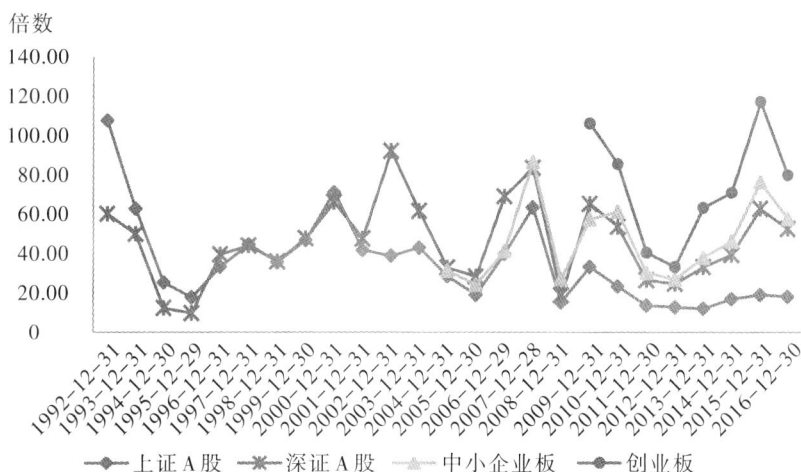

图 1-17　上市公司各年静态市盈率（1992—2016年）

数据来源：Wind资讯。

　　为了解行业市盈率状况，图 1-18 描述了 2016 年 12 月 30 日不同行业（证监会行业分类）的市盈率（中位数）。在图中，2016 年 12 月 30 日中国 A 股市盈率为64.26 倍，其中上证 A 股市盈率为 49.65 倍，深证 A 股市盈率为 72.51 倍。市盈率最高的行业是卫生和社会工作（91.48 倍），市盈率最低的行业是金融业（12.96 倍）。市盈率在 30 倍左右的行业主要是房地产等 3 个行业；市盈率在 50 倍左右的行业主要是建筑业等 5 个行业；市盈率在 60 倍左右的是制造业等 5 个行业；市盈率在80—90 倍左右的行业主有是农林牧渔等 3 个行业。

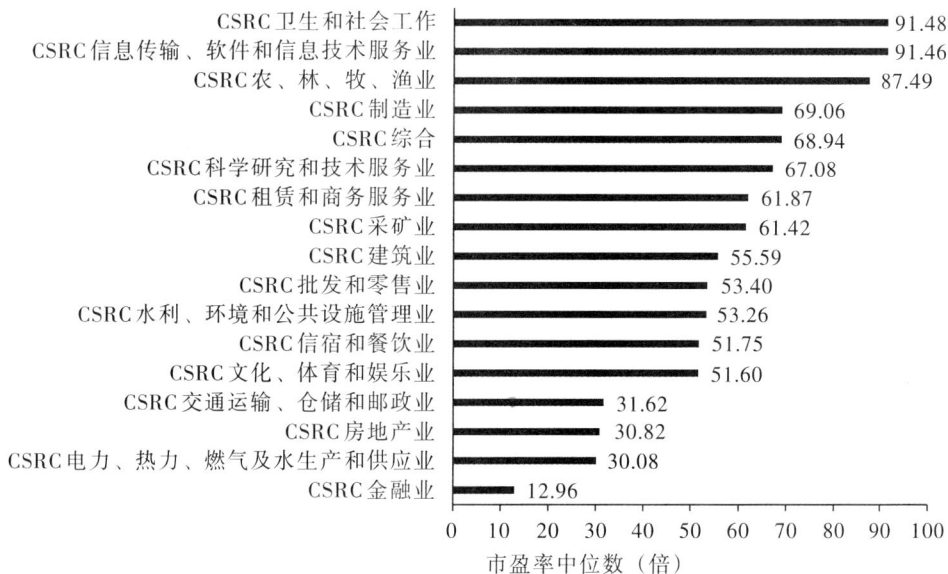

图 1-18　不同行业市盈率（2016年12月30日）

数据来源：Wind资讯。

不同国家经济体制和资本市场成熟程度不同，市盈率也各不相同。图1-19描述了2016年12月30日世界主要国家或地区的市盈率。在图中，除俄罗斯外，中国大陆在12个国家或地区中名列第二，不仅高于英国、美国等成熟市场，也高于韩国、台湾等新兴市场。中国大陆全部A股市盈率相当于香港的11.95倍，台湾的6.88倍，美国的4.09倍，韩国的2.91倍，英国的2.82倍。

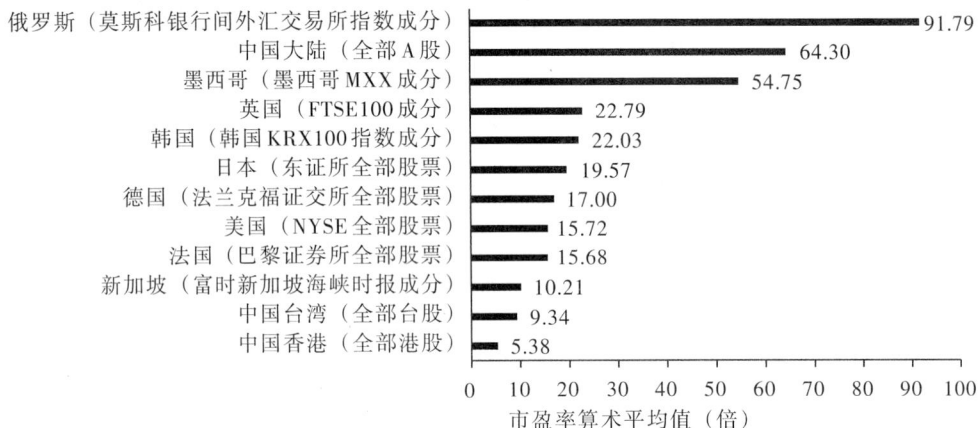

俄罗斯（莫斯科银行间外汇交易所指数成分）　91.79
中国大陆（全部A股）　64.30
墨西哥（墨西哥MXX成分）　54.75
英国（FTSE100成分）　22.79
韩国（韩国KRX100指数成分）　22.03
日本（东证所全部股票）　19.57
德国（法兰克福证交所全部股票）　17.00
美国（NYSE全部股票）　15.72
法国（巴黎证券所全部股票）　15.68
新加坡（富时新加坡海峡时报成分）　10.21
中国台湾（全部台股）　9.34
中国香港（全部港股）　5.38

0　10　20　30　40　50　60　70　80　90　100

市盈率算术平均值（倍）

图1-19　不同国家或地区市盈率算术平均值比较（2016年12月30日）

数据来源：Wind资讯。

1.3.2　市盈率与利率分析

为简化，假设公司未来股利增长率为零，且每期派发的股利（D）与每期的净利润（E）相等，这时，股票价值和市盈率可分别表示为：

$$P = \sum_{t=1}^{\infty} \frac{D_t}{(1+r)^t} = \frac{E}{r}$$

$$E = P \times r \quad \frac{P}{E} = \frac{1}{r}$$

此时市盈率理论值为1/r，或者说，市盈率的倒数是投资者要求的收益率（r），这一收益率取决于无风险利率和风险溢价的大小。实际市盈率是否等于理论值，取决于以上假设是否得到满足。由于这些假定在大多数情况下与现实不相符，因此，需要结合市盈率的影响因素，确定一个"合理的市盈率"。

现代证券分析理论奠基人Benjamin Grahanm，他综合其数十年的股市投资经验提出，在美国，一般好股票的市盈率在15倍左右，那些高成长股的市盈率可以高一些，在25~40倍之间。针对中国股票市场的市盈率，许多学者从不同角度进行了研究。李红刚、付茜（2002）[①]根据资产定价的基本模型以及中国的实际数据，估计出中国股市合理市盈率范围目前大约在8~24倍，据此认为中国股市实际市盈率偏高。吴明礼（2001）[②]分析认为，中国证券市场不同股票的市盈率水平相差甚

①　李红刚，付茜. 中国股票市盈率合理范围探析［J］. 改革，2002（2）：103-106.
②　吴明礼. 我国股市的市盈率结构分布和分析［J］. 数量经济技术经济研究，2001（5）：99-102.

大，通常业内人士用简单平均作为实际市盈率水平的估计不太合适，与 NASDAQ
相比，中国股票市场的泡沫程度还是可以接受的。那么，在实务中，判断"合理市
盈率"的基准是什么？

市场利率代表了某一时点上金融市场的资金收益水平。同一时期各国或地区的市
场利率水平和走势不一致将影响到各国或地区股市的投资收益水平。对于成熟的资本
市场而言，合理市盈率水平应是市场平均收益率水平的倒数，而通常一般将银行1年
期利率看作市场平均收益率水平。由于中国利率没有完全市场化，其水平也不能有效
地反映市场平均收益率，所以此法并不适用于中国股市市盈率的计算。何诚颖
（2003）[1]认为：股市市盈率的波动大约会在长期利率的倒数和短期利率的倒数之间。
其中短期利率的倒数是"高峰区"，长期利率的倒数是"底部区"。如果银行1年期利
率为1.8％（扣税后），将1年期利率的倒数55倍当作合理市盈率，实际上是把可以到
达的高峰区当作合理区。长期利率可以选择10年期和20年期国债利率。如果其利率
分别为3％，4.26％（按年固定付息），据此可以计算出市盈率的相对底部区分别为
33倍和23.47倍。可见，中国股市市盈率的相对底部区在33倍以下，极限低点为23
倍，相对顶部为55倍。实际上，这个"合理市盈率"在现实的股票市场中是不存在
的。正如价格围绕价值波动一样，股市市盈率也在围绕"合理市盈率"波动，也正
如价格总是要向价值回归一样，股市市盈率也要向"合理市盈率"回归。所以"合理
市盈率"是一个具有高度参考价值的数据，对所有的经济行为具有参考、监测的
意义。

图1-20描述了中国1年期存款利率与沪市上市公司投资收益率（按市盈率倒数
计算）在1993—2014年间的趋势。从变动趋势看，大致可分为两个阶段：在1993—
1998年间，中国相对高利率时沪市投资收益率低于我国1年期存款利率。随着利
率水平的下降，沪市估值水平明显回升。在1999—2014年间，除2002年和2007年
外，中国沪市股票投资收益率高于中国1年期存款利率，股票投资收益率相对偏
高。2007年，中国再次出现了沪市股票投资收益率降低与1年期存款利率提高相背
离的现象。

1.3.3 股票收益与风险分析

股票投资收益是指投资者在一定期间实现的收益，通常采用算术平均收益率和
几何平均收益率来衡量；股票投资风险一般采用相同期间股票收益率的方差或标准
差衡量总风险，采用股票β系数衡量系统风险或不可分散风险。图1-21描述了上
市公司在2012年至2016年间（每一时点表示的是最近60个月）股票收益率和β系
数的算术平均值。从变化趋势看，反映系统风险的β系数在此期间变化较为平稳，
最大值为1.21，最小值为0.92，平均值为1.06。股票收益率（60个月）最大值为
29.72％，最小值为5.48％，平均值为17.23％。

① 何诚颖. 中国股市市盈率分布特征及国际比较研究 [J]. 经济研究，2003（9）：74-81.

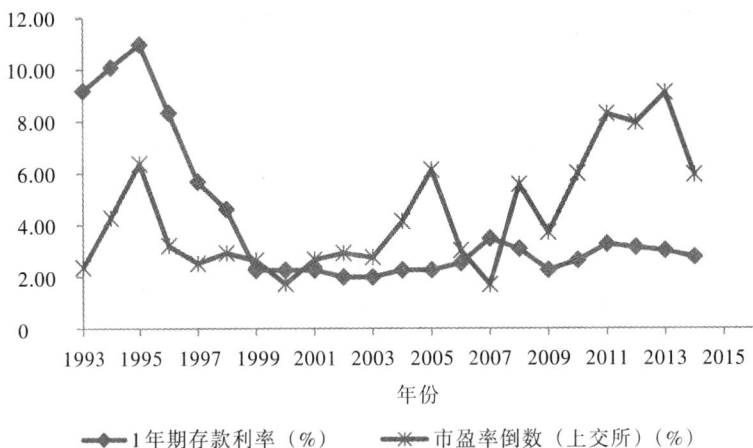

图1-20 中国1年期存款利率与市盈率倒数（上交所）趋势

数据来源：1.市盈率根据《中国证券期货统计年鉴（2015）》数据整理。

2.1年存款利率根据Wind资讯数据整理，如果一年中利率发生变化或调整，按当年平均数计算，当年没有调整利率，按上年最后一次调整的利率计算。

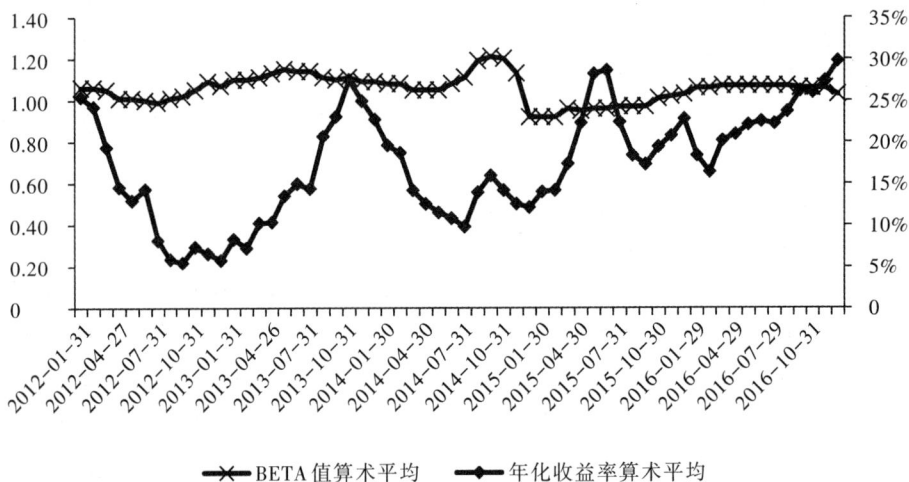

图1-21 上市公司股票收益与风险变化趋势（最近60个月）

数据来源：Wind资讯。

1.4 股票市场与经济发展

1.4.1 股票市值与GDP的关系

股票市场作为国民经济的晴雨表，反映了国民经济发展的好坏与快慢。经济发展决定了股票市场的发展，股票市场的变动反映了宏观经济的变动。或者说，经济周期性变化是股票市场周期性变化的内在原因，但这并不代表两个周期是完全同步的，作为一个相对独立的要素市场，股票市场的波动也存在自身的特有规律。

图 1-22 列示了股票市场价值与 GDP 的关系。在 1992—2016 年间，股票市场价值与 GDP 总体上呈上升趋势，但股票市场价值波动率大于 GDP 的波动率，股票市场价值与 GDP 的相关系数为 0.86，这表明两者的相关程度较高。

关于股票市场与 GDP 的关系，通常采用"股票总市值占 GDP 的比例"指标进行衡量。从总体上看，经济发达程度与股票总市值占 GDP 的比例之间呈高度的正相关关系，即股票总市值占 GDP 的比例越高，经济发达程度越高。但该比例并不是越高越好，如果股票总市值的增长超越了经济增长水平，股票市场就会出现剧烈的调整，甚至是股灾。根据图 1-23 的数据，在 1992—2016 年间，股票市场价值与 GDP 比率最高年份为 2007 年，这一比率为 1.21，股票市场价值超过 GDP。

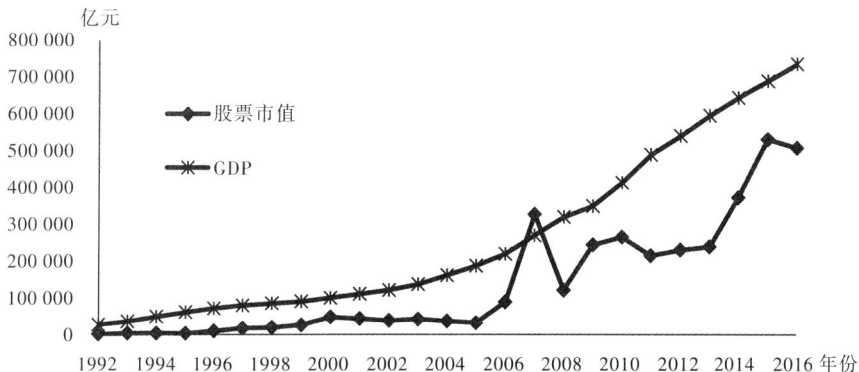

图 1-22　股票市场价值与 GDP 的变动趋势（1992—2016 年）

数据来源：1.股票市场价值来自 Wind 资讯。

2.GDP 来自国家统计局，http：//data.stats.gov.cn/easyquery.htm？cn=C01。

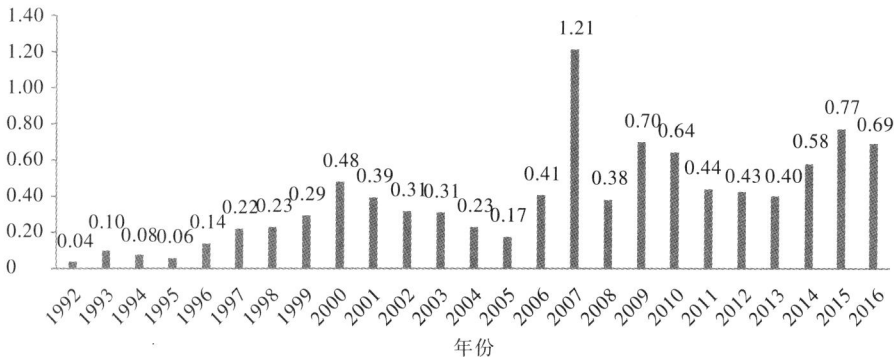

图 1-23　股票市场价值与 GDP 比率（1992—2016 年）

数据来源：1.股票市场价值来自 Wind 资讯。

2.GDP 来自国家统计局，http：//data.stats.gov.cn/easyquery.htm？cn=C01。按照我国国内生产总值（GDP）数据修订制度和国际通行做法，在实施研发支出核算方法改革后，对以前年度的GDP 历史数据进行了系统修订。

在实务中，股票的市场价值与GDP的比率通常用来衡量一个国家证券市场的发展程度，作为股市投资价值的重要参考指标。投资大师沃伦·巴菲特于2001年年底在《财富》杂志的一篇访谈中提出："虽然股市总价值与GDP比率作为分析工具有其自身局限性，但是，如果只选择一个指标来判断任何时刻市场的估值水平，则它可能是最好的指标……（当）该比值上升到前所未有的水准时，就应当被视为一个严重的警号。"他进一步认为，就美国市场而言，如果这一比率降到70%~80%的区间，就比较适合买入。如果这一比率逼近200%时你再买入，就是在玩火。巴菲特这样说的确有一定的事实依据。美国股市在2000年崩盘的时候，上市公司的总市值约占GDP的190%，日本1990年年初在股市崩溃的时候，上市公司的总市值也占到其GDP的180%。与这些国家相同，2007年中国股票的市场价值与GDP比率达到1.21，此后股票市场价值一路下跌，上证指数从2007年10月16日的6 124.04点下降至2016年12月30日的3 096点。

1.4.2　股票价格与货币政策

关于资金供给与股票价格的关系，目前，主要有两种观点：一种观点认为资金供给的增加会推动股票价格上涨，即存在资金推动效果；另一种观点认为，资金供给的增加对股票价格没有影响，即不存在资金推动效果。[①]持第一种观点的学者认为，宽松的货币政策和充裕的资金供给，一方面可以降低资本成本，促进投资和消费，带来实体经济增长预期好转，从而提高股票的预期收益率；另一方面，宽松的货币政策也会降低投资者的融资成本，手中会拥有更多的资金，投资者会将这一部分资金投入到股市中。一旦股票市场形成持续增长，则会和宽裕的资金流动性形成合力，不断促进股票市场的上涨。但有一些学者认为，货币供给量的增加并不总会促使资产价格的上涨。因为投资者对于货币存在多种需求，如交易需求、贮藏需求，通常不总将货币投资于金融资产。在特定时期，投资者会保留一部分货币用于其他需求，这如同形成一个"蓄水池"，对新增的货币形成了缓冲效果。当货币增加时，如果这一缓冲效果完全抵消了货币增加的影响，便不会出现资产价格的上涨。以上两种观点，在实证研究都在一定程度上得到了证明。

图1-24描述了货币供给（M1，M2）和股票价格（上证综指）的关系，通过1996—2016年间月度数据的时间序列数据考察可以看出，在2001年6月之前，上证综指与M1和M2基本保持同一上升趋势，符合一些实证研究的结论，即货币供给量与股票指数存在相关关系。但在2001年6月以后，这一趋势就变得不再明显，甚至出现相互背离的倾向。在2001年6月至2005年11月，以M1和M2为代表的货币量稳步增长，但上证综指却持续下降，走势出现背离。2005年11月至2007年10月，股市急速增长，虽然这一时期货币供给量也加快了增长趋势，但上证综指上涨的速度明显快于货币量的增长，彼此的增速完全不成比例。2007年10月至2008年

① 吴晓求. 中国资本市场研究报告 [M]. 北京：北京大学出版社，2013.

10 月，上证综指急速下跌，而货币供给量加速增加，两者的走势完全背离。2008 年 10 月至 2009 年 7 月，上证综指与 M2 表现出明显的同步性，两者几乎同趋势同速度上涨，这一期间正是中国"四万亿元"投资迅速推出的时期，但这一趋势非常短暂，并且在 2009 年 7 月到 2011 年 2 月后产生了完全的背离，一方面是货币供给量的加速增长，另一方面是股市的震荡下行，并且这种反差同 2001 年至 2005 年间相比更加强烈。在 2011 年 2 月到 2016 年 12 月，上证综指在 M1 和 M2 之间剧烈震荡，时而与货币供给量呈同步变化，时而与货币供给量的增长相背离。在这一阶段，M1 表示的货币供给量增长了 87.71%，M2 表示的货币供给量增长了 110.57%，但上证综指仅 6.84%。

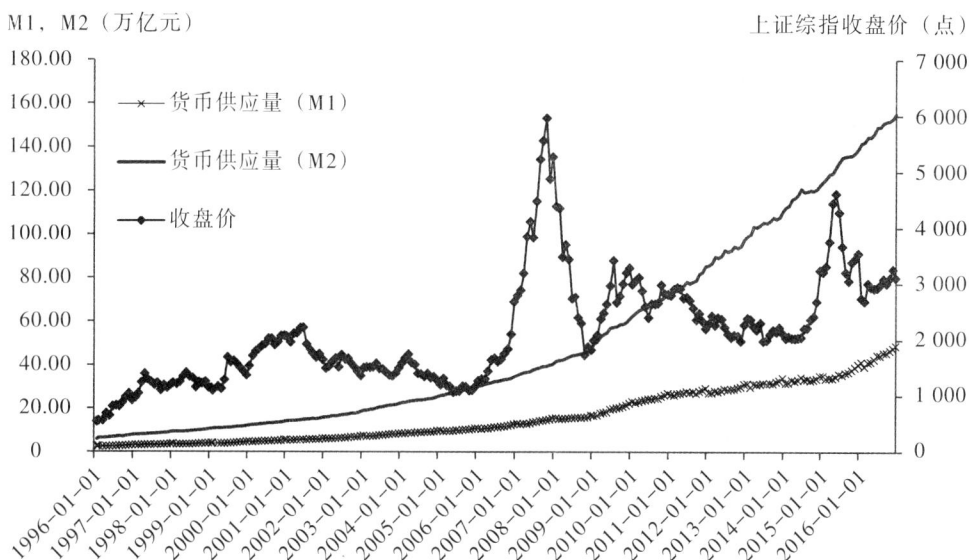

图 1-24　M1，M2 与上证综指月度数据关系（1996 年 1 月—2016 年 12 月）

数据来源：Wind 资讯。

在 1996—2016 年间，上证综指与 M1 的相关系数为 59%，与 M2 的相关系数为 56%。通过图 1-24 可以发现，上证综指与货币供给量有时会表现出较强的相关性，有时却表现出较弱的相关性甚至背离，资金推动股票市场上涨的证据并不明显。

1.4.3　企业直接融资与间接融资

在我国，企业融资方式是随着经济体制的变革而持续演变的。根据我国企业的融资制度变迁过程分析，我国企业融资制度大体上可以划分为三个阶段：1983 年以前属于财政主导型融资阶段；1984—1990 年属于银行主导型融资阶段；1990 年以后属于市场主导型的多元化融资阶段。经过 20 多年的发展，资本市场的发展在一定程度上改变了过去单纯依赖财政拨款和银行贷款的局面，使股票融资、企业债券融资等直接融资方式成为企业融资的重要组成部分。图 1-25 描述了 2002 年 4

月—2016年12月各月企业直接融资和银行贷款增加额的百分比。在图中,直接融资占银行贷款增加额百分比呈上升趋势,这一比值最大值为40.80%（2016年2月）,最小值为0.67%（2007年1月）,整个期间的平均值为13.40%。从整体上看,直接融资占银行贷款增加额的比重比较小。这表明,现阶段我国企业需要的资金大部分来自银行贷款。

直接融资/银行贷款增加额

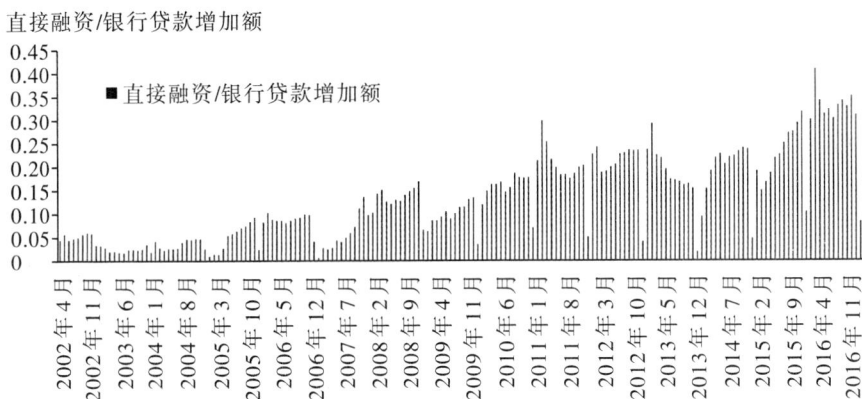

图1-25　直接融资占银行贷款增加额百分比（2002年4月—2016年12月）

注：1.直接融资主要包括企业债券、非金融企业股票融资。

2.银行贷款增加额主要包括新增人民币贷款、新增外币贷款、新增委托贷款、新增信托贷款,按累计值计算。

数据来源：Wind资讯。

根据图1-25的数据,现阶段,我国企业仍以银行贷款间接融资为主,在直接融资中以股票融资为主,尽管债券市场的出现比股票市场早,但中国的公司债券市场发展相当缓慢,远远低于股票市场的发展速度。这种股热债冷的原因是多方面的：在公司中,许多经营者认为"股票是软的,债务是硬的""既不必承担风险,又不必偿还本金"的股票融资对自己最为有利。而且,相当多的上市公司将股权资本视为可自主支配的"自由现金流量",根据需要调整股利政策,或通过送股、转股等股票股利形式发放股利,或降低现金股利支付率,从而使经营者认为股票的融资成本低廉。

吴晓求（2003）认为,公司偏好股票融资而冷落债券融资的关键原因在于政府政策的误导。在中国,政府驱动资本市场发展有双重目标：既要发挥资源配置作用,又要肩负着推动改革的使命,只有满足上述两者要求的市场形式才能得到政府的扶持和鼓励。当两者目标发生冲突并难以两全时,在实际操作中往往是牺牲资源配置成本,以保证经济改革的顺利进行。也可以说,国有企业没有完成根本性改革时其债务最终都要由国家来承担。如果发行公司债券,将对国有企业制度和政府调控经济模式改革产生极大的压力。对公司来说,股票本来是比公司债券更具有影响力的金融产品,但国家通过对上市公司设置国家股和法人股,使国有企业的股权结构不会因为高层交易而变化。这样，股票融资成为国家改变国有企业债务比率，从而改善国有商业银行资产质量但又不需改变经济管制模式的一种方法。

1.4.4 股票融资与固定资产投资

资本市场的发展，拓宽企业的融资渠道，加速了资源向优势企业集中，增强了企业的核心竞争力，促进了机械制造、金融、电子、能源、钢铁、化工等行业的发展，同时也推动了企业重组和产业结构的调整。图1-26描述了1996—2015年境内股票融资与全社会固定资产投资额的比率关系。

图1-26表明，在1996—2015年间，中国境内股票融资占全社会固定资产投资额的比率平均为2.1%，最高年份为2007年，这一比率分别为6.03%，最低年份是2003年，这一比率为0.06%。总体上说，全社会固定资产投资的资金大部分来自非股票融资。

股票募集资金/全社会固定资产投资

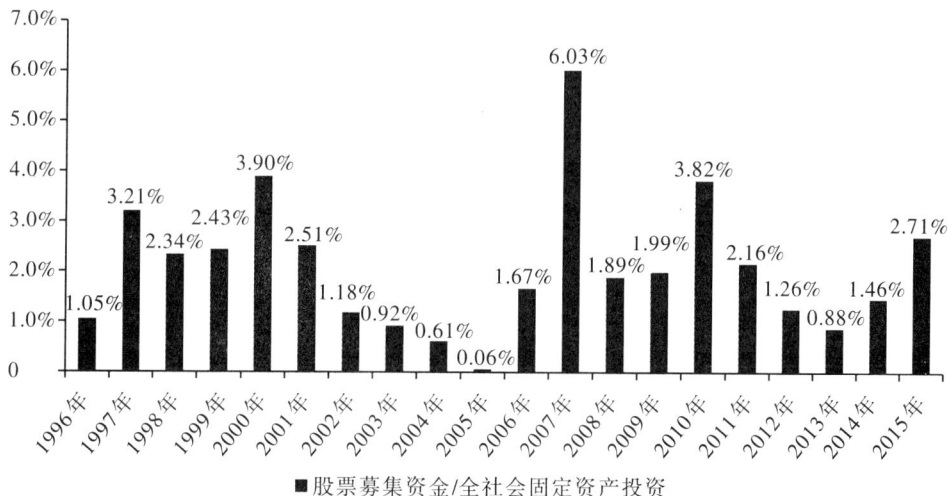

图1-26 境内股票融资与全社会固定资产投资额的比率（1996—2015年）

数据来源：1. 股票募集资金额来自 Wind 资讯。

2. 全社会固定资产投资额来自国家统计局数据。

1.5 上市公司主要财务特征

1.5.1 上市公司主要财务指标

上市公司是资本市场发展的基石。20多年来，中国的上市公司不断发展壮大，也成为推动企业改革并带动行业成长的中坚力量。现从盈利能力水平、营运能力水平、偿债能力水平、成长能力水平等方面，从时间序列上分析上市公司（A股）财务状况。

1）盈利能力水平

图1-27描述了上市公司在2000年至2016年间各年的销售利润率、总资产收益率、净资产收益率。在图中，销售利润率在11.13%～23.57%之间变动，平均值为15.36%；总资产收益率在3.86%～11.98%之间变动，平均值为5.73%；净资产收益率在9.95%～31.38%之间变动，平均值为15.69%。在这三个指标中，销售利润率和净资产收益率变动方向较为一致，从波动幅度分析，按标准差计算的净资产收益率的波动率为5.01%，其次是销售利润率波动率（3.85%），总资产收益率的波动率（2.76%）。

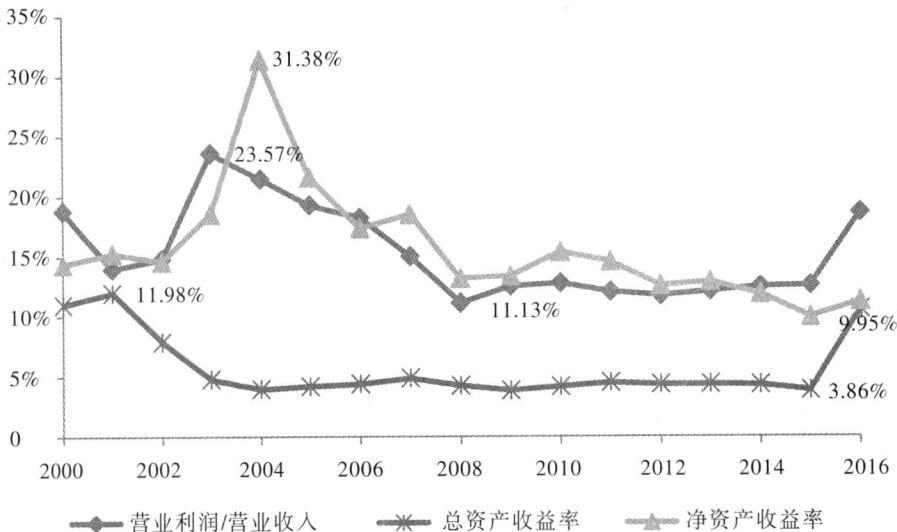

图1-27 上市公司盈利能力水平时间序列（2000—2016年）

数据来源：Wind资讯（按整体法计算）。

2）营运能力水平

上市公司营运能力水平主要是通过考察资产周转率水平衡量。图1-28描述了上市公司2000年至2016年间周转率水平。在各年间，应收账款周转率在4.05次～18.59次之间变动，平均值为11.65次；存货周转率在2.16次～8.8次之间变动，平均值为4.81次；总资产周转率在0.13次～0.63次之间变动，平均值为0.28次。

3）偿债能力水平

反映上市公司偿债能力的时间序列指标见表1-8。在2000年至2016年间，上市公司资产负债率在39.84%～94.44%之间波动，平均值为82.31%，这表明中国上市公司资产负债率偏高，偿债能力较弱。在资产构成中，流动资产与资产总额的比率在23%～52.16%之间波动，平均值为38.62%。在负债构成中，流动负债与全部负债的比率在48.34%～79.77%之间波动，平均值为65.68%，这表明中国上市公司的负债主要由短期负债的构成。从反映短期偿债能力的指标看，流动比率在0.85～1.44之间波动，平均值为1.06%；速动比率在0.6～1.01之间波动，平均值为0.71。

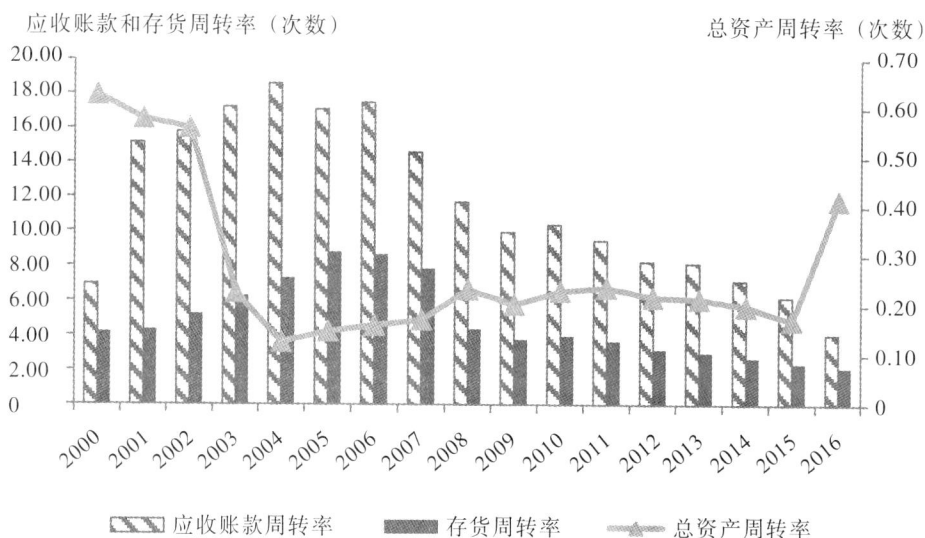

图1-28 上市公司营运能力水平时间序列（2000—2016年）

数据来源：Wind资讯（按整体法计算）。

表1-8   上市公司偿债能力时间序列指标

年份	资产负债率	流动资产/总资产	流动负债/负债总额	流动比率	速动比率
2000	64.94%	27.49%	58.75%	1.06	0.71
2001	67.40%	24.82%	57.08%	0.95	0.65
2002	91.06%	23.00%	54.60%	0.88	0.60
2003	94.44%	24.54%	59.46%	0.85	0.61
2004	93.51%	30.09%	63.65%	0.92	0.67
2005	89.20%	30.84%	64.06%	0.93	0.66
2006	88.19%	32.03%	67.66%	0.89	0.64
2007	86.53%	44.69%	75.83%	1.07	0.72
2008	85.30%	43.98%	73.37%	1.06	0.68
2009	86.16%	45.24%	70.44%	1.10	0.73
2010	85.58%	48.04%	70.93%	1.16	0.75
2011	85.58%	49.51%	72.13%	1.16	0.74
2012	85.72%	46.26%	65.29%	1.14	0.71
2013	85.69%	46.28%	65.03%	1.13	0.70
2014	85.25%	37.49%	48.34%	1.14	0.71
2015	84.80%	50.05%	70.25%	1.18	0.75
2016	39.84%	52.16%	79.77%	1.44	1.01
平均值	82.31%	38.62%	65.68%	1.06	0.71
最大值	94.44%	52.16%	79.77%	1.44	1.01
最小值	39.84%	23.00%	48.34%	0.85	0.60

数据来源：Wind资讯（按整体法计算）。

从理论上说，公司每一项资产应该与一种与它到期口基本相同的融资工具相对应，即短期流动资产一般与短期资金来源相匹配，长期资产一般与其长期资金（长期负债或股权资本）相匹配。从风险与成本的角度分析，短期债务具有成本低、风险高等特点，长期债务则具有成本高、风险低等特点。在负债期限结构中，流动负债与负债总额比率平均值是65.68%，这意味着50%以上的负债都是短期负债构成，这虽然可以降低债务成本，但同时提高了到期偿债风险。

Fan，Joseph PH，Sheridan Titman and Garry Twite（2012）在对39个国家1991—2006年的公司资本结构研究中发现，在此期间这些国家的公司资产负债率（负债总额÷公司市场价值，其中，公司市场价值=股票市场价值+负债账面价值+优先股账面价值）的平均值为29%，中位数为0.22；39个国家的公司长期负债率（长期负债÷负债总额）的平均值为53%，中位数为0.34。显然，这一结果与中国上市公司资产负债率的平均值66.14%、短期负债比率大于长期负债比率的结果不同。尽管两者统计的口径不完全相同，但也可以说明中国上市公司与其他国家在债务结构上的区别。

4）每股指标

图1-29列示了上市公司（全部A股）在2000年至2016年间按算术平均计算的每股收益、每股净资产、每股经营活动产生的现金流量净额各年指标。在这一期间，每股收益在0.16元～0.53元之间变动，平均值为0.35元；每股净资产在2.6元～5.06元之间变动，平均值为3.45元；每股经营活动产生的现金流量净额在0.24元～0.77元之间变动，平均值为0.46元。从相关程度分析，每股收益与每股净资产的相关系数为0.8071，每股收益与每股现金流量净额的相关系数为0.4006，也就是说，每股收益变动与每股净资产变动更相关。从增长率分析，在这一期间，每股现金流量净额平均增长率为43%，每股收益平均增长率为8.74%，每股净资产平均增长率为4.51%，这表明上市公司经营活动创造的收益和现金流量水平的增长程度均高于净资产的增长程度。

5）行业主要财务指标

表1-9是按证监会划分的行业标准计算的各行业2015年的主要财务指标。在各行业中，销售利润率（营业利润/销售收入）最高的行业是金融业（43.26%），最低的行业是综合（0.88%）；总资产收益率最高的行业是卫生和社会工作（12.99%），最低的行业是综合（2.66%）；净资产收益率最高的行业是教育（19.37%），最低的行业是综合（0.82%）；总资产周转率最高的行业批发和零售业（1.4432次），最低行业是金融业（0.0387次）；资产负债率最高的行业是金融业（91.98%），最低的行业是文化、体育和娱乐业（33.05%）；流动资产与资产总额比率最高的行业是房地产业（85.55%），最低的行业是电力、热力、燃气及水生产和供应业（13.71%）；流动负债与负债总额比率最高的行业是教育（92.36%），最低的行业是电力、热力、燃气及水生产和供应业（41.03%）。

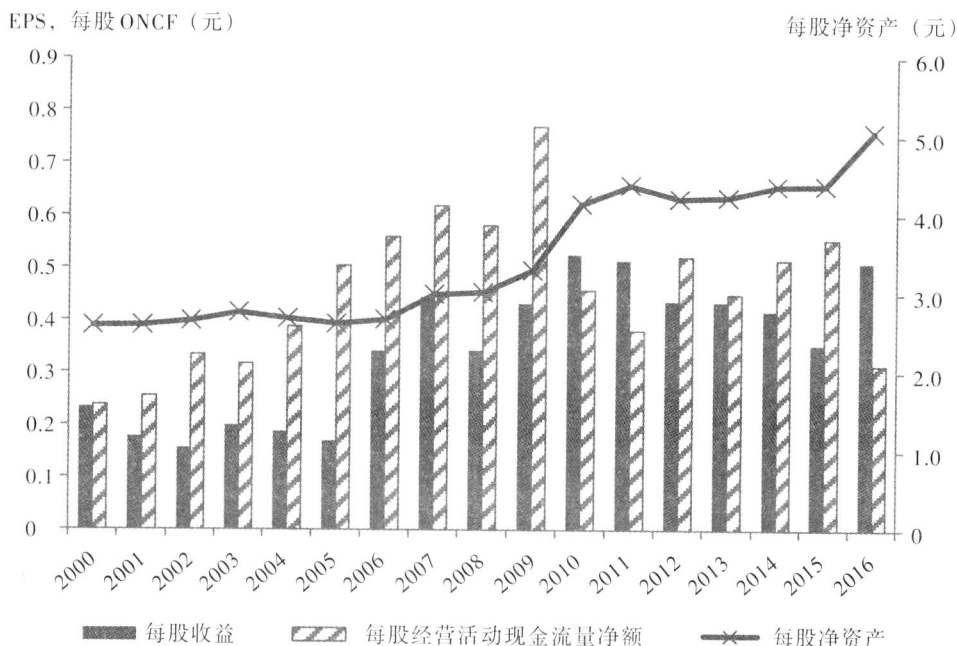

图1-29 上市公司每股指标（2000—2016年）

数据来源：Wind资讯（按平均法计算）。

表1-9 行业主要财务指标（2015年）

行业	销售利润率	总资产收益率	净资产收益率	总资产周转率（次数）	资产负债率	流动资产/资产总额	流动负债/负债总额
农、林、牧、渔业	6.00%	5.83%	6.87%	0.6589	40.98%	49.11%	80.38%
采矿业	4.23%	3.35%	2.40%	0.7384	48.15%	21.56%	55.58%
制造业	4.72%	4.99%	6.04%	0.6772	54.15%	52.66%	80.18%
电力、热力、燃气及水生产和供应业	23.79%	7.87%	9.92%	0.2746	63.91%	13.71%	41.03%
建筑业	4.87%	4.05%	9.69%	0.7197	78.35%	73.47%	76.67%
批发和零售业	1.83%	4.33%	5.54%	1.4432	65.22%	64.83%	86.50%
交通运输、仓储和邮政业	13.55%	6.41%	7.88%	0.3908	54.84%	19.25%	42.34%
住宿和餐饮业	6.68%	5.07%	5.95%	0.2813	61.93%	26.65%	49.52%
信息传输、软件和信息技术服务业	7.28%	5.50%	6.81%	0.5086	49.57%	34.84%	87.03%
金融业	43.26%	3.55%	15.41%	0.0387	91.98%	58.39%	84.02%
房地产业	14.22%	4.74%	9.33%	0.2554	76.60%	85.55%	68.10%

续表

行业	销售利润率	总资产收益率	净资产收益率	总资产周转率（次数）	资产负债率	流动资产/资产总额	流动负债/负债总额
租赁和商务服务业	7.25%	6.28%	10.14%	0.7218	65.33%	54.70%	70.54%
科学研究和技术服务业	10.65%	7.33%	10.68%	0.5637	48.21%	67.12%	89.80%
水利、环境和公共设施管理业	23.41%	7.58%	10.19%	0.2856	53.27%	58.05%	64.22%
教育	19.02%	12.89%	19.37%	0.6327	50.08%	35.03%	92.36%
卫生和社会工作	15.76%	12.99%	15.35%	0.7246	40.40%	51.81%	68.37%
文化、体育和娱乐业	11.93%	8.79%	10.76%	0.5437	33.05%	54.84%	81.56%
综合	0.88%	2.66%	0.82%	0.2568	54.67%	48.81%	71.16%

数据来源：Wind资讯。

1.5.2 中国非金融上市公司股利行为统计分析

理论上说，公司赚取收益后可以对股东分红或者留存公司用于再投资。按照公司价值最大化的原则，公司分红与否的根本依据是资金的使用效率。当公司具有好的投资机会时，公司不但不应该分红，还应该继续融资，以促进股东价值的最大化。而当资金在公司中没有更高效率的使用途径时，则应将剩余资金返还给股东。在股价高估时以现金分红方式返还，而当股价低估时则采用回购股票的方式返还。图1-30描述了上市公司在1995—2015年间，现金分红、净利润、股利支付率时间序列情况。

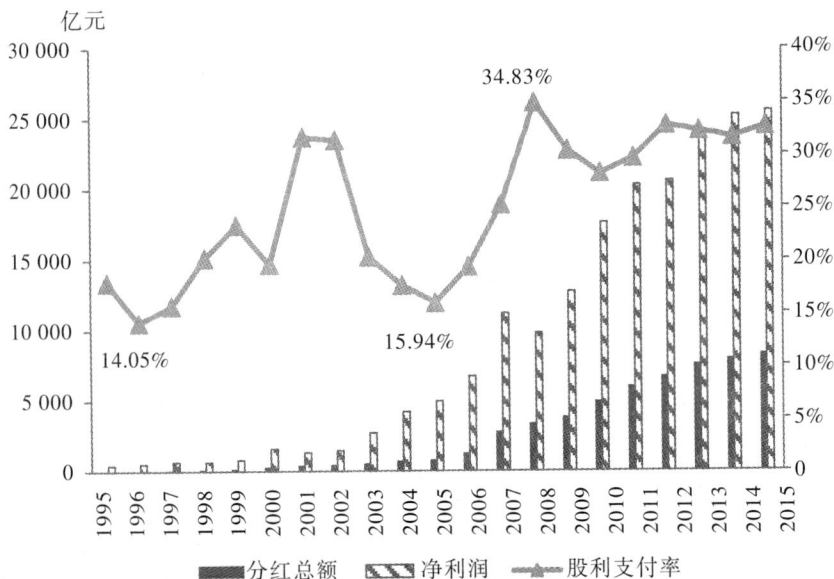

图1-30　上市公司现金分红、净利润股利支付率序列情况（1995—2015年）

数据来源：Wind资讯。

在1995—2015年间，随着净利润逐年上升，分红额也在逐年上升，各年分红额与净利润基本上同步变化。股利支付率各年变动幅度较大，在此期间的平均值为24.94%，最大支付率为34.83%（2008年），最小支付率为14.05%（1996年）。

图1-31列示了自上市以来股利支付率分布情况（各上市公司自上市以来至2015年间，累计现金分红占累计实现净利润比例）。从图中可以看出，上市公司股利支付率主要分布在10%～40%区间，上市以来从未支付现金股利的公司为353家，股利支付率超过100%的公司12家。

上市公司数量（家）

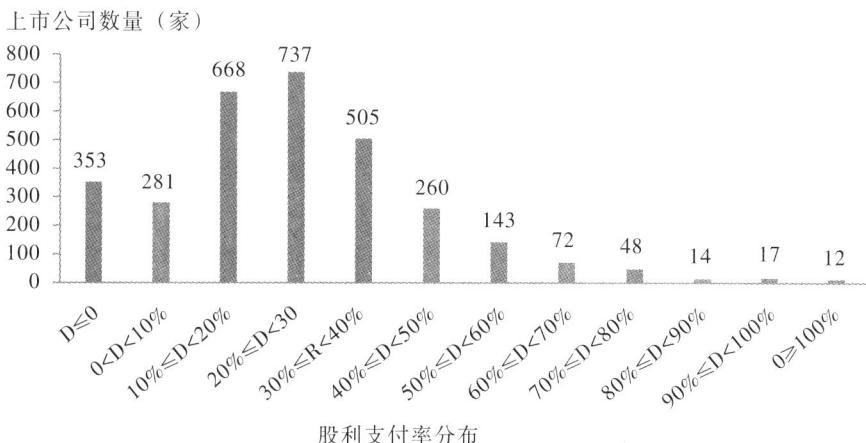

股利支付率分布

图1-31 上市公司股利支付率分布（自上市以来至2015年）

数据来源：Wind资讯。

在图1-30中，上市公司各年股利支付率呈稳步上升趋势，特别是2005年股权分置改革以后，上市公司的派现水平有较大幅度提高。其原因之一可能与中国证监会出台的一系列与再融资资格相挂钩的股利分配政策有关。为了鼓励上市公司的股利分配行为，证监会自2000年起规定，只有发放股利的公司才有资格利用公开资本市场再融资。2006年5月6日，在证监会颁布的《上市公司证券发行管理办法》中规定："上市公司公开发行证券应符合最近三年以现金或股票方式累计分配的利润不少于最近三年实现的年均可分配利润的百分之二十。"2008年10月9日，证监会颁布的《关于修改上市公司现金分红若干规定的决定》中，将此项规定修改为"上市公司公开发行证券应符合最近三年以现金方式累计分配的利润不少于最近三年实现的年均可分配利润的百分之三十"。这些规定的颁布和实施旨在运用外部融资约束来影响上市公司股利分配的决策。对于具有再融资意愿的公司来说，也可能会根据该政策来调整自身的股利发放政策。图1-32描述了上市公司近三年（2013、2014、2015年）累计分红占比情况[①]，从图中可以看出，在2013—2015年三年间，符合再融资条件的上市公司为670家，占上市公司的21.54%，不符合再融资条件的上市公司2 440家，占上市公司的78.46%。

---

① 最近3年年报分红总额（年度累计分红总额）/最近3年年报未分配利润的算术平均

上市公司数量（家）

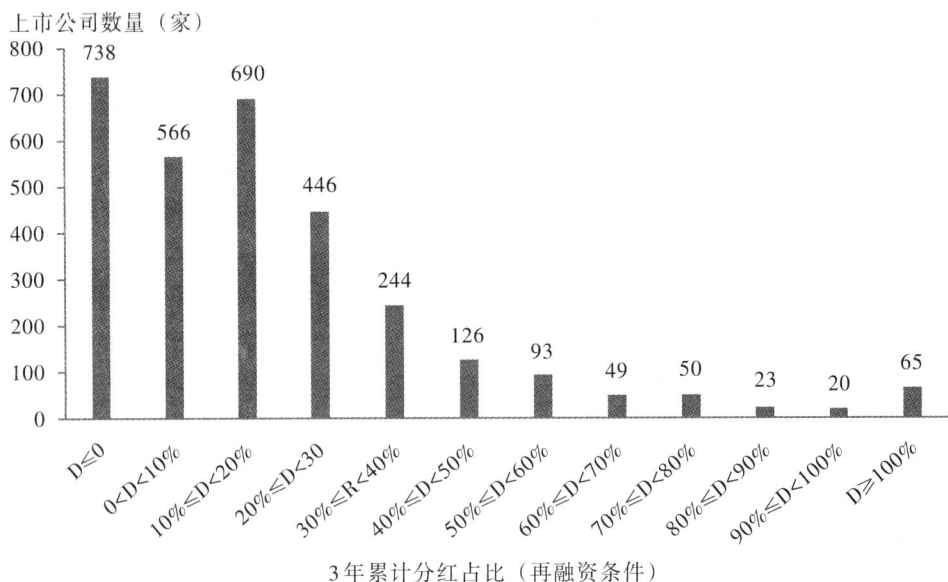

3年累计分红占比（再融资条件）

图1-32　上市公司最近3年（2013—2015年）累计分红占比分布

数据来源：Wind资讯。

表1-10列示了2014年、2015年每股股利排行前10名的上市公司，从表中可以发现，排在前10名的每股股利均大于等于1元/每股，其中贵州茅台等7家上市公司均出现在两年的排行榜中，在这一定程度上表明这7家公司连续两年给予投资者相对较高的回报。

表1-10　　　　每股现金股利排行榜前10的上市公司（2014—2015年）　　　　单位：元

2014年		2015年	
公司	每股股利（税前）	公司	每股股利（税前）
贵州茅台	4.37	贵州茅台	6.17
格力电器	3.00	洋河股份	1.80
洋河股份	2.00	宇通客车	1.50
斯莱克	1.50	格力电器	1.50
双汇发展	1.42	上汽集团	1.36
上汽集团	1.30	双汇发展	1.25
大商股份	1.26	华东医药	1.25
宇通客车	1.00	美的集团	1.20
融钰集团	1.00	江铃汽车	1.03
三联虹普	1.00	法拉电子	1.00
罗莱生活	1.00	蓝思科技	1.00
美的集团	1.00	中国太保	1.00
亚邦股份	1.00	国光股份	1.00
森马服饰	1.00	德尔股份	1.00
九牧王	1.00	焦点科技	1.00
		四通新材	1.00
		风神股份	1.00

数据来源：Wind资讯。

　　表1-11描述了中国上市公司行业分红情况，在2013—2014年两年中，分红公司占上市公司比重的均值分别为69.83%和66.90%；其中，分红公司比重最高的行业为金融业，两年分别为95.35%（41/43）和95.56%（43/45）；除教育只有一家上市公司且未分红外，分红公司占上市公司的比重最低的是农、林、牧、渔业，两年的占比分别为47.5%和48.78%。这表明大部分上市公司在2013年和2014年都进行了现金股利支付。

表1-11　　　　　　　　行业分红情况（2013—2014年）

行业	上市公司家数		分红公司家数		实际分红总额（亿元）	
	2013年	2014年	2013年	2014年	2013年	2014年
农、林、牧、渔业	40	41	19	20	9.35	6.29
采矿业	65	71	50	52	1 011.06	1 186.92
制造业	1 575	1 658	1 146	1 184	1 192.01	1 377.59
电力、热力、燃气及水生产和供应业	81	84	60	62	200.51	295.20
建筑业	63	67	51	51	122.56	172.42
批发和零售业	154	151	104	103	79.99	97.76
交通运输、仓储和邮政业	83	83	69	68	202.16	219.89
住宿和餐饮业	12	12	8	6	3.94	3.75
信息传输、软件和信息技术服务业	123	136	109	117	49.76	55.33
金融业	43	45	41	43	2 249.85	3 971.07
房地产业	139	136	95	94	143.84	186.06
租赁和商务服务业	22	25	16	21	14.35	21.92
科学研究和技术服务业	12	17	11	10	3.12	2.97
水利、环境和公共设施管理业	26	29	20	18	15.45	12.25
教育	1	1	0	0	0.00	0.00
卫生和社会工作	3	4	2	3	0.52	1.32
文化、体育和娱乐业	24	29	18	22	18.93	22.13
综合	23	24	12	13	6.42	5.76

　　数据来源：根据《中国证券期货统计年鉴（2015年）》整理。

除现金股利外，上市公司还通过送股、资本公积转增资本等形式派发股利。表1-12描述了上市公司每股转增股、每股分红送股前10排行榜（2015年），从表中可以看，每股转增股排行榜前10家主要是中小企业和创业板的上市公司；采用每股分红送股（股票每股派息、送股和转增数额之和）排行，除贵州茅台外，其他大部分为中小企业和创业板上市公司。这说明中小企业和创业板公司主要通过送股、转增股实施股利分配。

表1-12　　　上市公司每股转增与分红送股前10排行榜（2015年）

公司	每股转增股本（股）	公司	每股分红送股（元）
劲胜精密	3.000	贵州茅台	6.171
中科创达	2.909	中科创达	3.394
神州长城	2.800	浩丰科技	3.300
天齐锂业	2.800	天齐锂业	3.100
辉丰股份	2.800	劲胜精密	3.000
浩丰科技	2.800	蓝思科技	3.000
联创互联	2.700	联创互联	2.900
棒杰股份	2.600	辉丰股份	2.900
莱美药业	2.600	佰利联	2.850
财信发展	2.500	棒杰股份	2.800
佰利联	2.500	神州长城	2.800
		怡球资源	2.800

数据来源：Wind资讯。

中国上市公司股利政策的另一个特点是一手派发股利，一手再融资。曾被媒体誉为"现金奶牛"的佛山照明（000541），从1993年上市至2015年，累计发放现金股利超过365 005万元，上市以来股利支付率为70.13%，图1-33描述了佛山照明自上市以来各年股利支付率和留存收益比率。从图中可以看出，除1993年和2015年外，其他各年的股利支付率均大于留存收益比率，这表明佛山照明将各年创造的利润大部分返还给了投资者。

股利支付率

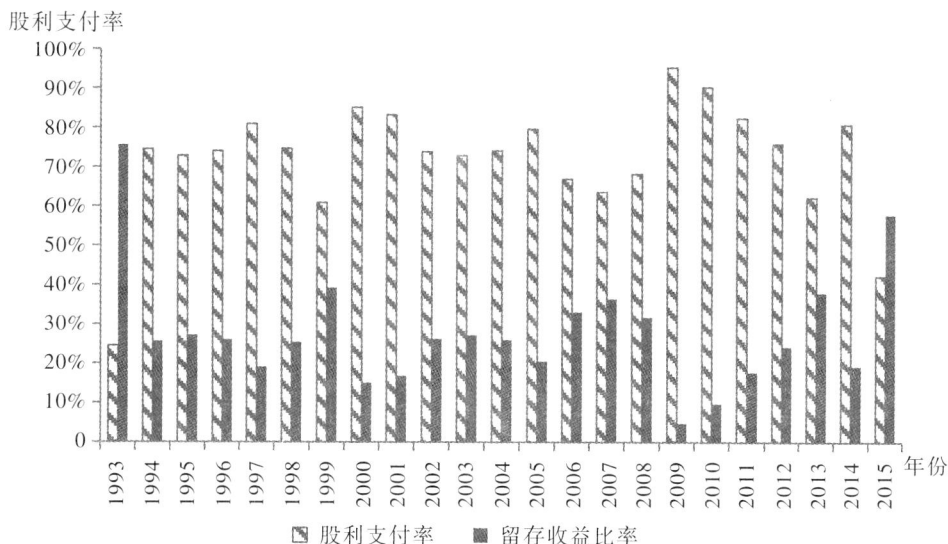

图1-33 佛山照明上市以来分红统计

数据来源：Wind资讯。

图1-34描述了投资收益率（ROIC）和股利支付率的关系，从图中可以看出，两者的变化趋势不完全相一致，甚至在有的年份相背离，从而导致两者的相关系数仅为0.45，这可能与佛山照明在特定年份投资机会、现金流状况有关。例如，2007年投资收益率上升到15.72%，股利支付率下降为63.55%；在2009年，投资收益率下降为8.06%，股利支付率上升为95.16%。

股利支付率　　　　　　　　　　　　　　　　　　　　　　　　投资收益率

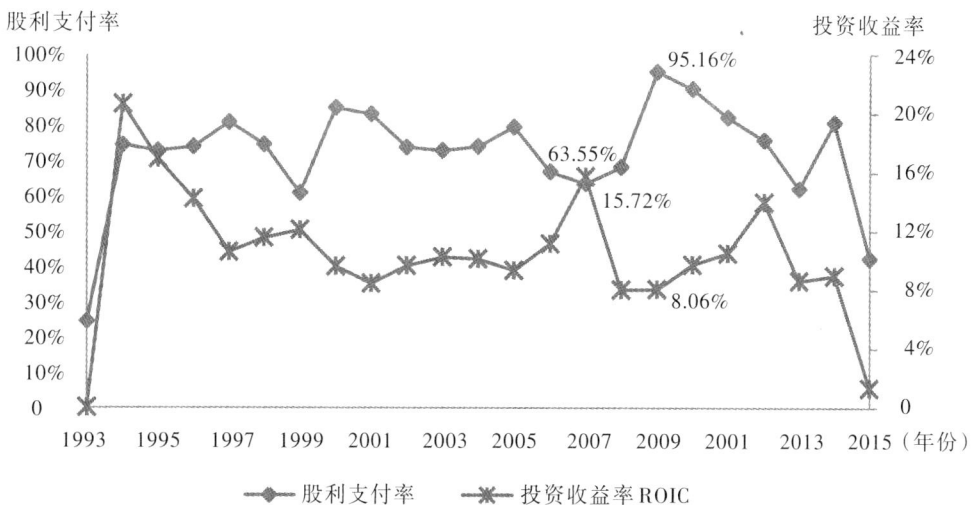

图1-34 佛山照明上市以来的投资收益率和股利支付率

数据来源：Wind资讯。

佛山照明在高比例支付股利同时，在IPO以后进行再融资，总额约为84 097.43万元，见表1-13。在表中可以发现佛山照明的外部资金全部来自股权融资，其中再融资占80.99%。通过查看佛山照明各年银行借款情况发现，该公司仅在1994—1996年3年中存在短期或一年期银行借款（2015年资产负债率为16.38%，负债主要是应付账款等商业信用）。这表明公司运营资金主要来自股权融资和内部留存收益，佛山照明的融资政策和资本结构设置较为保守。

表1-13　　　　　　　　　　佛山照明上市以来累计募集资金

融资方式	金额（万元）	占比	融资年份
直接融资			
首发IPO	19 743.90	19.01%	1993
股权再融资	84 097.43	80.99%	
其中：配股	14 522.43	13.99%	1994
定向增发	0		
公开增发	69 575.00	67.00%	2000
优先股	0		
发行债券融资	0		
直接融资合计	103 841.33	100.00%	
间接融资（按增量银行借款计算）	0	0	

数据来源：Wind资讯，数据截止日为2017年2月17日。

资本市场的发展，对中国经济和社会产生了日益深刻的影响。资本市场的发展，一方面为国家重点支柱产业、重点企业、基础行业的发展提供了重要的融资渠道，从而使一大批行业龙头企业，在推动建立现代企业制度、优化资源配置、调整经济结构、促进金融深化和经济发展等方面发挥了积极的作用。另一方面，资本市场的发展也推动了中国金融结构的转型，提高了直接融资比重，改善了企业的融资结构和盈利模式；带动了股份制公司的普及和发展，为建立现代企业制度提供了市场基础。

本章小结

1.从股权融资分析，中国上市公司主要是通过首次股票公开发行（IPO）、再融资（增发和配股），或在中国香港上市（H股）进行股权融资的。

2.从上市公司行业分布和行业融资来看，大部分上市公司都是工业制造业，2011年融资最多的是机械、设备、仪表行业，其次为石油、化学、橡胶、塑料行业。这表明中国各级政府在选择上市公司时的一个政策偏好，同时也反映了中国经济结构依然以机械、设备等制造业为主的现实。

3.企业债券和公司债券虽然都是企业依照法定程序发行的约定在一定期限还本付息的有价证券，但这两种证券产生的制度背景，在发行主体等方面的区别主要体现为：发行主体不同，募集资金用途不同，监管机构不同，信息披露要求的差异。

4.证券发行成本主要是指销售公开发行证券的直接成本和间接成本。前者主要是指承销商薪酬；后者主要是指发行折价、超常收益等。

5.股票首次公开发行的价格常常要低于交易第一天的市场收盘价，这种现象一般称作IPO折价。各国学者IPO公司上市首日收盘价相对于发行价之间的溢价提出了各种解释：基于信息不对称的视角，基于制度的视角，基于控制权的视角和基于行为金融的视角。但不论从何种视角审视，折价普遍存在于世界各国的股票市场中，且这种现象在证券市场不发达的发展中国家更为严重。

6.市盈率这一指标的数学意义是表示每1元净利润对应的股票价格；经济意义为购买公司1元净利润价格，或者按市场价格购买公司股票回收投资需要的年份。市盈率的投资意义通常以一定的市盈率为基准，超过视为股票被高估，低于视为股票被低估。前者应出售股票，后者应买入该股票。

7.经济发达程度与股票总市值占GDP的比例之间呈高度的正相关关系，即股票总市值占GDP的比例越高，经济发达程度越高。但该比例并不是越高越好，如果股票总市值的增长水平超过了经济增长水平，股票市场就会出现剧烈调整，甚至是股灾。

8.关于资金供给与股票价格的关系，目前，主要有两种观点：一种观点认为资金供给的增加会推动股票价格上涨，即存在资金推动效果；另一种观点认为，资金供给的增加对股票价格没有影响，即不存在资金推动效果。这两种观点在实证研究中都得到了一定程度的证明。

9.中国上市公司债务期限结构的特点表现为：长期债务融资比例小于短期债务融资；短期债务融资比例小于商业信用等自发性融资方式（如应付账款等）。这表明上市公司通常是"短贷长用"，这虽然可以降低债务成本，但同时提高了到期偿债风险。

10.沪深两市上市公司股利分配的特点：许多公司除了派发现金股利外，还通过送股、派现、资本公积转增资本以及这3种形式的衍生形式派发股利。此外，为满足监管要求，上市公司通常一手派发股利，一手再融资。

讨论题

1.结合中国上市公司的融资结构现状，分析内部融资与外部融资结构、直接融资与间接融资结构产生的原因，说明融资制度变迁对企业融资结构的影响。

讨论题指引

2.一些经济学家认为，企业偏好股票融资而冷淡债券融资的关键原因，在于政府政策的误导。请结合中国证券市场情况说明"股热债冷"的原因。

讨论题指引

3.关于中国资本市场的研究，巴曙松认为"中国股市是体制缺陷的晴雨表"（中国经济时报，2003年12月2日）。胡祖六在2015年博鳌亚洲论坛旗帜鲜明地指出，中国的股市太受政策的影响，不仅是证监会，是我们整个政府在市场的边界没有分清楚。你是否同意他们的观点？

讨论题指引

4.根据上市公司偿债能力时间序列指标分析，中国上市公司不仅资产负债率偏高，且负债结构不合理，流动负债水平占负债总额均值为65.68%。请分析影响资产负债率或资本结构的因素有哪些？

讨论题指引

5.我国证券市场上的市盈率究竟以多少为宜，一直是经济学界和投资学界争论的焦点之一。由于分析的视角不同、参考的数据不同，每位专家估计出的市盈率都不相同。有人认为中国市盈率过高，股市泡沫严重；有人认为，考虑到中国经济的快速发展，市盈率水平基本合理。你认为判断市盈率水平是否合理的因素有哪些？

讨论题指引

案例分析

A股10家上市公司股利政策分析

根据Wind资讯数据整理的10家上市公司股利支付与股权融资情况见表1-14。其中股权融资包括IPO融资、配股、定向增发、公开增发募集的资金。在这10家公司上市以来，股利支付率最高的为用友网络，最低的为浦发银行。

表1-14　　　　　　10家上市公司股利股权融资情况

证券简称	成立年份	分红次数	累计净利润（万元）	累计分红（万元）	股利支付率	上市以来股权融资总额（万元）
用友网络	2001	15	432 276.41	278 611.81	64.45%	256 700.00
中视传媒	1997	16	93 269.37	39 200.40	42.03%	51 030.00
伊利股份	1996	16	2 159 808.46	838 641.17	38.83%	641 405.50
贵州茅台	2001	16	10 712 107.14	3 512 336.15	32.79%	231 176.76
万华化学	2001	16	2 657 300.63	864 543.74	32.53%	400 120.00
中国神华	2007	9	38 627 800.00	11 436 531.76	29.61%	13 658 200.00
同仁堂	1997	19	1 057 572.45	261 199.50	24.70%	210 553.48
大商股份	1993	16	723 582.60	175 664.18	24.28%	92 303.79
上汽集团	1997	16	26 066 821.18	6 114 133.58	23.46%	7 194 543.14
浦发银行	1999	16	30 640 837.55	6 132 554.76	20.01%	11 334 625.55

资料来源　根据Wind资讯数据整理，数据时间截至2016年12月。

请分析这10家上市公司的股利政策：

（1）公司股利政策历史状况：除了支付现金股利，公司是否发行股票股利？

（2）公司发放现金股利会向市场传递什么信号？或者说，公司利用股利政策作为信号的必要性有多大？

（3）分析公司现金股利和股权再融资的关系，哪些公司现金股利支付大于（小于）股权再融资？

（4）公司各年的留存收益率是多少？各年经营活动现金净流量是多少？各年的现金储备（主要指货币资金）和资产负债率是多少？银行贷款限额是多少？公司是否存在限制股利政策发放的债务契约？各年资本支出是多少？根据以上各种指标分析公司是否具有融资的灵活性。

（5）在假定公司股利政策和现金储备不变的情况下，你是否要求公司改变它的股利政策？（返还更多或更少给股东）

（6）公司和该行业其他公司的股利政策相比，是高于平均股利支付率还是低于平均股利支付率？

案例分析指引

第 2 章

财务估价模型概览

◇ 熟悉费雪分离定理和财务决策基本法则

◇ 了解资本资产定价理论的逻辑起点以及在均衡条件下的定价模型

◇ 掌握套利定价机制,明确公司价值、资本成本、投资决策之间的相互关系

◇ 理解二项式定价、期权定价模型在公司估价、风险评估、投资收益中的作用

◇ 熟悉 CAPM、M-M、BSOPM 之间相互影响、相互印证的内在逻辑关系

黑格尔说:"不理解过去人们的思想,也就不能理解过去的历史。正是在这种意义上,历史就是思想史,一切历史都是思想史。"金融思想最初萌芽于 Louis Bachelier (1990) 的这篇博士论文"投机理论"(the theory of speculation),其率先采用数学工具解释股票市场的运作。数十年后,这篇关于证券市场统计研究的论文,最终被认定是标志着金融学从经济学独立出来,成为一门新学科的里程碑。[1] 20 世纪 50 年代以后,随着资本市场作用的日益提高,金融理论的研究空前繁荣,出现了一群日后在金融学史上举足轻重的代表性人物。在马可维茨 (Markowitz, 1952)、夏普 (Sharpe, 1964)、米勒 (Miller, 1958)、法玛 (Fama, 1965) 等学者的努力下,金融学成为半个世纪以来最活跃的一个经济学分支。这些理论成为金融学史上具有重大学术价值的历史文献,他们也先后成为诺贝尔经济学奖的得主。如果用一个术语来描述这些经典文献,那么,研究的是资产定价。无论是 Franco Modigliani-Merton H.Miller (1958) 的资本结构无关论,还是 Harry M.Markowitz (1952) 的投资组合理论,William F.Sharpe-John 与 Lintner-Jack Treynor (1964) 的

---

① 沈艺峰,沈洪涛. 公司财务理论主流 [M]. 大连:东北财经大学出版社,2004:1.

资本资产定价模型，或是 Fischer Black-Myron Scholes（1973）的期权定价理论，Eugene F.Fama（1965）的有效市场假说，以及 Eugene F.Fama-Kenneth R.French（1976）的"Fama-French 三因素模型"，这些模型反映了主流金融经济学的基本走向和理论框架。更为重要的是，在理想资本市场假设条件下，这些模型关于资产风险、预期收益或公司价值等的结论具有高度的一致性。当然，这一假设条件并非现代金融经济学理论的全部，对部分假设条件的逐步放松反映了现代金融经济学的发展轨迹。特别是金融学理论与金融实践的结合革命性地改变了公司财务的理论与实务。瑞典皇家科学院（1990）在经济学诺贝尔奖的致辞中称："Merton Miller 革命性地改变了公司财务的理论与实务，将公司财务从一个松散的工作程序及规则，改变为追求股东价值最大化的精细巧妙法则。"

第 2 章在分析财务决策基本法则的基础上，从公司财务的视角，简要介绍资本资产定价模型、M-M 资本结构理论和期权定价模型的发展轨迹和研究思路，说明同一理论或学说在公司财务领域的应用，以及各种理论的内在逻辑和相互印证关系。

2.1 财务决策的基本法则

2.1.1 资本市场对消费与投资选择的作用

财务估价理论是建立在资本市场如何有效分配资源的基础之上的，其中最重要的变量是"利率"——通常指资本的机会成本。从理论上说，资本机会成本是"租用"资本的价格，它是资本使用者使用资本所付出的代价，也是资本所有者提供资本要求的最低收益。为方便讨论，假设资本的所有者和使用者均可在一个资本市场中进行交易；仅有一个资本的机会成本——利率，这一利率是通过资本所有者和使用者之间的竞争来决定的。

在确定性条件下，任何持有一定财富的经济行为人面临的基本选择是：消费或投资，即经济行为人所面临的问题是今天应该消费或投资多少？这关系到怎样安排他的消费，或者说如何配置他现有的财富，以使他既能享有今天的消费又能通过今天的投资来增加他在未来的消费或财富。例如，你今天和 1 年后的今天各有 X 元收入，如果没有资本市场且没有办法储存未用的现金，你今天和 1 年后的今天各自最多只能消费 X 元。资本市场的存在使你得以将今天的货币与未来的货币进行交易，从而使你无论是现在还是将来都能适量地消费。

假设某投资者王先生，现在拥有的财富为：（1）现金 4 000 元；（2）银行存单一张，价值 6 000 元，利率 8%，期限 1 年。如果市场允许他可以以 8% 的利率自由地借入或贷出资金，那么，他通过借贷可实现的所有消费可能性的组合如图 2-1 中的斜线所示。

图 2-1 中的斜线描述了即期消费（横轴）和远期消费（纵轴）的各种可能组合。图中斜线与横轴的交点，表示王先生即期消费 10 000 元，这是他当前能消费的

最大值。为了获得这个最人值，他必须借入 6 000 元（他已持有现金 4 000 元）。当 1 年到期时，王先生用银行存款本息归还借款本息后，可供消费的财富为零。图中斜线与纵轴的交点，表示王先生 1 年后能消费的最大值。为了达到此点，他必须放弃即期消费，将手中持有的现金（4 000 元）贷放出去。假设利率为 8%，1 年后贷放现金的财富增加至 4 320 元，加上 1 年期银行存款到期本息 6 480 元，共计 10 800 元。

远期消费 (t=1)

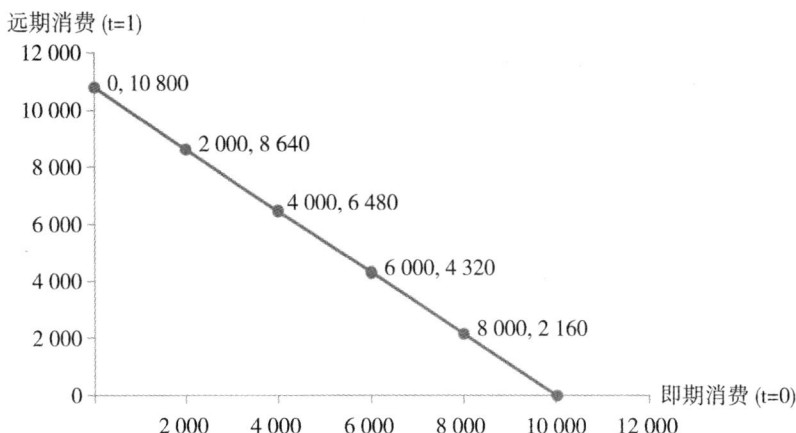

图 2-1　即期与远期消费组合（元）

在图 2-1 中，如果王先生即期消费 8 000 元，投资 2 000 元，明年可供王先生消费的现金为 2 160 元（2 000×1.08）；如果王先生即期消费 4 000 元，投资 6 000 元，明年可供王先生消费的现金为 6 480 元；其他各点的计算方法相同。图中的斜线是个人消费的可行线，从最高点（10 800 元）向下移动，王先生将增加即期消费而减少远期消费。王先生在斜线上选择哪一点，取决于他个人的偏好和处境。

根据经济学原理，对于同一个经济行为人，如果存在由不同的跨期组合构成的组合，其中每一个组合都能给他带来相同的效用，那么就说他在这些组合（即期和远期消费总量）之间的效用上无偏好差异。这个由效用等价的组合形成的集合可用一条效用无差异曲线表示。每一个经济行为人都有自己固有的一组效用曲线，其中所有的无差异曲线都互不相交并且凸向原点（如图 2-2 所示）。这意味着在财富有限的情况下，经济行为人最多只能达到某一水平的效用曲线；如果经济行为人想从一条无差异曲线过渡到更高一级的无差异曲线，就必须拥有更多的财富。如果将无差异曲线附加在个人消费可行性曲线上，就可以找出个人最佳消费点，即消费可行性曲线与无差异曲线相切的点（Y），此时消费时间偏好的边际替代率等于利率。在无差异曲线上，经过 Y 点的切线斜率表示在 Y 点的即期消费与远期消费之间的边际替换率（marginal rate of substitution，MRS），MRS=-（1+r），其中 r 为利率，它表明，如果经济行为人放弃 1 个单位的即期消费，在远期他可以得到（1+r）个单位的消费，这个数量恰好是为了放弃现时消费所需得到的补偿数量。由于它测量了消费在时间上的替换率 MRS，因此 r 也被看作是利率。

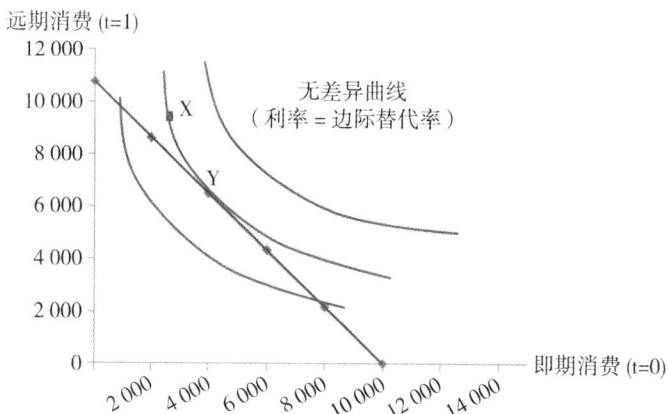

图2-2　无差异曲线与消费行为

在图2-2中，尽管经济行为人（王先生）在X点和Y点上获得同样的效用，但他在这两点的时间偏好不同，即在X点（或在X情况下）表明他相对于Y点（或在Y情况下）更愿意在明年多消费，而在Y点时他愿意在当前消费更多。或者说，如果他在即期减少了消费，作为交换他将要求在远期（明年）获得更多的消费，从而使他保持相同的效用。这样，消费选择便从Y点移动到X点。

2.1.2　利率水平对投资与消费选择的影响

在上例中，如果市场利率从8%上升到16%或下降到0，则消费组合线的斜率也会发生变化，即：W_1Y_1线斜率（r=0）为−1.0；W_1F_{10}线斜率（r=8%）为−1.08；W_1Y_2线斜率（r=16%）为−1.16。图2-3描述了利率水平变化对消费选择的影响。当市场利率为8%时，明年可供消费的现金为10 800元，低于利率为16%的消费水平（11 600元），高于利率为0时的消费水平（10 000元），但代表财富的现值（10 000元）与利率变化无关。

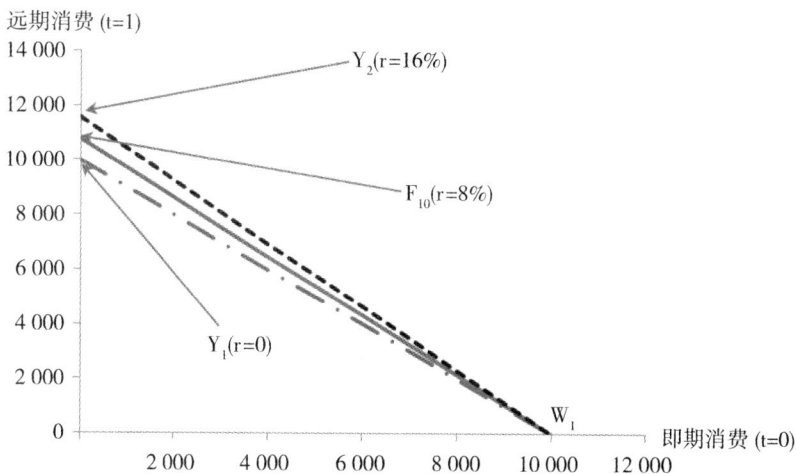

图2-3　利率水平变化对消费选择的影响

2.1.3 投资、融资与消费组合

假设经济行为人拥有一个投资项目，这个项目可以被理想化分割，这意味着它包含一系列等差数列形式的不同投资规模，即投资机会集，其中每一个投资规模都代表一个投资机会或一种投资可能。据此，他可以建立自己的投资计划并确定投资收益。此外，在这个投资项目中，所有的投资规模（机会）都是相互独立，并且每一个投资机会都是有收益的，但它们的收益率各不相同。如果将这些投资机会按照收益率递减的顺序排列，就可以得到一个投资额（投资规模）与收益率之间的函数关系，即随着投资额的增大，边际投资收益率逐渐减小。

在上例中，王先生除了进行金融资产投资（银行存款）外，还可投资于实物资产（假设开设一家打印社），预期不同投资额下的预计年末现金流量见表2-1。

表2-1　　　　　　　　　　　项目投资与收益　　　　　　　　　金额单位：元

投资方案	总投资额	增量投资额	年末现金流量	投资收益率（%）	边际收益率（%）
1	3 000	3 000	12 000	300.00	300.00
2	4 000	1 000	14 500	262.50	150.00
3	5 000	1 000	16 000	220.00	50.00
4	6 000	1 000	17 080	184.67	8.00
5	7 000	1 000	17 680	152.57	−40.00
6	8 000	1 000	18 180	127.25	−50.00
7	9 000	1 000	18 580	106.44	−60.00
8	10 000	1 000	18 880	88.80	−70.00

表2-1中的投资收益率和边际收益率的计算方式如下：

$$投资收益率 = \frac{CF_1}{C_0} - 1$$

式中：CF_1表示1年后的现金流入量；C_0表示初始投资。

$$边际收益率 = \frac{CF_n - CF_{n-1}}{C_n - C_{n-1}} - 1$$

式中：CF_n表示选择第n个投资方案1年后的现金流量；CF_{n-1}表示选择第n-1个投资方案1年后的现金流量；C_n表示选择第n个投资方案的初始投资；C_{n-1}表示选择第n-1个投资方案的初始投资。

表2-1表明，随着投资额的增加，边际收益率呈递减的趋势。当投资额为6 000元时，边际收益率（8%）等于市场利率。根据表2-1的数据，可描绘出王先生的项目投资曲线，如图2-4所示。

远期消费 (t=1)

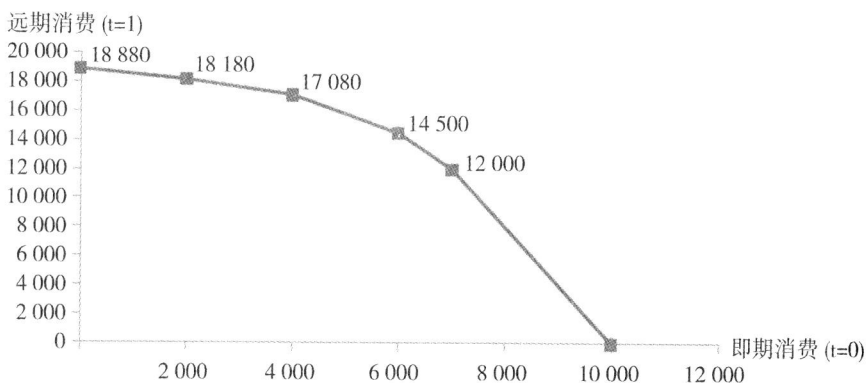

图2-4 项目投资机会集

图2-4中的横轴表示王先生的初始财富部分用于项目投资，部分用于当期消费；纵轴表示第0期项目在投资1年后的价值。例如，图中曲线与横轴相交的点表示王先生的初始财富价值10 000元；如果王先生投资3 000元开设一家打印社，其余的7 000元用于当期消费，则1年后的现金流量价值为12 000元（见表2-1）；同样，如果王先生用于项目投资的金额分别为4 000元、6 000元和8 000元，用于当期消费的金额分别为6 000元、4 000元和2 000元，则1年后项目现金流量价值分别为14 500元、17 080元和18 180元；如果王先生将全部财富都进行项目投资，当期消费为零，则1年后项目现金流量价值为18 880元。

如果王先生将其财富分别进行项目投资和金融资产投资，各种不同投资组合方案1年后的现金流量见表2-2。

表2-2 项目投资与金融资产投资现金流量 单位：元

投资方案	项目投资	项目投资年末现金流量	金融资产投资（8%）	金融资产投资现金流量	明年可供消费的现金流量
0	0	0	10 000	10 800	10 800
1	3 000	12 000	7 000	7 560	19 560
2	4 000	14 500	6 000	6 480	20 980
3	5 000	16 000	5 000	5 400	21 400
4	6 000	17 080	4 000	4 320	21 400
5	7 000	17 680	3 000	3 240	20 920
6	8 000	18 180	2 000	2 160	20 340
7	9 000	18 580	1 000	1 080	19 660
8	10 000	18 880	0	0	18 880

表2-2表明，如果王先生选择方案3或方案4，即将初始财富中的5 000元（或6 000元）投资于项目，剩余的5 000元（或4 000元）进行金融资产投资，则一年后的投资现金流量均为21 400元。其他投资组合方案的投资收益均低于方案3和方案4，或者说方案3和方案4是最佳投资方案。

从理论上说，当经济行为人拥有初始财富组合并且同时面对投资机会和消费机会时，他总会用1元的投资边际收益率和其时间偏好边际比率（即期消费与远期消费比率）进行比较。如果投资边际收益率较大，投资者会进行投资，直到最后1元的投资收益率等于消费的时间偏好边际比率。项目投资机会使经济行为人按照自己的偏好将今天放弃的消费用于投资，并通过项目投资将其转变为明天价值更大的财富，使他可以在远期获得比没有投资机会时更高的消费。

例如，王先生选择方案4（见表2-2），投资6 000元开设一家打印社，如果折现率与借款利率相等，均为8%，则一年后的现金流入量17 080元的现值为15 815元（17 080÷1.08），扣除初始投资6 000元，王先生投资的净现值为9 815元。进行项目投资使王先生的财富总额变为：

王先生投资后财富现值=初始财富现值+投资净现值

$$=10\ 000+15\ 815-6\ 000=19\ 815（元）$$

如果将图2-1、图2-4组合起来，可以得到图2-5，用于分析不同投资与消费组合对远期消费的影响。

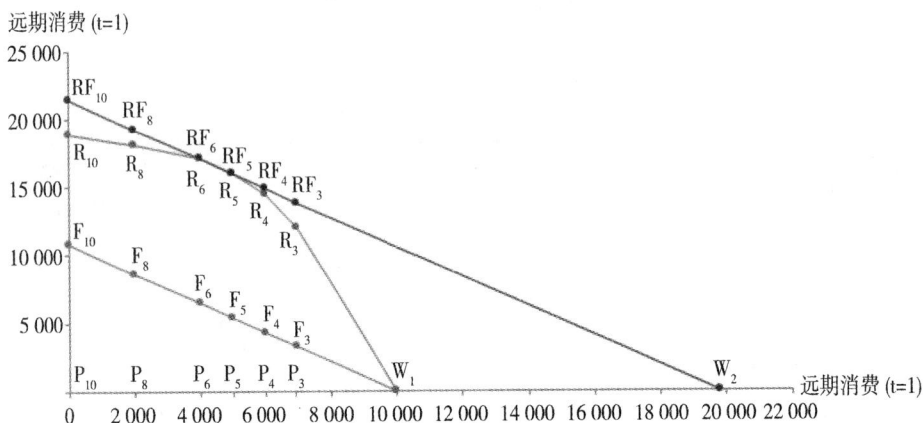

图2-5　投资与消费偏好选择

在图2-5中横轴表示王先生的初始财富在项目投资、金融资产投资或融资，以及消费之间的选择。W_1表示王先生的初始财富为10 000元；P_3、P_4、P_5、P_6、P_8、P_{10}分别表示王先生在当前投资3 000元、4 000元、5 000元、6 000元、8 000元和10 000元，剩余部分用于即期消费。纵轴表示在不同的投资与消费选择下王先生明年财富的价值。

图中$F_{10}W_1$线表示王先生在当前将其财富分别用于金融资产投资与消费的组

合，以及在不同组合下明年财富的价值；$R_{10}W_1$线表示王先生在当前将其财富分别用于项目投资与消费的组合，以及在不同组合下明年财富的价值；$RF_{10}W_2$线表示王先生在当前将其财富分别用于项目投资（5 000元）、金融资产投资、融资与消费的组合，以及在不同组合下明年财富的价值。

斜线$RF_{10}W_2$与斜线$F_{10}W_1$相平行且与曲线$R_{10}W_1$上的点R_6和点R_5相切。在一个完善的资本市场①中，一方面使有剩余资金的人能够优化其投资与消费，另一方面也使需要投资和消费而又缺乏资金的经济行为人筹得资金进行投资或消费，以便增加财富与效用。不论经济行为人的消费偏好如何，都会选择最佳的投资-消费组合。一般来说，偏好当期消费的经济行为人会通过借入资金完成这一投资-消费组合；偏好未来消费的经济行为人会通过贷出资金实现这一投资-消费组合。

点W_2表示如果王先生选择投资方案3，即将现在财富的5 000元进行项目投资，1年后该项目现金流量的现值为14 815元（16 000÷1.08），净现值为9 815元（14 815-5 000）；王先生投资后的财富现值为19 815元（初始财富10 000+净现值9 815），W_1与W_2之间的差额（9 815元）表示王先生进行项目投资创造的净现值。这意味着引入项目投资使当期财富增加的价值等于投资项目创造的净现值。

点RF_3表示王先生将初始财富10 000元中的7 000元用于现时消费，5 000元（剩余的3 000元加上从资本市场借入2 000元）用于项目投资；1年后投资价值扣除借款本息后的价值为13 840元（16 000-2 000×1.08）。其他各点的计算方式如下：

RF_4=5 000×（1+220%）-1 000×（1+8%）=14 920（元）

RF_5=5 000×（1+220%）=16 000（元）

RF_6=5 000×（1+220%）+1 000×（1+8%）=17 080（元）

RF_8=5 000×（1+220%）+3 000×（1+8%）=19 240（元）

RF_{10}=5 000×（1+220%）+5 000×（1+8%）=21 400（元）

上述各点反映了王先生在满足项目投资（5 000元）的基础上，如果即期消费超过剩余的5 000元，就按照8%的利率进行融资；如果即期消费低于剩余的5 000元，就按照8%的利率进行金融资产投资。例如，点RF_8表示王先生将初始财富中的2 000元用于即期消费，5 000元用于项目投资，3 000元用于金融资产投资，1年后的投资价值为19 240元。点RF_{10}表示王先生将全部财富用于投资，其中5 000元用于项目投资，5 000元用于金融资产投资，1年后的投资价值为21 400元。

2.1.4 费雪分离定理与项目定价

费雪分离定理（fisher's separation theorem，1930）认为，在理想的市场中，资

① 完善资本市场的3个基本假设：借款利率与贷款利率相等；不存在税收；不存在交易成本。

本市场将产生 个单 的利率，此时投资者的生产决策是由客观市场规则决定的（最大化可达到的财富），而与个体的主观偏好无关。这样使借贷双方在进行消费和投资决策时都可以以市场利率为依据，而反过来又促使投资和融资决策的相互分离。按照这一定理，在完善的资本市场条件下，任何投资决策都可以分为两个依次连续并且彼此分开的过程：第一步，进行最佳投资方案的选择，直到投资边际收益率等于资本市场利率。在这个均衡点上，经济行为人的财富（当前消费与未来消费的组合）达到最大化。面对同一条投资曲线，所有经济行为人都将做出相同的最佳决策。最佳投资以财富最大化为共同准则而不考虑个人偏好。第二步，决定跨期消费路径，或者说通过不同的借贷行为选择最佳消费模式，直到消费时间偏好比率等于资本市场利率，在这个平衡点上，经济行为人将获得最大的满足。每一个经济行为人都将做出自己的最佳消费决策。

在图 2-5 中，斜线 $RF_{10}W_2$ 与曲线 $R_{10}W_1$ 相切的两点是点 R_6 和点 R_5，所对应的项目投资额分别为 5 000 元和 6 000 元。以此构成的两种投资消费组合可以使经济行为人获得最大的远期消费。这一结果表明，如果项目的边际投资收益率等于利率（本例中，r=8%），就应该进行投资。由此可以推论，最优的投资水平能够最大化经济行为人的当期财富。如果投资的边际收益率等于由市场决定的资本的机会成本，那么投资者的当期财富 W_0，用数学方法可表示为：

$$W_0 = CF_0 + \frac{CF_1}{1+r}$$

从项目估价的角度分析，引入项目投资使未来的财富增加了 Δ，则当期财富增加了 $\Delta/(1+r)$。或者说，给定一项单期的项目投资，它的净现值（NPV）可以定义为因投资导致的当期财富增加的数量。

$$NPV = \frac{\Delta}{1+r}$$

如果项目投资是多期的，上述的结论仍然成立。假设有一个两期的经济事项，且存在资本市场和既定的项目投资。在第 0 期，经济行为人通常会向银行借入 $\Delta/(1+r)$ 与 $\Delta/(1+r)^2$ 两部分资金，其中，一部分资金 $\Delta/(1+r)$ 到第 1 期时用初始投资收益偿还；另一部分资金 $\Delta/(1+r)^2$ 到第 2 期时用第 1 期投资的收益偿还。由此，项目的净现值也可以表示为使第 0 期的财富增加的数额。

$$NPV = \frac{\Delta}{1+r} + \frac{\Delta}{(1+r)^2} \tag{2.1}$$

上述项目定价理论可适用于任意的期限。假设 NCF_0，$NCF_1 \cdots NCF_n$ 分别代表各个时期 0，1…n 的现金净流量；r 代表各期的利率，则项目的现值（PV）可表示为：

$$PV = NCF_0 + \frac{NCF_1}{1+r} + \frac{NCF_2}{(1+r)^2} + \cdots + \frac{NCF_n}{(1+r)^n}$$

$$= \sum_{t=0}^{n} \frac{NCF_t}{(1+r)^t} \tag{2.2}$$

这一表达式可以推广到各个时期的市场利率并不相等的情形。令 r_t 代表第 t 期与第 t+1 期之间不变的利率，在这种情况下，项目的价值可表示为：

$$PV = NCF_0 + \frac{NCF_1}{1+r_0} + \frac{NCF_2}{(1+r_0)(1+r_1)} + \cdots + \frac{NCF_n}{\prod_{j=0}^{n-1}(1+r_j)}$$

$$= NCF_0 + \sum_{t=1}^{} \frac{NCF_t}{\prod_{j=0}^{t-1}(1+r_j)} \tag{2.3}$$

将费雪分离定理用于公司财务决策中，意味着即使股东将投资决策权交给管理者，同样可使其财富达到最大化。因为，无论决策者是谁，也不管其效用曲线如何，对于同一条投资曲线（或投资机会集），任何决策者都会做出同样的最佳决策。或者说，费雪分离定理为股份公司提供了一个为其所有股东都一致认同的目标：所有的投资者，不论其消费偏好如何，在公司投资于净现值大于零的资产时均会获益，他们都将分享净现值，从而每个人最终都能消费更多。因此，公司经理在进行投资决策时，无须考虑股东的偏好（只要存在竞争市场，股东就可以选择符合其需要的最佳消费时间模式），只要选择净现值大于零的投资机会，就能增加每个股东所持公司股份的市场价值，就会实现股东财富最大化，这就是净现值决策法则的理论基础。

费雪分离定理以及由此得出的净现值决策法则是建立在完善资本市场的假设之上的，如果资本市场上借贷利率不相等，即资本市场上的利率不是单一的，那么，费雪分离定理的有效性将不复存在。

2.2 资本资产定价模型

2.2.1 资产定价模型的基本假设

资本资产定价模型（capital assets pricing model，CAPM）的发展可以追溯到马可维茨的投资组合理论（Markowitz，1952）。在持有多种风险的市场中，风险厌恶的投资者如何选择最优的投资组合，一直是投资者较为困难的事情。马可维茨在1952年提出的"均值-方差"分析方法十分方便地解决了这个问题。在马可维茨模型中，投资者在 t-1 时选择一个组合，该组合在 t 时获得一个随机收益。这一模型将任何一项风险资产或证券组合的收益与风险放在一个两维的空间去考察，使得证券投资组合分析第一次具有了"可计算性"，因此在资产定价领域具有非常重要的意义。尽管这一模型将投资决策变量选择局限在"均值"和"方差"两个统计量上，这相对于实际市场中的情形显得过于简化并由此衍生出许多问题，但这并不能掩盖其工作的开创性意义。

马可维茨组合选择模型给出了均值方差有效组合的一个解析解，在此基础上，威廉·夏普（William Sharp，1964）、林特纳（J.Lintner，1965）、莫森（Mossin，

1966），利用当资产价格满足于市场出清①条件时其组合必然为有效组合的关系，各自独立地研究了任意证券组合收益率和某个共同因子之间的关系，并由此导出了一个可检验的CAPM模型，揭示了在市场均衡的条件下，单项资产与市场组合在预期收益率与风险上所存在的关系。

在马可维茨模型的基础上，他们提出的假设条件包括：（1）所有的投资者都追求单期最终财富的效用最大化，市场中的所有投资者都根据马可维茨"均值-方差"模型选择或优化投资组合；（2）所有的投资者对每一项资产收益的均值、方差的估计相同：给定t-1时的市场价格出清条件，投资者对资产收益从t-1到t时的联合分布预测完全一致；（3）所有的投资者都能以给定的无风险利率借入或贷出资本，其数额不受任何限制，市场上对卖空行为无任何约束；（4）所有的资产都可完全细分，并可完全变现（即可按市价卖出）；（5）资本市场是完全竞争的，不存在税收和交易费；（6）所有的投资者都是价格的接受者，即所有的投资者各自的买卖活动不影响市场价格。

2.2.2 资产定价的逻辑分析

事实上，上述各种假设条件是相互联系、相互包容的。假设（1）表明投资者的效用是由期末财富和方差决定的，这意味着CAPM是一个单期模型；假设（3）表明市场上存在无风险资产且市场借贷利率相等；假设（5）表明市场无交易成本，可以直接推导出线性有效边界；假设（2）投资者对证券未来收益的概率分布看法相同，表明所有投资者所做的决策都在同一个有效边界上。图2-6描述了3条无差异曲线以及投资者的机会集，其中 E（r_p）表示投资组合的预期收益率；σ（r_p）表示投资组合预期收益率的标准差；E（r_{min}）和σ（r_{min}）分别表示最小收益率和最小标准差。根据无差异曲线，投资者Ⅲ的风险厌恶程度最高，其次是投资者Ⅱ，最后是投资者Ⅰ。由此，他们各自会选择不同的比例投资于机会集上的风险资产。从图中可以发现，理性的投资者决不会选择CD线上的投资组合，只要沿着投资机会集中的正斜率线段CBA移动，就可以得到更高的预期效用。处于正斜率线段的投资组合一般称为有效边界（efficient frontier）或有效集（efficient set）。

有效集是指在方差（或标准差）既定的情况下，从投资机会集中选择出的均值-方差组合，没有其他任何投资机会可以获得比有效边界更高的平均收益。有效集大大缩小了投资者选择的投资组合范围。在图2-6中，点A和点D处的投资组合具有相同的标准差，但点A在相同风险水平下可以获得更高的效用，因而点A处于有效集上，点D处的组合是在非有效集上。在考虑多个资产的投资组合时，如果能够知道个别资产的预期收益率和方差，以及两两资产收益的协方差，那么就可以找出机会集以及有效集。

---

① 市场出清是指在市场调节供给和需求的过程中市场机制能够自动地消除超额供给（供给大于需求）或超额需求（供给小于需求），市场在短期内自发地趋于供给等于需求的均衡状态。在给定的价格（P）之下，市场上的意愿供给等于意愿需求。

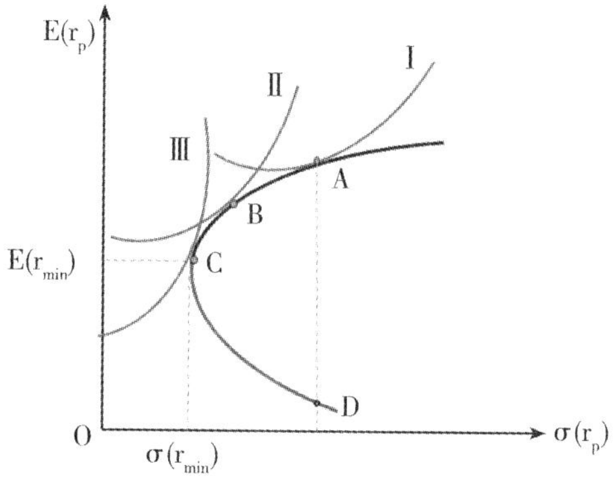

图 2-6　无差异曲线与投资组合选择

在图 2-6 中投资组合的资产都是风险性资产，如果引入无风险资产 r_f，投资组合的选择问题就会大大简化。或者说，如果投资者可以自由地以无风险利率借入或贷出资金，便可以在任意风险资产和无风险资产之间画一条直线，落在这条线上的点代表风险资产和无风险资产的投资组合。在图 2-7 中虚线分别表示无风险资产与风险资产 A、B、C 的投资组合。事实上，这种投资组合有多种可能，但仅有一条直线（r_fMN）是最优的。无论投资者对风险厌恶的程度有多大，他们都更偏好无风险资产与落在有效集上的投资组合 M 所构成的组合。在图 2-7 中，投资者Ⅲ是最厌恶风险的，他的投资组合几乎都是无风险资产；投资者Ⅰ对风险厌恶程度较低，他不仅将自己的资金全部投资于投资组合 M，而且以无风险利率借入资金投资于投资组合 M，或者说，他投资于投资组合 M 的比例大于 100%。在图中，虽然 3 位投资者均可以在点 C 处获得最小方差组合，但没有一位会选择这一投资组合，因为他们可以通过将无风险资产与投资组合 M 进行组合来获得更好的结果。事实上，投资组合 M 即是全部风险资产的市场投资组合，所有的风险资产都是风险投资组合 M 的一部分。

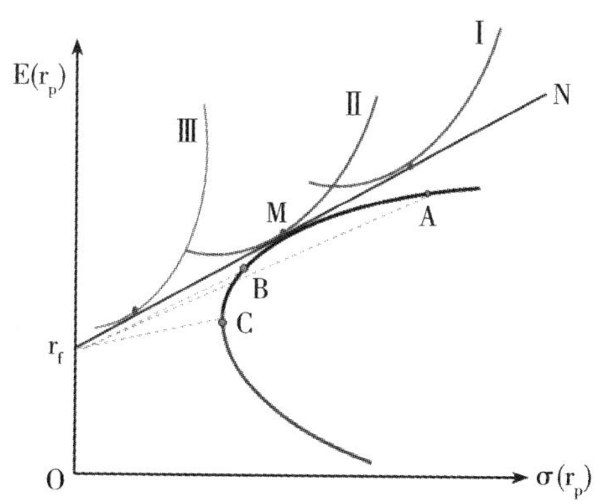

图 2-7　最佳线性有效集

在图 2-7 中连接无风险资产和市场组合的直线（r_fMN）即资本市场线（capital

market line，CML），位于 CML 上的每　点都代表有效投资组合。根据两项资金分离[①]原则，任何一个投资者的最优投资组合都可以表示为无风险资产和风险资产的线性组合，只是他们在无风险投资和切点投资组合上有所不同。如果每位投资者都持有切点的投资组合，那么这一组合一定是股票市场上实际可以观察到的投资组合；如果每一投资组合的权重都是股票市场价值的一部分，那么该组合即为市场组合。在市场投资组合中单项资产的风险是指由第 j 种风险资产引起的市场投资组合风险的边际增加。当增加第 j 种风险资产的边际权重时，市场组合的风险就增加了第 j 种资产与市场组合的协方差。[②]

图 2-8 描述了第 j 种资产风险与收益的关系，图中的直线称为证券市场线（the security market line，SML），SML 的直线方程即资本资产定价模型（CAPM）。

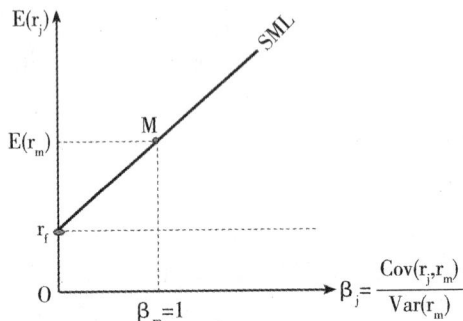

图 2-8　证券市场线

$$E(r_j) = r_f + \beta_j [E(r_m) - r_f] \tag{2.4}$$

其中：$\beta_j = \dfrac{\mathrm{Cov}(r_j, r_m)}{\mathrm{Var}(r_m)}$

式中，$E(r_j)$ 为第 j 种资产的预期收益率；$E(r_m)$ 为市场组合的预期收益率；$\mathrm{Var}(r_m)$ 为市场投资组合收益率方差；$\mathrm{Cov}(r_j, r_m)$ 为第 j 种资产和市场投资组合收益率的协方差。

公式（2.4）说明第 j 种资产所要求的收益率等于无风险收益率加上风险溢价。如果风险溢价为 $\pi = E(r_m) - r_f$，那么第 j 种资产的风险溢价等于 $\beta \cdot \pi$，其中 β 系数是风险资产 j 和市场组合 m 之间的协方差再除以市场组合的方差。根据协方差的特点，市场投资组合与自身的协方差等于市场投资组合的方差，即 $\mathrm{Cov}(r_m, r_m) = \mathrm{Var}(r_m)$，由此可以得出，市场投资组合的 β_m 系数等于 1，第 j 种资产的 β_j 系数反映了第 j 种资产系统风险对市场风险的贡献度。当风险资产与市场投资组合的协方差

---

① 两项资金分离是指每位投资者的最大效用投资组合是由无风险资产和一个风险资产组合而成的（后者是由从无风险利率出发与风险资产的有效集相切的点所决定）。

② 假设 Var_m 是未加入该项新资产时的市场组合方差，将加入到市场组合的单项新资产的方差设为 Var_j，该项资产占市场组合的比重设为 w_j，该项资产与市场组合的协方差设为 $\mathrm{Cov}(r_j, r_m)$，则加入新资产后的市场组合方差 $\mathrm{Var}_{m'}$ 为：

$\mathrm{Var}_{m'} = w_j^2 \mathrm{Var}_j + (1-w_j)^2 \mathrm{Var}_m + 2w_j(1-w_j)\mathrm{Cov}(r_j, r_m)$

由于市场组合包含市场中所有交易的资产，那么任何单项资产在市场组合的市场价值中的比重是很小的，因而上式中的第一项接近零，第二项接近 Var_m，剩下的第三项（协方差）可用于度量因资产 j 而增加的风险。

为正时，其 β 系数亦为正，反之亦然。无风险资产的 β 系数等于 0，β 系数为正（负）的风险资产的预期收益率要比无风险收益率高（低）。

2.2.3 资本资产定价模型的应用

CAPM 在金融学中的作用主要体现在它提供了一种系统的方法来计算风险资产要求的收益率。当风险资产要求的收益率等于预期收益率时，市场达到均衡。因此，CAPM 也可用于计算风险资产要求的收益率。目前，这一模型已广泛用于股票价格分析和公司资本预算决策。

1) 估计证券价值与风险调整后的均衡价格

CAPM 给出的是收益率与风险的关系，不是直接的价值或价格形式。因此，要以 CAPM 估计资产的价值，首先要将 CAPM 的预期收益率改写为价格的表达式。Rubinstein（1973）分析了证券价值和它的风险调整的均衡价格。为简化，假设只涉及 1 期，证券的期初价格为 P_0、期末价格为 P_1，这个价格包括了期末的风险收益。例如，股票价格包括股利加上资本利得，债券的价格包括到期的利息等。期末证券投资的收益率为：

$$r_j = (P_1 - P_0)/P_0 \tag{2.5}$$

收益率的预期形式可表示为：

$$E(r_j) = [E(P_1) - P_0]/P_0 \tag{2.6}$$

对公式（2.4）重写：

$$E(r_j) = r_f + \lambda COV(r_j, r_m)$$

其中：$\lambda = \dfrac{[E(r_m) - r_f]}{Var(r_m)}$ \hfill (2.7)

公式（2.7）中的 λ 用于描述每单位风险的市场价格，令（2.6）式等于（2.7）式，则：

$$\frac{E(P_1) - P_0}{P_0} = r_f + \lambda COV(r_j, r_m)$$

如果将 P_0 看成风险资产的均衡价格，重新组合上式，可以得到：

$$P_0 = \frac{E(P_1)}{1 + r_f + \lambda COV(r_j, r_m)} \tag{2.8}$$

满足（2.8）式的证券价格公式被称为风险调整后收益率估价公式（risk-adjusted rate of return valuation formula），分子为风险资产的预期期末价格，分母可视为一种风险调整折现率。如果第 j 种资产是无风险资产，则资产 j 与市场组合收益率的协方差等于 0，而正确的单期折现率就等于（$1+r_f$）；如果第 j 种资产具有正的系统风险，必须将风险溢价 $\lambda COV(r_j, r_m)$ 加入到无风险利率（r_f）中，对折现率进行风险调整。

在单期估价模型中，对资产的估价并不是基于个体的效用偏好。只要投资者认为风险资产具有相同的收益分布，则不论投资者自身具有怎样的个人效用函数，他们都会对该资产以相同的方式进行定价。

根据资本资产定价模型，投资者可以根据系统风险而不是总风险评价各种资产的价格，用来解决投资决策中的一般性问题。表2-3列示了5只股票的β系数和必要收益率，其中无风险利率为6%，市场投资组合收益率为12%。

表2-3   **股票必要收益率**

股票	β系数	必要收益率（CAPM）	风险评价
A	0.70	10.20%	低于市场平均风险水平
B	1.00	12.00%	等于市场平均风险水平
C	1.15	12.90%	高于市场平均风险水平
D	1.40	14.40%	高于市场平均风险水平
E	−0.30	4.20%	低于无风险利率

在市场均衡状态下，所有资产和资产组合都应落在SML上，也就是说，所有资产都应被定价以便使其估计的收益率（estimated rate of return）与其系统风险水平相一致。这个估计的收益率是在现行市场价格下投资者期望得到的收益率。任何估计的收益率落在SML上方的证券应被认为定价过低，因为它表明了你估计得到的证券收益率高于根据系统风险计算的必要收益率。相反，估计的收益率分布在SML下方的证券则被认为定价过高，相对SML来说，这种位置说明你估计的收益率低于系统风险要求的收益率。

在一个有效的均衡市场中，不可能有任何资产落在SML之外，因为在均衡状态中所有股票持有期间的收益率等于它们的必要收益率。然而，在一个相当有效但不是完全有效的市场中部分证券可能被错误定价，而一些有能力的投资者通过寻找那些被高估或低估的证券，在风险调整的基础上可以得到比其他投资者更高的收益率。

采用SML确定某一项特定资产的必要收益率，可以与根据现行市场价格水平估计的收益率进行比较，以便判定一项投资是否被恰当定价。假设证券分析师对上述5只股票进行跟踪分析，预测5只股票的市场价格和股利见表2-4，据此计算分析预测的持有期间收益率。

表2-4   **股票市场价格和估计收益率**

股票	现价	预期价格	预期股利	估计的未来收益率
A	25	27	0.5	10.00%
B	40	42	0.5	6.25%
C	33	39	1.0	21.21%
D	64	65	1.0	3.13%
E	50	54		8.00%

将表2-3和表2-4相比较，可以确定每只股票必要收益率与估计收益率之间的关系，见表2-5。

表2-5   **必要收益率与估计收益率比较**

股票	β系数	必要收益率	估计收益率	估计收益率 - 必要收益率	评价
A	0.70	10.20%	10.00%	- 0.20%	合理定价
B	1.00	12.00%	6.25%	- 5.75%	定价过高
C	1.15	12.90%	21.21%	8.31%	定价过低
D	1.40	14.40%	3.13%	- 11.27%	定价过高
E	-0.30	4.20%	8.00%	3.80%	定价过低

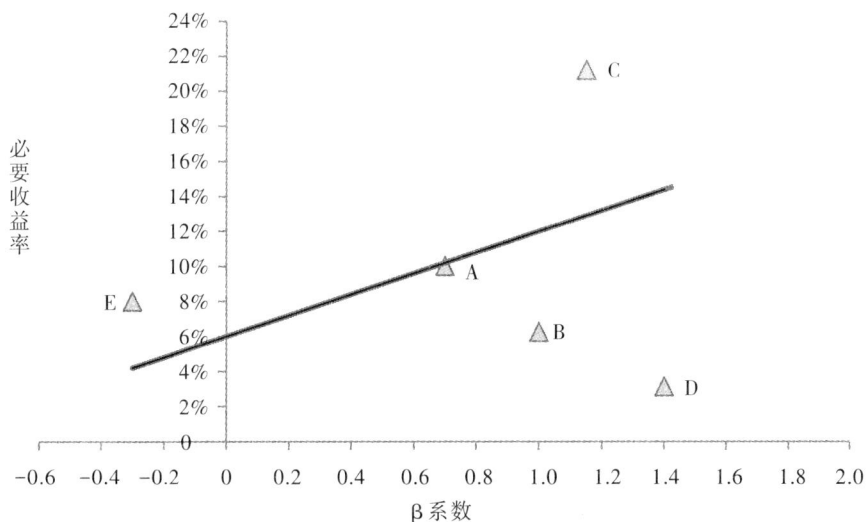

图2-9 必要收益率在SML上的分布

在图2-9中，股票A几乎正好在SML上，表明股票A的定价基本合理，因为它的估计收益率几乎与必要收益率相等；股票B和股票D的定价过高，因为它们在持有期间的估计收益率低于投资者要求或预期得到的与风险相关的收益率，结果它们处于SML的下方。相反，股票C和股票E的估计收益率大于根据系统风险计算的必要收益率，因此都处于SML上方，这表明它们是定价过低的股票。如果你相信分析师对估计收益率的预测，你会买入股票C和股票E，卖出股票B和股票D，而对股票A不会采取任何行动。如果你是一个激进型的投资者，也可以卖空股票B和股票D。

2）CAPM与资本成本

在公司财务中，CAPM主要用于估计股权资本成本。假设公司无负债，且不存在公司所得税和个人所得税，如果可以估算出公司股票的系统风险和市场组合的收益率，则按CAPM计算的风险资产（股票）要求的收益率，就是公司的股权资本成本。假设股权资本成本为 r_s，则：$E(r_j) = r_s$。

在公司的项目评估中，可将公司视为一个由不同风险资产或项目构成的组合，如果公司的所有项目与公司整体均具有相同的风险，那么，r_s 也可以解释为新项目所要求的最低收益率，如图 2-10 所示。如果项目的风险水平与公司整体的风险水平不一致，此时需要估计项目的系统风险和项目投资要求的收益率。项目 K 的收益率 r_k 高于公司的股权资本成本 $E(r_j)$，但项目 K 的系统风险较高。如果单纯以项目的预期收益率大于公司的股权资本成本 $E(r_j)$ 分析，公司应实施该项目。但是，这种做法未必正确。根据市场的系统风险 β_k 要求的收益率为 $E(r_k)$，而项目本身能够提供的收益率为 r_k，由于 $r_k < E(r_k)$，显然应拒绝项目 K。

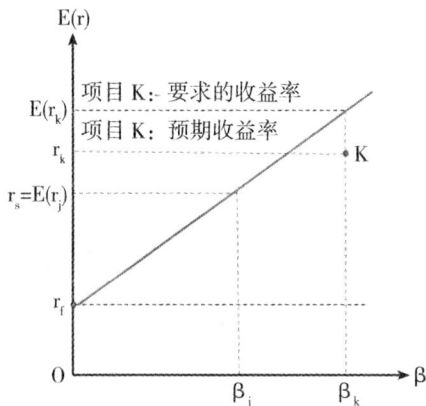

图 2-10　资本资产定价模型与项目收益率

由于 CAPM 使决策者能够估计出具有不同风险项目所要求的收益率，因此，在实务中经常采用 CAPM 作为项目价值的决策标准。

［例 2-1］假设 SST 公司没有负债，股票 β 系数等于 1；假设政府债券收益率为 6%，市场风险溢价为 7%，根据 CAPM 模型，SST 公司股权资本预期收益率为 13%，也可以说，SST 公司的股权资本成本，或加权平均资本成本均为 13%。此时，市场投资组合的预期收益率也是 13%。假设 SST 公司目前有两个投资项目：低风险项目和高风险项目，两个投资项目各自的资本成本、预期收益率见表 2-6。在上述两个备选项目中，是以公司加权平均资本成本还是以各自的项目的资本成本作为项目评价的标准？

图 2-11 中的 SML 为证券市场线，根据项目 β 系数给出了其要求的预期收益率，它以无风险利率（6%）为起点，经过 M 点，即市场收益率（13%）。如果 SST 公司根据项目的 β 系数而不是公司的 β 系数评价投资项目，那么它就会放弃任何处于 SML 下方的项目，接受任何处于 SML 上方的项目，因为 SML 代表了投资项目预期收益率与项目 β 系数（风险）之间的关系。如果以项目的资本成本进行评价，就

表 2-6　　　　　　　　　　　投资方案预期收益率与资本成本

项目	公司	低风险项目	高风险项目
无风险利率	6%	6%	6%
市场风险溢价	7%	7%	7%
β系数	1	0.6	1.4
股权资本成本（加权平均资本成本）	13.0%	t10.2%	15.8%
项目预期收益率	—	12%	15%

会接受低风险项目、放弃高风险项目。因为低风险项目的预期收益率（12%）大于项目资本成本（10.2%）；高风险项目的预期收益率（15%）低于资本成本（15.8%）。如果 SST 公司以 WACC（13%）作为判断标准，就可能会错误地接受一些高风险的项目，放弃一些低风险的项目。虽然高风险项目的预期收益率大于公司加权平均资本成本，但本例中，高风险项目投资至少要求 15.8% 的投资收益率，而项目本身只能提供 15% 的预期收益率，显然应该拒绝高风险项目。低风险项目提供的预期收益率虽然低于公司加权平均资本成本，但其风险小，补偿同等风险项目要求的预期收益率为 10.2%，低于项目本身的预期收益率，因而应该接受低风险项目。

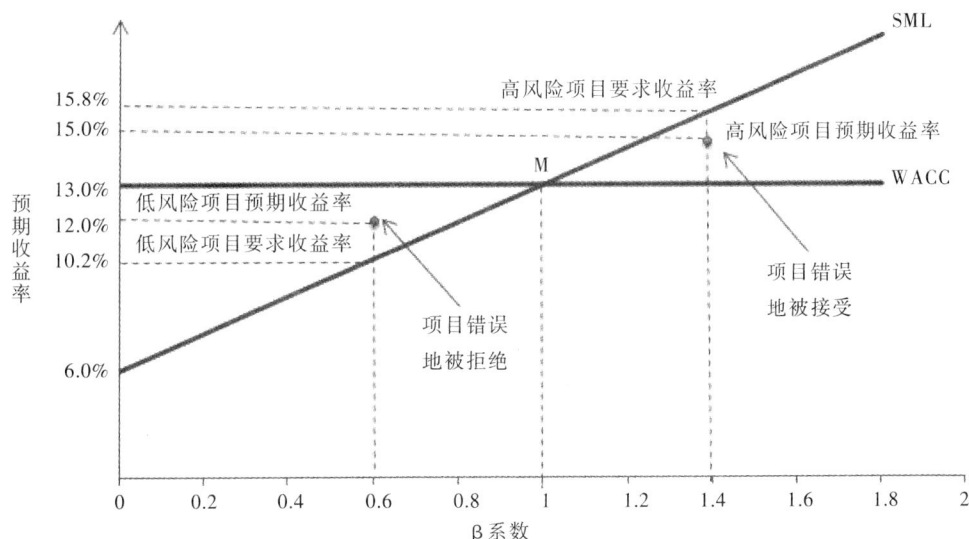

图 2-11　资本成本与项目预期收益率

　　在实务中，公司是如何确定股权资本成本的？ Graham J R，Harvey C R（2001）在对 392 位美国公司的 CFO 进行问卷调查后，发现 73.49% 的公司使用 CAPM 计算股权资本成本，采用不同方法计算资本成本的调查结果如图 2-12 所示。

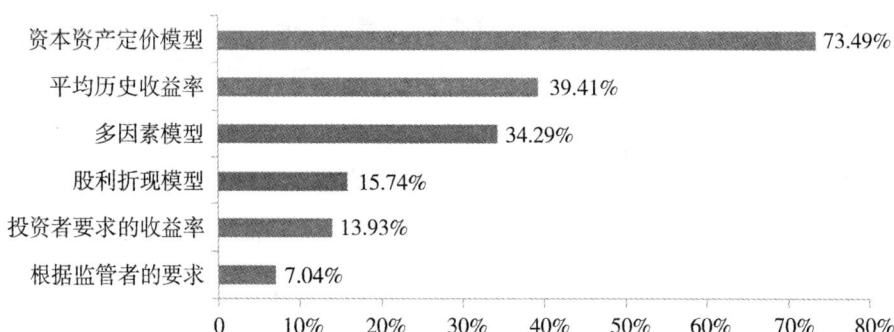

图2-12 美国公司资本成本计算方法选择（按重要程度排序）

图2-12表明，被调查的CFO总是或几乎总是使用CAPM估计资本成本；排在第二、第三位的是根据平均历史收益率（39.41%）和多因素模型（34.29%）估计资本成本；采用股利折现模型的占15.74%。他们的研究发现：大公司比小公司更可能使用CAPM，而小公司更倾向于使用投资者所要求的资本成本；负债率高的公司更可能使用CAPM；管理层持股比例低的公司更可能使用CAPM；公众公司比私营公司更可能使用CAPM；有境外销售收入的公司更可能使用CAPM；进入财富500的公司更倾向于使用CAPM。

李悦、熊德华、张峥、刘力（2009）对中国上市公司财务总监（主管会计工作的负责人）进行问卷调查，收回有效问卷167份（回收率为11.08%），对样本公司如何估算公司的股权资本成本进行了问卷调查，其问卷结果如图2-13所示。

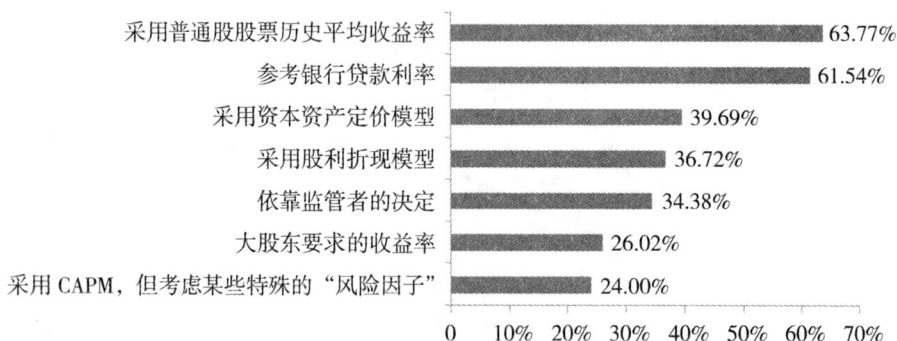

图2-13 中国上市公司如何估算股权资本成本（按重要性排序）

将图2-12和图2-13相比较发现，中美两国的上市公司在估计股权资本成本时的差别较大。Graham J.R.，Harvey C.R.（2001）研究发现与广泛使用CAPM作为股权资本成本估计方法的美国上市公司相比，中国上市公司更倾向于采用股票历史平均收益率和银行贷款利率估算股权资本成本。这一现象表明中国上市公司与成熟市场的上市公司之间还有很大差距。

2.2.4 CAPM的经验检验

在财务学中最重要的问题就是如何度量风险以及如何描述预期收益与风险的关

系，CAPM 提供了一个简易并与直觉相符（风险越大，收益越高）的方法。但是，由于 CAPM 的各种假设在现实中并不存在，这个模型一出生就遭到了理论界与实务界的质疑，并采取不同的方法进行经验检验。

CAPM 预示所有的投资者都持有市场组合，而且只要市场组合在有效边界上，就可以得到 β 系数与预期收益率之间的线性关系。因此，检验 CAPM 正确与否，关键是看市场组合是否有效。Black，Jensen and Scholes（BJS，1972），Fama and Macbeth（FM，1973）已间接地验证了 CAPM，他们主要检验：证券市场线的截距是否等于无风险利率；所有资产的预期收益率与 β 系数是否呈线性相关；证券市场线的斜率是否等于（$r_m - r_f$）等。在 CAPM 检验中，通常采用两步回归法：

第一步，进行时间序列回归，估计证券特征线。首先将每只证券实际收益率的时间序列数据与市场投资组合收益率的时间序列数据进行回归，可以得到证券特征线。证券特征线的斜率是证券 β 系数的估计值。

第二步，进行横截面回归，将证券的平均收益率与第一步估计的 β 系数进行回归。第二步得到的估计值称为证券市场线。在此基础上，确定证券市场线的特征是否与 CAPM 预计的证券市场线一致。

［例 2-2］现采用一个简单的例子进行 CAPM 检验。表 2-7 列示了沪市 7 只股票以及上证综指 2012—2016 年各月收益率等有关数据。

表 2-7　沪市 7 只股票和上证综指各月收益率数据（2012 年 1 月—2016 年 12 月）

日期	浦发银行	华能国际	万华化学	用友网络	光明乳业	青岛啤酒	中南传媒	上证综指
2012-01-31	8.60%	2.80%	5.97%	−8.61%	−8.49%	−5.32%	0.77%	4.24%
2012-02-29	3.47%	−0.55%	8.56%	13.07%	8.55%	6.94%	10.43%	5.93%
2012-03-30	−6.39%	−6.76%	−11.93%	0.97%	0.23%	−3.92%	−2.39%	−6.82%
2012-04-27	5.38%	3.92%	8.75%	2.98%	5.05%	6.75%	1.43%	5.90%
2012-05-31	−6.80%	2.83%	10.94%	1.08%	7.71%	8.11%	1.81%	−1.01%
⋮	⋮	⋮	⋮	⋮	⋮	⋮	⋮	⋮
2016-10-31	−1.33%	1.56%	1.56%	0.62%	2.92%	−2.11%	2.24%	3.19%
2016-11-30	5.47%	7.13%	−0.05%	9.01%	−2.77%	−0.83%	2.36%	4.82%
2016-12-30	−5.54%	−7.96%	3.16%	−16.08%	−7.11%	−4.66%	−10.77%	−4.50%
月平均收益率	10.58%	1.31%	1.51%	2.90%	1.37%	0.09%	1.65%	0.85%
截距	0.01329	0.00557	0.00753	0.01771	0.00757	−0.00340	0.00987	0
斜率	0.79410	0.88151	0.88417	1.32303	0.71560	0.50985	0.77531	1.0000
R^2	0.44345	0.40043	0.53390	0.29427	0.21739	0.33380	0.33093	1.0000

资料来源：各月收益率数据来自 Wind 资讯（为简化，中间部分数据未列示）。

表2-7中的月平均收益率、截距、斜率和 R^2 是根据 Excel 内置函数计算的。

CAPM 假设每项资产的平均收益率与 β 系数呈线性相关，假设历史数据可以提供一个未来收益分布的准确描述。第二次回归是根据表2-7中股票的月平均收益率和 β 系数，用 β 系数回归平均月收益率（根据 Excel 函数）可以得到如下结果：

$E(r_j) = \gamma_0 + \gamma_1\beta_j = 0.01124 + 0.01962\beta_j$

$R^2 = 0.01883$

根据 CAPM 模型，γ_0 应该与该时段的无风险利率相对应。假设在 2012—2016 年间的月无风险利率为 0.1958%（国债利率），回归截距为 1.124%，是同期无风险利率的 5.7347 倍。

γ_1 对应的是 $(r_m - r_f)$，上证综指在这一期间的平均月收益率为 0.8513%，平均无风险利率为 0.1958%，因此，γ_1 应当大约为 0.6556%×（0.8513%-0.1958%），但检验的结果为 -0.01962。

上述结果表明 CAPM 没有通过检验[①]。或者说，这一结果不能证明预期收益与投资组合的 β 系数是线性相关的。导致这一结果的原因：第一，也许 CAPM 本身就不成立。例如，资产收益和它们的 β 系数之间不存在一个简单关系，也许投资者对资产没有相同的预期资产收益、方差和协方差。第二，CAPM 对投资组合成立，但对单一资产不成立。第三，也许采用的资产组合不够大。因为 CAPM 是针对所有风险资产的。但在本例中只选择了这些资产的很小的子集（上证综指）进行检验。第四，也许"市场投资组合"不是有效的。

为克服样本数（7只股票）较小的缺陷，随机选择了30只上证 A 股股票，根据 2012 年 1 月至 2016 年 12 月期间 60 个月度数据，以上证综指作为市场指数，二次回归的结果为：

$E(r_i) = \gamma_0 - \gamma_1\beta_i = 0.0070 - 0.0024\beta_i$ $R^2 = 0.004$

上述检验结果表明，截距项（0.0070）不等于同期无风险利率（0.1958%），截距项相当于无风险利率 3.57 倍；同期上证综指收益率为 0.5740%，因此，检验结果为 -0.0024；从统计检验看，t-统计量（截距）=1.3042，t-统计量（斜率）= -0.3366。上述结果表明扩大样本（30只股票）后，CAPM 仍然没有通过检验。

关于 CAPM 的检验，Roll（1977）认为检验 CAPM 的唯一方式是要分析市场组合的替代品是否是均值-方差有效的（在马可维茨的有效边界上）。如果市场投资组合在有效边界上，那么，预期收益与 β 系数的线性关系，证券市场线的截距等于无风险利率，以及证券市场线的斜率等于 $(r_m - r_f)$ 等情形自动成立。因此，可通过检验市场投资组合是否在有效边界上来检测资本资产定价模型的正确性。

Reilly and Akhtar（1995）的研究发现，在不同的时期采用3种不同的市场组合替代品计算得出的道·琼斯工业指数（DJIA）中的30种股票的平均 β 系数有很大

---

① 从统计检验看，t-统计量（截距）=0.20373，t-统计量（斜率）= 0.30981，t-统计量均表明它们在统计上并非显著地不为零。需要说明的是，本例只是为了简化，选择了7只股票，样本量太小，不足以满足统计检验的要求，检验结果不具有可靠性。

的区别。这3种市场组合的替代品是:(1)标准普尔500指数;(2)摩根士丹利(M-S)世界股票指数;(3)Brinson Partners全球证券市场指数(GSMI)。GSMI不仅包括美国和其他国家的股票,还包括美国和其他国家的债券。在不同时期、不同市场组合替代品下的道·琼斯工业指数中30种股票的平均β系数,见表2-8。

表2-8   在道·琼斯工业指数中30种股票的平均β系数

时期	市场组合的替代品		
	标准普尔500	M-S世界	Brinson GSMI
1983—1988年			
平均β系数	0.820	0.565	1.215
平均指数收益率	0.014	0.017	0.014
指数收益率的标准差	0.049	0.043	0.031
1989—1994年			
平均β系数	0.991	0.581	1.264
平均指数收益率	0.010	0.004	0.008
指数收益率的标准差	0.036	0.043	0.026
1983—1994年			
平均β系数	0.880	0.606	1.223
平均指数收益率	0.012	0.011	0.011
指数收益率的标准差	0.043	0.043	0.029

资料来源: REILLY, AKHTAR.The benchmark error problem with global capital markets [J]. The Journal of Portfolio Management, 1995, 22 (1): 33–52.

在表2-8的3个替代市场组合中,由于市场组合替代品含有的成分不同,其风险分散程度也不同,其中Brinson GSMI(世界股票加上债券)属于高度分散的投资组合,其资产组合收益率的标准差低于标准普尔500(美国股票)和M-S世界(美国股票加上其他国家股票)。从各种组合的β系数看,Brinson GSMI的β系数高于其他两种资产组合,这表明Brinson GSMI的系统风险更高,如果用Brinson GSMI指数代替标准普尔500指数时,β系数会增加在27%~48%之间。从各种组合的代表性看,Brinson GSMI指数代表的资产组合比标准普尔500或M-S世界更接近"真实"的组合。

不同时期、不同的市场组合替代品所决定的SML之间也存在差异。表2-9中包括3个时期、3种指数,以及日本(日经)、德国(FAZ)和英国(FT AllShare)市场序列的平均无风险利率、市场组合收益率和 SML 斜率。显然，选择不同时期或不同指数对 SML 的计算影响很大。

表 2-9 市场组合替代品证券市场线的数据

市场组合替代品	1983—1988年			1989—1994年			1983—1994年		
	r_m	r_f	r_m-r_f	r_m	r_f	r_m-r_f	r_m	r_f	r_m-r_f
标准普尔500	18.20	8.31	9.89	13.07	5.71	7.36	15.61	7.01	8.60
日经	26.05	5.35	20.70	-3.62	4.7	-8.32	10.3	5.02	5.28
FAZ	16.36	5.01	11.35	7.97	7.83	0.14	12.09	6.42	5.67
FT AllShare	18.01	10	8.01	10.09	10.07	0.02	13.99	10.03	3.96
M-S世界	22.64	8.31	14.33	5.18	5.71	-0.53	13.6	7.01	6.59
Brinson GSMI	18.53	8.31	10.22	10.18	5.71	4.47	14.28	7.01	7.27

资料来源：REILLY and AKHTAR.The benchmark error problem with global capital markets［J］. The Journal of Portfolio Management，1995，22（1）：33-52.

最后，将表 2-8 和表 2-9 联系起来，判断不同的 β 系数和估计的 SML 对资产预期（必要）收益率的影响。表 2-10 列示了在特定的一段时期内，不同市场组合替代品的预期收益率。当市场组合替代品为 Brinson GSMI 时预期收益率较高，因为其 β 系数比较高。如果以预期收益率作为估价基准，那么，选择不同的市场组合替代品对估价结果的影响很大。

表 2-10 DJIA 中股票的平均预期收益率（根据不同的 β 系数）

年份	平均预期收益率		
	标准普尔500	M-S世界	Brinson GSMI
1983—1988	16.42	16.41	20.73
1989—1994	13.00	5.40	11.36

资料来源：REILLY，AKHTAR.The benchmark error problem with global capital markets［J］. The Journal of Portfolio Management，1995，22（1）：33-52.

表 2-11 列示了上证 A 股 7 只股票按不同间隔期间计算的 β 系数，为比较，均以上证综指作为市场组合。从表中可以看出，在同一间隔期，采用不同的计算周期（按周、按月），或不同计算期，相同间隔期（按月），计算的 β 系数均不相同。以浦发银行为例，按 60 个月计算的 β 系数为 0.7902，按 24 个月计算的 β 系数为 0.3414，仅相当于前者的 43.2%。上述分析表明，使用 CAPM 必须十分谨慎。不同时期、不同市场组合的替代品都会直接影响预期收益率的大小，从而影响资产估价。实际上，检验 CAPM 的唯一方式就是判断真实的市场组合是否有效，但不幸的

是，因为市场证券组合包括了所有的资产（可交易的和不可交易的资产，即人力资本、货币、债券、股票、期权、土地等），所以人们无法对其进行观察。

表 2-11　　　　　　　　　　　不同间隔期间的 β 系数

证券简称	β 系数（100周） （2015年1月—2017年2月）	β 系数（24个月） （2015年1月—2017年2月）	β 系数（60个月） （2013年1月—2017年2月）
浦发银行	0.5005	0.3414	0.7902
华能国际	0.8867	1.0033	0.8834
万华化学	0.7634	0.8743	0.8856
用友网络	1.4052	1.7507	1.3344
光明乳业	0.8841	0.8666	0.7276
青岛啤酒	0.7476	0.6514	0.5194
中南传媒	0.8947	0.9425	0.7783

CAPM 建立在严格的假设条件基础上，这些假设条件不仅使实证检验变得困难，而且与现实差距太大，造成其对实际价格运动的解释力度不够。因此，在资本资产定价模型之后，许多学者进行了大量的研究。其中，影响最深的研究成果是套利定价模型和三因素模型。

Ross（1976）首次提出了"无套利均衡"的概念以及由此发展而来的套利定价理论（arbitrage pricing theory，APT）改变了这种状况，开创了资产定价理论发展的新局面。套利定价理论是以收益率形成过程的多因素为基础，认为证券收益率与一组影响证券收益率的基本因素线性相关。CAPM 与 APT 的主要区别在于：CAPM 确定的共有风险是市场投资组合的随机收益；而 APT 假设有 k 种因素影响风险资产的收益，当两种风险资产的收益受到某些因素的共同影响时，这两种风险资产收益之间就存在相关性。如果出现价格失衡，按照风险与收益均衡的规律，投资者会自动调整资产组合进行套利，直到市场恢复均衡。如果风险资产收益只受一个共同因素（如市场收益率）影响时，APT 的数学表达式与 CAPM 的数学表达式基本相同。因此，套利定价理论可以被认为是一种广义的资本资产定价模型，它为投资者提供了一种替代性的方法，来理解市场中的风险与收益率之间的均衡关系。APT 认为证券收益率是由 k 个共同因素决定的，但对于这些共同因素是什么、有多少因素、如何选取合适的共同因素这一系列实际应用中的关键问题，APT 本身并未给予解答。

Fama 和 French（1992）研究了美国股市 1962—1989 年间股票收益与市场 β 系数、规模、财务杠杆、账面市值比、收益价格比、现金流价格比、历史销售增长、历史长期收益及历史短期收益等因素之间的关系。他们发现市场 β 系数、财务杠杆及市盈率对股票收益的解释力度较弱，而规模及账面市值比两个因素的联合基本可以对股票收益进行解释。

Fama 和 French（1996）通过对美国股市 1963—1993 年间的数据进行实证检验，提出了著名的三因素模型。他们认为股票收益可以由市场风险溢价（$r_m - r_f$）、公司规模因素溢价（SMB），以及账面市场价值比溢价（HML）三因素来解释。随后他们验证了在包括美国在内的 12 个世界主要证券市场上价值型股票（high book-to market equity）的收益率要高于成长型股票（low book-to market equity）的收益率，在 16 个主要证券市场上有 11 个市场上的小公司股票的收益率高于大公司，就1975—1995 年的样本数据而言，二者的年均差额达到 7.6%（1996），从而证明公司规模和账面市场价值比两个因素对股票横截面收益率的显著性很高。

2.3 M-M 资本结构模型

2.3.1 资本结构理论基本假设

1958 年，Modigliani F.& Miller M.H.（以下简称 M-M）共同发表的"资本成本、公司融资和投资理论"，提出了著名的 M-M 理论，不仅被公认为是现代公司资本结构理论的基石，也成为后续资本结构理论研究的逻辑起点。M-M 理论研究的核心内容是资本结构与公司价值、资本结构与资本成本的关系。

为方便讨论，通常假设：（1）无摩擦市场（frictionless）。市场无交易费用、无公司所得税和个人所得税。投资者可以自由地进入或退出交易，市场对卖空行为没有任何约束。（2）公司和个人都能以同一无风险利率自由地借入资金，即所有投资者的负债是没有风险的。（3）公司的经营风险是可以衡量的，经营风险相同的公司处于同一风险等级（公司经营风险的高低由息税前利润 EBIT 的标准差来衡量）。（4）所有的市场参与者对未来的预期是一致的。市场参与者可以无偿获得有关资产价值的相关信息，他们对每项资产收益的均值、方差估计相同，并能够理性地运用这些信息确定资产的价值。（5）公司预期的息税前利润为一常数，即预期 EBIT 在未来任何一年都相等。（6）公司的增长率为零，且全部收入均以现金股利形式发放。（7）公司只有长期负债和普通股两项长期资本，公司的资产总额不变，资本结构变化可通过发行债券回购股票或相反方式得以实现。

2.3.2 M-M 基本模型

M-M 理论应用套利机制[①]证明公司资本结构和公司价值、资本成本、投资决策之间的关系，据此提出了 3 个命题。

命题 I 总价值命题：公司价值只与公司资产预期收益和所对应的资本成本有关，而与资本结构无关。或者说只要息税前利润相等，处于同一经营风险等级的负债公司价值与无负债公司价值相等。

根据财务估价理论，任何资产的价值等于该项资产创造的未来现金流量的现

---

① 套利就是指在一个市场上（无风险的、即时的）以低价购买一种货物，然后在另外一个市场上以较高的**价格**将其转卖出去的过程。套利可以获得收益，并且保证在完善市场内同一价格定律（相同货物在两个**不同市场**上出售的价格之差不能超过其交易费用）得以维持。

值，根据假设（5）和假设（6），公司价值可按下列方式计算：

$$V_U = V_L = EBIT/r_w \qquad (2.9)$$

其中：$V_U = \dfrac{EBIT}{r_{sU}}$，$V_L = \dfrac{EBIT - I}{r_{sL}} + \dfrac{I}{r_b}$

式中，V_U 表示无负债公司价值；V_L 表示负债公司价值；r_w 表示加权平均资本成本；r_{sU} 表示无负债公司股本成本或无负债公司股东要求的收益率；r_{sL} 表示负债公司股本成本或负债公司股东要求的收益率；r_b 表示债务资本成本。

公式（2.9）表明：（1）公司价值不受资本结构的影响；（2）负债公司的加权平均资本成本等于同一风险等级无负债公司的股本成本；（3）r_{sU} 和 r_w 的高低视公司的经营风险而定。

M-M 是采用套利交易证明这一命题的。他们认为如果两家公司除了融资方式（有无负债外）和市场价值不同外，其他条件均相同，投资者将出售被高估的公司股票，购买被低估的公司股票，这个过程将会一直持续到两家公司市场价值完全相同为止。

假设无负债公司价值等于它的股权价值，即 $V_U = S_U$，负债公司价值等于它的股权价值加上债务价值，即 $V_L = S_L + B_L$。现在分两种情形说明投资者的套利过程。

如果 $V_L > V_U$，且 $V_U = S_U$，持有 L 公司股票份额为 α 的投资者，可以采取下列方式进行套利活动：（1）卖出 L 公司股票 αS_L；（2）按无风险利率借入 αB_L；（3）购买无负债公司股票 αV_U。投资者套利后的现金净流量为：

$$\alpha S_L + \alpha B_L - \alpha V_U = \alpha (S_L + B_L) - \alpha V_U = \alpha (V_L - V_U)$$

如果 $V_L < V_U$，且 $V_U = S_U$，持有 U 公司股票份额为 α 的投资者，可以采取下列方式进行套利活动：（1）买入 L 公司股票 αS_L；（2）以无风险利率贷出 αB_L；（3）出售 U 公司股票 αV_U。采取套利活动后投资者的现金净流量为：

$$-\alpha S_L - \alpha B_L + \alpha V_U = -\alpha (S_L + B_L) + \alpha V_U = \alpha (V_U - V_L)$$

［例 2-3］假设 U 公司与 L 公司的经营风险相同（$\sigma_U = \sigma_L$），每年的现金流量（永续年金）从时间 1 开始产生，有关资料见表 2-12。

表 2-12 U 公司与 L 公司相关数据

项目	U 公司	L 公司
负债（万元）（B）	0	6 000
负债资本成本（r_b）	0	8%
股权资本成本（r_s）	10%	11%
息税前利润（万元）（EBIT）	1 200	1 200
股票市场价值（万元）（S）	12 000	6 545.45
债务市场价值（万元）（B）	0	6 000
公司价值（万元）（V）	12 000	12 545.45
加权平均资本成本（r_w）	10%	9.57%

表2 12表明，在套利活动前，负债公司L的市场价值（12 545.45万元）大于无负债公司U的市场价值（12 000万元）。M-M认为这种情形不会太久，因为任何一个理性的投资者都会通过套利活动，在不增加风险的情况下增加投资收入。

假设某投资者持有L公司股票的比例（α）为20%，在套利交易前，其市场价值为1 309.09万元，这位投资者可以采取下列方式进行套利交易，见表2-13。

表2-13	初始套利交易	单位：万元
（1）出售负债公司的股票（αS_L）（6 545.45×20%）		1 309.09
（2）按L公司负债总额的20%借入资金（αB_L）（6 000×20%）		1 200.00
（3）购买20%的U公司股票（αV_U）（12 000×20%）		-2 400.00
投资者初始现金净流量（1）+（2）+（3）		109.09

投资者的初始现金净流量也可按下式表示：

α（V_L-V_U）=20%×（12 545.45-12 000）=109.09（万元）

投资者可以将套利获得的109.09万元投资于利率等于8%的无风险债券上，每年的利息收入为8.73万元（109.09×8%）。

套利后的收益也可以得到这一数额，见表2-14。

表2-14	套利交易收益	单位：万元
（1）持有U公司股票的收益（12 000×20%×10%）		240.00
（2）支付套利时借入资金的利息（1 200×8%）		-96.00
（3）套利活动产生的现金净流量1年的利息收入（109.09×8%）		8.73

上述结果表明，套利活动使投资净收益增加了8.73万元，但并没有增加投资者的风险。M-M认为这种套利行为必然会发生，出售L公司股票会使其股票价格下跌，而购买U公司股票会使股票价格上升，直到两个公司的市场价值完全相等。

命题 I 实际上是价值可加性原理的应用，在资本结构问题上，价值可加性原理可表述为：公司价值是由公司未来现金流量的现值决定的，无论如何划分该项现金流量，都不影响该现金流量的价值。例如，现金流量（A+B）的现值就等于现金流量A的现值与现金流量B的现值之和。在其他条件一定的情况下，无负债公司的现金流量完全归股东所有，公司价值等于其股票的市场价值（S），即$V_U=S_U$；而举债为B_L的公司，其现金流量CF_L分为两项：一项是进入债权人手中的利息（$I=r_b B_L$）；另一项是进入股东手中的股利，即息税前利润（EBIT）扣除利息后的剩余部分（$EBIT-r_b B_L$），公司价值等于股票价值与债券价值之和，即$V_L=S_L+B_L$。如果两个公司规模相同并能产生相同的现金流量，负债经营所影响的只是现金流量的流向，而不是现金流量的总额。也就是说，不论这笔现金流量在股东和债权人之间如何分配，总是存在着一个恒定的投资价值，即公司现金流量的分配方式并不影响公司的价值。或者说，公司价值不会因为这些现金流量的所有权是"负债"还是"股权"的形式而增减，公司的价值只与投资以及经营活动有关，而与资本结构无关。

命题Ⅱ风险补偿命题：负债公司的股权资本成本等于无负债公司的股权资本成本加上风险溢价，风险溢价的多少取决于杠杆比率（B/S）的大小。

在无税条件下，负债公司的股本成本 r_{sL}：

$$r_{sL} = \frac{EBIT - r_b B}{S} \tag{2.10}$$

根据命题Ⅰ，$V = S + B = EBIT/r_{sU}$，则 $EBIT = r_{sU}(S + B)$，将 EBIT 代入（2.10）式后，可以得到负债公司股本成本 r_{sL} 与无负债公司股本成本 r_{sU} 之间的关系：

$$r_{sL} = r_{sU} + (r_{sU} - r_b)(B/S) \tag{2.11}$$

其中：$r_{sU} = r_s = EBIT/S_U$

公式（2.11）表明，负债公司的股权资本成本与杠杆比率（B/S）呈线性相关，即股本成本随着杠杆比率的提高而增加。将命题Ⅰ和命题Ⅱ结合起来可以发现，低成本举债的利益正好被股本成本的上升所抵消。因此，在无赋税条件下，公司的资本结构不会影响公司的价值和资本成本。

同理，也可以证明负债公司的加权平均资本成本等于无负债公司的股本成本：

$r_w = r_b(B/V) + r_{sL}(S/V)$

$\quad = r_b(B/V) + [r_{sU} + (r_{sU} - r_b)(B/S)](S/V)$

$\quad = r_{sU}$

命题Ⅲ投资收益率命题：如果公司的目标是股东财富最大化，那么，当且仅当投资预期收益率（IRR）大于公司加权平均资本成本时，投资项目才是可行的。

命题Ⅲ的含义实际上是要求公司的投资项目能够为股东创造增量价值，因此投资项目的增量支出（ΔI）应小于项目给公司带来的增量价值（ΔV），即：

公司实施新项目的基本条件是：ΔV/ΔI≥1

根据命题Ⅰ，$V = EBIT/r_{sU}$，则 $ΔV = ΔEBIT/r_{sU}$，由此可以得到实施新项目的必要条件是：

$\dfrac{ΔEBIT/r_{sU}}{ΔI} \geq 1 \qquad ΔEBIT/ΔI \geq r_{sU}$

由于假设 EBIT 是一个常数，且具有永续年金的特征，如果不考虑所得税，则：

ΔEBIT/ΔI=IRR

根据上述分析结果可以得到 M-M 投资收益率命题：

$$IRR \geq r_w = r_{sU} \tag{2.12}$$

M-M 理论被西方经济学界称之为一次"革命性变革"和"公司资本结构理论的奠基石"。Stulz, René M.（2000）认为 M-M 理论对财务理论的贡献不是"资本结构无关论"，而是在于他们将无套利证明引入财务理论的分析、论证过程，并使其成为财务学的基本分析方法。越来越多的学者认为，不了解无套利分析方法，便不可能从根本上了解现代财务理论。

2.3.3　M-M修正模型

Modigliani, F.和M.H.Miller（1963）放松了"不存在公司所得税"的假设，提出了含税条件下的M-M模型。与M-M基本模型相同，M-M修正模型也包括3个命题。

命题Ⅰ总价值命题：在考虑公司所得税的情况下，由于利息可以抵税，从而增加公司的税后现金流量，公司价值会随着负债比率的提高而增加，即负债公司价值等于相同风险等级的无负债公司价值加上税负节约的价值。

假设无负债公司U和负债公司L，两者除资本结构外其他一切都相同。由于公司的EBIT仅受经营风险的影响，与负债无关，如果公司的增长率为零，那么公司U、公司L的投资者每年可得到的现金净流量为：

$$CF_U = EBIT（1-\tau）$$
$$CF_L =（EBIT-r_bB）（1-\tau）+r_bB$$
$$=EBIT（1-\tau）+\tau r_bB$$
$$=CF_U+\tau r_bB$$

式中：τ表示所得税税率。上式中的第一项与无负债公司投资者现金流量相同，第二项为利息抵税额。当引入公司所得税后，公司价值可按下式计算：

$$V_U=S_U=\frac{EBIT（1-\tau）}{r_{sU}}$$

$$V_L=\frac{EBIT（1-\tau）}{r_{sU}}+\frac{\tau r_bB}{r_b}=\frac{EBIT（1-\tau）}{r_{sU}}+\tau B$$

上式表明，负债公司价值包括两部分，并分别采用不同的资本成本。M-M理论认为，由于公司L和公司U的经营风险相同，因此，这部分由经营活动产生的税后现金流量的资本成本应为r_{sU}；由于利息抵税是由负债引起的，所以由此产生的税后现金流量应按r_b进行折现。将两部分组合起来，可以得到含所得税时的公司价值模型：

$$V_L=V_U+\tau B \tag{2.13}$$

公式（2.13）中的"τB"为税收节约的现值，在考虑公司所得税以后，公司价值是债务水平的线性增函数，负债越高，公司价值越大。当负债达到100%时，公司价值可以达到最大。

命题Ⅱ风险补偿命题：在考虑公司所得税的情况下，如果公司负债经营且须缴纳所得税，其股本成本就等于无负债公司的股本成本加上一笔风险溢价，风险溢价的大小与杠杆比率和所得税税率的高低有关。

当考虑公司所得税时，负债公司的股本成本为：

$$r_{sL}=\frac{（EBIT-r_bB）（1-\tau）}{S}=\frac{EBIT（1-\tau）-r_bB（1-\tau）}{S}$$

根据命题Ⅰ的结论有：

$$V_L = \frac{EBIT(1-\tau)}{r_{sL}} + \tau B$$

$$V_L r_{sL} = EBIT(1-\tau) + r_{sL}\tau B$$

$$EBIT(1-\tau) = r_{sL}(V_L - \tau B)$$

将上式代入 r_{sL} 的公式可以得

$$r_{sL} = r_{sU} + (r_{sU} - r_b)(1-\tau)(B/S) \tag{2.14}$$

$$r_{sL} = EBIT(1-\tau)/S_L \tag{2.15}$$

公式（2.15）中的（$1-\tau$）小于1，因此，考虑公司所得税后，虽然股本成本会随着负债比率的提高而上升，但其上升的速度低于无税时上升的速度。根据上述结果还可以证明负债公司的加权平均资本成本：

$$r_w = r_b(B/V)(1-\tau) + r_{sL}(S/V)$$

$$= r_b(B/V)(1-\tau) + [r_{sU} + (r_{sU} - r_b)(1-\tau)(B/S)](S/V)$$

将 $S = V - B$ 代入上式，可以得到加权平均资本成本：

$$r_w = r_{sU}[1 - \tau(B/V)] \tag{2.16}$$

将命题Ⅰ和命题Ⅱ结合起来，可以发现公司负债越多，加权平均资本成本越低，公司价值越高。

命题Ⅲ投资收益率命题：在考虑所得税的情况下，公司实施新项目的基本条件是 $\Delta V/\Delta I \geq 1$。

根据命题Ⅰ，投资项目的增量价值计算方式如下：

$$\Delta V = \frac{\Delta EBIT(1-\tau)}{r_{sU}} + \tau\Delta B$$

根据项目决策理论，公司实施新项目的必要条件是：

$$\Delta V/\Delta I = \frac{\Delta EBIT(1-\tau)/r_{sU} + \tau\Delta B}{\Delta I} \geq 1$$

$$\frac{\Delta EBIT(1-\tau)/r_{sU} + \tau\Delta B}{\Delta I} \geq 1$$

$$\Delta EBIT(1-\tau)/\Delta I \geq r_{sU}[1 - \tau(\Delta B/\Delta I)]$$

假设EBIT为一常数，且具有永续年金的特征，则上式左边等于投资项目的预期收益率IRR。如果所有的投资项目都是根据公司长期目标资本结构进行融资，则上式右边的（$\Delta B/\Delta I$）应等于（B/V），上式右边就是加权平均资本成本，因此，可以得到投资收益率命题：

$$IRR \geq r_w \tag{2.17}$$

需要说明的是，M-M理论假设公司所有项目都具有相同的经营风险。在1958年，系统风险的概念还没有被引入到资本成本的理论中，这意味着公司的加权平均资本成本不是系统风险的函数。当然，这种假设必须得到修正。如果项目风险大于公司风险，则项目的资本成本还需要经过风险调整。

M-M修正模型虽然弥补了税收对公司价值的影响，但得出的结论与现实仍然具有较大的差距。首先，公司不可能一直盈利，所以平均的未来税率可能会低于法定的税率；其次，负债不是永恒和固定的，未来税收节约的大小和期间也是不确定的，根据税收节约大小调整资本结构将会存在很大的风险；最后，如果考虑个人所得税，那么负债产生的税盾利益将会被个人所得税所抵消。

2.3.4 米勒税收理论

1977年，Miller M.H 提出了一个将公司所得税和个人所得税都包括在内的模型，估计负债对公司价值的影响。假设 τ_c，τ_S，τ_b 分别代表公司所得税税率、个人股票所得税税率和债券所得税税率，股票收益包括股利收益和资本利得，当股利收益与资本利得的所得税税率不同时，τ_S 指两种税率的加权平均税率；所有债券收入都表现为利息，对利息是按投资者最高税率课税。

在无负债公司中，预期税后现金流量为：EBIT（$1-\tau_c$）（$1-\tau_s$），以无负债股权资本成本作为折现率，可以得到无负债公司价值：

$$V_U = \frac{\text{EBIT}（1-\tau_c）（1-\tau_s）}{r_{sU}} \tag{2.18}$$

对于混合融资（负债和股权融资）的公司来说，公司每年产生的现金流量可分解为两部分：属于股东的现金流量和属于债权人的现金流量，即：

$$CF_L = （\text{EBIT}-I）（1-\tau_c）（1-\tau_s）+I（1-\tau_b）$$

$$= \text{EBIT}（1-\tau_c）（1-\tau_s）-I（1-\tau_c）（1-\tau_s）+I（1-\tau_b）$$

上式右边第一项是归属于公司股东的现金流量，其预期值可以用负债公司的股权资本成本折现；第二项与第三项是没有风险的，可以用无风险利率折现，假设无风险利率等于债务资本成本，则负债公司的价值可按下式计算：

$$V_L = \frac{\text{EBIT}（1-\tau_c）（1-\tau_s）}{r_{sU}} - \frac{I（1-\tau_c）（1-\tau_s）}{r_b} + \frac{I（1-\tau_b）}{r_b}$$

整理上式可以得到：

$$V_L = V_U + \left[1 - \frac{（1-\tau_c）（1-\tau_s）}{（1-\tau_b）}\right] B \tag{2.19}$$

公式（2.19）中右边第二项代表了利息抵税的现值；如果 $\tau_c=\tau_s=\tau_b=0$，即不考虑公司所得税和个人所得税，那么括号内的项目将为零，这与 M-M 无公司税模型相同；如果 $\tau_s=\tau_b=0$，即不考虑个人所得税，那么括号内的项目等于 τ_c，这与 M-M 含公司所得税模型相同；如果 $\tau_s=\tau_b$，即股票和债券收益的个人所得税相等，那么括号内项目等于 τ_c，即与 M-M 含公司所得税模型相同；如果（$1-\tau_c$）（$1-\tau_s$）=（$1-\tau_b$），那么括号内的项目等于零，这意味着税负节约也为零，也就是说，公司负债减税的好处正好被个人所得税所抵消。因此，资本结构对公司价值或资本成本无任何影响，此时又回到了 M-M 无公司所得税模型。

从某种意义上说，M-M 的结论很像厂商在完全竞争市场上追求最大利润的模型，尽管这个模型不完全真实，但它为分析研究有关问题提供了一个有用的起点和框架。虽然 M-M 定理不能解决实际财务问题，但它为推动资本结构理论的发展奠定了坚实的理论基础。

2.3.5　M-M理论与CAPM的结合

Hamada R S.（1969），Rubinstein M E.（1973）两位学者将M-M含公司所得税模型与资本资产定价模型相结合，得到负债公司的股本成本。在M-M模型中，假设公司所有项目的经营风险是相同的（在1958年系统风险的概念还未得到发展）；假设公司债务是无风险的，即公司债务价格对利息率变化不敏感，并且它没有违约风险，或者违约风险被完全分散了（债务β系数 $\beta_b=0$）。在CAPM模型中，无负债公司的股权资本成本取决于公司经营活动的系统风险（β_U），但是在实务中，无负债公司的β系数（β_U）不能直接观察到。相对来说，负债公司的β系数（β_L）较容易计算。如果两种β系数存在可定义的相关联系，那么就会通过 β_L 得到 β_U。为此，先将M-M与CAPM关于负债公司股权资本成本的定义等同起来，则：

$$r_f+\beta_L (r_m-r_f) = r_{sU}+ (r_{sU}-r_b)(1-\tau)(B/S)$$

假设 $r_b=r_f$，且 $r_{sU}=r_f+\beta_U(r_m-r_f)$，代入上式整理后可以得到负债公司的β系数（$\beta_L$）和无负债公司的β系数（$\beta_U$）之间的相互关系：

$$\beta_L=\beta_U [1+(1-\tau)(B/S)] \tag{2.20}$$

重新改写上述推导结论可以得到：

$$r_{sL}=r_f+(r_m-r_f)\beta_U[1+(1-\tau)(B/S)]$$
$$=r_f+\beta_U(r_m-r_f)+\beta_U(r_m-r_f)(1-\tau)(B/S) \tag{2.21}$$

式中：$\beta_U(r_m-r_f)$ 表示经营风险溢价；$\beta_U(r_m-r_f)(1-\tau)(B/S)$ 表示财务风险溢价。

［例2-4］假设XYZ公司当前的负债比率（债务总额/资产总额）为20%，公司的CFO认为只要公司的负债比率不超过35%，公司一直可以按6%的优惠利率（同时假设为无风险利率）借款。公司的所得税税率为25%。估计下一年市场预期收益率为15%，公司股权资本的系统风险估计为0.7。

当负债比率为20%时，公司的股权资本成本和加权平均资本成本计算如下：

$$r_{sL}=E(r_j)=r_f+\beta_L[E(r_m)-r_f]$$
$$=6\%+0.7\times(15\%-6\%)=12.30\%$$
$$r_w=r_b(B/V)(1-\tau)+r_{sL}(S/V)$$
$$=6\%\times20\%\times(1-25\%)+12.3\%\times80\%$$
$$=10.74\%$$

如果公司的负债比率提高到35%，随着财务风险的提高，股东要求的收益率也会随之提高。为了计算新的加权平均资本成本，首先根据公式（2.20）计算无负债公司的β系数，然后按新的资本结构调整负债公司的β系数。在资本结构变化前，负债公司的β系数为0.7，则无负债公司的β系数计算如下：

$$\beta_U=\frac{\beta_L}{1+(1-\tau)(B/V)}=\frac{0.7}{1+(1-25\%)\times(20\%/80\%)}=0.5895$$

如果负债比率提高到35%，则负债公司的β系数计算如下：

$\beta_L=0.5895\times[1+(1-25\%)\times(0.35\div0.65)]\approx0.8275$

当负债比率由20%上升到35%时，负债公司的β系数由0.7上升到0.8275，同时，负债公司的股权资本成本按不同模型计算如下。

（1）根据CAPM理论：

$r_{sL}=6\%+0.8275\times(15\%-6\%)=13.45\%$

（2）根据M-M理论，首先，根据公式（2.16）计算无负债股权资本成本：

$$r_{sU}=\frac{r_w}{1-\tau(B/V)}=\frac{10.74\%}{1-0.25\times20\%}\approx11.31\%$$

其次，根据公式（2.14）计算负债公司股权资本成本：

$r_{sL}=r_{sU}+(r_{sU}-r_b)(1-\tau)(B/S)$

$=11.31\%+(11.31\%-6\%)(1-25\%)(0.35/0.65)$

$=13.45\%$

（3）根据M-M和CAPM组合模型：

$r_{sL}=6\%+0.5895\times(15\%-6\%)+0.5895\times(15\%-6\%)(1-0.25)(0.35/0.65)$

$=6\%+5.31\%+2.14\%=13.45\%$

上述计算结果表明，当公司负债比率从20%上升到35%时，负债公司的股权资本成本从12.3%上升到13.45%，其中无风险收益率为6%，经营风险溢价为5.31%，财务风险溢价为2.14%。

2.3.6　M-M理论检验

M-M在1958年发表的论文中引用了F.B.Allen对于1947年到1948年中的43家大型电子工业事业的证券收益和财务结构之间关系的分析和Robert Smith采用1953年对42家石油数据做出的研究。他们对资本成本和资本结构进行了回归分析，结果证明电子行业和石油行业的资本成本和资本结构的相关系数都接近于零，且在统计上不显著。他们对普通股收益和资本结构进行了回归分析，结论证明电子行业和石油行业普通股收益和资本结构的相关系数都为正，且在统计上显著。以上两个实证检验在一定程度上很好地吻合了M-M模型。但M-M理论是建立在完善市场的假设下，因此，M-M理论很难从现实中获得直接的证明。

在现实中，资本结构变化经常与新投资决策同时发生，所以很难将融资对公司价值的影响，以及投资决策对公司价值的影响分开。那么，实践中的CFO在资本结构中主要考虑哪些因素？Graham J.R，Harvey C.R（2002）调查了美国392位公司的财务经理，了解他们如何进行资本预算和融资决策。在资本结构决策中，请CFO对决定公司债务比率的最重要的变量进行排序，调查结果如图2-14所示。调查结果表明，大约44.9%的CFO认为举债的节税效应是融资决策的重要因素，这些CFO所在的公司一般是大型、高杠杆、低风险、规范化、支付股利的制造业企业，或者说，应缴所得税高的公司可能由于降低税负的考虑而采取债务融资，但是只有

4.5%的公司表示个人所得税是重要或非常重要影响债务政策的因素。

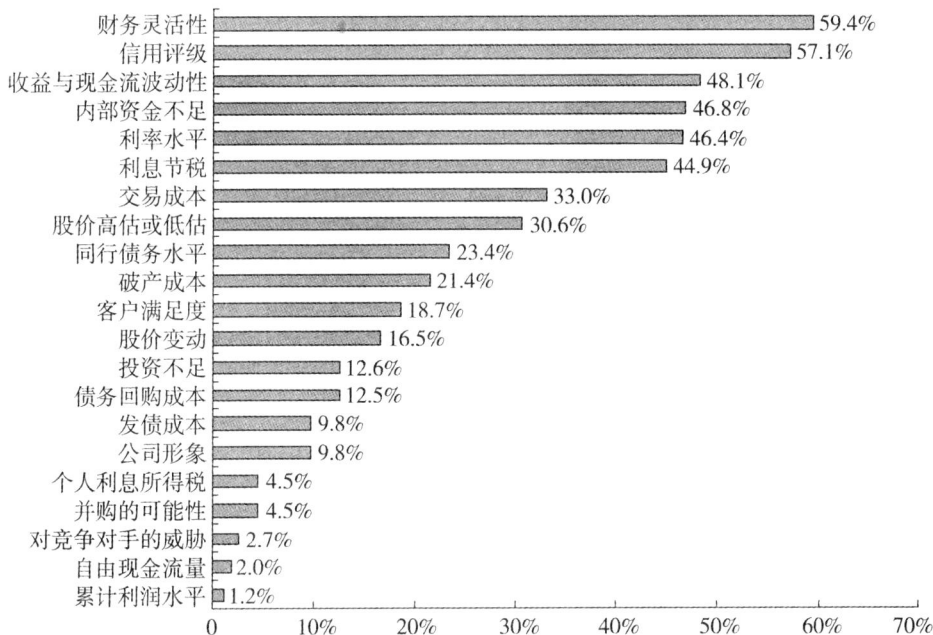

图 2-14　CFO 认为债务政策的决定因素

　　关于破产成本对债务政策的影响，受访者中仅有21.4%的CFO认为潜在的财务危机成本是重要的或非常重要的因素。但是，实际上有59.4%和57.1%的CFO认为财务灵活性和信用评级是影响债务政策的重要或非常重要的因素。这一点表明，避免财务危机是公司债务政策决策时最重要的因素。为保持财务的灵活性，大部分公司保留了没有使用的举债能力，拥有"投资级"债券（占样本50%以上）的公司，信用评级是债务政策一个非常重要的决定性因素。最后，48.1%的CFO认为收入稳定性是制定债务政策时的一个重要或非常重要的考虑因素。

　　Graham J.R，Harvey C.R（2002）也向CFO调查了有关他们公司是否存在一个最优的或者"目标性"的负债比率。在受访者中大约19%的CFO所在的公司不设置目标资本结构或债务比率区间；大约37%的CFO所在的公司设置较灵活的目标资本结构；34%的CFO所在的公司设置稍严格的目标资本结构；仅有10%的CFO所在的公司设置严格的目标资本结构。

2.4 期权定价模型

2.4.1　二项式模型与公司估价

　　二项式模型（the binomial model）的基本原理是把期权的有效期分为很多很小的时间间隔，并假设在每一个时间间隔内标的资产（V_0）价格只有上升或下降两种可能。图2-15描述了公司价值的二项式模型的一般表现形式。在图中，每一个数值称为一个结点，每一条通往各结点的线称为路径。"u"和"d"分别代表了标的资产上升或下降为原来数值的倍数，"u"和"d"的上角标表示上升或下降的次数。例如，当时间为t=0时，资产价格为V_0；当时间为t=1时，资产价格要么上涨到uV_0，要么下降到dV_0；当时间为t=2时，资产价格就有3种可能：u^2V_0、udV_0（等于V_0）和d^2V_0，依此类推。需要说明的是，在较大的时间间隔内，这种二值运动的假设是不符合实际的，但是当时间间隔非常小，且在每个瞬间，资产价格的变动只有两个方向时，其假设是可以接受的。因此，二项式模型实际上是用大量离散的小幅度二值运动来模拟连续的资产价格运动。

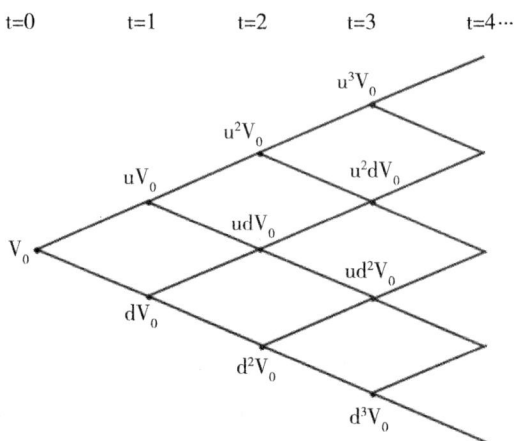

图2-15 公司价值的二项式模型

在图2-15中，假设标的资产为公司资产价值，那么，在一个多期的市场中，公司资产价值的分布是离散型的。在图中，当前公司资产价值为V_0，在t=1时，公司资产价值以p的概率上升到uV_0，或者以（1-p）的概率下降到dV_0。在这里，u>1，d=1/u<1，因此在t=1时，公司资产价值的关系可描述为：$uV_0 > V_0 > dV_0$。从图2-15中可以看出，n个时期产生n+1个资产价值。例如，当t=2时，期末产生3种不同的资产价值；当t=3时，期末产生4种不同的资产价值。

从图2-15中还可以看出，期末资产价值的变化主要与参数u、d，以及概率p有关。假设在很短的时间Δt内资产的预期收益率为$u\Delta t$，在Δt内收益的方差为$\sigma^2\Delta t$，必须确定参数u，d和p。根据Cox，Ross and Rubinstein（1979）的二项式模型，这3个参数的确定方法如下：

$$u = e^{\sigma\sqrt{\Delta t}} \qquad (2.22)$$

$$d = 1/u = e^{-\sigma\sqrt{\Delta t}} \qquad (2.23)$$

$$p = \frac{e^{r_f\Delta t} - d}{u - d} \qquad (2.24)$$

公式（2.24）称为风险中性概率（risk-neutral probability），其中r_f表示无风险

利率。

[例2-5] 假设XYZ公司当前的价值V=100万元，公司资产预期收益的标准差$\sigma=20\%$，无风险利率$r_f=7\%$，如果$\Delta t=1$年，则：

$u = e^{\sigma\sqrt{\Delta t}} = e^{0.2 \times \sqrt{1}} \approx 1.2214$

$d = 1/u = 1/1.2214 \approx 0.8187$

$p = \dfrac{e^{r_f \Delta t} - d}{u - d} = \dfrac{e^{0.07 \times 1} - 0.8187}{1.2214 - 0.8187} \approx 63.02\%$

当$\Delta t=1$时，预期公司资产价值为122.14万元（$V_1^u = uV = 1.2214 \times 100$），或为81.87万元（$V_1^d = dV = 0.8187 \times 100$），则1年后公司资产预期价值为：

$E(V_{\Delta t=1}) = 122.14 \times 63.02\% + 81.87 \times (1 - 63.02\%) \approx 107.25$（万元）

1年后资产预期收益率为：

$r_A = 107.25/100 - 1 = 7.25\%$

如果公司没有负债，则公司资产的预期价值就等于股权的预期价值。对于负债公司来说，需要分别计算债务预期价值和股权预期价值。假设公司在时间为T时支付给债权人的资金为K，现根据债务是否违约分两种情况进行说明：

1）无违约风险时的资产估价

根据财务理论，如果$K < V_T^d$，则公司不存在违约风险。在T=1时，债务现值（B）可按无风险利率进行折现，即：

$$B = \frac{K}{(1 + r_f)}, \quad K < V_T^d \tag{2.25}$$

负债公司的股权现值（S）等于负债公司价值减去债务现值，即：

$$S \equiv V - B \tag{2.26}$$

现仍以XYZ公司为例，假设K=50万元，则$K = 50 < V_1^d = 81.87$，公司债务无违约风险。假设$r_f = 7\%$，公司的债务现值计算如下：

$$B = \frac{K}{(1 + r_f)} = \frac{50}{(1 + 7\%)^T} = 46.73$$（万元）

据此可以得出负债公司的股权现值为53.27万元（S=V−B=100−46.73）。

根据二项式原理，当公司资产价值上升或下跌时股权价值计算如下：

$S_1^u = V_1^u - K = 122.14 - 50 = 72.14$（万元）

$S_1^d = V_1^d - K = 81.87 - 50 = 31.87$（万元）

根据股权资本期初与期末价值计算股权资本收益率：

$$r_s = p\left(\frac{S_T^u - S}{S}\right) + (1 - p)\left(\frac{S_T^d - S}{S}\right)$$

$$= 63.02\%\left(\frac{72.14 - 53.27}{53.27}\right) + (1 - 63.02\%)\left(\frac{31.87 - 53.27}{53.27}\right)$$

$$\approx 7.47\%$$

负债公司资产收益率可按下式计算：

$r_A = r_b(B/V) + r_s(S/V) = 7\% \times (46.73/100) + 7.47\% \times (53.27/100)$

$= 7.25\%$

上述计算结果既可作为公司的资产收益率，又可作为负债公司的加权平均资本成本。这与M-M无公司税理论相同，即如果公司可以以无风险利率借入资金，负债公司的加权平均资本成本等于无负债公司的股权资本成本。

2）存在违约风险时的资产估价

当债务到期时，如果 $V_T^u > K > V_T^d$，那么公司存在违约风险。在 $V_T^u > K$ 的情况下，当债务到期时，债权人可以收回债务面值K，此时股东可以得到公司价值的剩余部分，即 $S_T^u = V_T^u - K$；在 $K > V_T^d$ 的情况下，公司违约，债权人只能得到 $B_T^u = V_T^d < K$，股东则一无所获（$S_T^d = 0$）。

如果公司存在违约风险，我们可以通过构建一个无风险套利组合：购入公司资产，卖出δ份额的负债公司股权资本。其中δ为无风险套利保值比率，债务到期时，无风险投资组合的价值见表2-15。

表2-15　　　　　　　　　　无风险投资组合到期价值

投资组合	初始投资	到期价值	
		$V_T^u > K$	$V_T^d < k$
买入1份公司资产	$-V$	V_T^u	V_T^d
卖出δ份股权资本	δS	$-\delta S_T^u$	$-\delta S_T^d$
合计	$\delta S - V$	$V_T^u - \delta S_T^u$	$V_T^d - \delta S_T^d$

表2-15中列示了到期日的投资组合价值，如果不存在风险，则投资组合的价值应相等，即：

$$V_T^u - \delta S_T^u = V_T^d - \delta S_T^d$$

求解上式，可以得到无风险套利比率：

$$\delta = \frac{V_T^u - V_T^d}{S_T^u - S_T^d} \tag{2.27}$$

按套利比率构建投资组合后，无论未来一年的资产价值上升还是下跌，该组合的价值都应该相等。由于该组合为无风险组合，因此，可以用无风险利率对投资组合价值折现求其现值。在无风险套利机会下，该组合价值的现值应等于构造该组合的成本，即：

$$V - \delta S = \frac{V_T^u - \delta S_T^u}{(1 + r_f)^T} = \frac{V_T^d - \delta S_T^d}{(1 + r_f)^T}$$

将（2.27）式代入上式，可以得到：

$$S = V\frac{1}{\delta} - \left(V_T^u \frac{1}{\delta} - S_T^u\right)/(1 + r_f)^T \tag{2.28}$$

将 $S_T^u = V_T^u - K$ 代入上式，可以得到：

$$S = V\frac{1}{\delta} - \left[K + V_T^u\left(\frac{1}{\delta} - 1\right)\right]/(1 + r_f)^T \tag{2.29}$$

假设 XYZ 公司的零息债到期值为 90 万元，由于 K=90> V_t^d =81.87，存在违约风险。首先确定套利保值比率 δ：

$$\delta = \frac{V_T^u - V_T^d}{S_T^u - S_T^d} = \frac{122.14 - 81.87}{(122.14 - 90) - 0} = 1.253$$

根据公式（2.29）计算负债公司股权价值：

$$S = 100 \times \frac{1}{1.253} - \left[90 + 122.14 \times \left(\frac{1}{1.253} - 1 \right) \right] / (1 + 7\%)$$

$$\approx 18.74（万元）$$

根据上述结果，可以计算债务价值为 81.26 万元（B=V−S=100−18.74），注意，这一价值低于无违约风险时债务到期价值的现值 84.11 万元 [K/（1+r_f）=90/1.07]，这是因为一年后如果资产价值下跌，支付给债权人的资金是 81.26 万元，而不是 90 万元。

综合上述分析，可以发现二项式估价模型可用于证明 M–M 无公司税理论。假设公司无负债经营，在 t=0 时公司资产的市场价值就等于无负债公司的股权市场价值，即 $V_t=S_t$。当 t=T 时，公司资产价值等于 V_T^u =uV 或者等于 V_T^d =dV。

如果公司发行无风险零息债券，债券到期时（t=T），公司支付的债券本金 K< V_T^d。公司通过发行债券回购股票，负债公司的股权价值等于 $S_T^u = V_T^u - K$，或者等于 $S_T^d = V_T^d - K$。由于债务无违约风险，可采用无风险利率进行折现，在 t=T 时，债务价值为 B=K/（1+r_f）^{T}。根据 M–M 命题 I，负债公司股权价值等于 $S_t=V_t$，其中 V_t 为无债公司股权价值。

2.4.2　期权价值与买—卖权平价关系

期权或称选择权，是指买卖双方达成的一种可转让的标准化合约。它给予期权持有人（期权购买者）具有在规定期限内的任何时间或期满日按双方事先约定的价格买入或卖出一定数量标的资产的权利。期权立约人（期权出售者）则负有按事先约定价格卖出或买入一定数量标的资产的义务。

事先约定的价格是指期权的行权价格（exercise price），或称敲定价格（strike price）、执行价格，即期权买方据以向期权出售者买入或卖出一定数量的某种标的资产的价格。这一价格是在期权合约买卖时确定的，在期权有效期内，无论标的资产的市场价格上涨或下跌到什么水平，只要期权购买者要求执行该期权，期权出售者就必须以约定的价格履行义务，因此，也可将其称为固定价格。

按期权所赋予的权利不同，期权可分为买权（call option）和卖权（put option）。前者又称看涨期权，是指期权购买者可以按行权价格在到期前或到期日买入一定数量标的资产的权利；后者又称看跌期权，是指期权购买者可以在到期前或到期日按行权价格卖出一定数量标的资产的权利。

按期权行使的时间不同，期权可分为欧式期权（European option）和美式期权

（American option）。美式期权在期权的有效期内的任何营业日均可行使权利，而欧式期权则只有在到期日才能履约。因此，对欧式期权的定价要比美式期权的定价简单得多。

在一个标准的期权合约中，期权价值（即期权费或权利金）是唯一的变量，也是最难确定的。期权价值由内含价值和时间价值构成。内含价值（intrinsic value）是指期权本身所具有的价值，也是履行期权合约时所能获得的收益。它反映了期权行权价格与标的资产价格之间的变动关系。

看涨期权（买权）内含价值$=\max \left[S_T-K, 0\right]$

看跌期权（卖权）内含价值$=\max \left[K-S_T, 0\right]$

式中：S_T表示标的资产价格；K表示行权价格。

在所有的情况下，期权卖方会要求一笔高于内含价值的期权费，高出的部分称作期权的时间价值，它反映了期权合约有效时间与潜在风险、收益之间的相互关系。一般来说，期权合约的剩余有效时间越长，时间价值也就越大。这是因为，对于期权买方而言，期权合约的有效时间越长，标的资产市场价格变动的可能性就越大，因而其获利的潜力就越大，买方就愿意支付比内含价值更多的权利金来购买这项权利。对于期权卖方而言，期权合约的有效期越长，他承担无条件履约义务的时间就越长。由于买方都是在有利于自己不利于卖方的时候才会行使期权，因此卖方承担的风险较大，他出售合约所要求的权利金就会较大。伴随着合约有效剩余时间的缩短，买卖双方获利机会在减少，承担的风险也在减少，时间价值也将逐渐减少。一旦期满未曾行权，该期权也就完全丧失了时间价值。

买权、卖权和其他金融工具可组成更为复杂的期权合约，在这里只介绍买—卖权平价关系。欧式看涨期权、看跌期权（标的资产、执行价格以及到期时间相同）存在如下平价关系：

$$S+p=c+Ke^{-r_f T} \tag{2.30}$$

式中：S表示标的资产的现行价格（股票不发放红利）；p表示看跌期权价值或卖权价值；c表示看涨期权价值或买权价值；K表示债券面值（行权价格）；$Ke^{-r_f T}$表示债券面值的现值（按连续复利计算）；T表示到期日。

公式（2.30）的含义是，投资者购买一份欧式股票卖权（p）并持有一股股票（S），他所获得的收益与一份欧式股票买权（c）和持有一张到期值为K的无风险债券的收益相同。因此，两项投资组合的价值为$\max \left(S_T, K\right)$。不同投资组合到期价值见表2-16。

根据买—卖权平价关系，也可以确定公司的股票和债券价值。假设公司的资本总额由股权资本（普通股）和负债资本（零息债券）两部分组成。公司的债券面值为B，期限为T年，则债券到期时，所发行的股票价值S_T与当时公司的资产价值V_T有关：

$$S_T=\max \left[V_T-B, 0\right] \tag{2.31}$$

表 2-16   不同投资组合到期价值

投资组合	$S_T>K$	$S_T<K$
投资组合 1		
持有股票（S）	S_T	S_T
欧式买入卖权（p）	0	$K-S_T$
投资组合到期价值	S_T	
投资组合 2		
欧式买入买权（c）	S_T-K	0
持有无风险债券（K）	K	K
投资组合到期价值		K

公司的股票可以解释为以公司资产为标的资产，以债券面值为行权价，以债券期限为权利期间的一种欧式买入买权，此时买权的真正标的资产是公司资产，而不是公司股票，通过以股价为中介，买权（股票价值）主要与公司资产价值及债券面值有关。如果将公式（2.30）中的 S 用 V 替代，c 用 S 替代，则公司资产、股票（买权）、债券、卖权之间的关系，可按下式表示：

$$V+p=S+K/(1+r_f)^T \tag{2.32}$$

根据买权定价理论，当债券到期时，股票持有人（股东）具有两种选择：偿还债券或宣告破产。如果 $V_T>B$，则股东偿还债务执行他们持有的看涨期权，股权价值等于公司价值减去债券价值（S=V−B）。如果 $V_T<B$，则股东就放弃执行期权而对债务违约。按股东承担有限责任的观点，债权人将接受小于债券面值的公司资产，此时买权一文不值（S=0）。因此，在到期日，股权价值可以表示如下：

$$S=V-B=V-\left[K/(1+r_f)^T-p\right] \tag{2.33}$$

上式也可以转换为：

$$V=S+B=S+\left[K/(1+r_f)^T-p\right] \tag{2.34}$$

公式（2.34）表明，负债公司的价值可分解为两部分：其中股权部分 S 是一个看涨期权，风险性债务部分等于零息债券的现值 K 减去欧式看跌期权的价值 p。当债券到期时，债券价值（B）可按下式计算：

$$B=V-\{V-\left[K/(1+r_f)^T-p\right]\}=K/(1+r_f)^T-p \tag{2.35}$$

从债权人的角度看，持有人有两项权益：（1）他们拥有债券的索偿权；（2）他们是公司资产卖权的出售者（相对而言，股东持有一份以公司债券为行权价的卖权，或公司资产卖权的购买者）。当债券到期时，如果 $V_T>B$，则股东放弃行权。此时，债权人仅按债券面值 K 收到偿还额，这种卖权不具有任何价值（p=0）。如果 $V_T<B$，则股东行使卖权，债权人必须以债券面值将公司资产买回，债权人将得到

小于债券面值的公司资产，即 $B < K e^{-r_f T}$。这相当于债权人在获得债券面值的同时，由于卖权被执行，他们损失了债券面值K与公司价值V_T之间的差额（K-V_T）。图2-16中的折线显示了公司债权人的损益。

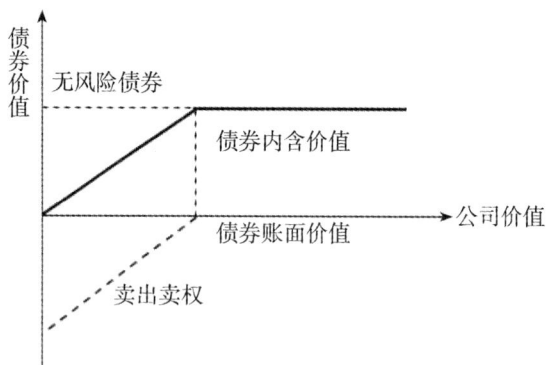

图2-16　债券价值

图2-16表明，对某有限责任公司进行资本贷放，相当于进行了一项风险投资。为了避免风险，债权人会在购买了一张以无风险利率（无违约风险）折现的公司债券的同时，还出售给公司股东一个以债券面值为行权价格的卖出期权，以便将风险债券调整为无风险债券。因此，公式（2.35）可以描述为：债权人愿意为在将来取得债券面值而现在支付的金额等于预期债券现值减去公司资产的卖权价值。

公司的债务到期时，公司价值等于股权价值加上风险性债务价值，并在股东和债权人之间进行分配，见表2-17。

表2-17　　　　　　　　　　　　　到期日公司价值分配情况

项目	到期日	
	$V_T > K$	$V_T < K$
股东价值：		
看涨期权（S）	$V_T - K$	0
债权人价值：		
无风险债券（零息债券）	K	K
看跌期权（p）	0	-（K-V_T）
债权人价值合计	K	V_T
证券持有者价值：	V_T	V_T

假设XYZ公司的资产现行价格V=100万元，无风险利率r_f=7%，零息债券面值K=50万元，债券期限T=1年。当债券到期时，如果$V_T > K$，则公司无违约风险。此时，卖权持有者放弃行权（p=0），债券价值等于零息债券面值的现值。

$$B=\frac{K}{(1+r_t)^t}-p=\frac{50}{(1+7\%)}-0\approx46.73\text{（万元）}$$

股票价值=100-46.73=53.27（万元）

如果公司的零息债券面值为90万元，公司存在违约风险，在［例2-5］中，存在违约风险时债券价值为81.26万元。如果无违约风险，则债券的价值为84.11万元［90/（1+7%）］，这两者之间的差额即为卖权价值（p=84.11-81.26=2.85（万元）。

2.4.3　Black-Scholes 期权定价模型

Fischer Black and Myron Scholes（1973）在"期权估值与公司债务"一文中推出了期权估值模型（简称BSOPM）。BSOPM首次提出负债公司的股权实际上是公司价值的看涨期权。此后，大量的研究进一步说明了如何将期权定价理论运用于解决公司财务问题之中，如股利政策、资本结构、兼并与收购、投资决策、可转换债券、认股权证等。

1）BSOPM基本假设

（1）期权标的资产为一项风险资产，当前时刻的市场价格为S。S遵循几何布朗运动，这意味着股票价格在短时期内的变动（即收益）来源于两个方面：一是单位时间内已知的一个收益率变化，可以看成一个总体的变化趋势；二是随机波动项，可以看成随机波动使得股票价格变动偏离总体趋势的部分。

（2）在期权有效期内，标的资产不支付股利和利息，即不存在影响收益的任何外部因素。综合假设1和假设2意味着标的资产价格的变动是连续而均匀的，不存在突然的跳跃。

（3）没有交易费和税收，不考虑保证金的问题，即不存在影响收益的任何外部因素。综合假设2和假设3意味着投资者的收益仅来源于价格的变动，而没有其他的影响因素。

（4）该标的资产可以自由地买卖，即允许卖空，且所有证券都是完全可分的。

（5）在期权的有效期内，无风险利率为常数，投资者可以此利率无限制地进行借贷。

（6）期权为欧式看涨期权，且执行价格为K，当前时刻为t，到期时刻为T。

（7）市场中不存在无风险套利机会。

（8）标的资产价格的波动率已知且恒定，这一假设是期权定价模型的关键条件。

2）BSOPM影响因素

BSOPM是通过无套利[1]原则推导出来的。BSOPM认为任何期权都可以由标的股

---

[1]　无套利分析方法用市场中其他金融资产的头寸复制该"头寸"的收益，然后在市场均衡的条件下求出复制证券组合的价格，并由此测算出该项头寸在市场均衡时的价格。如果价格过高或者过低，都可能出现套利机会。在一个完善的资本市场中，人们的套利活动必然引起资产价格趋于合理，并最终使套利机会消失。

票和短期无风险资产构成的资产组合所复制。因此，复制此资产组合的成本实际上就是期权价格。他们构造了一个由标的资产一定数量的多头和期权的一定数量的空头组成的证券组合。要求这个组合的收益是确定的、不依赖于股票的价格并且无风险的。由于无风险资产的收益率为r_f，所以根据无套利原则就可以计算出这个组合的价值，从而推导出期权定价公式。

$$c = SN(d_1) - Ke^{-r_f T} N(d_2) \tag{2.36}$$

其中：

$$d_1 = \frac{\ln(S/K) + (r_f + \sigma^2/2)T}{\sigma\sqrt{T}} \tag{2.37}$$

$$d_2 = d_1 - \sigma\sqrt{T} \tag{2.38}$$

式中：c表示买权价值（看涨期权）；S表示标的资产的现行市场价格；K表示行权价格；r_f表示无风险利率（按连续复利计算）；σ表示标的资产的收益标准差；T表示期权距到期日的时间；N（x）表示标准正态分布的累积概率分布函数（即某一服从正态分布的变量小于x的概率），根据标准正态分布函数特性，可知：N（-x）=1-N（x）。

从BSOPM经济含义看，$N(d_1)$等于保值比率Δ，反映了当标的资产变动一个很小的单位时，期权价格的变化量，即：$\Delta = N(d_1) = \partial c/\partial S$。事实上，$N(d_1)$复制交易策略中股票的数量，$SN(d_1)$就是股票的市场价值，或者，$SN(d_1) = S_T N(d_1)$是$S_T$的风险中性期望值的现值。$N(d_2)$实际上是在风险中性世界中$S_T$大于K的概率，或者说是欧式买权被执行的概率，$KN(d_2)$是K的风险中性期望值的现值。因此，看涨期权价值等于标的资产价格期望现值减去行权价格现值。

根据BSOPM基本公式，看涨期权价值主要由5个因素决定，即标的资产价值S，期权执行价格K，标的资产收益率的瞬时标准差σ，期权的到期期限T，以及无风险利率r_f。各个因素对期权价值的影响总结见表2-18。

表2-18　　　　　　　　　　　　期权价值影响因素

影响因素	欧式看涨	美式看涨	欧式看跌	美式看跌
标的资产现行价格（S）	+	+	-	-
执行价格（K）	-	-	+	+
到期日（T）	+	+	?	+
无风险利率（r_f）	+	+	-	-
标的资产收益率标准差（σ）	+	+	+	+

表2-18中描述了不同因素对买卖权价格的影响方向。在欧式看跌期权中，合约剩余有效期（T）的影响不确定。由于期权具有时间价值，且与合约剩余有效期长短呈正向变动关系，因此，在一般情况下，买权价值和卖权价值均与T呈正向变动关系，但对于欧式期权来说，由于欧式期权只能在到期日履约，因而也可能在买

方履约愿望较强时，出现T越短、期权价值越高，T越长、期权价值越低的情况。

在这5个因素中，最重要的因素是标的资产收益率的瞬时标准差。根据期权定价理论，期权价值来源于标的资产价格的不确定性和时间性。标的资产价格不确定性越大，或标准差越大，期权越有价。以股票期权为例，标准差越大，股票价格超过执行价格的概率就越大，从而使看涨期权的持有者获利。图2-17描述了A、B两种假定的股票价格分布。两种分布具有相同的均值，但B股票的分布离散程度大，即B股票价格分布的方差较大。看涨期权是一种或有权益（contingent claim），期权持有者仅当股票价格超过执行价格时才能获利。如果两种期权的执行价格相同，方差较大的股票期权获利的累计概率高于方差较小的股票期权。这一点也表明了期权价值与标的资产价值之间存在的重要差异。如果我们持有某项资产，获得的收益将取决于该项资产收益的全部概率分布。对于一个风险厌恶者来说，通常不会接受方差大的项目，因为方差较大就意味着要获得更高的风险溢价。而当我们持有看涨期权时，仅从收益分布的尾部获得收益。期权的或有权益特性使得人们追求较大的方差。

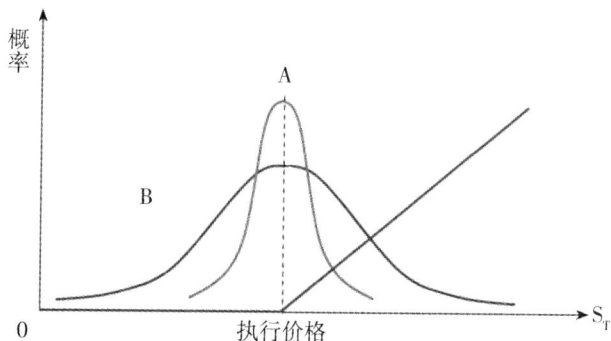

图2-17　假定的股票价格分布

3）BSOPM与股票债券估价

公司股票在债券到期时的价值收益曲线与欧式看涨期权十分相似。如果公司价值服从几何布朗运动（方差为σ^2），且无风险利率为r_f，那么，可通过对BSOPM进行一定的变量替换，即用公司资产价值和公司资产收益率的标准差分别替换模型中的股票价格和股票收益的标准差；用公司债券账面价值和公司债券期限分别替换行权价格和到期日。

$$S=VN（d_1）-Ke^{-r_fT}N（d_2） \tag{2.39}$$

$$B=V-S=V［1-N（d_1）］+Ke^{-r_fT}N（d_2） \tag{2.40}$$

$$d_1=\frac{\ln（V/K）+（r_f+\sigma^2/2）T}{\sigma\sqrt{T}}$$

其中：$d_2=d_1-\sigma\sqrt{T}$

注意公式（2.36）中的S代表标的资产价值，公式（2.39）中的S代表公司价值的买权价值（股票价值）；V表示公司价值或标的资产价值；K表示债券账面价值或期权执行价格；B 表示债券市场价值；r_f 表示无风险利率；σ 表示公司资产收益率标准差；T 表示公司债券期限。

假设 XYZ 公司价值 V=100 万元，无风险利率 r_f=7%，公司零息债券面值 K=50 万元，到期期限 T=1 年，公司资产收益率标准差 σ=20%，根据 BSOPM，先计算 d_1 和 d_2：

$$d_1 = \frac{\ln(V/K) + (r_f + \sigma^2/2)\,T}{\sigma\sqrt{T}}$$

$$= \frac{\ln(100/50) + (7\% + 0.2^2/2) \times 1}{0.2 \times \sqrt{1}} = 3.916$$

$$d_2 = d_1 - \sigma\sqrt{T} = 3.916 - 0.2 \times \sqrt{1} = 3.716$$

然后，根据正态分布曲线面积表[①]或根据 Excel 内置的"标准正态分布函数"可得到：

N（d_1）=0.5+0.499955=0.999955

N（d_2）=0.5+0.499899=0.999899

最后，计算股票价值（买权价值）：

$$S = VN(d_1) - K\,e^{-r_f T} N(d_2)$$

$$= 100 \times 0.999955 - 50 \times e^{-0.07 \times 1} \times 1 \approx 53.38 \text{（万元）}$$

由于债务价值等于公司价值减去股权价值，则：

债券价值=100-53.38=46.62（万元）

$$B = V - S = V[1 - N(d_1)] + K\,e^{-r_f T} N(d_2)$$

$$= 100 \times (1 - 0.999955) + 50 \times e^{-0.07 \times 1} \times 0.999899$$

$$\approx 46.62 \text{（万元）}$$

现将二项式定价与 BSOPM 的结果综合见表 2-19。

表 2-19　　　　　　　　　股票与债券价值（二项式定价与 BSOPM）

项目	二项式定价	BSOPM
K=50（万元）		
股票价值（万元）	53.27	53.38
债券价值（万元）	46.73	46.62
K=90（万元）		
股票价值（万元）	18.74	18.00
债券价值（万元）	81.26	82.00

① N（d）是根据标准正态分布的累积概率分布函数表查表计算得出。表中给出的是正态分布对称轴一侧的面积，如果 d >0，查表所得概率应加上 0.5；如果 d<0，查表所得概率应从 0.5 中减除。本例中期权定价模型的各种参数及其买权价值是采用 Excle 函数计算的，详细的计算方法可参阅：刘淑莲. 公司理财［M］. 北京：北京大学出版社，2012.

采用期权模型估计股权价值的一个隐含意义在于，股权资本总是具有价值，即使在公司价值远远低于债券面值时，只要债券没有到期，股权资本仍然具有价值。其原因在于标的资产价值在期权剩余期限内仍具有时间价值，或在债券到期前资产价值仍有可能超过债券的面值。

假设在上例中，XYZ公司的价值下跌到45万元，低于到期债券价值50万元，在其他因素不变的条件下，根据BSOPM买权模型，采用Excel期权定价函数计算的XYZ公司股本价值和债券价值分别为2.9万元和42.1万元。

4）BSOPM与资本结构

由于公司股票相当于公司资产的看涨期权，公司资产或投资项目的风险越大，股票价值就越大，债券价值就越小。因此，负债公司的股东通常比无负债公司的股东更愿意从事高风险投资。

［例2-6］假设某一无负债公司准备通过发行债券、回购股票的方式改变公司的资本结构。目前该公司的价值（股权价值）为1 400万元，计划发行面值为500万元、期限为6年的零息债券。该公司的资产收益率标准差为0.2，无风险利率为8%。

在本例中，V=1 400万元，K=500万元，σ=0.2，r_f=8%，根据BSOPM，N（d_1）=0.99996，N（d_2）=0.99772，根据公式（2.39）、公式（2.40）可以得到股票债券价值：

S=1 400×0.99996−500×$e^{-0.08×6}$×0.99772≈1 091（万元）

B=1 400−1 091=309（万元）

如果市场是有效的，公司可以按309万元折价发行面值为500万元的债券，并用所得款项回购公司股票。假设在上例中，公司发行债券的面值为1 000万元，根据BSOPM可以得到：股票价值790万元，债券价值为610万元。将上述结果综合于表2-20。

表2-20　　　　　　　　　　债券价值　　　　　　　　　　金额单位：万元

债券到期值（面值）	债券现值（市场价值）	负债比率（债券现值/资产总额）	每元债券价值（债券现值/面值）
500	309	22.07%	0.618
1 000	610	43.57%	0.61

从表2-20可以看出，随着负债比率的提高，每元债券价值由0.618元降低到0.61元。这是因为公司的负债越多，风险越大，债权人要求的收益率就会越高，从而降低了债券价值。

假设在上例中，公司预计发行面值为1 000万元零息债券，公司资产收益率标准差由0.2变为0.4，其他因素保持不变。公司经营风险增加对股票、债券价值的影响可计算如下：

根据 BSOPM，N（d_1）=0.9071，N（d_2）=0.6343，则：

S=1 400×0.9071－1 000×$e^{-0.08×6}$×0.6343≈877（万元）

B=1 400－877=523（万元）

在其他因素一定的情况下，经营风险由 0.2 上升到 0.4，公司的股票价值由 790 万元（1 400－610）上升到 877 万元。这表明当标的资产价值风险加大时，期权变得更有价值。与此相对应的是，负债价值由 610 万元降到 523 万元。这意味着债券持有人承担了更大的风险，而股东却可能占有最大的潜在利益，这也是股东愿意从事高风险投资的主要原因。有关股东与债权人之间的利益冲突将在第 3 章进行分析。

2.4.4 BSOPM 与标准差

Galai and Masulis（1976）将 BSOPM 和 CAPM 相结合，提出了债券收益标准差（σ_B）、股票收益标准差（σ_S）与公司资产收益标准差（σ_V）之间的关系，有关计算公式如下：

$$\sigma_B=[1-N（d_1）]（V/B）\sigma_V \tag{2.41}$$

$$\sigma_S=N（d_1）（V/S）\sigma_V \tag{2.42}$$

$$\sigma_V=\sigma_B（B/V）+\sigma_S（S/V） \tag{2.43}$$

仍以［例 2-5］中 XYZ 公司为例，假设公司价值 V=100 万元，公司零息债券面值 K=50 万元，无风险利率 r_f=7%，公司资产收益率的标准差 σ_V=0.2，债券到期期限 T=1 年，根据 BSOPM，公司的负债价值 B=46.62 万元，股票价值 S=53.38 万元。据此计算 σ_B、σ_S、σ_V 如下：

$\sigma_B=[1-N（d_1）]（V/B）\sigma_V$

= （1-0.999955）×（100/46.62）×0.2=0.00001931

$\sigma_S=N（d_1）（V/S）\sigma_V$

=0.999955×（100/53.38）×0.2=0.37465530

$\sigma_V=\sigma_B（B/V）+\sigma_S（S/V）$

=0.00001931×（46.62/100）+0.37465530×（53.38/100）=0.2

如果 XYZ 公司的零息债券面值为 90 万元，其他条件不变，根据 BSOPM，债务价值为 82 万元，股票价值为 18 万元。首先，根据 BSOPM 计算出 N（d_1）=0.9768026，然后根据公式（2.41）、公式（2.42）、公式（2.43）计算：

$\sigma_B=[1-N（d_1）]（V/B）\sigma_V$

= （1-0.9768026）×（100/82）×0.2=0.005658

$\sigma_S=N（d_1）（V/S）\sigma_V$

=0.9768026×（100/18）×0.2=1.085336

$\sigma_V=\sigma_B（B/V）+\sigma_S（S/V）$

=0.005658×（82/100）+1.085336×（18/100）=0.2

上述计算表明，当公司负债规模从 50 万元上升到 90 万元时，债券收益率标准差增加了 0.56%，而股票收益率标准差增加了 71.08%。由于负债比率高，公司资产收益标准（20%）保持不变。

2.4.5 CAPM 和 BSOPM 组合与收益率

CAPM、M-M 以及 BSOPM 作为诺贝尔经济学的获奖理论，都是运用严格的数理逻辑，通过建立经济模型来描述各种要素的因果关系，说明在均衡状态下的资产价格。虽然这些理论的研究视角不同，但都可以用以估计资产收益率或资本成本。如果说 CAPM 是建立在均衡条件下的定价模型，那么 M-M、BSOPM 是建立在套利机制下的定价模型。

1）根据 CAPM 估计资产收益率

假设无风险利率 r_f=7%，市场投资组合收益率 r_m=12%，公司资产 β 系数 β_A=0.6。根据公式（2.4），在市场均衡条件下，XYZ 公司的资产收益率 r_A 计算如下：

r_A=7%+0.6×（12%-7%）=10%

假设 XYZ 公司的资产价值 V=100 万元，一年后公司的资产预期价值为 110 万元，假设以公司资产收益率 r_A 作为折现率，一年后预期价值的现值为：

$$V=\frac{V_1}{(1+r_A)^t}=\frac{110}{(1+10\%)^t}=100（万元）$$

2）确定债券和股票 β 系数

根据 BSOPM 基本假设，Galai and Masulis（1976）将 CAPM 和 BSOPM 相结合，提出了公司股票 β 系数 β_S、债券 β 系数 β_B 如下：

β_S=N（d_1）（V/S）β_A （2.44）

β_B=N（$-d_1$）（V/B）β_A=［1-N（d_1）］（V/B）β_A （2.45）

假设 XYZ 公司的有关数据如下：公司的零息债券面值 K=50 万元，期限 T=1 年，公司资产价值 V=100 元，资产收益率 r_A=10%，无风险利率 r_f=7%，年波动率 σ=20%，根据 BSOPM 计算：N（d_1）=0.999955，股票价值 S=53.38 万元，债券价值 B=46.62 万元。根据上述数据，XYZ 公司股票和债券 β 系数计算如下：

β_A=0.000058×46.62/100+1.123966×53.38/100≈0.6

β_S=N（d_1）（V/S）β_A

    =0.999955×（100/53.38）×0.6≈1.123966

β_B=［1-N（d_1）］（V/B）β_A

    =（1-0.999955）×（100/46.62）×0.6≈0.000058

3）CAPM-BSOPM 计算债券、股票收益率

将股票和债券的 β 系数分别代入 CAPM，计算股本债券投资收益率如下：

r_S=7%+1.123966×（12%-7%）≈12.62%

r_B=7%+0.000058×（12%-7%）≈7%

r_A=7%×46.62/100+12.62%×53.38/100≈10%

为反映 CAPM 和 BSOPM 之间的内在关系，可以将 CAPM（公式2.4）中第 j 种资产改为公司资产，整理后可以得到 β_A：

β_A=（r_A-r_f）/（r_m-r_f）   （2.46）

为确定股票收益率，可以将公式（2.44）代入公式（2.4），可以得到：

$$r_s=r_f+\beta_s（r_m-r_f）$$

$$=r_f+N（d_1）\frac{V}{S}\cdot\frac{r_A-r_f}{r_m-r_f}（r_m-r_f）$$

$$=r_f+N（d_1）（r_A-r_f）（V/S） \tag{2.47}$$

为确定债券收益率，可将公式（2.45）代入公式（2.4），可以得到：

$$r_B=r_f+\beta_B（r_m-r_f）$$

$$=r_f+N（-d_1）\frac{V}{B}\cdot\frac{r_A-r_f}{r_m-r_f}（r_m-r_f）$$

$$=r_f+[1-N（d_1）]（r_A-r_f）（V/B） \tag{2.48}$$

根据公式（2.47）和公式（2.48）计算公司股票和债券收益率：

$$r_s=7\%+0.999955\times（100\div53.38）\times（10\%-7\%）\approx12.62\%$$

$$r_B=r_f+[1-N（d_1）]（V/B）（r_A-r_f）$$

$$=7\%+（1-0.999955）\times（100\div46.62）\times（10\%-7\%）\approx7\%$$

$$r_A=r_B（B/V）+r_s（S/V）$$

$$=7\%\times（46.62/100）+12.62\%\times（53.38/100）\approx10\%$$

上述计算结果表明，不论采取何种方式，公司资产收益率都为10%。或者说，在完善市场假设下，CAPM与CAPM-BSOPM的计算结果相同。尽管CAPM以投资组合理论为基础，BSOPM以套利机制为基础。

BSOPM在期权交易中被广泛使用，主要用于期权定价、构造交易策略、对冲风险、资产定价等。在BSOPM之后，Merton（1976）进行了一些重要的扩展，主要表现在3个方面：（1）支付已知红利的股票期权定价公式；（2）随机利率期权定价模型；（3）股票价格服从跳跃扩散过程的期权定价模型。正是由于Merton（1976）在期权定价理论中所做的贡献，所以有代表性的期权定价模型也被称为B-S-M模型。

BSOPM提出后，许多经济学家对这一模型进行了大量的实证检验，但检验的结果并不完全支持这一模型。特别是BSOPM几何布朗运动的假设已经被越来越多的实证检验所质疑。为了建立更加符合现实的期权定价模型，需要对风险中性定价理论、股票价格所遵循的随机过程、偏微分方程以及如何应用期权进行更加细致深入的研究和检验。

本章介绍的CAPM、M-M、BSOPM都是在完善市场假设条件下成立的。事实上，现实中的资本市场并非完美，那么，如何理解理想资本市场假设下的各种定价模型？对这一问题的解释可以用伽利略的自由落体定律做一个有效的类比。伽利略证明没有摩擦时自由下落的物体的下降速度相同，与物体重量无关，这一结论完全颠覆了人们的传统看法。如果你要检验这一定律，将很可能发现它并不严格成立。原因是，除非在真空中，否则空气摩擦相对更能减缓某些物体下落的速度。与此相似，当我们在运用各种定价模型时，还必须关注"空气摩擦"等现实市场对资产定价的影响。

本章小结

1.在完善的资本市场条件下，任何投资决策都可以分为两个依次连续并且彼此分开的过程：第一步，进行最佳投资方案选择，直到投资边际收益率等于资本市场利率。在这个均衡点上，经济行为人的财富（当前消费与未来消费的组合）达到最大化。第二步，决定跨期消费路径，或者说通过不同的借贷行为选择最佳消费模式，直到消费时间偏好比率等于资本市场利率。在这个平衡点上，经济行为人获得最大的满足。每一个经济行为人都将做出自己的最佳消费决策。

2.根据两项资金分离原则，任何一个投资者的最优投资组合都可以表示为无风险资产和风险资产的线性组合，只是他们在无风险投资和切点投资组合上有所不同。如果每位投资者都持有切点的投资组合，那么这一组合一定是股票市场上实际可以观察到的投资组合，每股的投资组合权重是股票市场价值的一部分，该组合即为市场组合。

3.CAPM 描述了第 j 种资产所要求的收益率等于无风险收益率加上风险溢价。如果市场风险溢价为 $\pi = [E(r_m) - r_f]$，那么第 j 种资产的风险溢价等于 $\beta \times \pi$，其中 β 系数是风险资产 j 和市场组合 M 之间的协方差再除以市场组合的方差。

4.CAPM 预示所有的投资者都持有市场组合，而且只要市场组合在有效边界上，就可以得到 β 系数与预期收益率之间的线性关系。检验 CAPM 正确与否，关键是看市场组合是否有效。

5.M-M 命题 Ⅱ 表明负债公司的股权资本成本与杠杆比率呈线性相关，将命题 Ⅰ 和命题 Ⅱ 结合起来可以发现，低成本举债的利益正好被股本成本的上升所抵消。因此，在无赋税的条件下，公司资本结构不会影响公司价值和资本成本。

6.在考虑公司所得税的情况下，如果公司负债经营且需缴纳所得税，那么其股本成本就等于无负债公司的股本成本加上一笔风险溢价，风险溢价的大小与杠杆比率和所得税税率高低有关。

7.将 M-M 含公司所得税模型与 CAPM 相结合，可以得到负债公司的股本成本由 3 部分构成，即无风险利率、经营风险溢价、财务风险溢价。据此可以确定负债公司的 β 系数和无负债公司的 β 系数。

8.从 BSOPM 的经济含义看，$N(d_1)$ 等于保值比率 Δ，反映了当标的资产变动一个很小的单位时，期权价格的变化量。$SN(d_1)$ 就是股票的市场价值，或者 $SN(d_1) = e^{-r_f T} S_T N(d_1)$ 是 S_T 的风险中性期望值的现值。$N(d_2)$ 实际上是在风险中性世界中 S_T 大于 K 的概率，或者说是欧式买权被执行的概率。因此，$K e^{-r_f T} N(d_2)$ 是 K 的风险中性期望值的现值。因此，看涨期权价值等于标的资产价格期望现值减去行权价格现值。

9.公司股票在债券到期时的价值收益曲线与欧式看涨期权十分相似。如果公司价值服从几何布朗运动（方差为σ²），且无利率为r_f，那么，可通过对BSOPM进行一定的变量替换，即用公司资产价值和公司资产收益率的标准差分别替换模型中的股票价格和股票收益率的标准差；用公司债券账面价值和公司债券偿还期分别替换行权价格和到期日。

10.CAPM、M-M以及BSOPM作为诺贝尔经济学的获奖理论，都是运用严格的数理逻辑，通过建立经济模型来描述各种要素的因果关系，说明均衡状态下的资产价格。虽然这些理论的研究视角不同，但都可以用于估计资产收益率或资本成本。如果说CAPM是建立在均衡条件下的定价模型，那么M-M、BSOPM是建立在套利机制下的定价模型。

讨论题

讨论题指引

1.可口可乐和百事可乐长期存在着竞争关系，两家公司几乎分割了全美大部分碳酸类软饮料市场。但是，投资人发现，两家公司股票的涨跌并无规律可循。有时两家可乐公司的股票一起上涨，也有时是互有涨跌。这一现象被称为华尔街的"可乐迷局"。你认为影响两家公司股票价格的因素有哪些？

讨论题指引

2.长期资本管理公司依据历史数据建立了复杂的定量模型，并认为新兴市场利率将降低，发达国家的利率走向相反，于是大量买入新兴市场债券，同时抛空美国国债。然而1998年8月，俄罗斯宣布卢布贬值延迟3个月偿还外债，俄罗斯国债大幅贬值并完全丧失流动性。从5月俄罗斯金融风暴到9月全面溃败，这家声名显赫的对冲基金在短短150余天内资产净值下降90%，出现43亿美元巨额亏损，仅剩5亿美元，濒临破产。为什么根据历史数据建立的定量模型无法预期所有潜在的灾难？

讨论题指引

3.英特尔公司是专业生产芯片的厂商，该公司在纳斯达克市场上市，交易代码为：INTC。假设该公司的β系数为1.5，美国股市的市场组合收益率为8%，当前美国的国债利率为3%。假设英特尔公司正考虑在华投资一座新的芯片厂。该工厂的总投资为25亿美元，预期在建成后的3年内，每年可以获得净现金流量10亿美元，英特尔公司是否应该在华投资？英特尔公司在华芯片厂项目的预期收益率（IRR）为多少？假设摩根大通曼哈顿银行向英特尔公司提出：愿意向该公司在华芯片厂项目提供年利率为5%的优惠贷款，英特尔公司是否应该改变决策？[①]

讨论题指引

4.Miller M.H.在获得诺贝尔经济学奖之后，采用类比的方法向前来采访他的记者阐述了M-M总价值命题。他说："在完全竞争的市场中，一家公司就像一只盛着全脂奶的大桶。农夫可以卖出全脂奶，或

---

① 周洛华. 资产定价学 [M]. 上海：上海财经大学出版社，2004：63-65.

者从全脂奶中分离出奶油，其价格高于全脂奶（可类比为公司卖出低收益、高定价的债务性证券）。当然，农夫留下的可能是低脂的脱脂奶，售价低于全脂奶（类比于负债公司股权性证券）。假设不存在分离成本（当然也不存在政府乳品供给计划），奶油加脱脂奶的价值之和与全脂奶相同。或者说，农夫从高价奶油所获得的好处，将会被销售低价的脱脂奶的损失所抵消。不论是整桶出售全脂奶，还是分离奶油和脱脂奶，农夫拥有的价值总量不变。"请结合这一例子，解释以下两个问题：（1）在有效资本市场上，一个公司的价值主要取决于资产的能力，而与公司的融资方式无关；（2）资本成本的高低取决于资金的运用而不是资金的来源。你是否同意上述观点，为什么？

5. 令人无不感到惊讶的是，Fischer Black 和 Myron Scholes 事后回忆说，他们俩首创的那项改变世界的重大发现，其灵感竟然来自于赌场。他们假设有一个疯狂的亿万富豪赌客，提出用1亿美元来和赌场老板进行一场赌博。双方约定，通过简单的游戏来决定胜负。投掷3次骰子，如果3次投掷的结果均为"小"，那么赌场老板就必须赔付亿万富豪8亿美元，而如果在3次投掷中，只要有一次出现了"大"的结果，赌客就将其1亿美元的赌注输给赌场老板。我们都知道在3次投掷的过程中，结果全都是"小"的概率为：（1/2）×（1/2）×（1/2）=1/8，因此赌客提出的1：8的赔付条件是公平的。因为他只有1/8的机会赢得8亿美元的赌注，而赌场老板有7/8的机会赢得1亿美元的赌注。现在的问题是：如果该赌场的总资产仅有100万美元，那么赌场老板是否应该接受这个亿万富翁的挑战？赌场老板应该以什么样的代价邀请其他赌客来对冲他和亿万富豪的赌博风险，使之有权平安地进入下一轮的投掷。

讨论题指引

案例分析

检验证券市场线

请以上海证券交易所的证券为样本，进行证券市场线检验。其具体方法如下：

（1）登录雅虎财经网站（http://finance.yahoo.com），搜集上海证券交易所10只股票的价格信息。

①在股票主页的左边，输入你要评估的股票代码，例如"600000"，点击"Get Quotes"后，就可以看到与"Shanghai Pudong Development Bank Co., Ltd. (600000.SS)"相关的信息，然后点击"Historical Prices"（历史价格）。

②输入起始日期和截止日期，选择最近5年61个月的数据（计算60个月的收益率，需要61个月的价格数据）。确定估计的期间以及间隔期距（日、周、月等），选择"Monthly"（按月），点击"Get Prices"（获取价格）后，滚动到页面底部，点击"Download to Spreadsheet"（下载至电子数据表）。如果询问是打开还是保存文档的对话框，点击"Open"（打开）。

③复制整个电子数据表，打开 Excel，将 Web 数据粘贴到 Excel 表中。保留日期

和调整后的收盘价列（第一列和最后一列），其他数据全部删除。

④保持Excel文档打开，返回到雅虎财经主页，点击返回键。如果再出现询问是否保存数据的对话框，点击"否"。

⑤返回到价格页面，输入下一只股票的代码，再次点击"Get Prices"。不改变日期或间隔期距，确保你将下载的所有股票信息都在相同的日期。再次点击"Download to Spreadsheet"，然后打开文档，复制最后一列"调整后的收盘价"，将其粘贴到已打开的Excel文档中，并且把"调整后的收盘价"名称更改为相应的股票代码。确保股票每月的起始价格和截止价格分别与第一只股票的相应价格处在同一行上。

⑥对剩下的8只股票重复上述步骤，依次相邻粘贴每只股票的收盘价格，再次确保与每只股票相应的日期的股价都位于同一行上。

（2）以上证综合指数作为市场投资组合。登录雅虎财经网站（http：//finance.yahoo.com），获取上证指数收益率，即在页面左上方输入上证综合指数代码"000001"，点击"Get Quotes"和"Historical Prices"，输入起始日期和截止日期（与10只股票价格相同的日期），选择"Monthly"，从而获得上证综合指数5年内的每月价格。下载这些调整后的收盘价格，添加到Excel表中。

注意：上述数据也可以通过各种数据库查找。例如：Wind资讯，中国证券网（http：//data.cnstock.com/dataplatform/index.do？where=dataBrowser）等。

（3）采用Excel函数，分别计算每只股票和上证综指的月收益率、60个月的月平均收益率、β值、α值和R^2值。这可以看作第一次回归。

（4）用股票各自的β值，对股票的平均收益作回归（第二次回归），根据结果分析是否通过检验：证券市场线的截距是否等于无风险利率；所有资产的预期收益率与β系数是否呈线性关系；证券市场线的斜率是否等于（r_m-r_f）等。

（5）检验结论是否符合CAPM假设，如果答案是否定的，如何解释检验结果？

讨论题指引

附录

资本资产定价模型简化推导

资本资产定价模型是建立在基本假设条件下的，根据假设（2）、假设（3），如果投资者可以自由地以无风险利率借入或贷出资金，如果所有的投资者对全部资产的收益率分布的估计是相同的，这时，他们将会面临相同的有效集，他们均会持有由无风险资产和市场组合M所构成的组合。

在CML的简易示意图中，描述了有效投资组合的预期收益率与风险之间的线性关系。CML的截距是无风险利率，斜率为$[E(r_m)-r_f]/\sigma(r_m)$，则CML的方程为：

$$E(r_p) = r_f + \frac{E(r_m) - r_f}{\sigma(r_m)}\sigma(r_p)$$

如果市场达到均衡状态，切点 M 是全部可交易资产的市场组合，其中每一种资产的比例都等于各自的价值权重。在市场组合中，第 j 种资产的均衡比例可用下式表示：

$$w_j = \frac{第\,j\,种资产的市场价值}{全部资产的市场价值}$$

如果某项投资组合是由风险资产 j 和市场组合 M 构成，设 w_j 为投资于风险资产 j 的比例，w_m 为投资于市场投资组合的比例，$w_j + w_m = 1$，那么，这一投资组合的预期收益率和标准差为：

$$E(r_p) = w_j E(r_j) + w_m E(r_m)$$
$$= w_j E(r_j) + (1 - w_j) E(r_m)$$
$$\sigma(r_p) = [\, w_j^2 \sigma_j^2 + (1 - w_j)^2 \sigma_m^2 + 2w_j(1 - w_j)\sigma_{jm}\,]^{1/2}$$

式中：$E(r_p)$ 表示投资组合的预期收益率；$E(r_j)$ 表示第 j 种风险资产的预期收益率；$E(r_m)$ 表示市场组合的预期收益率；$\sigma(r_p)$ 表示投资组合预期收益率的标准差；$\sigma(r_m) = \sigma_m$ 表示市场组合预期收益率的标准差；σ_j 表示第 j 种资产预期收益率的标准差；σ_{jm} 表示第 j 种风险资产和市场组合预期收益率的协方差。

所有这样的投资组合都位于曲线 jMj' 上（如附图 2-1 所示）。为考察投资比例 w_j 的变化对组合收益和风险的影响，通过对上式 $E(r_p)$ 和 $\sigma(r_p)$ 求偏导可得：

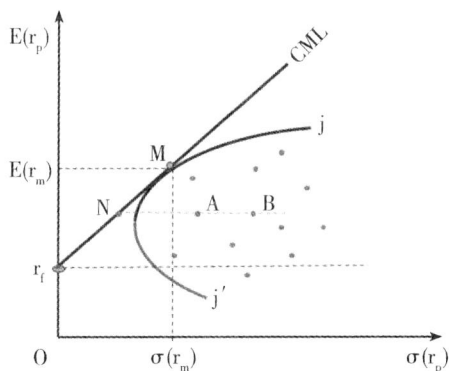

附图 2-1　资本市场线

$$\frac{\partial E(r_p)}{\partial w_j} = E(r_j) - E(r_m)$$

$$\frac{\partial \sigma(r_p)}{\partial w_j} = \frac{w_j \sigma_j^2 - \sigma_m^2 + w_j \sigma_m^2 + \sigma_{jm} - 2w_j \sigma_{jm}}{[\, w_j^2 \sigma_j^2 + (1 - w_j)^2 \sigma_m^2 + 2w_j(1 - w_j)\sigma_{jm}\,]^{1/2}}$$

如果市场处于均衡状态，市场组合已按市价权数 w_j 对风险资产 j 进行了投资，因此在上述方程中的 w_j 表示对风险资产 j 的超额需求。当市场趋于均衡时，对任何资产的超额需求都为 0。以 $w_j = 0$ 代入上式，可以得到：

$$\frac{\partial \sigma (r_p)}{\partial w_j} = \frac{\sigma_{jm} - \sigma_m^2}{\sigma_m}$$

这样，就可以得到曲线 jMj′ 的斜率：

$$\frac{\partial E (r_p)}{\partial \sigma (r_p)} = \frac{\partial E (r_p) / \partial w_j}{\partial \sigma (r_p) / \partial w_j}$$

因此，$$\frac{\partial E (r_p)}{\partial \sigma (r_p)} = \frac{E (r_j) - E (r_m)}{(\sigma_{jm} - \sigma_m^2) / \sigma_m}$$

在附图 2-1 中，jMj′ 曲线在 M 点的斜率与 CML 直线在 M 点的斜率应相等，即：

$$\frac{E (r_m) - r_f}{\sigma_m} = \frac{E (r_j) - E (r_m)}{(\sigma_{jm} - \sigma_m^2) / \sigma_m}$$

整理上式可得资本资产定价模型为：

$$E (r_j) = r_f + [E (r_m) - r_f] \frac{\sigma_{jm}}{\sigma_m^2}$$

根据 β 系数的定义，上式可写成 CAPM 的标准形式，即：

$$E (R_j) = R_f + \beta_j [E (R_m) - R_f]$$

第 3 章

信息不对称与代理冲突

◇ 熟悉信息不对称、信号效应对公司财务策略的影响

◇ 理解股东-管理者、股东-债权人之间代理冲突原因及其表现形式

◇ 了解现金流权与控制权分离对大股东与小股东利益冲突的影响

◇ 掌握公司财务与公司治理的内在逻辑关系以及公司治理机制框架

◇ 熟悉公司内部治理机制和外部治理机制的基本内容

20世纪70年代，金融界最具创造性的理论当数布莱克和斯科尔斯（Black and Scholes，1973）的期权定价模型，以及莫顿（Merton，1973）对该定价模型的发展和深化。同一时期另一个引人注目的发展就是从信息不对称视角研究金融市场结构、市场运行效率。此后，信息不对称理论成为主流经济研究中一个极其活跃的领域。美国3位经济学家乔治·阿克尔洛夫（George Akerlof）、迈可尔·斯彭斯（Michael Spence）、约瑟夫·斯蒂格利茨（Joseph Stiglitz），因其在信息不对称市场分析方面所做出的开创性研究而获得2001年度诺贝尔经济学奖。

信息不对称是指在市场经济活动中，市场参与人员对有关信息的了解是有差异的。例如，售车者比购车者更了解车子的质量；保单持有人比保险公司更知道自己发生事故的风险；借款人比贷款人更了解自己的偿债能力；CEO和董事会比股东更清楚公司的盈利前景和财务状况等。在信息不对称条件下市场交易双方之间的关系在经济学中称为委托代理关系，其中占有信息优势的一方称为代理人，而处于信息劣势的一方称为委托人，委托代理关系本质上是存在信息差别的市场参与者之间

的一种社会契约形式。在交易双方信息不对称的条件下，代理人为了自身利益，就有可能凭借自身的信息优势，隐匿相关信息，选择对委托人不利的行为，从而发生逆向选择（adverse selection）和道德风险（moral hazard）两种问题。逆向选择是指在信息不对称的情况下，信息优势方的行为人可能会故意隐藏信息，以求在交易中获取最大的收益，而信息劣势方则可能受损。或者说拥有信息优势的一方，在交易中总是趋向于尽可能地做出有利于自己而不利于别人的选择。道德风险是指在双方信息不对称的情况下，人们享有自己行为的收益，而将成本转嫁给别人，从而造成他人损失的可能性。道德风险的存在不仅使得处于信息劣势的一方受到损失，而且会破坏原有的市场均衡，导致资源配置的低效率。从公司财务的角度，解决逆向选择和道德风险的方法之一就是代理人通过向委托人传递有关投资、融资、股利政策等信号，降低信息不对称引起的代理冲突。

如果说第2章描述了在完善市场条件下的金融理论及其在公司财务中的应用，那么，第3章则放松了对称信息的假设，简要介绍在信息不对称条件下财务信号传递作用，公司各利益主体（如股东与管理者、股东与债权人，大股东与小股东）之间的代理冲突，分析公司财务与公司治理的内在逻辑，降低代理冲突采取的内部治理机制和外部治理机制。

3.1 信息不对称

3.1.1 信息不对称基本思想

传统经济学基本假设前提中，重要的一条就是"经济人"拥有完全信息。实际上人们早就知道，在现实生活中市场主体不可能占有完全的市场信息。信息不对称必定导致信息的拥有方为牟取自身更大的利益使另一方的利益受到损害。为减少或避免这种道德风险和逆向选择行为的发生，或者降低信息搜寻的成本以提高社会资源的配置效率。为此，经济学家提出了许多理论和模型。2001年度的诺贝尔经济学奖得主正是在信息具有价值这一基础上，分别从商品交易、劳动力和金融市场3个不同领域研究了这一课题，将信息不对称理论广泛应用于各个领域，并得到了实践的验证，从而揭示了当代信息经济的核心。

Akerlof（1970）发表了《柠檬市场：产品质量的不确定性与市场机制》一文，分析了信息不对称对商品交易产生的影响。柠檬市场（the market for lemons）也称次品市场，在这一市场中，产品的卖方对产品的质量拥有比买方更多的信息。由于交易一方并不知道商品的真正价值，只能通过市场上的平均价格来判断平均质量。假设市场中有100辆二手车，质量高低各占50%，高质量的车在市场中的价值是30万元，低质量的车在市场中的价值是10万元。二手车市场的特点是卖方（经销商或原车主）知道自己的车是好车或坏车，但买方在买卖交易时无法分辨。虽然买方无法确知车辆质量的高低，但知道市场上高质量、低质量车的概率各为50%。因此，买方最高只愿出价20万元（10×1/2+30×1/2）买车。但是，在这一价位上，车主决不会出售高质量的车，惜售的结果使高质量的车逐渐退出市场。当部分高质量的车退出市场时，情况变得更糟。如果在市场中高质量、低质量车的比例由1：1降到1：3，买者此时只愿花15万元（10×3/4+30×1/4）买车，车市中的成交价降低（由20万元降至15万元）迫使更多的高质量车的车主退出买卖。最后，在车市中只剩下低质量的车在交易。买卖双方有一方信息不完全，因而形成了一种市场的无效率性（高质量的车全部退出市场）。Akerlof（1970）解释了在旧车交易中，卖者显然比买者对车辆拥有更多的信息，由于这种信息不对称，买车的人难以完全信任卖车人提供的信息，因而试图通过低价来弥补其信息上的损失。由于买者出价过低，卖者又不愿提供好的产品，从而导致次货泛滥，其最终的结果是旧车市场的萎缩。

M.Spence（1973）在"就业市场信号"一文中，考察了就业市场的信息问题。他的创新之处在于：研究在信息不对称的情况下，信息不完全的一方会采取某些行为以克服信息不对称带来的困惑。对于雇主来说，面对大量的应聘者，他不可能在短时间内了解他们的全部信息，只能根据应聘者提供的信息，如学历、经历、是否做过实习等有限的信息来选择人员。正是由于劳动力市场上雇主和雇员之间的信息不对称，雇主必须靠一种市场信号（比如学历要大学本科）来进行识别。在M.Spence看来，教育本身并不提高一个人的能力，它纯粹是为了表明自己的能力高而向雇主发出的"信号"，以便雇主区别不同能力的人。或者说，这种"信号"可以帮助缓解信息不对称带来的困惑。实际上，根据受教育程度这一"信号"选出的应聘者，其能力并不一定都强，有的甚至不能胜任工作，这就是由于信息不对称造成的。M.Spence的理论贡献在于说明在市场中具有信息优势的个体为了避免与逆向选择相关的一些问题发生，如何能够将其信息"信号"可信地传递给在信息上具有劣势的个体。信号要求经济主体采取观察得到且具有代价的措施以使其他经济主体相信他们的能力，或更为一般地，相信他们产品的价值或质量。他举例说，对于用人单位而言，应聘者如果具有越难获得的学历就越具可信，比如说拥有哈佛文凭的应聘者的才能，就比一般学校的文凭更有可信度。名牌商品向消费者传达的一个准确无误的信号是：它是一种高质量的商品，应该比一般商品更贵也更值钱。

Joseph Stiglitz在信息不对称理论研究上的最大贡献主要体现在对保险市场、信贷市场等所做的研究。他的模型和分析方法已经演绎成信息经济学乃至领域更宽泛的微观经济学和宏观经济学的规范方法。Rothschild，Michael and Joseph Stiglitz（1976）在分析保险市场时说明，在保险公司不知道有关各个客户风险状况的保险市场上，信息问题会被如何处理。这一研究通过考察不知情的经济主体在信息不对称市场上会采取什么样的行动，充实了Akerlof和M.Spence所进行的分析。他们认为保险公司（不知情方）通过被称之为"筛选"的方式能够给予其客户（知情方）有效的激励以使其"披露"有关自身的风险状况信息。在均衡筛选中，保险公司通过提供"较高的未保险额与较低的保费组合"这类可选合约菜单来区分保单持有人的不同风险类别。此外，Joseph Stiglitzand Andrew Weiss（1981）分析了在信贷市场上由于信息不对称而引起的逆向选择和道德风险。他们认为银行降低坏账损失的最优策略是对贷款进行配给而不是提高贷款利率。

3.1.2 信息不对称与财务信号传递

为了减少逆向选择和道德风险对市场的副作用，可以通过大量获取或释放市场信号来平衡交易双方的信息不对称。假设同时存在高质量公司和低质量公司，高质量公司的经理希望向市场发出信号，揭示该公司的优势，如公司的投资水平、发行债券的数量、宣告股利支付等。只要低质量公司不能模仿高质量公司的行为，则高质量公司就完全可以把自己和低质量公司区分开来。这种分离的前提是低质量公司从模仿中得到的收益低于发布错误信号所带来的成本。有效的信号传递可以在一定程度上克服由于信息不对称产生的逆向选择问题。此外，由信息不对称引起的各种代理冲突可以通过内部与外部治理机制解决，以确保交易双方的利益均衡，避免由于信息不对称带来的逆向选择和道德风险问题。

将Spence（1973）的信号传递模型运用到公司财务中，主要表现为公司通过投资、融资、股利发放等财务活动向市场传递信号。

1）以项目融资方式传递项目质量的信号

Pyle，David and Hayne Leland（1977）认为在信息不对称的情况下，为了使项目融资能够顺利进行，借贷双方可通过某种信号来传递信息。假设一个企业家计划进行项目投资，自己出资比例为α，剩余资金向其他投资者筹集。该项目的未来价值为$\mu+\varepsilon$，其中μ是项目预期价值，ε为随机变量。该企业家拥有关于项目的内幕信息，如项目的质量、项目的内在价值等，但没有一个可信的方法向其他投资者传递这一信息，投资者只知道关于μ的概率分布。虽然投资者不能得到项目的确切信息，但可以对企业家发出的信号做出反应，这一信号就是企业家自己在该项目投资中所持有的比例α，外部投资者认为μ是α的一个函数。掌握了内部信息的企业家对项目进行投资，本身就向外部投资者传递了一个信号，即项目包含着"好消息"，也就是说，企业家进行投资的意愿本身就可以作为一个投资项目质量好的信号。通常，市场上的投资者认为项目质量是企业家的持有投资比例的函数，企业家拥有比例越高，预示着投资项目的价值越高。

信息不对称对财务决策的影响还体现在投资与融资活动中。假设公司为项目投资寻找新的融资方式，由于管理者比潜在的投资者更为知道投资项目的实际价值，如果项目的净现值为正数，则说明项目具有较好的获利能力。这时，代表老股东利益的管理者不愿意发行新股以免把新项目的投资收益转让给新股东。另一方面，当公司价值被高估时，管理层一般愿意发行新股为项目融资。但是，在完善市场上，市场不会被愚弄。只要管理层或内部人员透露出他们发行新股投资的意愿，自然会把发行新股当成一种坏消息，他们会重新确定对新股的出价。因此，股权融资一般存在着比较严重的逆向选择问题，这种现象会导致两种结果：一方面，即使公司拥有良好的投资机会，管理层也不愿意通过发行股票进行融资，如果公司的内部资金不足，就会导致公司因融资约束而放弃投资；另一方面，投资者在购买股票时会要求一个较高的风险溢价，以弥补可能遭受的损失。因此，逆向选择问题将导致股权融资成本远高于内部融资成本。

[例3-1] 假设XYZ公司流通在外的普通股为10 000股，股票市场价值为20万元，即每股市价20元，但公司的经理比股东掌握着更多、更准确的有关公司前途的信息，认为公司现有资产的实际价值为25万元，此时，股东与经营者存在着信息不对称性。再假设该公司需要融资10万元新建一项目，预计其净现值为5 000元（项目的净现值增加股东价值）。因为投资者对这个项目没有预期到，所以5 000元的净现值还没有计入公司10万元的股票市价。公司是否应接受新项目？现分以下几种情况加以说明：

第一，发行股票时信息是对称的，即所有的投资者对现存资产的情况与经营者拥有同样的信息，股票市价应为每股25元。因此，公司应发行4 000股（100 000/25）新股为项目进行融资。接受该项目投资会使股价升到每股25.36元，并使新老股东同时受益。

$$新股价 = \frac{原股票实际价值 + 新增资金 + 项目净现值}{原股数 + 新股数}$$

$$= \frac{250\,000 + 100\,000 + 5\,000}{10\,000 + 4\,000} = 25.36（元/股）$$

第二，发行股票时信息是不对称的，即投资者并不了解公司的实际情况，而公司的经理出于某种原因（如为了保持公司的竞争能力或证券监督委员会不允许公司在股票发行前向外透露风声以推销股票）不能告诉投资者股票的实际价值，这时股价仍为20元，公司不得不发行5 000股（100 000/20）新股以融资10万元。如果接受新项目，就会产生新的股票价格，那么当不对称信息的情况得以改变后，公司的股票价格为：

$$新股价 = \frac{250\,000 + 100\,000 + 5\,000}{10\,000 + 5\,000} = 23.67（元/股）$$

在这种情况下，公司不可能通过发行新股的融资来实施该项目。因为当信息不对称情况改变后，股价会上升到每股25元，而按每股20元发行股票后的每股市价为23.67元，则公司的老股东每股损失1.33元，新股东每股收3.67元。

第三，如果股东认为公司价值为20万元，而公司的经理认为外部投资者对公司增长前景的估计过于乐观，公司股票的市场价值仅为18万元。这可能是公司为执行政府有关污染控制的法规，需投入巨额资金购买没有任何收益的污染处理设备，或公司需要投入巨额资金进行新产品的研究开发。这一切都会减少公司的边际利润和现金流量，严重时会导致公司股价的大幅下跌，再想筹措公司生存所必需的资金将会十分困难。在这种情况下，若经理决定以每股 20 元发行新股 10 000 股，筹措资金 20 万元，并用这些资金支撑本年度的资本预算或偿还债务，这样从表面上看，股票价格仍为每股 20 元，但其实际价值则为每股 19 元。

$$新股价（实际价值）= \frac{180\,000 + 200\,000}{10\,000 + 10\,000} = 19（元/股）$$

如果公司经理的预测得以证实，公司的股东就会遭受损失，但公司发行新股会减少损失，这是因为新股东将承担部分风险。

如果公司举债 100 000 元为项目融资，那么信息不对称状况可以得到改变，新的股价为：

$$新股价 = \frac{250\,000 + 5\,000}{10\,000} = 25.5（元/股）$$

如果举债融资，那么新项目的剩余价值都应归入老股东。如果债券有抵押担保且有保护性条款，那么信息不对称对负债价值没有影响。因此一些经济学家把负债融资称为"安全"融资。但是，在一个信息不完备的债务市场中，由于项目的风险水平不可观测，债权人无法区分债务人的好坏，因此会设定一个相对较高的利率水平来弥补这种风险。随着利率的提高，品质较好的公司将被挤出市场，这会提高贷款的违约概率，降低贷款人的预期利润。最终的结果是，贷款人会设定一个促使贷款需求明显高于供给的利率水平，从而限制了公司在债务市场上的融资能力。相对股权融资而言，以商业银行为主要代表的债权人，通常具有较高的专业技术水平，有能力向公司要求更多的融资信息，从而减少信息不对称的程度。这样，在债务融资中的逆向选择问题相对较小。按照额外风险必须有额外收益作为补偿的原则，投资者有权对融资者要求逆向选择的风险溢价，因此，对股权投资要求的收益率会高于债权投资的收益率。这样，公司在股权市场融资的成本会高于债权市场的融资成本。不对称信息使公司选择的融资顺序为先是内部融资，然后是外部债务融资，并且是从低风险债券到高风险债券，包括可转换债券和其他准股票（如备兑股权证等），最后才是外部股票融资。

2）以负债水平传递公司质量的信号

Ross（1977）在保留 M-M 定理绝大部分假设的情况下，放松了完全信息假设，研究了公司在信息不对称的情况下如何以资本结构的变动为信号向市场传递有关公司价值的信息，以此来影响投资者的决策。Ross 是在两期框架下对包括 A、B 两类公司的市场进行研究。假设时点 1，A 类公司的价值，B 类公司的价值；假设市场中存在不确定性且采用风险中立定价，两类公司在 0 点时的价值如下：

$$V_{0a} = \frac{V_{1a}}{1+r} = \frac{100}{1} = 100$$

且

$$V_{0b} = \frac{V_{1b}}{1+r} = \frac{50}{1} = 50$$

其中：r 为无风险利率（r=0）。

假定存在不确定性且投资者不能区分这两类公司，假设 A 类公司所占的比例为

q（=0.4），且投资者判断公司为 A 类的概率为 q，判断公司为 B 类的概率为（1-q），则市场中公司价值预期值为：

$$V_0 = \frac{qV_{1a} + (1-q)V_{1b}}{1+r} = \frac{0.4 \times 100 + 0.6 \times 50}{1} = 70$$

此时，如果 A 类公司试图发出信号表明自己是 A 类，则 B 类公司也可以给出同样的信号，这样市场仍无法区分两类公司。Ross 提出解决这个问题的一个方法（即制造一个分离均衡），假设公司管理层负责在时点 0 时的融资决策。具体来说，假设管理层知道自己公司的真实质量，但他们不能交易自己公司的证券，他们在 0 期发行债券，并得到一个激励性补偿，外部投资者对这个补偿计划是可知的，公司管理层的行为是尽量使他们的激励性补偿最大化。在单项模型中，期末激励性补偿计划可用管理者薪酬（M）来表示，其给定的模型如下：

$$M = (1+r)\gamma_0 V_0 + \gamma_1 \begin{cases} V_1, & V_1 \geq B \\ V_1 - C, & V_1 < B \end{cases} \tag{3.1}$$

式中：γ_0，γ_1 为正权数；r 为单期利率；V_0 和 V_1 为公司当前价值和未来价值；B 为负债价值；C 为如果发生破产而支付的罚款，即时支付的罚款。

Ross 认为上述管理层薪酬激励计划可以建立一个信号均衡。假设债务 B^* 是 B 公司在不破产情况下所能承受的最大债务。再假设，如果投资者推测该公司为 A 类公司，而当时投资者推测公司为 B 类。这一信号均衡成立的前提：（1）信号必须是明确的（即当投资者观察到时，公司必定为 A 类）；（2）管理层必须有一直提供正确信号（即公布真实情况而不是撒谎）的激励。

一个 A 类公司经理选择信号（负债水平）之后，他得到的薪酬激励可表示如下：

$$M_a = \begin{cases} \gamma_0(1+r)\dfrac{V_{1a}}{1+r} + \gamma_1 V_{1a}, & B^* < B \leq V_{1a}（说真话）\\ \gamma_0(1+r)\dfrac{V_{1b}}{1+r} + \gamma_1 V_{1a}, & B \leq B^* \quad\quad（说假话）\end{cases} \tag{3.2}$$

假设，$\gamma_0 = 0.1$，$\gamma_1 = 0.15$，$r = 0$，则

$$M_a = \begin{cases} 0.1 \times 100 + 0.15 \times 100 = 25 & B^* < B \leq V_{1a}（说真话）\\ 0.1 \times 50 + 0.15 \times 100 = 20 & B \leq B^* \quad（说假话）\end{cases}$$

只要这个 A 类公司管理层从发出正确信号中所得到的补偿或激励大于发出错误信号所得到的补偿，该管理层就有发出正确信号的动机（选择高于 B^* 的债务）。在这种情况下，说真话比撒谎的边际收益要高，即：

$$\gamma_0(1+r)\frac{V_{1a}}{1+r} + \gamma_1 V_{1a} = 25 > 20 = \gamma_0(1+r)\frac{V_{1b}}{1+r} + \gamma_1 V_{1a}$$

很显然，A 类公司的管理层有动机建立大于 B^* 的负债水平，这样可以获得最大化薪酬，所以他们会选择发出正确的信号。那么，B 类公司的管理层是否会传递自己为 A 类公司的虚假信号呢？答案可以从管理层的激励计划获得，B 类公司管理层的薪酬激励计划为：

$$M_b = \begin{cases} \gamma_0(1+r)\dfrac{V_{1a}}{1+r} + \gamma_1(V_{1b} - C), & B^* < B \leq V_{1a}(\text{说假话}) \\ \gamma_0(1+r)\dfrac{V_{1b}}{1+r} + \gamma_1 V_{1b}, & B \leq B^* \quad (\text{说真话}) \end{cases} \tag{3.3}$$

$$M_b = \begin{cases} 0.1 \times 100 + 0.15(50 - C) = 17.5 - 0.15C & B^* < B \leq V_{1a}(\text{说假话}) \\ 0.1 \times 50 + 0.15 \times 50 = 12.5 & B \leq B^* \quad (\text{说真话}) \end{cases}$$

同样，只要

$$\gamma_0(1+r)\dfrac{V_{1a}}{1+r} + \gamma_1(V_{1b} - C) = 17.5 - 0.15C < 12.5 = \gamma_0(1+r)\dfrac{V_{1b}}{1+r} + \gamma_1 V_{1b}$$

或者，$\gamma_0(V_{1a} - V_{1b}) = 5 < 0.15C = \gamma_1 C$，或者 $C > 33.33$，B 类公司的管理层也有激励发出正确的信号。在这种情况下，说真话的补偿水平大于说假话情况下的补偿水平。因此，为使 B 类公司管理层有动机传递该公司不成功的信号，说真话情况下获得的补偿水平必须大于说假话情况下的补偿水平，数学上可以表达为：

$$\gamma_0(V_{1a} - V_{1b}) < \gamma_1 C$$

这个条件说明如果信号获得的边际利得乘以管理层所持有的股份小于因管理不善发生破产的惩罚成本 C 乘以所持股份时，管理层将发出正确的信号。

激励信号方法暗示着管理层可能选择真实的财务变量，如财务杠杆、股利政策等，并以此作为向公众就未来经营业绩传递公司明确信号方式。不成功的公司不能模仿这些信号，因为它们没有足够的现金流来支持它们，同时也因为其管理层有说真话的动机。

假设某公司拥有一项新的投资计划，项目成功后公司价值预计增长 30%。由于商业秘密或证券法等原因无法向投资者说明项目的具体细节，外部投资者只能根据他们传递的信息进行投资决策。管理层如何向市场传递有关公司前景的"好消息"？解决这一问题的策略之一就是使公司承担未来大量的债务偿付义务。如果公司管理层传递的信息是正确的，那么公司未来就能够偿付债务；如果公司管理层发布虚假信息，夸大未来增长前景，最终将导致公司无法偿付债务，一旦公司破产，最先遭受损失的就是公司的管理层，他们有可能失掉工作。因此，Ross 认为在任何债务水平上，低质量公司都拥有更高的边际预期破产成本，所以低质量公司的管理者不会仿效高质量公司进行过多的债务融资。认识到这一点，投资者相信除非公司管理层确信公司未来有较大的成长机会，否则不会举债经营。投资者将财务杠杆水平的增加视为管理层信心的一个可靠信号，可以凭借公司债务融资比率来判断公司预期市场价值的高低或公司质量的高低，从而确定自己的投资组合。

此外，公司债务期限也可以起到信号传递作用。Flannery（1986）认为，当公司具有关于其前景的私有信息时，其所有的证券将被错误定价。相对于短期债务，长期债务对公司价值变动更敏感，也就是说，长期债务被错误定价的程度大于短期债务。如果债务市场不能辨别公司质量的优劣，价值低估（高质量）的公司就会选择定价偏离程度较小的短期债务，而价值高估（低质量）的公司就会选择定价偏离程度较高的长期债务。理性投资者在对风险性债务估价时将意识到这种现象，并根据公司债务期限结构来判断公司质量的高低。信号传递假说认为，高质量公司偏好选择短期债务向市场传递其质量类型的信号。因此，公司质量应与债务期限负相关。

3）以股利作为公司未来发展的信号

Miller 和 Modigliani（1961）首次表明，公司股利的变更可能会将管理者关于公司前景的内部信息传递给外部人。信号传递理论认为股利是管理当局向外界传递其掌握的内部信息的一种手段，如果他们预计公司的发展前景良好，未来业绩有大幅度增长时，就会通过增加股利的方式将这一信息及时告诉股东以及潜在投资者；如果预计到公司的发展前景不太好，未来盈利将呈持续性不理想时，他们往往维持甚至降低现有的股利水平，这等于向股东和潜在投资者发出了利空的信号。外部投资者通常会根据公司的股利政策所传递出的信号进行证券估价，以确定股票的投资策略。图3-1描述了公司股利政策变动（a.股利减少，b.股利增加）与其累计超额收益率（CAR）之间的关系。股利增加，累计超额收益上升，股利减少，累计超额收益降低。Aharony and Swary（1980）以1963—1976年间的149家公司的资料进行股利宣告与盈利宣告时间关系的研究，其结果发现，市场对股利宣告的反应比盈余的宣告反应显著，他们认为股利和盈余数字对管理层而言，是可以用来传递公司未来发展信息的重要工具。

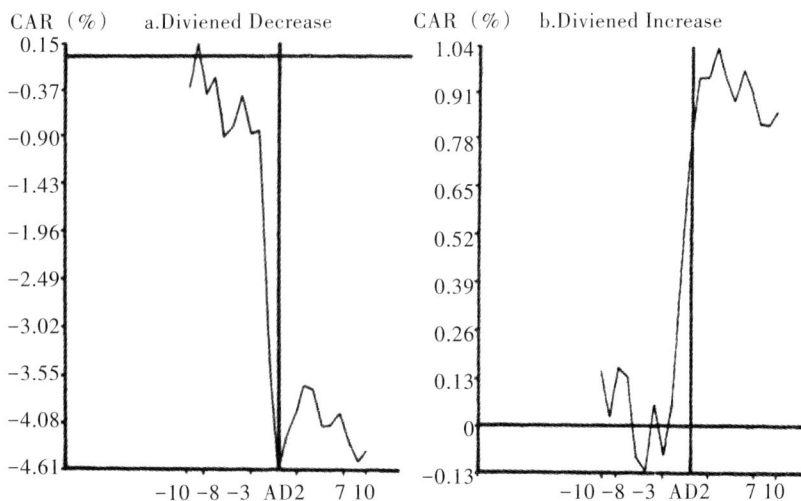

图3-1　与宣布公司股利变动相关的超额收益率

数据来源：根据http://pages.stern.nyu.edu/~adamodar/资料整理。

与股利增发传递积极信号相反，股利增发也会向市场传递负面信号。一些公司的经理认为"支付股利就等于向股东承认公司没有更好的事情可做"，向市场传递公司未来的投资机会较少，从而引起股价下跌。2004年1月21日，英特尔公司宣布将季度现金红利增加一倍，达到每股红利4美分。从1992年起开始支付红利的英特尔公司表示，将于3月1日开始向股东支付季度红利。这次增加红利使用权使英特尔的年红利达到每股分红16美分，基于英特尔1月21日的收盘价每股32.20美元，分红率为0.5%。英特尔发言人表示：增加红利是一个向股东返还利润的好办法，尤其是考虑到目前公司强劲的财务和现金环境更是如此。另外一个原因是纳税人当前就红利支付的税率在下降。截止到2003年12月27日，英特尔的现金储备为160亿美元。消息公布后，在纳斯达克股市上，英特尔的股价下跌了41美分，跌幅为1.3%，以每股32.20美元收盘。在1月21日的交易中，英特尔的股价一度跌至31.82美元的低点。

2016年4月23日佛山电器照明股份有限公司发布关于2015年度分红派息方案，以公司现有总股数（1 272 132 868股）为基数，向全体股东每10股派现金人民币0.125元（含税）。公告发布后第一个工作日（2016年4月25日），佛山照明股票价格由前一个交易日的9.15元下跌为9.03元，下跌1.31%，4月26日股票价格上升为9.16元，上升1.44%。佛山照明分红派息公告前后5个交易日股票收盘价变化如图3-2所示。从图3-2中可以发现，分红派年公告前5日，股票价格已开始，到4月25日处于这一期间的最低价下跌收盘价有小幅波动，随后股价不断上升。单从佛山照明的股价变化，似乎分红派息这一事件对股价有一定的影响。但是公司股价变动与市场指数变化（如图3-3所示）基本相同，在这一期间股价涨跌幅的相关系数为0.9456，这表明佛山照明股价波动可更多地从市场因素进行解释。[①]

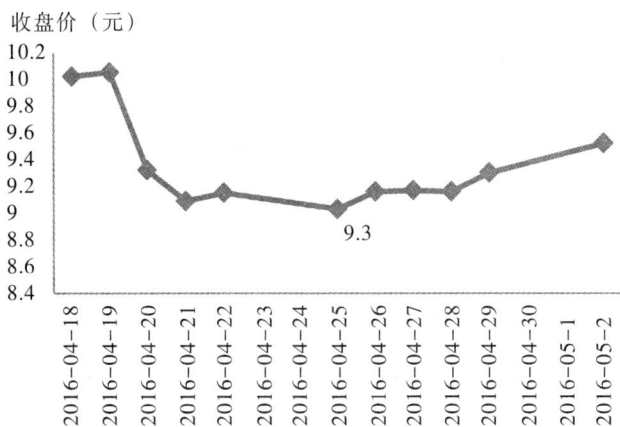

图3-2　佛山照明分红派息公告前后5日收盘价

因此，对于股利信号的解释要十分谨慎，公司增发股利不一定是"好消息"，也可能是没有更好的投资机会，而将剩余现金返还给股东。反过来说，公司减发现金股利也不一定是"坏消息"，可能是公司未来的较好投资机会，从长远看，留存现金，满足未来投资需有利于股东的长期利益。

① 为判断分红派息这一事件对该公司股价的影响，可采用事件研究法进行分析。假设事件窗口是2016年4月23日公告日前5天开始的252个交易日，通过回归模型确定的预期收益率与实际收益的差异确定事件窗口期中的异常收益率（AR）和累计异常收益率（CAR），通过对异常收益（AR）检验统计量（值），度量异常收益率的显著性，结果均未通过检验。这表明分红派息这一事件对公司股价没有显著影响。

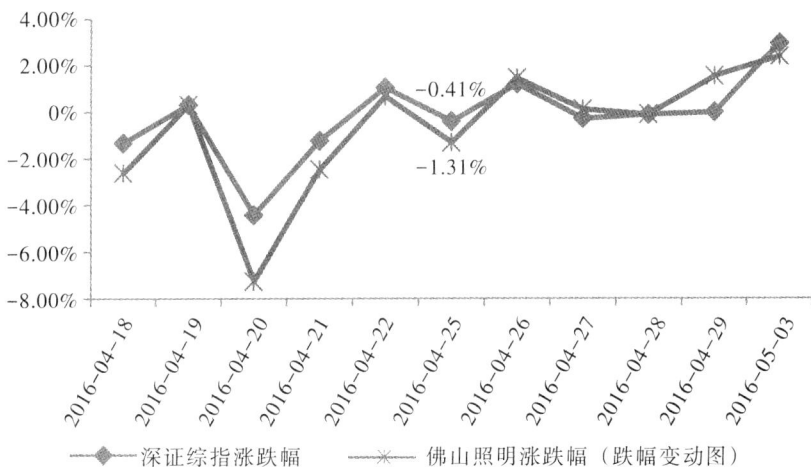

图3-3　佛山照明股价与深证综指涨

作为支付股利的替代方式是用现金回购公司股票，这种方式也会向市场传递管理者掌握的信息。根据市场择时理论，当公司股票价值被低估时，公司可能会回购公司的股票。这意味着，股票回购可以成为管理者认为其股票被低估的信号。在这种条件下，投资者对于股票回购消息会产生积极有利的反应，从而引起股票价格上升。一项研究表明，公开市场宣布股票回购计划时，股票的平均价格大约上升了3%（随着回购的流通股比例的增加，股价的反应更强烈）。①大多数研究在调查股票回购公告后的盈利状况后，提供了关于股票回购传递了何种类型的信息的证据。Vermaelen（1981）发现，在回购后的年份中，每股收益随后会增加。Dann，Masulis and Mayers（1991）的研究也得到了相同的结论，并表明市场初始反应与随后的盈利增加是正相关的。他们认为这是股票回购传递了信号的结果。

3.2　代理冲突

3.2.1　股东-管理者代理冲突

所有权和控制权分离是现代企业发展中的一个普遍现象。早在20世纪30年代，Berle和Means（1932）在对美国200家大公司的调查中发现，现代大型企业的管理权正从私人资产所有者转移到具有专门管理技能的管理者手中。两权分离的结果导致了企业权利配置移位，企业的所有者不再拥有企业的经营权，而成为一个纯粹的"食利者"阶层，掌握企业管理权的经理们则实施对企业的控制。在委托代理关系中，管理者作为企业资源的使用者利用自己的人力资本为资源的提供者（股东或所有者）创造价值，并将企业视为获取报酬、实现自我价值的源泉。但是，由于

---

① IKENBERRY D，LAKONISHOK J，VERMAELEN T. Market Underreaction to Open Market Share Repurchases［J］. Journal of Financial Economics，1994，39（39）：181-208.

股东（委托人）与管理者（代理人）的目标函数不一致，加之双方信息不对称，管理者有可能利用其私有信息和实际的经营决策权，做出有利于自身利益、损害股东利益的经营决策，从而产生利益冲突。

Jensen 和 Smith（1985）指出，股东与管理者之间的冲突主要表现在直接侵蚀股东财富和间接侵蚀股东财富两个方面，前者表现为高薪与在职消费对股东财富的影响；后者表现为由管理者为建造其"帝国"引起的过度投资，由管理者的风险态度和任期观念引起的投资不足等投资行为对股东财富的影响。

1）直接侵蚀公司财富——高薪与在职消费

Jensen 和 Mecking（1976）首次对股东和管理者直接侵蚀股东财富进行了理论上的描述。他们认为只要管理者拥有的公司股份少于100%，他就有可能在两种行为上做出权衡：第一，提高公司价值，从而相应地提升自己股票的价值，如投资一些产生正现金流的项目，降低运营成本；第二，获取非货币收益，如在职消费、过度津贴、偷懒行为，甚至利用特殊人力资本通过投资一些低效率的项目来保持自己在公司的地位。当管理者选择前一种行为的边际收益等于放弃后一种行为的边际（机会）成本时，他的效用可以达到最大化。但是，市场上理性的投资者预期到这一点，会自动降低对公司的价值评估，降低的价值即为代理成本。

高管薪酬是股东-管理者代理冲突最直观的表现形式。由于股东对公司价值具有剩余索取权，因此高管的薪酬越高，股东得到的相对越少。Jensen 和 Murphy（1990）的研究发现美国上市公司经理薪酬与公司业绩之间的关联度是非常低的，即使在公司业绩很差时，经理也可能通过给自己增加薪水来侵占股东财富。一个典型的例子是，2008年爆发的金融危机使大部分公司的业绩出现下滑，反映公司业绩的一系列指标（如净资产收益率、总资产收益率等）大幅下跌，但由于工资的刚性，大部分高管的薪酬并没有随公司业绩的下降而下降。据统计，2008年上市公司高管平均薪酬为52.83万元，相当于全国城镇居民人均可支配收入（1.58万元）的33倍；2012年上市公司高管平均薪酬为63.61万元，相当于全国城镇居民人均可支配收入（2.56万元）的25倍。也就是说，2008—2012年，在经济下滑时期，上市公司高管平均薪酬上升了20%。

图3-4列示了2015的前3名高管薪酬前10家公司排行榜，这10家公司主要分布在资本市场服务业金融服务业、保险业、房地产、计算机及通信等行业等。为方便分析，图3-5列示了与图3-4相对应公司的前3名高管薪酬增长率、营业收入增长率和净利润增长率。从图3-5中可以发现，在增长率指标中，国金证券3个指标的增长幅度基本保持同步，前3名高管薪酬增长率略高于营业收入增长率，低于净利润增长率；中国平安、平安银行、万科A、中信证券前三名高管薪酬增长率均低于收入和利润增长率，其中，中国平安、平安银行前3名高管薪酬增长率为负数；其他几家公司前3名高管薪酬增长率均高于收入和利润增长率，其中，方大特钢的高管收入、利润增长率均低于2014年，但前3名高管薪酬比2014年增长了27.33%。

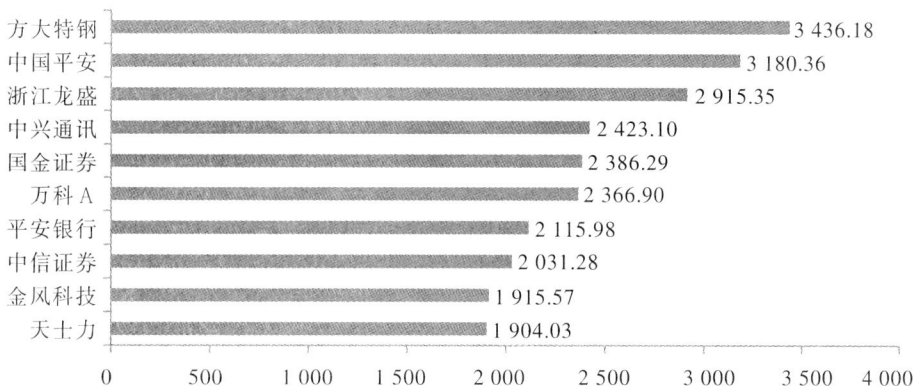

图 3-4　前三名高管薪酬（万元）前十家公司排行榜（2015 年度）

数据来源：Wind 资讯。

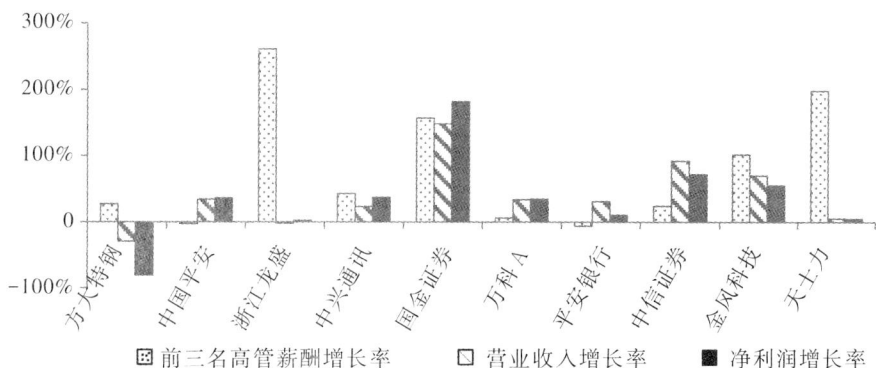

图 3-5　高管薪酬、营业收入、净利润 2015 年增长率

数据来源：Wind 资讯。

图 3-6 列示了高管薪酬和城镇居民可支配收入各年增长率。在 2004—2015 年间，城镇居民可支配收入增长率变化较为平衡，在此期间，标准差为 0.033，平均增长率为 15.17%，最大值为 21.95%（2007 年），最小值为 9.65%（2014 年）；高管薪酬在此期间较大，标准差为 0.6477，平均增长率为 31.71%，最大值为 217.48%（2005 年），最小值为 -30.60%（2010 年），2012 年后高管薪酬呈下降趋势可能与国家限薪政策[①]有关。总体上看，高管薪酬增长率高于城镇居民可支配收入增长率（相当于 2.09 倍），但增长率的波动性也比较大。

---

　　① 2009 年 8 月 17 日，人力资源和社会保障部会同中央组织部、监察部、财政部、审计署、国务院国资委等单位联合下发了《关于进一步规范中央企业负责人薪酬管理的指导意见》，被社会称之为"央企高管限薪令"。从 2015 年开始，国企高管年薪就将按照该办法执行。依据相关部门的解读，此次薪酬管理指导意见借鉴国际上加强企业高管薪酬管理的做法，并确定了规范中央企业负责人薪酬管理的五项基本原则：一是坚持市场调节与政府监管相结合；二是坚持激励与约束相统一；三是坚持短期激励与长期激励相兼顾；四是坚持负责人薪酬增长与职工工资增长相协调；五是坚持完善薪酬制度与规范补充保险、职务消费等相配套。通过加强对中央企业负责人薪酬管理，使中央企业负责人薪酬做到结构合理、水平适当、管理规范。

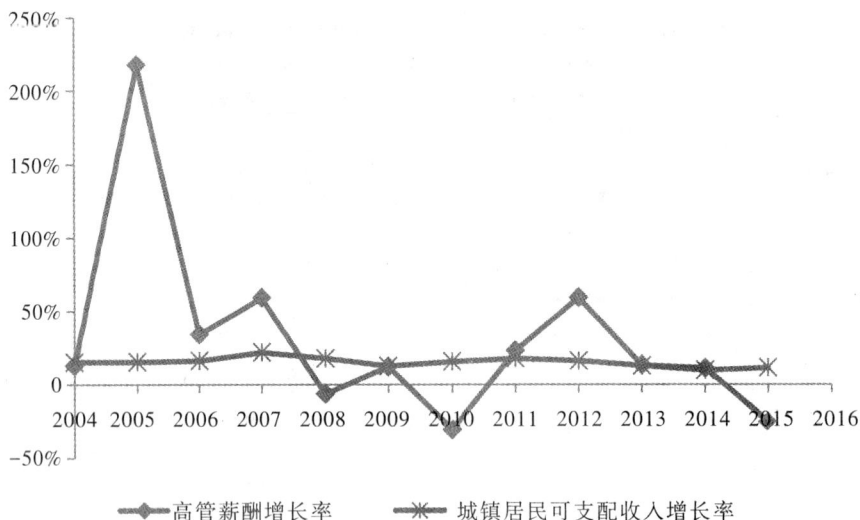

图3-6　上市公司（A股）高管薪酬与城镇居民可支配收入增长率（2004—2015年）

数据来源：Wind资讯。

关于高管薪酬和公司业绩的关系，Jackson等（2008）研究发现高管薪酬存在黏性特征，即高管薪酬在公司业绩上升时的边际增加量大于业绩下降时的边际减少量。许多研究发现上市公司CEO在公司业绩增长时获得了额外的奖金，业绩下降时却没有丝毫的惩罚。这表明委托代理可能带来经理偷懒、投资过度或不足、无效率并购等导致股东财富损失的行为的同时，还会导致非正常的薪酬制度。此外，管理者拥有对公司重要经济资源配置的决策权。在自身效用最大化的驱使下，他们有动机扩大自己的"在职消费"，把公司的生产性资源转化为非生产性资源以牟取私利，如豪华的装修、气派的商业旅行、购买高档奢侈品等。这些都直接侵蚀了股东的财富。

张维迎（2005）①认为企业家（一般是指持有股份的管理者）不仅可以从公司的经营中获得货币性收益，还会从控制公司这一过程中获得一些非货币形态的私人好处，如名誉、地位、在职消费等，与货币性收益不同，这些好处通常称为控制权收益。例如，企业家自己管理企业带来的货币性收益为100万元，有人出价150万元收购这家企业，企业家也可能会拒绝出售这家企业，其原因在于企业家除了这100万元的货币性收入外，企业控制权收益可能会超过50万元。由于控制权给企业家带来的控制权收益可能与企业家的货币性收益不一致，货币性收益大的项目带给企业家的控制权收益不一定大，而控制权收益大的项目所产生的货币性收益也不一定就大。由于控制权收益只能为企业家在控制中享有，没有办法在投资者之间分配，这就注定了企业家的利益与外部股东利益之间会产生矛盾，企业家希望选择带

---

① 张维迎. 产权、激励与公司治理［M］. 北京：经济科学出版社，2005：149，根据书中案例加以改编。

来控制权收益大的项目，而外部股东则希望选择货币性收益大的项目。

假设公司有A、B两个待选项目，各项目的货币性收益、控制权收益见表3-1。不论出现哪种情况，项目A的总收益都大于项目B。

表3-1 不同情况下项目A、B的收益分布 单位：万元

收益	情况 I		情况 II	
	项目A	项目B	项目A	项目B
货币性收益	80	50	50	10
控制权收益	15	24	0	20
总收益	95	74	50	30

在情况 I 中，项目A的货币性收益是80万元，控制权收益是15万元，总收益是95万元；项目B的货币性收益是50万元，控制权收益是24万元，总收益为74万元。站在股东或投资者的角度，项目A优于项目B，因为投资者更关心货币性收益。站在企业家的角度，选择项目A还是项目B，取决于他持有的股权比例。图3-7描述了不同持股比例下企业家的总收益（货币性收益加控制权收益）。

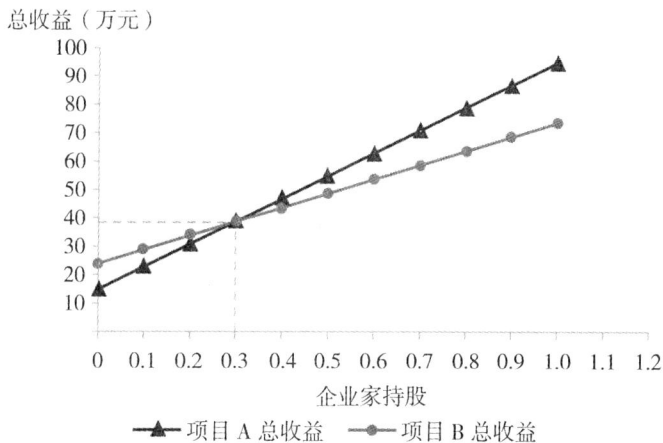

图3-7 不同持股比例下企业家的总收益（情况 I）

从图3-7可以看出，当企业家持股比例在30%时，不论选择项目A，还是选择项目B，企业家的总收益是无差别的，均为39万元。只不过选择项目A时，企业家的总收益是由货币性收益24万元（80×30%）和控制权收益15万元组成；选择项目B时，企业家的收益是由货币性收益15万元（50×30%）和控制权收益24万元组成。从图3-7中可以看出，如果企业家持有的股权比例大于30%，那么，选择项目A的总收益大于项目B的总收益，这时企业家与外部投资者或股东的利益相一致。

现考虑一种极端的情况，在情况 II 中（见表3-1），公司面临两种处境：项目A指企业处于清算状态，破产后企业可以得到50万元现金，但企业家将被解聘，因

此控制权收益为0；项目B指公司处于正常经营状态，公司货币性收益为10万元，企业家控制权收益为20万元。在这种情况下，如何选择项目？从总收益的角度分析，投资者或股东会选择项目A；但站在企业家的角度，即使他的持股比例大于30%，企业家的利益与投资者的利益也未必一致。图3-8描述了不同持股比例下企业家的总收益。

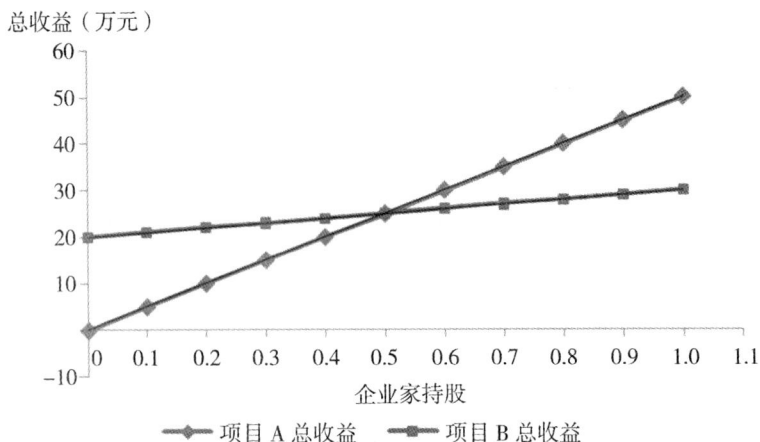

图3-8 不同持股比例下企业家的总收益（情况Ⅱ）

在图3-8中，如果企业家的持股比例为20%，选择项目A，他可以得到10万元的总收益；选择项目B，他可以得到20万元的总收益，因此，企业家会选择项目B；除非企业家的持股比例超过50%，企业家将选择项目A，与投资者的决策相一致。

从上述分析可知，当企业家持股比例达到一定程度后，他们的利益与公司利益趋于高度一致，此时随着企业家持股比例的提高，侵蚀效应会减少，利益协同效应会增强。

2）间接侵蚀公司财富——非效率投资

股东-管理者代理冲突对股东财富的间接影响主要集中在投资行为上，如管理者由于帝国建造（empire builder）产生的过度投资行为，由于风险态度和任期观念产生的投资不足行为，其结果都可能损害股东利益。

第一，偏好帝国建造。管理者偏好个人帝国的建造，因为他们所追求的地位、权力、薪酬和特权、升迁等均与公司的规模成正比。这样，管理者就有动机去扩大公司规模，而不管规模扩大是否符合股东财富最大化原则。例如，管理者可以通过过度的内部扩张、降低或停止发放现金股利、并购等一味为扩大规模而扩大规模。这种规模扩大可能与股东利益最大化相矛盾。1984年，著名投资家Buffet在他的"Berkshire Hathaway"年报中指出："许多持续在股东权益和总投资方面都取得骄人成绩的大公司都曾经将留存收益用于经济上毫无效益、甚至带来灾难性影响的投资项目，但是这些公司的核心业务连年增长掩盖了他们在资本配置上的失误（通常与高估的并购活动有关）……在这种情况下，如果将留存收益部分用于发展公司的核心业务，剩余部分用于发放股利或回购股票的话，股东将会获益更大。"

以并购为例，收购公司的管理者热衷于并购活动，通过扩大规模增加货币性收益和控制权收益，即使这一并购活动并未给公司带来收益。对于目标公司的管理者来说，如果目标公司被成功收购，高层管理者就有可能失去职位和潜在的各种经济利益，为了保护自身利益，他们会采取各种措施阻止并购，即使并购能够为并购双方带来更高的价值，这一种现象被称为管理层壁垒假说。

第二，管理者风险规避态度。对公司的投资者来说，由于他们持有证券组合从而分散了大部分公司特有风险，因此，外部投资者更关心市场风险。对于管理者来说，由于他们的财富大部分用于特定公司的人力资本投资，其风险是不可分散的。如果公司经营不善、破产会使管理者失去工作，因此，公司的管理者比股东更加厌恶风险。所以，在进行投资决策时，管理者会更倾向于相对安全的计划，从而在一定程度上失去增加公司价值的机会。例如，管理者可能做出有助于公司多元化经营的投资决策，但这未必符合股东的最大利益。

第三，管理者的任期观念。相对于公司无限存续期而言，管理者在位期限是有限的，这一冲突可能导致管理者投资水平低于最优水平，即投资不足。由于管理者的权利仅限于他的任期，从自身利益最大化的角度考虑，管理者会更倾向于关注短期利益，从而导致"短期行为"。例如，研究与开发等从长期来看可以给公司带来可观的收益，增加公司价值，但如果这种效益在管理者预见的任期内无法实现，管理者就会降低研发支出、减少对机器设备维修的投入、减少对品牌忠诚度和职工培训等无形资产等方面的投入，从而将资金用于对公司价值贡献较小，但在短期内易于实现的支出，造成公司价值的潜在损失。理性的投资者认识到管理者面临逃避责任、分散化投资和投资不足的动机，他们会预测这些决策所产生的巨大影响并将其纳入股票价值。这样，公司因这些决策所遭受的损失等于外部股权融资的代理成本，从而提高公司股权融资成本。

3.2.2 股东-债权人代理冲突

根据期权理论，股东与债权人代理冲突产生的原因在于他们的利益分配与风险分担不均衡。一般来说，债权人对公司资产具有优先但固定的索偿权，股东对公司债务承担有限责任，对公司剩余资产具有"无限的索偿权"。"有限责任"给予股东将公司资产交给债权人而不必偿付全部债务的权利，"无限索偿权"给予股东获得潜在收益的最大好处。或者说，有限责任使股东对极端不利事态（如破产）的损失享有最低保证，对极端有利事态所获得的收益没有最高限制。图3-9中（a）和（b）分别表明有限责任公司和无限责任公司的股票价值和公司价值状况。

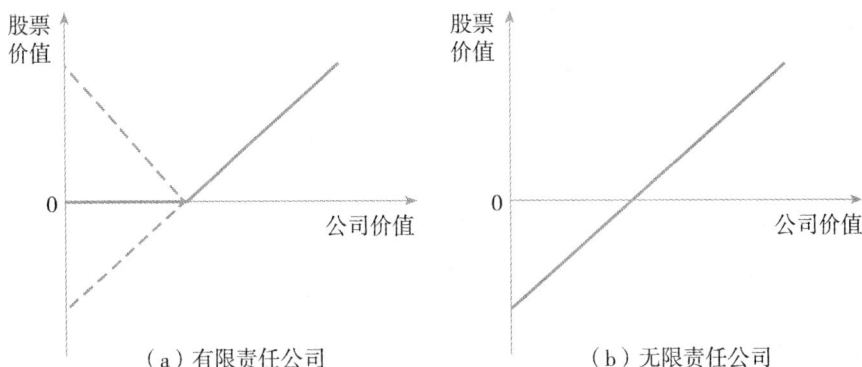

（a）有限责任公司　　　　　　　　　　（b）无限责任公司

图3-9　有限责任公司和无限责任公司的股票价值

在有限责任公司中，股票价值是图（a）中的折线（实线）部分，当公司正常经营时，股票价值大于零，只有当公司到期不能偿还债务宣告破产时，股票价值降低为零，但不会小于零。相反，在无限责任公司情况下，偿债责任不只限于公司价值，当公司资不抵债时，股票持有人还要承担以家庭财产偿还债务的责任。因此，其股票价值在公司正常经营时大于零，当公司到期不能偿还债务宣告破产时小于零。与无限责任公司的股票相比，有限责任的股票实际上多了一个卖权，在图3-9（a）中，股票持有人持有一份以公司债券面值（假设为零息债券）为行权价的卖权。在债券到期时，如果公司价值小于债券面值，股东行使期权，将公司资产出售给债券持有人。此时，仅是公司资产与债券的交换，并没有发生任何现金流动，交易结束后股票持有人一无所有。如果公司价值大于债券面值，股票持有人则放弃期权，按债券价值偿还债务后，股票持有人仍是公司资产的所有者。股票持有人持有的卖权价值便是公司的有限责任相对于无限责任的价值。

这种损益不对等分配使股东具有强烈的动机去从事那些尽管成功机会甚微，但一旦成功即获利颇丰的投资活动。如果投资成功，股东将获得可观的收益；如果投资失败，债权人将承担大部分损失。其结果是财富从债权人手中转移给了股东，而投资产生的风险则转移给了债权人。如果债权人在贷出资金时正确预期到这一点，便会通过提高贷款利率予以补偿，从而使债务融资成本高于内部融资成本。

在现代公司制下，股东与债权人之间的代理关系又表现为管理者与债权人之间的关系。由于管理者受雇于股东，其经营管理的目标是股东财富最大化。因此，当股东与债权人的利益发生冲突时，管理者通常选择有利于增进股东财富、侵占债权人利益的各种行为。股东与债权人的代理冲突主要来源于4个方面：债权侵蚀、高风险投资、支付股利抽逃资本、投资不足等。其结果是使财富从债权人手中转移给股东。

［例3-2］假设 XYZ 公司当前的市场价值 V_0=100亿元，预期第5年年末（T=5年），公司资产价值上升时为200亿元（ V_5^u =200，p=0.7），下降时为50亿元（ V_5^d =

50，p=1-0.7)，公司价值预期值为 155 亿元（200×0.7+50×0.3），公司资产预期收益率 r_A=9.16%（（155/100）$^{1/5}$-1）。

公司发行零息债券，面值 K=50 亿元，期限 T=5 年，无风险利率 r_f=7%。由于 5 年后公司价值=50 亿元=K，因此，公司债券不存在风险。据此，可以计算出公司债券和股票的价值，即：

$$B=\frac{K}{(1+r_f)^5}=\frac{50}{(1+7\%)^5}=35.65（亿元）$$

$$S=V_0-B=100-35.65=64.35（亿元）$$

现以［例 3-2］的数据为基础，根据第 2 章二项式定价模型分析股东-管理者侵占债权人的各种方式。

1）发行新债支付股利

如果一个公司选择发行与现存债券优先等级相同或更高的新债券，则旧债券持有者的权利被稀释，引起旧债券的价值降低。假设公司拟发行零息债券，面值 K=40 亿元，期限 T=5 年，为研究方便，假设新债与旧债的债权等级相同；公司发行新债的资金全部用于支付现金股利。此时，公司流通在外的零息债券的面值为 90 亿元，期限为 5 年，由于 5 年后公司价值下跌时，V_5^d=50 亿元，低于到期偿付的债券面值（K=90 亿元），因此，公司债券存在违约风险。

公司发行新债的资金全部用于股利支付，公司的资产价值保持不变，即公司价值 V_0=100 亿元。根据二项式定价模型，当债券到期时，公司价值：V_5^u=200 亿元，或 V_5^d=50 亿元，股权价值：S_5^u=200-90=110 亿元，或 S_5^d=0。根据第 2 章的公式（2.27）和公式（2.28）计算套利比率（δ）、股票价值（S）和债券价值（B）：

$$\delta=\frac{V_T^u-V_T^d}{S_T^u-S_T^d}=\frac{200-50}{110-0}=1.3636$$

$$S=V_0\frac{1}{\delta}-\left(V_T^u\frac{1}{\delta}-S_T^u\right)/(1+r_f)^T$$

$$=100\times\frac{1}{1.3636}-\left(200\times\frac{1}{1.3636}-110\right)/(1+7\%)^5=47.19（亿元）$$

$$B=100-47.19=52.81（亿元）$$

假设新旧债券的债权优先等级相同，那么发行新债后，原有的未到期的旧债券市场价值等于 29.34 亿元（52.81×5/9），比发债前的价值降价了 6.31 亿元（35.65-29.34）；发债后的股东财富等于股权市场价值加上现金股利，其中现金股利等于新债价值 23.47 亿元（52.81-29.34），即发行新债支付股利后，股东财富为 70.66 亿元（47.19+23.47），比发债前股东财富增加了 6.31 亿元（70.66-64.35），这恰好是旧债券持有人丧失的部分。

2）资产替代与经营风险

根据期权定价模型，股权价值可以看成公司资产价值的看涨期权，公司资产风险越大，股权价值就越大。因此，股东可以通过改变公司经营策略或投资策略来增加风险，以期获得史大的收益。假设 XYZ 公司的资产负债情况保持不变，公司通过改变经营策略提高风险，如用高风险项目替代低风险项目。公司提高风险的有关数据如下：公司当前价值 V_0=100 亿元，预期第 5 年年末（T=5 年）的公司价值：V_5^u =300 亿元，p=0.7，或 V_5^d =33.33 亿元，p=1-0.7，公司的预期价值为 220 亿元（300×0.7+33.33×0.3），投资者要求的收益率为 17.08%（（220÷100)$^{1/5}$-1）。这表明风险加大后，投资者要求的收益率从 9.16% 增加到 17.08%。

由于 5 年后公司价值下跌，V_5^d =33.33 亿元，低于债券面值（K=50 亿元，T=5 年），因此，公司存在违约风险。根据公司价值的变化，股权价值为 250 亿元（S_5^u =300-50），或为 0（S_5^d =0），根据公式（2.27）和公式（2.28）计算套利比率、公司债券和股票的价值如下：

$$\delta=\frac{V_T^u-V_T^d}{S_T^u-S_T^d}=\frac{300-33.33}{250-0}=1.0667$$

$$S=V_0\frac{1}{\delta}-\left(V_T^u\frac{1}{\delta}-S_T^u\right)/(1+r_f)^T$$

$$=100\times\frac{1}{1.0667}-\left(300\times\frac{1}{1.0667}-250\right)/（1+7\%)^5=71.47（亿元）$$

B=100-71.47=28.53（亿元）

公司提高经营风险后，股权价值增加了 7.12 亿元（71.47-64.35）；债券价值下跌了 7.12 亿元（28.53-35.65），即提高风险后，公司价值从债权人转移给股东。从期权的角度分析股东和债权人之间的利益冲突可参阅第 2 章附录部分。

3）闲置现金支付股利

假设公司利用闲置现金 25 亿元派发股利，支付股利后，公司价值降为 75 亿元（100-25），如果公司不支付股利，闲置的现金至少可以获得无风险收益。因此，5 年后公司的价值为 164.94 亿元（V_5^u =200-25×（1+7%)^5），或为 14.94 亿元（V_5^d =50-25×（1+7%)^5）；发放股利后，股票价值为 114.94 亿元（S_5^u =164.95-50），或为 0（S_5^d =0），据此，公司的债券和股票价值计算如下：

$$\delta=\frac{V_T^u-V_T^d}{S_T^u-S_T^d}=\frac{164.94-14.94}{114.94-0}=1.3050$$

$$S=V_0\frac{1}{\delta}-\left(V_T^u\frac{1}{\delta}-S_T^u\right)/(1+r_f)^T$$

$$=75\times\frac{1}{1.3050}-\left(164.94\times\frac{1}{1.3050}-114.94\right)/（1+7\%)^5=49.31（亿元）$$

B=75-49.31=25.69（亿元）

公司派发现金股利政策使财富从债权人转移给了股东，即股东财富增加了 9.96 亿元（49.31-64.35+25），恰好等于债权人财富减少的部分 9.96 亿元（25.69-35.65）。

4）出售资产、支付现金股利

假设公司出售资产获得 25 亿元现金，并全部作为现金股利支付给股东。在其他条件一定的情况下，公司价值减值为75亿元。5年后公司资产价值为150亿元（$V_5^u=200\times0.75$），或为37.5亿元（$V_5^d=50\times0.75$）。股票价值为100亿元（$S_5^u=150-50$）或0（$S_5^d=0$）。根据二项式定价模型计算股票、债券价值如下：

$$\delta=\frac{V_T^u-V_T^d}{S_T^u-S_T^d}=\frac{150-37.50}{100-0}=1.125$$

$$S=V_0\frac{1}{\delta}-\left(V_T^u\frac{1}{\delta}-S_T^u\right)/(1+r_f)^T$$

$$=75\times\frac{1}{1.125}-\left(150\times\frac{1}{1.125}-100\right)/(1+7\%)^5=42.90（亿元）$$

$$B=75-42.90=32.10（亿元）$$

公司利用出售资产获得的现金支付股利后，股东财富增加了3.55亿元（42.90-64.35+25），债权人财富下降了3.55亿元（32.10-35.65）。

股东-管理者采取上述4种方式使财富从债权人转移给股东，见表3-2。

表3-2　　　　　　　　　　股东侵占债权人利益4种方式汇总　　　　　　　　单位：亿元

项目	初始数据	发行新债支付股利	提高经营风险	闲置现金支付股利	出售资产支付股利
资产	100.00	100.00	100.00	75.00	75.00
初始债券	35.65	29.34	28.53	25.69	32.10
发行新债		23.47			
股东权益	64.35	47.19	71.47	49.31	42.90
债权人财富变动		-6.31	-7.12	-9.96	-3.55
股东财富变动		6.31	7.12	9.96	3.55

对于债务人的各种侵占行为，理性的债权人一般是通过降低债券投资的支付价格或提高资本贷放的利率，以反映他们对股东行为的重新评估。不仅如此，他们还会在债务契约中增加各种限制性条款进行监督，这些条款包括限制生产或投资条款、限制股利支付条款、限制融资条款和约束条款等。

5）投资不足

与过度投资不同，债权人对投资收益具有优先请求权这一特征使公司可能会放弃那些虽然净现值为正但却不足以支付债务本息的投资项目。Myers（1977）等将这种行为称为"债务悬置效应"（debt overhang effect）。这种情况之所以会发生，是因为公司价值的任何增长都必须由股东和债权人分享。如果股东进行项目投资的结果仅仅改善了债权人的利益，他们就有可能会放弃一些有利可图、但自己却得不到相应收益的投资机会。债务悬置效应引起的这种现象又称为"投资不足"（under investment），而且，公司的负债率越高，公司越倾向于投资不足。

[例3-3] 假设ABC公司价值评估的有关数据如下：公司当前市场价值$V_0=100$亿元，零息债券面值K=99亿元，期限T=5年；5年后公司价值=150元，p=0.8；或$V_5^d=66.67$亿元，p=1-0.8。股票市场价值=150-99=51（亿元），无风险利率$r_f=5\%$。根据二项式定价模型计算债券与股票价值如下：

$$\delta = \frac{V_T^u - V_T^d}{S_T^u - S_T^d} = \frac{150 - 66.67}{51 - 0} = 1.6339$$

$$S = V_0 \frac{1}{\delta} - \left(V_T^u \frac{1}{\delta} - S_T^u\right) / (1 + r_f)^T$$

$$= 100 \times \frac{1}{1.6339} - \left(150 \times \frac{1}{1.6339} - 51\right) / (1 + 5\%)^5 = 29.23 \text{ (亿元)}$$

B = 100 − 29.23 = 70.77（亿元）

假设公司目前拥有闲置现金25亿元，公司可以进行无风险投资，或者向股东派发现金股利，或者投资于NPV大于零的项目。现采用二项式模型计算不同的方案对股东、债权人财富的影响。

（1）公司将闲置资金进行无风险投资，5年后的价值为31.91亿元（25×（1+5%）^5）。从现值的角度分析，无风险投资并未增加公司价值。

（2）公司将闲置资金向股东派发股利，股东财富由股利和股票市场价值两部分组成。支付股利后，公司价值V=75亿元。5年后公司价值为118.09亿元（或V_5^d=150−25×（1+5%）^5），或为34.76亿元（或V_5^d=66.67−25×（1+5%）^5），股票市场价值为19.09亿元（S_5^u=118.09−99），或为零（S_5^u=0）。根据公式（2.27）、公式（2.28）可以得到债券价值为64.06亿元，股权价值为10.94亿元，股东财富为35.94亿元（10.94+25）。公司派发现金股利，其结果是股东财富增加了6.71亿元（35.94−29.23），债权人财富减少了6.71亿元（64.06−70.77）。

（3）公司将闲置资金投资于净现值大于零的项目。项目的初始投资额为25亿元，期限5年，该项目无风险，到期时项目价值为40亿元，即$P_5^u = P_5^d = 40$，投资项目的现值为31.34亿元（40÷（1+5%）^5），净现值为6.34亿元（31.34−25）。项目投资后，公司价值（现值）将增至106.34亿元，5年后公司价值预期值为158.09亿元（V_5^u=118.09+40），或为74.76亿元（V_5^d=34.76+40）。股票市场价值为59.09亿元（S_5^u=158.09−99），或为零（S_5^d=0）。根据公式（2.27）、公式（2.28）可以得到债券价值为72.47亿元，股权价值为33.87亿元。公司投资于NPV大于零的项目后，债权人财富增加了1.7亿元（72.47−70.77），股东财富增加4.64亿元（33.87−29.23）。债权人和股东财富增加的部分刚好等于项目的净现值6.34亿元（1.7+4.64）。

在上述3种方案中，项目投资收益优于无风险投资，选择项目投资可以增加股东财富；项目投资与现金股利相比，选择项目投资，股东财富为33.87亿元；选择现金股利，股东财富为35.94亿元。从股东财富最大化的角度，管理者可能会选择股利，放弃NPV大于零的项目，结果是不仅改变公司的资本结构，而且丧失了6.34亿元的净现值。

此外，对于NPV大于零的项目，公司也可以通过追加股权融资进行项目投资。根据ABC公司的基本数据，V_0=100，K=99，T=5，V_5^u=150，p=0.8；或V_5^d=66.67，p=1−0.8，r_f=5%，B=70.77，S=29.23。如果公司选择项目投资，股东需要自行追加投资25亿元，项目的现值为31.34亿元。项目投资5年后，公司价值增至

131.34亿元（100+31.34），公司价值预期值为190亿元（V_5^u=150+40），或106.67亿元（V_5^d=66.67+40）。由于V_5^d>K，公司债券无违约风险，则债券价值为77.57亿元（99÷（1+5%）^{5}），股权价值为53.77亿元（131.34-77.57）。股东自行追加投资25亿元进行项目投资后，股权价值增加了24.54亿元（53.77-29.23），比初始投资低了0.46亿元（25-24.54）。如果管理者的目标是股东财富最大化，管理者就应放弃NPV大于零的项目。其原因在于采用股权融资进行项目投资后，使债权人财富增加了6.8亿元（77.57-70.77），恰好等于项目的净现值和股东财富损失额（6.34+0.46），这表明股东追加投资后，财富从股东转移给了债权人。在这种情况下，即使项目的净现值大于零，代表股东利益的管理者也会放弃这一项目。

股东与债权人代理问题引起的投资不足行为对股东、债权人财富的影响见表3-3。

表3-3　　　　　　　　投资不足行为对股东、债权人财富的影响　　　　　单位：亿元

	初始数据	支付股利	投资项目	股权融资
资产	100.00	75.00	106.34	131.34
零息债券	70.77	64.06	72.47	77.57
股东权益	29.23	35.94	33.87	53.77
债权人财富变动		-6.71	1.70	6.80
股东财富变动		6.71	4.64	-0.46

3.2.3　大股东-小股东代理冲突

代理冲突的研究大致可以划分为两个阶段：第一阶段是以Berle和Means（1932）的研究为起点，着重研究股权分散公司存在的第一类代理冲突，即由于公司所有权与管理权分离而导致的代理冲突；第二阶段以La Porta等（1999）为分界点，着重研究股权相对集中公司存在的第二类代理问题，即大股东与中小股东之间的代理冲突。根据代理理论，股权集中可以减轻股东与管理者的代理冲突和代理成本，但是，当股权集中度超过一定限度，或当大股东持有的股权比例及其所采取的控制手段能有效控制公司时，代理问题的性质将由股东与管理者之间的代理问题，转变为控股股东与小股东之间的代理问题。股权越集中，大股东或控股股东对公司的控制力就越强，越可能利用其控制权谋取私人收益，增加第二类代理冲突。

1）股权结构：所有权视角

股权结构是指公司不同类型股东所持股份的比例关系。按股权集中度不同，可将股权结构分为集中型、分散型两大类。在集中型股权结构中，公司由一个控股股东和无数小股东组成。在分散型股权结构中，公司由大量的小股东组成，公司没有大股东，所有权与经营权完全分离。现有的研究表明，分散型股权结构通常出现在市场导向型的英、美等国家。现有的研究发现集中型股权结构通常出现在德、日等银行导向型的国家。图3-10列示英美德日四国大的非金融公司股权集中度状况

（前五大股东持股比例），图3-11列示了美日德三国上市公司的股权集中度状况（第一大股东持股分布），图3-12描述了中国上市公司第一至第十大股东在2003—2012年间持股比例平均值。

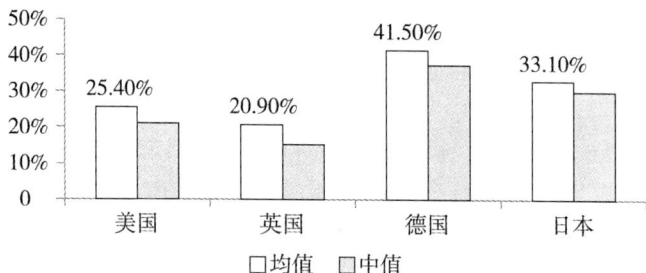

图3-10　英美德日四国大的非金融公司股权集中度状况（前五位大股东持股比例）

数据来源：维夫斯．公司治理：理论与经验研究［M］．郑江淮，李鹏飞，等，译．北京：中国人民大学出版社，2006：45.

在图3-11中，美国的数据是以1980年的457家非金融公司为样本；英国的数据是以1970年的85家制造业公司为样本；德国的数据是以1990年的41家非金融公司为样本；日本的数据是以1984年的143家采矿和制造业公司为样本。图3-11表明前五位大股东的平均持股比例按高低顺序排列，最高的国家为德国（41.50%），日本次之（33.10%），然后是美国（25.40%），英国最低（20.90%）。

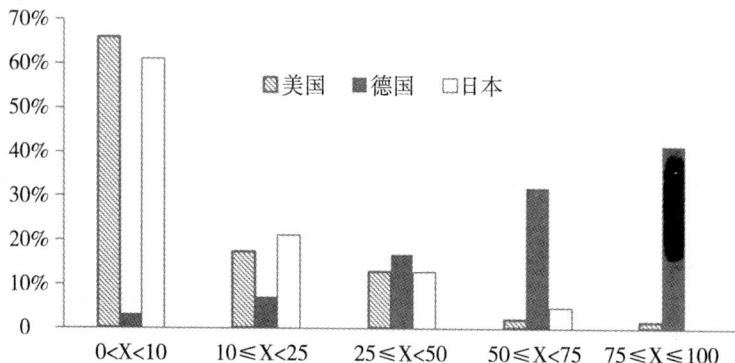

图3-11　美德日三国上市公司的股权集中度状况（第一大股东持股分布）

数据来源：HELMUT.Capital markets and corporate governance in Japan［M］．Germany and the United States：Routledge，1998：124.

在图3-12中，美国是根据1994年的数据计算的，基于所有的美国公司，包括组成标准普尔500等成分股的上市公司；德国是根据1994年的数据计算的，基于在AGs和KgaAs上市的550家最大型公司；日本是根据1995年的数据计算的，基于所有的1 321家在东京、大阪和名古屋交易所上市的公司。图3-12表明，66%的美国上市公司第一大股东持股比例在10%以下，第一大股东持股比例在50%以上的公司仅占3.6%；德国上市公司的情形则恰好相反，73.2%的上市公司第一大股东持股比例在50%以上，持股比例在10%以下的公司仅占3.2%。

图3-13列示了中国上市公司第一大股东至第十大股东持股比例平均值情况，从图中可以看出，中国上市公司属于集中型结构，2017年2月18日，第一大股东持股比例算术平均值33.58%，中位数为31.56%，最大值为89.09%，最小值为4.15%，标准差为14.72%。从控制权比例看，前三大股东持股比例算术平均值之和为48.63%，前五大股东持股比例算术平均值为53.75%；前十大股东持股比例算术平均值为59.29%。这一数据表明前五大股东平均持股比例大于50%，拥有绝对控制权，同时也表明中国上市公司发生控制权转移所要求的股权比例较高。为获得控制权，必须收购现有大股东或其他股东较多的股份，需要付出较大的代价。在实践中，股权过度集中可能带来两方面的经济影响：一方面是持股比例较高的股东有更大的动力监督管理决策，从而降低代理成本，增加公司价值；另一方面是大股东在公司中的绝对或相对控股地位，有可能出现大股东侵占小股东利益的倾向，产生大股东与小股东的代理冲突问题。

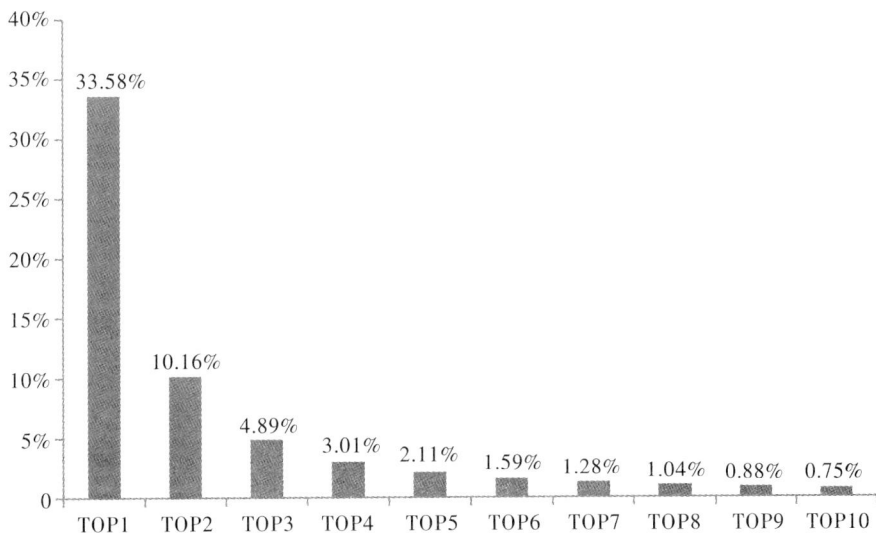

图3-12 中国上市第一至第十大股东持股比例算术平均值（2017年2月18日数据）

数据来源：Wind资讯。

股权结构产生差异的原因很多，从企业融资视角出发，以英美国家公司为代表，融资主要由外部投资者提供，这些外部投资者一般持股份额较少，致使公司股权结构高度分散。以日德国家公司为代表，由主银行向企业提供融资，成为日德公司的大股东，呈现公司股权相对集中的特征。日德公司的法人相互持股非常普遍，公司之间通过垂直持股、环状持股等相互持股方式，加强了关联企业之间的联系，使企业之间相互依存、相互渗透、相互制约，在一定程度上结成了"命运共同体"。中国上市公司大多是由国企改制而成的，国有股权"一股独大"形成了高度集中的股权结构。

2）股权结构：投票权视角

从所有权视角研究股权结构，反映了股东对公司收益权或分红权的大小，其目的在于考察公司是否存在大股东。从投票权视角研究股权结构，反映了股东控制权的大小，其目的在于考察公司是否存在终极股东或控股股东。判断是否成为公司控股股东，并非完全以其所持有股份是否达到某一比例为绝对标准，而是依据其实际拥有的投票权而论。所有权并不等于控制权，其原因在于：第一，并不是所有的股份都拥有投票权，例如，无表决权股份就无法为其所有者带来任何控制权；第二，由于并不一定要通过第一层级才能行使控制权，通过金字塔持股①等方式可以获得一定比例的投票权。假设某一控股股东直接拥有A公司50%的股份，A公司直接拥有B公司50%的股份，那么控股股东仅以25%的股份份额（所有权）就控制了B公司。

La Porta等（1999）首次在世界范围内研究了股权结构问题，通过基于终极控制权的分析，发现除美国和英国之外普遍存在股权集中的现象，且多数公司的控制权为家族或国家所有。La Porta等（1999）计算了在27个国家或地区中前20家最大公司的控制权变量，若以20%的投票权标准定义控制权，有36.5%的公司为分散型股权，30.0%被家族控制，18.3%被国家或地区控制，剩余的则属于其他类型，如图3-13所示。沿所有权的链条追溯出谁拥有上市公司最大的投票权，发现英国20家公司、日本20家公司中的18家，美国20家公司中的16家都符合股权分散公司的描述。除美英日三国的上市公司股权分散程度较高外，在那些拥有终极控制股东的公司中，最主要的控股股东是家族、国家和地区。其中有17个国家和地区是以家族为主要的控制形态（家族投票权在20%或20%以上）。在东亚的4个国家中，日本与韩国显示出有较高的股权分散比率（日本为90%，韩国为55%），中国香港则大多由家族控制（70%），而新加坡则有45%是被政府所控制的。

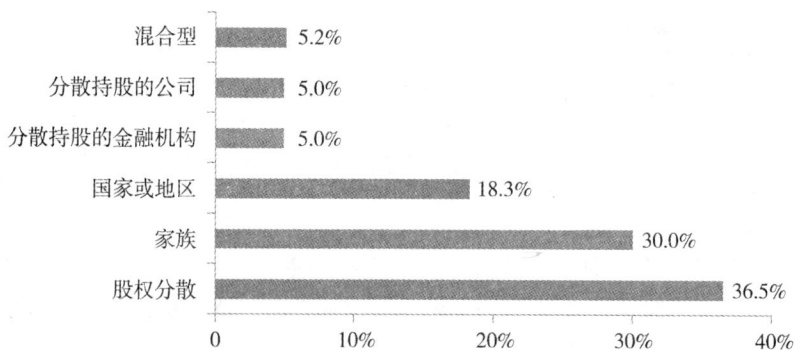

图3-13 世界大型公开上市公司的控制权均值（20%界限）

资料来源：数据PORTA，RAFAEL，FLOTENCIO.Corporate Ownership Around the World［J］. Journal of Finance，1999，54（2）：471-517数据整理。

---

① 金字塔持股结构是指公司实际控制人通过间接持股形成了一个金字塔式的控制链从而实现对该公司的控制。在这种方式中，公司控制权人控制第一层公司，第一层公司再控制第二层公司，以此类推，通过多个层次的公司控制链条取得对目标公司的最终控制权。金字塔结构是一种形象的说法，就是多层级、多链条的集团控制结构。

Claessens 等（2000）和 Faccio 等（2002）分别研究了东亚和西欧市场上市公司股权结构，也发现在美国以外的其他国家普遍存在股权集中现象，大股东控制现象也是非常普遍的。与大多数国家一样，中国上市公司也属于集中型结构，在图3-12中第一大股东持股比例平均为33.58%，前三大股东平均持股比例超过50%。与其他国家不同，中国上市公司的终极控制人大多是政府或国有股东。赖建清，吴世农（2004）[①]通过考察2002年沪深股市的1 182家上市公司发现，国有股东仍然直接或间接控制了约77.13%的上市公司，平均控制的表决权（投票权）是47.57%，国有股东几乎处于绝对控股地位；非国有股东直接或间接控制了22.87%的上市公司，平均控制的表决权是33.27%，处于相对控股地位。

3）现金流权与控制权度量

根据 La Porta 等（1999）的定义，现金流权是股东依据股权份额享有的收益分配权和剩余索取权。若股权控制链条仅有一条控制链，则现金流权等于该控制链条上的各层股份持有份额的乘积；若股权控制链存在多条控制链，则现金流权就等于每个控制链条上的各层股份持有份额的乘积之和。假设 A 对 B 的持股比例为50%，B 对 C 的持股比例为10%，A 对 C 的直接持股比例为15%，如图3-14所示。此时，A 对 C 的现金流权为20%（15%+50%×10%）。

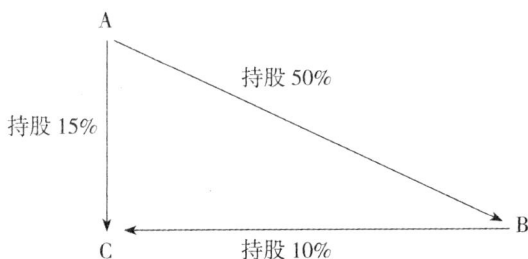

图3-14　A对B、C股权控制链

控制权是指控股股东控制的投票权比例，包括直接持有的投票权和通过一连串控股公司间接持有的投票权。根据 La Porta 等（1999）的观点，控制权为股权控制链条的最终控制人通过直接和间接持有公司股份而对公司拥有的实际控制权，若仅有一条控制链，控制权是该控制链条上最小的股份持有份额；若存在多条控制链，控制权就是每条控制链条上的最小的股份持有份额之和。在图3-14中，A 对 C 的投票权为25%，其中直接投票权为15%，间接投票权为10%（min（50%，10%））。

按照一股一票原则，控制权与现金流权应一一对应。但终极控股股东借助金字塔持股，以少量现金流权获取了更大的控制权，背离了一股一票原则。从理论上讲，只要层级足够大，终极控股股东为了能够控制处于底端的上市公司，在上市公司所拥有的终极现金流权比例可以降至足够小，而控制权与现金流权分离度也就越大。在研究中，一般采用现金流权与控制权之比衡量二者的分离度。这一比率越接

① 赖建清，吴世农. 我国上市公司股权控制人现状研究［D］. 公司财务研讨会论文集，2004.

近1，分离程度越低；越远离1，分离程度越大。上例表明，A 对 C 持有 20% 的所有权或现金流权，但对 C 却拥有 25% 的控制权或投票权，现金流权与投票权分离程度为 80%（0.20/0.25）。

现以无锡小天鹅家上市公司为例说明现金流权、控制权及两权分离确定方法。根据无锡小天鹅股份有限公司（小天鹅 A000418、小天鹅 B200418）2015 年年度报告股权结构图（如图 3-15 所示），向上层层追溯，可以发现公司的终极控制人是何亨键，根据 La Porta 等（1999）和 Claessen 等（2000）的计算方法，何亨键作为实际控制人拥有上市公司 17.46%（14.89%×100%×100%×35.07%×94.55%+37.78%×35.07%×94.55%）的现金流量权，拥有上市公司 49.96%（14.89%+35.07%）的投票权或控制权，两权分离度为 0.35（17.46%/49.96%）。

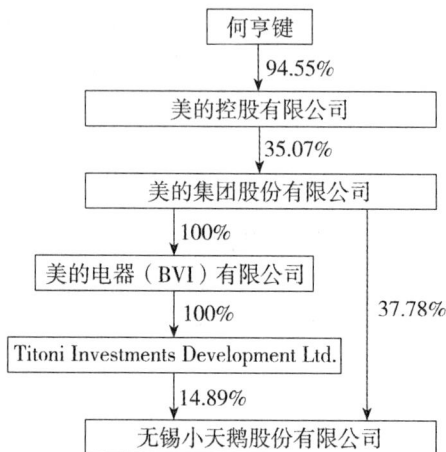

图 3-15　无锡小天鹅股份有限公司股权结构图（2015 年年报）

图 3-16 描述了中国上市公司现金流权、控制权分布情况。中国上市公司 2005—2015 年现金流权和控制权的平均值分别为 33.15% 和 39.24%，从各年的分布状况看，这两类指标基本稳定。两权分离度为 0.85，这表明中国上市公司"一股一权"原则整体上偏差不大。

Faccio，Mara 等（2001）根据 1992—1996 年的会计数据，剔除了负现金流、负收益及超过销售额、现金流或收益的股利等不可信数据的影响，对来自英、法、德、印度尼西亚、意大利、马来西亚、菲律宾、新加坡、韩国、西班牙、泰国、中国香港及中国台湾等国家和地区的公司进行了研究。以 20% 的投票权标准定义控制权，研究发现：欧洲的控股股东在其公司中拥有的现金流权为 34.6%，控制权比例为 37.75%，两权分离度为 0.917；亚洲的控股股东在其公司中拥有现金流权为 15.7%，控制权为 19.77%，两权分离度为 0.794。这表明，相对于亚洲，欧洲上市公司的控股股东偏离"一股一票"的原则比较小，从而侵占小股东的动机比较小。

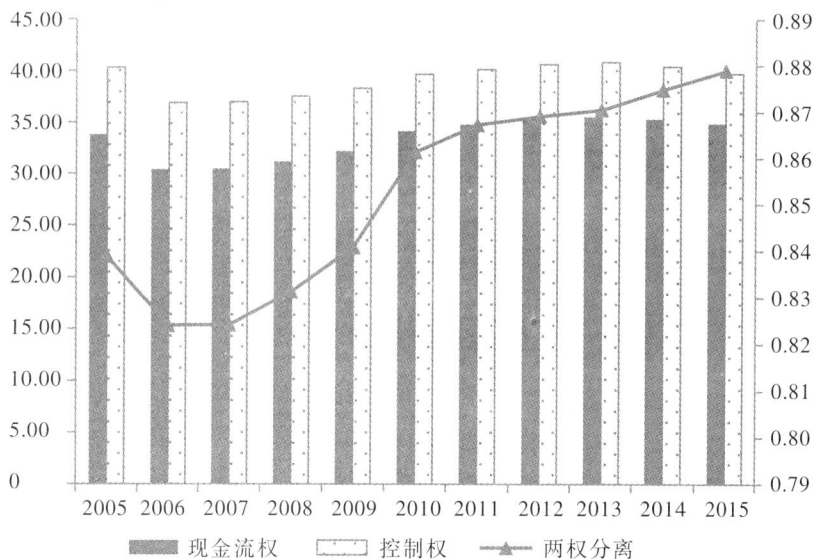

图3-16 2005—2015年中国上市公司现金流权与控制权分布情况

注：无实际控制人的公司未纳入现金流权、控制权等变量的统计中。

数据来源：根据CSMAR中国上市公司股东研究数据库整理。

控制权与现金流权偏离的原因在于终极控股股东往往通过金字塔结构、交叉持股与互为董事等方式控制公司，从而造成其所掌握的控制权超过所拥有的现金流权，这种分离在家族控制企业和小规模企业中尤为明显。

图3-17描述了"希望系"的金字塔股权结构。在图中，希望系共控制两家上市公司：新希望和民生银行。刘永好家族采用直接控制方式控股新希望，其控制权与所有权或现金流权均为53.61%，属于两权合一控制方式。刘永好家族采用金字塔股权结构控制民生银行。刘永好家族持有新希望集团100%的股份，新希望集团通过这一链条持有民生银行现金流权2.81%（6.98%×75%×53.61%×100%），终极控制权为6.98%［min（6.98%，75%，100%）］；新希望集团通过四川希望这一链条持有民生银行的所有权或现金流为5.03%（3.289%+6.98%×25%×100%），终极控制权为3.29%。这样，刘永好家族持有民生银行的终极所有权或现金流权为7.84%（2.81%+5.03%）；终极控制权为10.27%（3.29%+6.98%），现金流权和控制权两权分离度为0.76（7.84%/10.27%）。

4）大股东对小股东的利益侵占

拥有绝对控制权的大股东的收益分为两种：一是共享收益，是指按其持股比例所享有的收益（现金流权收益），由于中小股东也能按照持股比例分享这一收益，因此，共享收益对大小股东的利润诉求是相同的；二是大股东私人收益，是指实际控制人因行使控制权而获得的收益，如自我交易、对公司机会的利用、利用内部消息进行交易等方式所获得的收益，以及过度报酬和在职消费等（Grossman，1988）。

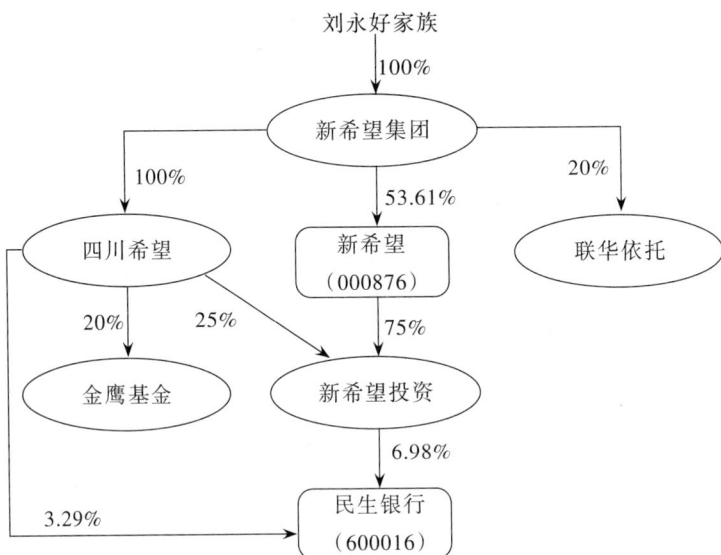

图 3-17 "希望系"金字塔股权结构

数据来源：马忠. 金字塔结构下终极所有权与控制权研究［M］. 大连：东北财经大学出版社，2007：75.

控制权私人收益仅由控制权股东独享，并非按股权比例在所有股东中分配。控制权私人收益分为货币性收益和非货币性收益，前者是指控股股东通过剥夺的方式转移资产而获得的收益，后者是指控股股东在经营过程中通过过度消费、享受闲暇所获得的收益（Shleifer等，1986）。

在股权集中度较高的情况下，不同的收益权对公司的价值产生不同的效应，为获得更多的现金流权共享收益，控股股东有动机对管理者进行监督，抑制股东与管理者的利益冲突，提高公司价值，也就是说现金流权对公司价值具有激励效应；另一方面，控股股东为了获取私人利益，可能利用控制权侵占小股东的利益，从而使控制权具有侵占效应。在公司价值一定的情况下，控制权私人收益大意味着股东可分配的现金流减少，从而导致小股东应得的利益受到侵害。

控股股东是否存在侵占小股东利益的动机与上市公司的股权集中度有关，当上市公司的股权集中度较高或者较为分散的时候，大股东的利益侵占动机较弱；当大股东所持股权比例能够实质性地控制上市公司并且其现金流权比例较低时，大股东才存在进行利益侵占的动机。控股股东侵占小股东利益的动机与现金流权与控制权的偏离程度有关。当控股股东对公司的控制权远远大于其现金流权时，特别是控股股东通过金字塔结构获得更多的投票权时，就有可能采取各种方式侵占小股东的利益。

金字塔股权结构是指一个集团公司的股权结构像一个金字塔一样，呈现为多层极、多链条的集团控制结构图。这个结构中的公司分为三种，最上面的集团是实际控制人，中间的公司是持股公司，最下面的公司是经营公司。图3-18是最简单的二层级单链条的金字塔结构图[1]，图中A是实际控制人，他持有B公司51%的股份，再让B公司持有C公司51%的股份，最终实现对D公司的控制。

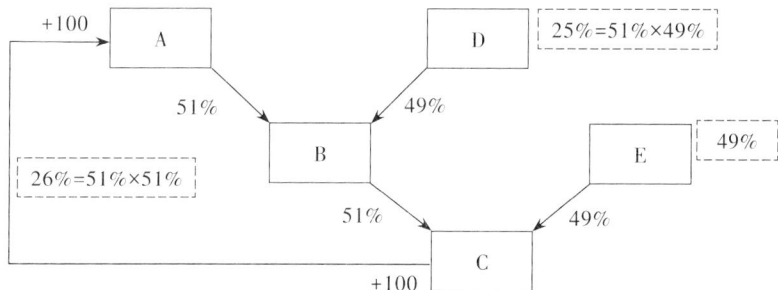

图3-18　最简单的金字塔结构

注：图中虚线框中的数字为现金流权。

金字塔股权结构本是一种高效的融资工具，通过金字塔集团层层控股，可以用最少的资本控制尽量多的资源。在图3-18中，B、C公司的注册资本都是100万元，实际控制人只要出资51万元，就控制了外部投资者D和E的资本98万元（49+49）。如果金字塔层级越多，控制链条越长，放大的倍数就越大。我国有不少企业集团通过金字塔结构，以几亿元或十几亿元的资本，控制着数百亿元的资本。

虽然金字塔结构能够实现融资放大，但是在资本市场中，单纯利用金字塔结构进行融资的企业并不多，更多的是利用金字塔结构的控制关系，满足实际控制人的控制权私利。在图3-18中，由于A公司在整个控制链上的实际控制权都是51%，所以A公司对C公司的最终控制权也是51%，是C公司的实际控制人。按照A-B-C公司的关系链，A公司在C公司的现金流权为26%（51%×51%），现金流权和控制权的分离度为0.51（26%÷51%），两权分离为控股股东侵占中小股东提供了可能。假设C公司产生的利润为100万元，A公司如果按照正常的分红只能分到26万元（100×51%×51%）。但是A公司控制着C公司，他不会选择股利分配的方式，而是通过关联交易、资产置换等方式将C公司创造的利润转移到A公司。如果A公司通过这些方式获得了全部的收益100万元，那么，A公司的侵占收益为74万元（100-26）。这一收益正是从集团控制链条上各个参股的投资人D和E所应获得的收益。或者说，是将本属于D和E等外部投资人的收益转移给自己的掠夺行为。这种利用简单的金字塔结构的侵占方式也是中国资本市场上ST公司产生的主要原因。

Johnson（2000）认为控股股东的利益侵占行为通常有经营方式和财务方式两类。前者是指控股股东为追求自身利益而通过自我交易从公司中转移资源，例如：通过关联交易将公司的财产和利润转移出去；向公司高管（控股股东在其控股的公司中往往同时担任经理）支付较高的薪水；为控股股东（或经理）拥有较高现金收

---

①　参阅：马永斌. 公司治理之道—控制权争夺与股权激励［M］. 北京：清华大学出版社，2013：57.

益权的公司提供贷款担保、侵占公司的发展机会。财务侵占方式是指通过股利政策向大股东输送利益，或者通过股票发行来稀释其他股东权益、冻结少数股权、内部交易、渐进式收购行为以及其他不利于中小投资者的各种财务交易行为等。现主要从以下3个方面进行分析：

（1）利用关联交易向母公司或其控股子公司转移利润。许多上市公司与控股股东存在行业上的依存关系，利用这种关系，控股股东向上市公司高价出售原材料，从上市公司低价购买产品，掠夺公司利润。据中国证券网报道，"ST国嘉"（600646）的大股东通过关联交易、往来款以及担保贷款等方法从上市公司套走的现金超过了5亿元，导致"ST"国嘉在2003年度出现了连续3年亏损而退市。

在2000年的《财富》世界500强中排名第16位的安然公司，于2001年12月2日宣布破产，成为美国历史上最大的破产案。2001年11月30日，安然的股价跌至0.26美元股，市值由峰值时的800亿美元跌至2亿美元。安然公司在发展过程中，通过资本重组建立起复杂的公司体系，其各类子公司、合伙公司的数量多达3 000个，从而形成了错综复杂的关联业务链条。安然利用纵向和横向持股编织"金字塔"式多层控股链，来实现以最少的资金控制大量公司的目的。安然的关联交易方式主要表现为4种：第一，大量使用股票提供担保进行融资；第二，以出卖资产的收入作为业务收入，虚构利润，而出卖资产多在关联企业中进行，价格明显高于市场正常价格；第三，不断制造新的业务模式概念，使投资者相信公司已进入高增长、高利润的领域（如宽带通信等）；第四，很多交易是在关联企业中进行"对倒"，通过"对倒"来创造交易量，创造利润。复杂的关联交易在造就了安然"辉煌"的同时，也埋下了其崩溃的隐患。由于安然与关联企业签订了许多复杂的担保合同，这些合同常含有关于公司信用评级或资产价值如何与安然股价联动的条款。这些合同及条款各异，但实际上相关性很高，一旦某项条款触发，其他合同及条款就会发生连锁反应。安然破产的导火索是公司的一家网络子公司"安然在线"的担保出了问题，由此牵出了安然公司的巨额债务问题，在此连锁反应下，安然这个庞然大物轰然倒塌。

（2）利用上市公司的名义担保或融资，非法占用上市公司的巨额资金。中国证监会于2005年9月23日对托普软件的处罚决定书[①]载明，截至2004年6月30日，托普软件为17家关联方公司（不含合并报表的子公司）的101笔银行借款提供担保，总金额214 568万元。由于关联方公司未按时归还银行借款，托普软件巨额的担保或有负债逐渐成为沉重的实际债务负担。托普软件于2004年年报披露，因贷款方起诉，这些担保中法院已判决由公司承担连带责任的有148 372万元，公司在2004年年末已根据法院判决累计预计担保损失90 042万元。此外，截

---

① 中国证监会行政处罚决定书（证监罚字〔2005〕30号），见中国证监会网站 www.csrc.gov.cn。

至 2004 年 12 月 31 日，托普软件公司的控股股东及其他关联方占用托普软件公司的资金余额为 74 758 万元，占用了托普软件控股但未纳入合并报表范围的成都托普教育公司下属学院的资金 18 752 万元。2004 年度托普软件为关联方占用资金计提坏账准备 35 254 万元。从长期来看，托普软件公司因担保而承担连带还款责任而最终导致公司巨额亏损，资不抵债，股价暴跌，小股东损失惨重，并于 2007 年退市。①

（3）通过股利政策获取控制权收益。股利政策直接反映了大股东与中小股东的利益分配问题。近年的研究表明，现金股利可能是大股东转移资金的工具。宜宾五粮液股份有限公司（000858）上市当年实施的股利政策是每 10 股派现 12.5 元，结果使上市公司大股东（宜宾市国有资产管理局）一次性获得 3 亿元（1.25 元×2.4 亿股）的现金，上市公司大股东作为发起人，投入的净资产价值为 3.9 亿元（按 1997 年公司每净资产 1.63 元计算），大股东的投资收益率为 76.92%。宜宾五粮液股份有限公司的首次现金股利，使大股东成功、合法地回笼了大部分资金。对中小股东来说，1998 年每股派现 1.25 元，按股票上市发行价 14.77 元计算，中小股东的投资收益率仅为 8.46%。

1999 年 4 月 1 日，云天化集团有限责任公司（600096）公布协议回购计划，计划协议回购云天化集团有限责任公司所持的国有法人股 20 000 万股，协议回购价格为 2.01 元（根据 1998 年年末每股净资产确定）。回购完成后，云天化集团有限责任公司持有的股份由 56 818.18 万股减至 36 818.18 万股，回购比例为 35.2%。回购后，云天化集团有限责任公司的持股比例由 82.4% 降至 72.84%，社会公众股比例由 17.6% 上升为 27.16%。2000 年 10 月回购时，回购价格为每股 2.83 元，上市公司向集团公司支付回购款 5.66 亿元，这一数额略低于上市公司募集的资金（6.07 亿元）。这次股份回购的结果，大股东将云天化自 1997 年上市至 2000 年的所有未分配利润（5.58 亿元）全部纳入集团公司的口袋里。从上面的分析可以看出，大股东的收益可分为两部分：第一部分是公司上市前后每股净资产的变化。当公司上市时，中小股东按股票市场的发行价格认购，国企改制后的大股东认购价值低于市场价值，由此使每股净资产由公司上市前的每股 1.01 元上升到每股 1.9 元，每股增加了 0.89 元，上市后大股东的投资收益率为 88%；第二部分是股票回购带来的收益，按每股 2.83 元计算，相对于上市后的每股净资产（1.9 元），大股东的投资收益为 49%。如果加上 1997—1999 年云天化的大比例分红所得，收益率将更高。

关于控股股东侵占小股东利益而获得的控制权私人收益的大小是很难度量的。目前的研究中一般采用间接方法度量控制权私人收益，其中最常用的间接方法是以大宗股权转让溢价水平来确定控制权私人收益。Barclay and Holderness

---

① 张光荣，曾勇. 大股东的支撑行为与隧道行为 [J]. 管理世界，2006（8）：126-137.

（1989）分析了美国大宗股权转让定价，认为股权能够给大股东提供其他股东不能得到的私利，因而大宗股权的收购方就愿意为期望得到的利益支付较高的价格。他们认为这种股权转让溢价反映了大股东从控制权中得到的能够独享的私利。Dyck and Aingale（2004）对1990—2000年39个国家的412项股权交易溢价情况进行了研究，发现大宗股票交易价格比公告后的股票价格平均高出14%，其中最低的为日本（-4%），最高的为巴西（65%），他们以股权转让溢价水平为依据所得出的部分结果如图3-19所示，为比较，图中也列示了中国的情况。

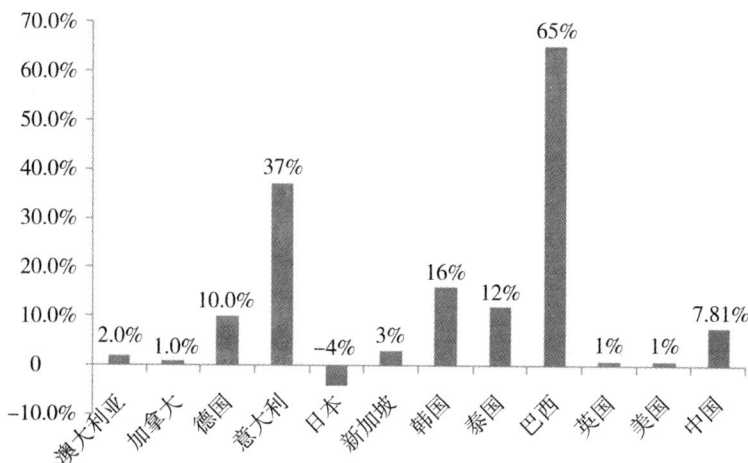

图3-19　大股东控制权私人收益国际比较（平均值）

数据来源：除中国以外的数据来自DYCK，ALEXANDER and LUIGI.Private benefits of control：An international comparison［J］. The Journal of Finance，2004，59（2）：537-600的有关数据整理。中国的数据来自高谦. 资本结构与公司控制权安排研究［M］. 北京：中国金融出版社，2009：198.

图3-19的数据为大宗股权转让溢价水平，除中国以外的数据是以大宗股权转让价格减去该项交易宣布2天后的交易额后除以该交易价格，再乘以转让股份。中国的数据是用大宗非流通股股份转让价格减去每股净资产后除以每股净资产，再乘以转让总股数的比例。从图3-19可以看出，与发展中国家相比，发达国家的大宗股权转让溢价水平普遍较低，即控制权私人收益较低，而亚洲等一些资本市场不发达的国家，其控制权转让溢价水平明显要高得多。

尽管现金流权与控制权两权分离可能引起大股东与小股东的利益冲突，但也有可能对暂时陷入财务困境的子公司实施支持行为以避免其破产，这会使得小股东获益。因此，两权分离对小股东利益的影响，既存在由于控制权产生的负的"侵占效应"，又存在由于现金流权产生的正的"激励效应"。

3.3 公司财务与公司治理

3.3.1　财务活动与财务关系

公司财务是指财务活动与财务关系的统一。财务活动主要指公司资源的取得与使用，即通过投资活动与融资活动为投资者创造价值；财务关系是指财务活动中形成各种委托代理关系。在公司制下，参与财务活动形成的各种关系人主要包括：(1) 公司与非财务利益相关者（供应商、客户、政府等）之间的关系；(2) 公司与财务利益相关者（股东、债权人、管理者）之间的关系。公司财务活动与财务关系研究框架如图 3-20 所示。

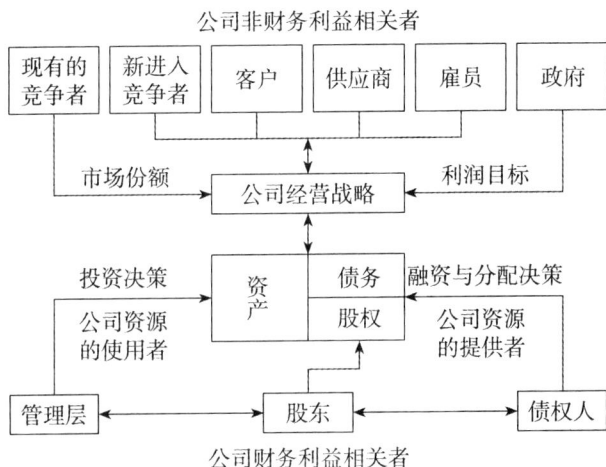

公司非财务利益相关者

```
┌────────┬────────┬───────┬───────┬───────┬───────┐
│ 现有的  │ 新进入  │ 客户   │ 供应商 │ 雇员  │ 政府   │
│ 竞争者  │ 竞争者  │        │        │       │        │
└────────┴────────┴───────┴───────┴───────┴───────┘

   市场份额      ┌──────────────┐      利润目标
   ────────      │  公司经营战略  │      ────────
                 └──────────────┘

   投资决策      ┌──────┬──────┐   融资与分配决策
                 │ 资   │ 债务 │
   公司资源      │ 产   ├──────┤   公司资源
   的使用者      │      │ 股权 │   的提供者
                 └──────┴──────┘

  ┌────────┐        ┌────────┐        ┌────────┐
  │ 管理层  │ ←────→ │ 股东    │ ←────→ │ 债权人  │
  └────────┘        └────────┘        └────────┘
```

公司财务利益相关者

图 3-20　公司财务活动与财务关系框架

在图 3-20 中，与公司战略相关的公司市场份额、利润目标等反映了公司财务活动的经营成果，公司收入在与供应商、雇员、政府、债权人、股东之间的利益分配关系可以通过损益表加以描述。

图 3-20 中的阴影部分类似一张简化的资产负债表，反映了公司资源提供者和资源的使用者之间的关系，资产方反映了公司对各种资源的使用权，权益方反映了公司对各种资源提供者的责任或义务，对应于这些责任或义务是这些资源提供者对公司收益的索取权。一般来说，债权人对公司收益具有固定索取权或法定索取权，在公司持续经营的情况下，债权人只是一个"默默无闻"的商业伙伴，没有投票权。只有在公司清算时，债权人才可能参与管理。与债权人的固定索取权不同，股东对公司收益的索取权是一种剩余索取权。在公司持续经营的前提下，这种索取收益的权利仅限于公司的利润；在公司清算时，这种索取权位于其他关系人的索取权（工资、利息、税收等）之后。与剩余索取权相对应，股东成为公司风险的主要承担者，因此，股东拥有公司的控制权和管理权，以确保公司在投

资、融资活动中增加公司价值和剩余索取权价值。公司资源的使用者主要指管理者，他们作为股东的代理人，在董事会领导下从事公司经营活动和投融资活动。他们对公司收益的索取权通常由契约规定，这是一种状态依存"或有索取权"，也就是说，这种索取权对收益享有的权利依存于未来某时刻（约定或未约定）契约标准等。

3.3.2 公司财务与公司治理的内在逻辑

公司治理是以现代公司为主要对象，以权衡公司财务关系、维护公司多方面利害相关者的利益为核心，以监督和激励为手段，以提高公司价值为目标的一种制度安排。这些制度决定：（1）如何配置和行使控制权；（2）如何监督和评价董事会、管理层和员工；（3）如何设计和实施激励机制。[①]根据公司治理的边界不同，公司治理主要有两种观点：一是"股东利益至上"的单边治理。Shleifer and Vishny（1997）认为公司治理的问题是如何保证公司资金的供给者能够从投资中获得收益。李维安（2011）认为公司治理是指股东对管理者的一种激励与监督制衡机制，即通过一种制度安排，合理配置股东与管理者之间的权力与责任关系，公司治理的目标是保证股东利益最大化。二是以利益相关者为基础的多边治理。公司董事会追求的目标不应当仅仅是股东利益最大化，而是要平衡股东、债权人、管理者、供应商、客户、员工、政府、社区等主要利益相关者的关系。公司治理是通过一套包括正式或非正式的、内部或外部机制来协调公司与所有利害关系者之间的利益关系，以保证公司决策科学化，从而最终维护各方面的利益。

Gillan，S.L.（2006）将Shleifer and Vishny（1997）界定的公司治理框架定义为内部公司治理，并以此向外部治理拓展。图3-21描述了对于公司治理边界的扩展路径：公司内部治理（股东、董事及管理层）—外部治理（资本市场、控制权市场、要素市场）—法律、规则治理（Gillan，S.L.，2006）。

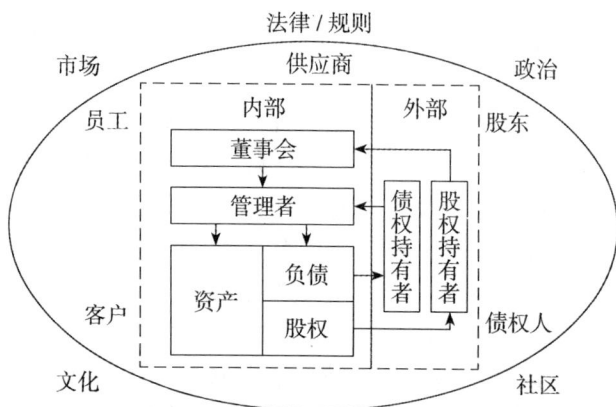

图 3-21 公司治理研究框架

---

① 青木昌彦. 转轨经济中的公司治理结构［M］. 钱颖一，译. 北京：中国经济出版社，1995.

图3-21描述的公司治理的研究内容，也用于解释公司财务的研究内容，在图3-21和图3-20中都包括一个简易的"资产负债表"，如果图3-21既可以解释公司治理的研究框架，又可用以诠释公司财务的研究内容，那么公司财务与公司治理一定存在某种内在的逻辑联系，即由财务活动引起的财务关系为公司治理提供了生成机制，是公司治理研究的基础和依据，而公司治理则是协调各种财务关系（或委托代理关系）、提高财务决策效率的制度保障。从财务活动—财务关系（委托代理关系）—公司治理的内在关系，使这两者在理论研究与实践操作中既相互交融、相互补充，又相互独立。不论是研究公司治理效应，还是研究公司财务的投融资效应，最终都回归到是否能提高公司的经营效率，为投资者创造增长价值上来，如图3-22所示。在图中，财务活动引起的财务关系（委托代理关系）是公司财务和公司治理研究的逻辑起点。从治理的角度出发，公司财务研究属于融资导向型研究，公司治理研究属于规则导向型研究。两者的理论基础都是委托代理理论和信息不对称理论，两者的治理目标都是提高公司资源配置效率，为公司资源的提供者提供报酬。

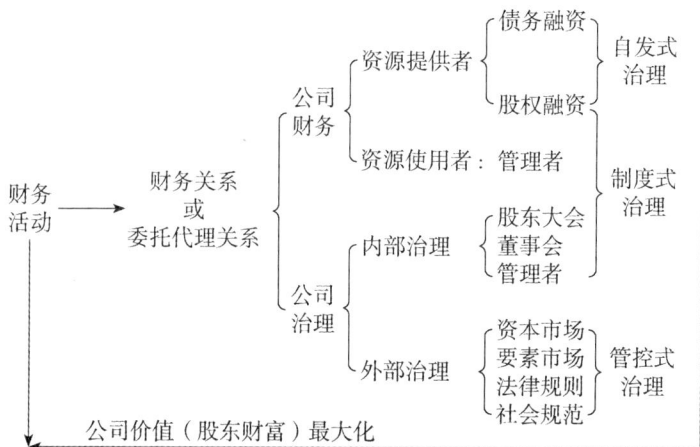

图3-22 公司财务与公司治理的逻辑关系

3.3.3 公司财务治理框架

Zingales，L.（2000）认为现代公司财务迫切需要深入研究的三个方面问题是：资本结构、公司治理和价值评估。由于公司融资方式与资本结构、治理结构之间具有递进内生关系，即融资方式决定资本结构，进而决定治理结构，并最终通过资产定价机制对公司的市场价值产生影响。因此，本书将从公司财务视角研究治理问题称为公司财务治理。目前与公司财务治理有关的研究内容如图3-23所示。

在图3-23中，公司财务治理可描述为以经济环境、经济体制为基础，以融资治理为核心、以治理效率为目的三大框架。不同的经济环境和经济体制产生不同的融资方式与治理方式，从而影响着公司的经营效率和财务治理效率。

经济环境和外部治理环境			
经济状况	资源	金融市场	外部治理组织
· GDP · 税收、规制 · 利率、通货膨胀 · 生产率增长	· 不动产、厂房、设备 · 劳动力、管理者才能 · 技术/专利 · 产品或服务	· 货币市场 · 股权市场 · 债务市场 · 衍生品市场	· 政府、外汇市场 · 股东、债权人 · 外部审计 · 媒体、分析师

债务融资治理	
· 债务契约设计 · 债务契约实施 · 债务契约违约	· 保护性条款、限制性条款、债券定价 · 监督与约束、担保效应、破产威胁 · 私下和解、破产重组、破产清算

股权融资治理	
· 股东与管理者代理冲突 · 大股东与小股东代理冲突 · 融资结构（债务结构、股权结构）	· 董事会监督、薪酬政策、接管与防御 · 监督效应与隧道效应 · 债务融资与股权融资相机治理

（左侧：反馈　右侧：反馈）

财务治理经济后果		
风险	业绩	公司价值
· 经营风险 · 财务风险	· 资本成本 · 获利能力 · 增长机会	· 股东价值 · 债务价值 · 经济增加值

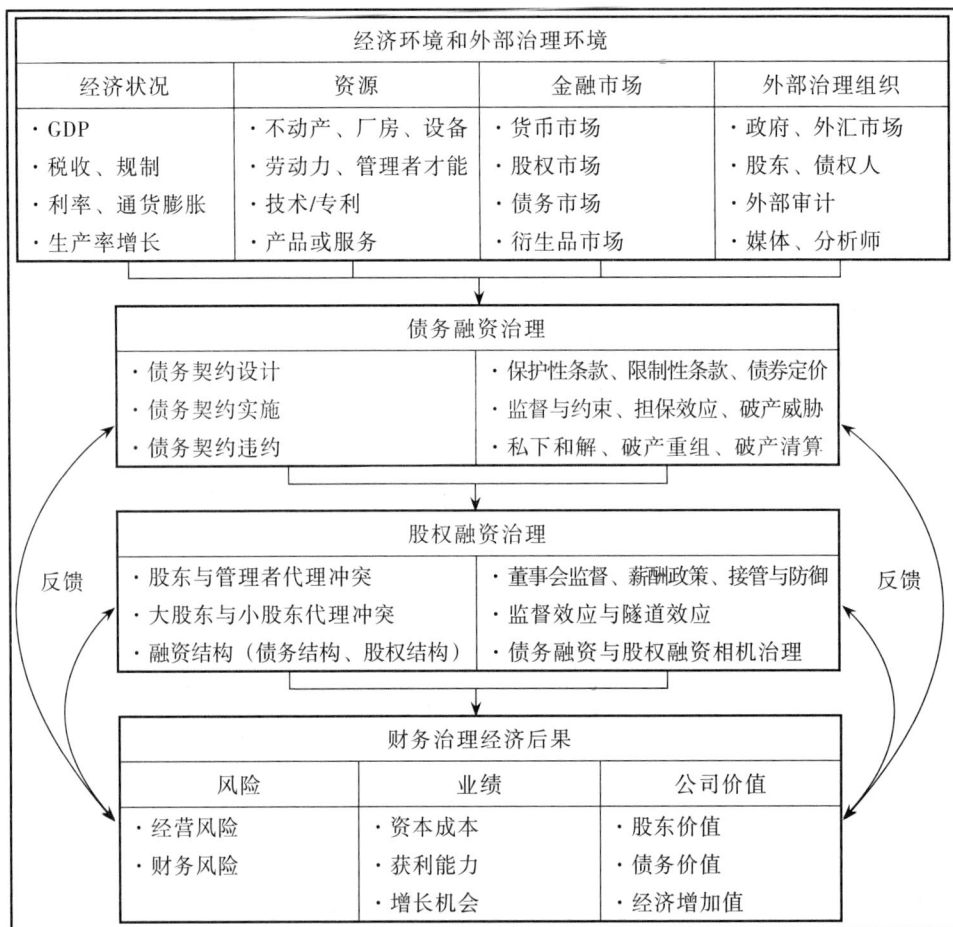

图 3-23　公司财务治理研究框架

从治理环境分析，公司主要面临两种市场：资本市场和产品市场，在资本市场为潜在的投资者提供金融产品，以满足购买者投资之需；在产品市场为潜在的购买者提供商品产品，以满足购买者消费之需。资本市场和产品市场都可以提供充分的有关公司经营信息，可以更好地对公司及管理层进行客观评价，从而形成一种竞争的市场环境和交易成本低廉的优胜劣汰机制，因此，资本市场、产品市场成为外部监控机制最重要的部分。此外，控制权市场、经理人市场的存在，增加了管理者因并购或其他原因而被替换的机会和可能，迫于自身价值和职业声誉的压力，管理者必须恪守职责，努力工作，从而部分地纠正股东与经营者利益目标的偏差。一个有效率的经理人市场主要通过信息传导机制和信誉机制对管理层产生激励和威胁，对管理层的评价最终体现在产品市场的业绩上，从这个意义上，公司在产品市场上的表现（市场份额、经营业绩等）构成了检验管理层才能的关键标准和路径，也构成了检验公司经营业绩和治理效率的关键指标。在以往的各种经验研究中，大多是以各种经济后果指标（如总资产收益率、净资产收益率、托宾Q、经济增加值、市场价值等）作为被解释变量，以反映财务治理的指标（融资结构、董事会效率、股权集中度、薪酬敏感度等）作为解释变量，以公司规模、行业、经济环境、政治制度等指标等作为控制变量，分析不同治理因素对经济后果的影响。

不论是单边治理还是多边治理，都与法律环境和政治制度密切相关。不同的法律环境产生不同的融资方式与治理方式，不同的政治制度、政治关系影响着公司经营效率和治理效率。Williamson（2000）曾对制度（包括正规制度和非正规制度）、治理结构与经济效果（资源配置与就业）的关系进行了图解，指出三者之间的递进内生关系，即制度决定治理结构，进而决定经济效果。

3.3.4 融资治理研究

在发达经济体系中，存在着以直接融资为主的英美模式和以间接融资为主的日德模式。在20世纪80年代以后，情况缓慢地发生了变化。各国在保持原有融资方式、特征的同时，使不同的融资方式相互结合，在融资模式的选择上越来越趋于同一。原来以直接融资为主的国家，由于商业银行介入长期信用和证券业务，而使银行间接融资比例有所上升。而在日本、德国等，随着资本市场化和国际化，金融管制的放松，各类金融机构的发展，多种金融工具的创新，公司比以往更多地参与证券市场的融资活动。两种融资方式引起的"保持距离型"的英美治理模式和"关系导向型"的日德治理模式，通过彼此吸纳对方的某些特征而继续共存。

Williamson（1988）认为债券和股票不应被简单地看成"融资工具"，而应看成是"不同的治理结构"。根据公司资金来源不同，可将融资治理分为债务融资治理和股权融资治理两大类。前者解决的是股东与债权人之间由于委托代理冲突引起的治理问题；后者反映的是由于股东与管理者之间、大股东与中小股东之间代理冲突引起的治理问题。根据Williamson（1988）的观点，债券属于"条约治理"（rule-based governance），主要包含还本付息、清偿和经营流动性的要求。债务融资是通过债务契约设计出来的治理，其组织成本相对较低；股票是一种"自行处置结构"（discretionary governance），主要是依靠董事会监控机制，其组织成本比较高。根据这一观点，债务融资通过给予债权人固定收益获得资金，为防止债务人违约，在融资契约中通常确定各种限制性条款和保护性条款。这些条款的治理作用具有内生性和自发性等特点，一般通过债务契约形成、契约执行、契约到期三个阶段进行治理，关注的重点是契约设计、期限结构、债务成本、融资约束、债务重组等的治理效应。Lang et al（2000，2001）等认为在市场环境完备的情况下，债务融资能够发挥债务约束和相机治理作用（抑制非效率投资），以及破产威胁效应，平衡治理结构主体间的利益，约束管理层无效的投资决策，从而有利于公司价值创造。相对而言，股权融资契约通过释放控制权获得资金，通过融资工具的内在特征激励和监督管理层按照股东的利益行事。股权融资治理关注的重点是股权结构、董事会效率、管理者薪酬激励、投资者保护、自愿信息披露等的治理效应。如果说与债务融资相联系的治理结构更加市场化，那么与股权融资相联系的治理结构更具有强制性、制度性。

1）债务融资治理

Jensen and Meckling（1976）等学者认为，负债可以降低管理者的代理成本，从而提高公司业绩。这种治理作用主要表现在以下三个方面：

第一，债务融资具有内生性治理作用。金融中介理论认为，银行有动力和能力搜集公司信息，监督经理行为（Diamond，1984）。债务融资在一定程度上解决了公司治理的核心问题——信息不对称。银行贷款以短期为主，贷款的批准需要通过银行的资信调查。理论上，如果公司治理不佳，银行会拒绝贷款。如果银行不发放贷款，债券市场和股票市场会意识到公司的潜在问题。因此，债务融资带来了金融中介的监督，也产生了贷款决策给予市场投资者的信号。Fama（1985）认为，债务对公司经理的约束作用来自于银行的监督和严厉的债务条款（按期还债以及其他对公司和经理的约束等），债权人（如银行）专业化的监督可以减少股东的监督工作，并使监督更有效。Diamond（1991）等学者研究发现，相对于股东而言，作为债权人的银行可以更好地监督公司项目选择的正确性。银行对项目投资的参与程度较深，从而可以减少公司投融资决策方面的失误，提高公司的价值。

第二，债务融资减少公司的自由现金流，提高公司的治理水平。Grossman and Hart（1982）构建了一个正式的代理模型，分析债务融资如何缓和管理者和股东之间的冲突，他们将债务作为一种担保机制，能够促使公司管理者做出更好的投资决策，这样，债务可以在一定程度上降低所有权与控制权分离而产生的代理成本。Jensen（1986）认为债务融资还本付息压力会减少经理对公司自由现金流的滥用，从而抑制经理的过度投资行为，减少了代理成本。Jaggi and Gul（1999）发现，对低机会集的公司而言，自由现金流量和负债显著负相关，从而支持负债的监督效应假说。

第三，债务融资具有破产威胁效应。债务融资契约的一个主要问题就是控制权转移，同时控制权转移又可导致资本结构的再调整。当公司因亏损而不能按时还本付息时，公司的控制权会实质上移交给债权人。因为公司的控股股东会遵循债权人的意见调整或重组公司避免破产清算。Grossman and Hart（1982）认为，如果破产对经理来说成本很高，即破产可能使经理的声誉受到损害，或者经理不再对公司具有控制权，那么，债务的增加由于会使破产的可能性变大，因而能够激励经理努力工作，减少偷懒和在职消费的问题。Franks et al.（2002）发现，负债比率越高，董事会成员更换越为频繁。为了避免发生财务危机时自身利益的损失，经理人会自我约束，从而提高公司盈利。另一方面，公司控制权的转移是控股股东控制权私有利益的丧失，为了避免事后的利益损失，随着财务杠杆的上升，股东事前更有动力监督经理人。

但是，债务融资的监督作用具有明显的"预算软约束"特征。科尔奈（1980）认为在社会主义计划经济体制下，当公司入不敷出，发生亏损或面临破产时，政府将会给予救援。Demirguc-Kunt and Maksimovic（1999）以19个发达国家和11个发展中国家为样本研究发现，政府对企业的补贴或救助程度与债务期限结构正相关，从而为政府对企业的隐性担保（获得更长的债务）提供了证据。Frydman et al.（2002）针对捷克、匈牙利和波兰的研究表明，银行对具有政府背景的企业往往存在金融软约束，而且软约束不仅体现在事前签约，还表现在事中的监督与控制以及事后的契约执行。在我国，大多数研究发现，负债融资不但没有发挥治理作用，反而具有较为显著的代理成本。江伟和沈艺峰（2004）研究发现，对于高成长性公司来说，负债融资反而导致了严重的非效率投资行为。伍丽娜和陆正飞（2005）研究发现，资产负债率与投资不足及过度投资的发生均呈正相关关系，并且公司的盈利状况越差，越会加剧这种投资不足和过度投资行为。白云霞等（2013）研究发现，负债与大股东的利益侵占存在显著正相关关系；相对于国有控股公司来说，私有公司的负债水平更高，其原因在于私有大股东通过负债对中小股东利益的侵占程度高于国有大股东。

此外，债务融资也带来了自身的代理问题，即股东与债权人的利益冲突，如股东的次优的投资决策带来的机会财富的损失，债权人的监督、契约成本、破产重组成本；除了债务的机会成本，债务可能降低一家公司的财务弹性，导致管理者选择次优的风险承担。

2）股权融资治理

股权融资形成的股权结构是公司治理的基石。关于股权结构与代理冲突的研究大致可以划分为两个阶段：第一阶段是以 Berle 和 Means（1932）的研究为起点，着重研究股权分散公司存在的第一类代理冲突，即公司所有权与管理权分离而导致的代理冲突。第二阶段以 La Porta 等（1999）为分界点，着重研究股权相对集中公司存在的第二类代理问题，即大股东与中小股东之间的代理冲突。根据代理理论，股权集中可以减轻股东与管理者的代理冲突和代理成本，但是，当股权集中度超过一定限度，或当大股东持有的股权比例及其所采取的控制手段能有效控制公司时，代理问题的性质将由股东与管理者之间的代理问题，转变为控股股东与小股东之间的代理问题。股权越集中，大股东或控股股东对公司的控制力就越强，就越可能利用其控制权谋取私人收益，从而增加第二类代理冲突。

股权结构可以从所有权与投票权两个视角进行分析，前者是按持股比例确定的，反映股东对公司收益权或分红权的大小，其目的在于考察公司是否存在大股东。后者从投票权视角研究，反映了股东控制权的大小，其目的在于考察公司是否存在终极股东或控股股东。所有权并不等于控制权，其原因在于：第一，并不是所有的股份都拥有投票权，例如，无表决权股份就无法为其所有者带来任何控制权；第二，通过金字塔持股等方式可以获得一定比例的投票权，它使股东得以通过多层级的所有权保持对公司的控制。在实践中，所有权与控制权范式因国别不同而存在巨大差异，如图3-24所示。

所有权		控制权	
		弱	强
分散		A. 所有权分散且控制权分散 • 股东VS管理层 • 强管理层、弱股东 • 英国、美国、加拿大	B. 所有权分散而控制权集中 • 控股股东VS小股东 • 强大股东、弱管理者、弱小股东 • 欧洲大陆的一些国家
集中		C. 所有权集中而控制权分散 • 股东VS管理层 • 强管理层、弱大股东 • 存在表决权限制的公司：欧洲大陆	D. 所有权集中且控制权集中 • 大股东VS小股东 • 强大股东、弱管理层、弱小股东 • 欧洲大陆、日本、转轨经济国家

图3-24　所有权与控制权范式

参阅：Becht，M.1997. Strong blockholders，weak owners and the need for European mandatory disclosure. The Separation of Ownership and Control： A Survey of 7 European Countries. Preliminary report to the European Commission.

所有权与控制权相吻合的两类基本情形是图3-24中的范式A（所有权与控制权分散）和范式D（所有权与控制权集中）。英国、美国和加拿大等国家的公司属于分散型股权结构，欧洲大陆一些国家、日本、转轨经济国家的公司属于集中型股权结构。此外，在一些国家中，如果股东可以征集投票委托，允许发行无表决权股，以及存在股权金字塔结构（例如，欧洲大陆的一些国家）。范式B（所有权分散而控制权集中）的情形也是存在的。范式C（所有权集中而控制权分散）意味着表决权的集中度低于所有权的集中度，这一情形之所以会发生，是因为采取了旨在防止大股东行使控制权的表决权上限的做法。许多研究认为，表决权上限的运用，改善了小股东免受大股东盘剥的处境。[①]

自从Berle和Means（1932）提出的股权分散、控制权与所有权两权分离的命题后，大多数研究的问题都是股权分散条件下的公司治理问题。直到1999年，LLSV首次以终极控股权为基础研究股权结构问题，结果发现在世界范围内，股权分散是特殊现象，股权集中甚至"一股独大"是普遍现象。LLSV（1999）计算了在最发达的27个国家或地区中前20家最大的公司的控制权，若以20%的投票权标

---

① Frank and Mayer（1998）的研究表明，自从二战以来，德国发生的敌意收购案件中，1/3运用了表决权限制，其结果降低了若干大额持股份额的表决权。

准定义控制权，有 36.48% 的公司属于股权分散的上市公司，超过 60% 的上市公司存在一个终极控股股东。Claessens 等（2000）考察 9 个东亚国家的 2 980 家上市公司时发现 66% 以上的公司是由单一控股股东所控制。Faccio and Lang（2002）在考察 13 个西欧国家的 5 232 家上市公司时发现这些公司主要是分散持股（36.39%）或家族控制（44.29%）。分散持股公司所在的国家主要是英国和爱尔兰，家族控制公司主要是欧洲大陆国家。刘芍佳（2003）等在考察中国上市公司时发现，84% 的上市公司由政府控制，非政府控制的比例仅占 16%。Chernykh（2008）在考察俄罗斯上市公司的所有权模式时发现其是由政府或匿名的私人所有权控制。

在股权高度集中的公司中，相当一部分公司同时存在着大股东本身就是管理者，即所有权和控制权重合的现象。Claessens 等（2000）等人的证据表明，在印度尼西亚、韩国、马来西亚和泰国等国中，80% 公司的管理者属于控股股东。家族式控制的后果之一就是大约 60% 的公司的管理者与控股股东有关。Lemmon，M. L.，and K. V. Lins.（2003）发现在 1997 年 7 月—1998 年 8 月东亚金融危机期间，中国香港、印度尼西亚和韩国等东亚国家和地区的 800 家样本公司里，管理者本身就是掌握公司控制权的大股东。他们的证据也表明，在印度尼西亚等东亚国家和地区、土耳其等西亚国家、巴西等南美国家以及葡萄牙等 18 个新兴市场里，管理者同时为大股东的公司比例是"压倒性的"，即在 1 433 家样本公司中，管理者群体控制了大约 69% 的股份。由于大股东与管理者的利益实际上趋于雷同，两者之间的代理问题趋于缓和。

股权结构治理的经验研究主要从股权集中度、控股股东持股、内部人持股等视角，检验不同股权结构与经济后果的关系，旨在探讨什么形式的股权结构有利于公司业绩的提升或公司价值的创造。关于股权结构与公司业绩关系之间的实证检验，其研究结论各不相同，有的结论认为股权集中度（控股股东持股或内部人持股）与公司业绩下相关、负相关、不相关。[①]徐丽萍等（2006）将上述结论的差异原因归咎于业绩衡量指标选择的差异、股权结构的内生性问题和股权类型划分方法的分歧。

以上从债务融资治理和股权融资两个方面说明融资的治理效应，如果将两者结合起来可以反映公司主要利益相关者之间的力量对比关系或融资方式的相机治理效应。资本结构治理就是利用融资工具的内在特征协调股东与管理层、股东与债权人之间的代理冲突。资本结构的治理效应是指公司通过资本结构的选择和动态调整而对公司治理效率产生的影响。资本结构治理效应的检验主要包括不同资本结构对公司业绩或代理成本的检验。因此，不同的融资方式不仅决定了公司资本结构的特征，而且决定了公司治理结构的特征，从而反映了公司主要利益相关者之间利益冲突的协调方式。选择了什么样的资本结构实际上就是选择了公司治理结构的规则和

---

① 参阅：刘淑莲，李井林. 公司财务治理：现实与困惑［J］. 财务研究，2016（3）.

框架，从而选择了公司控制权配置的规则和框架（威廉姆森，1988）。

此外，制度在决定公司融资决策代理问题中起着重要作用（Giannetti，2003）。从融资的监督作用来说，在正常经营情况下，债权人只是沉默的商业伙伴，对公司的监督相对较为被动，有时甚至是一种消极型的监督者；相对来说，股东（主要指控股股东）作为公司的所有者，对公司的监督较为主动，在大多数情况下是一种积极型的监督者。在我国，特别是国有上市公司中，现有的融资体制形成的融资特征使两种治理同时存在，以间接融资为主引起的高负债水平与"一股独大"引起的股权高度集中同时存在，使债权人和大股东治理既可能发挥共同治理的协同效应，也可以存在相互侵占效应。发挥债权人的治理面临的一个关键问题就是如何克服贷款"软约束"带来的治理效率低下，而发挥大股东的治理作用面临的关键问题就是如何解决大股东对小股东的利益侵占问题。这些问题无论在理论上还是在现实中都没的一个确切的答案。

3.3.5 董事会治理经验证据

在公司制下，股东作为公司资源的提供者，委托董事会及其管理者雇佣各种生产要素进行旨在创造价值的经营活动和投资活动。这样，董事会并非单纯地是股东的代理人，而是一系列显性契约和隐性契约设计、执行、考评的执行机关。这样，董事会便成为公司决策控制系统的中枢，一方面通过选聘、评价、解雇等对管理者进行监督和激励，使管理者的行为与股东利益相一致；另一方面利用关键资源（如融资）和信息（如竞争者和行业信息）创造持续竞争力。股东大会、董事会和公司管理层之间的治理机制通常是股东大会和董事会对管理层的监督与激励完成的。

一些咨询机构通过对上市公司10年的持续跟踪研究，发现董事会的治理框架如图3-25所示。许多董事会治理的实证研究也大多是从这一框架设计模型、选择变量进行研究的。董事会治理效应研究既可以检验董事会特征（董事会独立性、董事会规模、董事长与总经理两职合一或分离等方面对董事会行为的影响，又可以检验董事会行为对公司业绩或公司价值的影响，或直接检验董事会特征（董事会行为可作为中介变量）对公司业绩或公司价值的影响。

由于董事会的独立性难以衡量，在经验研究中通常采用独立董事比例度量董事会独立性的方法。许多研究发现，独立外部董事被授权以选择、监督、考核、奖惩公司的管理层，通过减轻管理层和股东之间的利益冲突来维护公司的效益。关于董事会规模对公司业绩的关系的检验，许多学者认为随着董事会规模的扩大，董事会成员之间诸如搭便车等代理问题就会出现，董事会将更具象征性（所谓"花瓶"），即规模小的董事会比规模大的更有效，因而董事会规模与公司业绩呈负相关关系（Yermack，1996；Gertner and Kaplan，1996；Eisenberg et al.，1998；Singh and Davidson，2003）。与上述观点不同，根据资源依赖理论，董事会的规模可以作

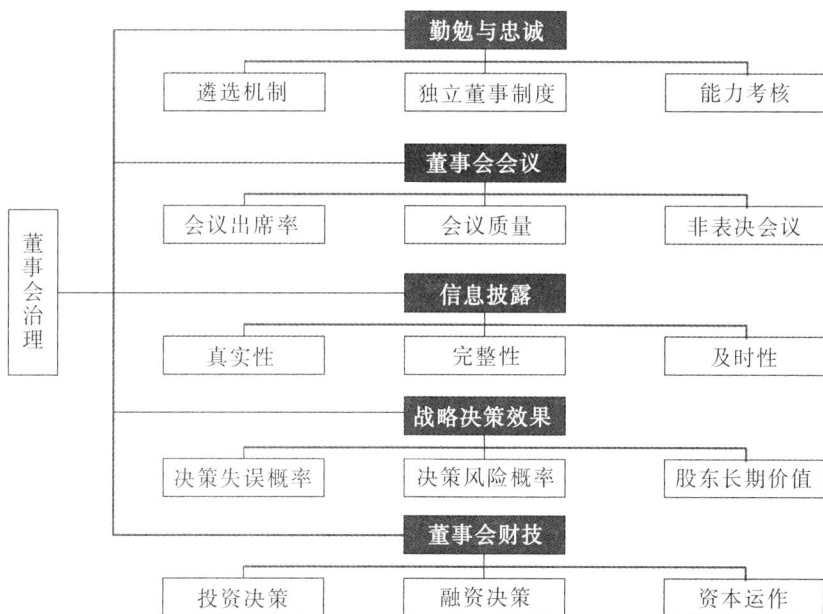

图 3-25 董事会治理框架

资料来源：王中杰. 董事会治理［M］. 北京：中国发展出版社，2011：12.

为一个组织通过与外部环境相联系以获取关键资源的能力的计量指标（Preffer，1972、1973；Provan，1980），相对较大规模的董事会可能导致更高水平公司业绩。考虑到董事会规模的内生性问题，董事会规模与公司业绩之间的因果关系可能与一些理论假设相反。

从董事会领导结构看，代理理论认为人具有天然的偷懒和机会主义动机，为防止代理人的"道德风险"和"逆向选择"，应采取"两职分离"的领导结构，以维护董事会监督的独立性和有效性。Fama and Jensen（1983）认为，为了防止管理者控制公司董事会，进而使董事会能够更好地发挥其监督管理者的职能，就不应该由CEO兼任董事长，即公司应该采取二元制的领导结构。如果董事长与CEO两职合一，董事会的监督职能就会被大大弱化，盈余管理会更频繁。Marchica（2006）发现，CEO和董事会主席两职分离的公司具有相对少的短期债务。吕长江和周县华（2005）研究发现，公司高级管理人员和董事薪金越高，董事会主席和监事会主席持股比例越高，则公司越倾向于支付更多的现金股利；当公司总经理兼任董事长或者副董事长时，其将支付更多的股利。与此不同，现代管家理论对代理理论假设提出挑战，形成"两职合一"假说，认为董事长与CEO两职合一将促进管理者的有效行动，实施更强有力的控制，有利于公司适应瞬息万变的市场环境，从而提升公司业绩。Donaldson and Davis（1991），Worrell and Nemec（1993）以及Tian and Lau（2001）均研究发现董事长与CEO两职合一的董事会领导结构与公司业绩正相关，支持"现代管家理论"。

除上述特征外，董事会成员教育背景、行业经验等其他特征，或其他控制变量都会影响董事会行为和公司业绩/公司价值。

3.3.6 管理层薪酬治理经验证据

作为代理问题的一方，管理者的行为是公司财务与公司治理的重点，设计良好的管理层薪酬契约，被认为是协调管理者行为和股东目标的主要机制之一，应该有助于缓解管理者自利行为引发的代理问题。实证研究主要围绕薪酬机制（薪金、股票期权、股份、解雇费）对公司财务行为（投资、融资、股利政策）和业绩的激励效果两条主线展开。

Jensen 和 Smith（1985）指出，股东与管理者之间的冲突不仅表现在直接侵蚀股东财富，而且表现为管理者由于帝国建造引起的过度投资，由于风险态度和任期观念引起的投资不足等对股东财富的影响。实施管理层薪酬政策是否能够抑制管理者的过度投资行为或缓解投资不足问题？Bizjak et al.（1993）认为，对管理层实施基于长期股票收益的激励契约将导致有效率的投资。吕长江和张海平（2011）研究发现股权激励能够在一定程度上缓解管理层与股东的冲突，激励管理层努力经营，抑制非效率投资行为。与上述观点不同，Coles et al.（2006）却发现，薪酬基于公司股价的 CEO 越有可能实施高风险的投资政策。辛清泉等（2007）发现，当薪酬契约无法对经理的工作努力和经营才能做出补偿和激励时，地方政府控制的上市公司存在着因薪酬契约失效导致的投资过度现象。

管理层薪酬激励在使管理层与股东利益一致的同时，也会影响债权人的决策和管理层对债务契约的选择，即管理层薪酬政策会影响公司债务融资。现有研究大多基于债务代理成本假说与管理层防御假说。债务代理成本假说立足于债权人的角度，适用于公司受到较强的融资约束时，此时债权人根据管理层薪酬决策，通过调整利率、期限和限制性的债务契约条款等手段保障自身的权益，将监督成本转嫁给公司股东承担。一些学者研究发现管理层持股比例或激励强度越高，则公司短期债务比率越高，因为短期借款的定期续贷使债权人可以更有效地监督经理人行为（Stulz，2000）。此外，理性的债权人在贷款决策时会考虑管理层薪酬中所包含的管理层与股东利益一致性的信息，并会根据公司管理层薪酬信息来调整相关决策。Beladi and Quijano（2013）发现，当公司 CEO 获得的风险激励越多，则公司从银行借款的成本也越大。管理层防御假说侧重于管理层的角度，适用于公司受到的融资约束较弱而管理层有防御能力情况，管理层薪酬会影响其防御动机，因此，管理层会依据自身的薪酬激励状况来选择使自身利益最大化的融资方式和确定资本结构。Jung et al.（1996）研究发现即使债务融资成本较低，防御的管理层仍然会选择股权融资。Berger et al.（1997）发现过量的薪酬（工资和奖金对数的实际值减去预测值）与公司债务比率负相关。吕长江和周县华（2005）研究发现，我国公司高管和董事薪金越高，董事会主席和监事会主席持股比例越高，公司越倾向于支付较多的现金股利。这说明管理层薪酬激励并没有发挥降低代理成本的作用，反而是管理层自利的表现。

根据委托代理理论，当股东与公司管理层信息不对称时，股东为了减少管理层由于道德风险和逆向选择带来的代理成本而与管理层签订报酬-业绩契约。在该契约的约束下，管理层的薪酬由公司经营业绩来决定。因此，对于管理层来说，提高公司经营业绩是提升其货币薪酬的一种重要手段。Kaplan（1994）发现美国和日本CEO财富水平都和公司业绩正相关。Mehran（1995）对美国经理人员的激励结构（非报酬水平）与公司业绩的关系进行了实证研究，发现公司业绩与经理持有股票期权的比例和经理其他形式的报酬比例均呈正相关关系。后续的研究也得出了相同的结论，即管理者薪酬与公司经营业绩正相关。

与上述观点不同，Jensen和Murphy（1990）研究发现美国上市公司经理薪酬与公司业绩之间的关联度是非常低的，即使在公司业绩很差时，经理也可能通过给自己增加薪水来侵占股东财富。Jackson等（2008）研究发现高管薪酬存在黏性特征，即高管薪酬在公司业绩上升时的边际增加量大于业绩下降时的边际减少量。许多研究发现上市公司CEO在公司业绩增长时获得了额外的奖金，业绩下降时却没有丝毫的惩罚。

3.3.7　公司财务治理研究注意的问题

虽然公司财务与公司治理研究浩如烟海，由于经济环境和经济体制不同，在我国和一些新兴市场，出现了许多用经典理论或发达国家现有的研究成果无法解释的治理现象和疑问，这为后续研究提供了线索。

1）融资治理：谁是更好的监督者？

与发达国家公司融资治理模式不同，随着20世纪70年代末期以来的中国经济体制的变革，公司融资机制经历了财政拨款—银行贷款—市场调节型的变迁过程，其资金配置以纵向划拨、行政性流动向纵横交融、市场化流动发展。公司融资的特点主要表现在：外部融资大于内部融资、间接融资高于直接融资、股票融资重于债券融资。这种现象不仅是我国经济体制变革、融资制度变迁的结果，而且通过制度因素影响公司资本结构和治理结构的选择。Giannetti（2003）认为，制度在决定公司融资决策代理问题中起着重要作用。从融资的监督作用来说，在正常经营情况下，债权人只是沉默的商业伙伴，对公司的监督相对较为被动，有时甚至是一种消极型的监督者；相对来说，股东（主要指控股股东）作为公司的所有者，对公司的监督较为主动，在大多数情况下是一种积极型的监督者。在我国，特别是在国有上市公司中，现有的融资体制形成的融资特征使两种治理同时存在，间接融资为主引起的高负债水平与"一股独大"引起的股权高度集中同时存在，使债权人和大股东治理既可能发挥共同治理的协同效应，又可以存在相互侵占效应。到底谁是更好的监督者？发挥债权人的治理面临的一个关键问题就是如何克服贷款"软约束"带来的治理效率低下；而发挥大股东的治理作用面临的关键问题就是如何解决大股东对小股东的利益侵占问题。这些问题无论在理论上还是在现实中都没的一个确切的答案。

2）股权结构：路径依赖与路径创造？

全球经济一体化和信息技术的发展，缩短了各国之间的差距，但是各国的经济体制，特别是股权结构，依然存在着显著差异。Bebchuk，L. A.，and M. J. Roe（1999）认为一个国家的公司股权结构模式存在着显著的路径依赖，即一个国家在任何时点的股权结构都部分地依赖于早期所拥有的模式。这种路径依赖源于效率和利益集团寻租两个方面。由于初始的股权结构具有持续的"惯性"作用，如果另辟路径需要较大成本，这些成本将会影响股权结构的有效选择。不同的股权结构会形成在现存体制中不同的利益集团，如果初始的股权结构赋予某一集团的控制权（例如，职业经理人或控股股东），那么，该国就更有可能在以后采取有利于这些集团的规则。由于存在内部寻租，即使现有的股权结构是低效率的，但其依然具有存续力。或者说在现有结构下的利益集团，具有障碍变革的动机和力量。

与其他新兴市场和转型经济国家中以私有产权为主导的股权结构相比，中国上市公司大多是由国有企业改制生成的，自然形成了国有股占主导地位的股权结构，此后，不同时期采取了不同的股权结构变革，诸如国有股减持、股权分置、管理层收购、引进战略投资者等，并没有改变国有股"一股独大"和"所有者缺位"双重特征。2015年，新一轮国企业改革的重要举措是发展混合所有制经济，这次变革的直接后果是形成一个相互制衡的股权结构。这一变革需要解决两个关键问题：一是国有股减持多少既能保持相对控制权，又能释放部分国有资本用于发展其他经济建设，从而提高资本使用效率；二是采用何种控制权结构既能降低"强经理、弱股东"分散式股权结构的代理问题，又能减轻"强大股东/管理层、弱小股东"集中式股权结构的代理问题，从而提高公司治理效率。如何打破股权结构现有的路径依赖，平衡股权结构变革"效率"与"寻租"的关系，保证股权结构路径平衡转换是国有股权变革面临的关键问题。

3）董事会功能：监督控制还是战略决策？

与美国等发达国家股权较为分散的特征不同，中国上市公司大多是国有公司改制后形成的，"一股独大"或大股东控制使董事会经常呈现为董事长或总裁（CEO）"一言堂"现象，"长官意志"统率董事会决议。George Dent（2008）发现许多董事会是消极的，并且被以权谋私的CEO所控制。在公司治理实践中，董事会成员和执行层高管高度重合，董事会只是"经理层的延续"（Gordon，Jeffrey N.，2007）。2015年，国资委提出航天科技、国家电网、中国建筑等16家央企正式纳入规范董事会建设范围。但是，建立了董事会能否做到科学决策？能否改变董事会"形似"多于"神似"的现状？董事会作为一种公司治理的替代机制，是连接股东与经理层的枢纽，也是协调三者利益的控制体系和决策机制。从董事会的功能看，董事会扮演着两种角色：监督型董事会（看门职守型）和决策型董事会（战略领航型），前者是将战略管理的大部分职能转移给经理层，董事会起到的只是审批和事后控制的保障作用；后者是将战略管理的核心职能由董事会主导，经理层只部分参与到战略方向的确定和方案拟订，并主要负责战略实施工作。在董事会治理中，这两种功能都有各自的适用性，到底哪种类型能有效地发挥董事会功能并提高董事会治理效率，目前并没有现成的理论与实务案例加以借鉴。

4）高管报酬设计：激励与自利？

解决无效管理的治理机制的措施之一就是设计有效的高管报酬计划，以此激发代理人为实现委托人的利益而努力工作。高管报酬一般分为三个部分：工资、基于财务绩效的奖金和股票期权。其中工资是高管报酬中最稳定的部分，对管理层有保险作用；基于财务绩效的奖金往往可以有效地激励公司高管，但由于奖金的发放常常基于历史绩效，因而容易导致高管采取牺牲长远绩效的短期行为；股票期权可以将高管利益与股东利益相联系，从而能够有效解决管理层的短期行为问题。随着近年公司丑闻的不断爆发，人们开始质疑高管报酬的激励效果。高管薪酬、超额薪酬，成为高管"自利""贪婪"的代名词。一些研究表明，高管通常会利用拥有的权力和私有信息，通过各种途径自定薪酬来提高自己的显性和隐性薪酬（Duffhues and Kabir，2008；Kuhnen and Zwiebel，2008），甚至可能操纵会计信息和投资方式来增加自己的报酬，从而降低或消除了薪酬的激励作用。在高管报酬管理中，如何发挥报酬计划的激励作用，抑制报酬计划的自利行为，关键要确定由谁制订高管报酬计划？由谁考核高管的业绩？由谁监督高管报酬计划的制订者和考核者？如何设计高管报酬结构（工资、奖金、股票期权）？哪些因素是影响高管报酬计划实施的关键要素？如何正确地检验高管激励效应？Bushman，R.M. and A.J. Smith（2001）认为，大多数研究者不知道现实中使用的业绩指标，而是研究者自己假设的一套业绩指标（主要是会计指标和股票价格），然后研究这些假设指标的激励权重，这种度量方法会带来指标误差和遗漏。不仅如此，采用线性回归也引入了潜在模型假设的错误。事实上，薪酬计划经常显示出显著的非线性。例如，年度奖励计划经常包含起薪的门槛值和薪酬的上限，而管理层的期权与股票价格成凸形曲线关系。合理度量高管薪酬是正确设计高管薪酬契约，提高高管薪酬激励效应的前提。

5）政治关系："掠夺之手"还是"帮助之手"。

M.J.Roe（1997）研究了美国公司财务的政治根源，明确提出了政治因素是美国公司财务结构的重要决定因素，从法律角度研究了美国的金融系统在公司融资和公司治理结构中的特征。与西方发达国家市场不同，新兴市场的一个显著特点就是政府在各种社会资源的配置中仍然发挥着重要作用。政府通过税收、信贷、产业导向、行业管制、采购合同、兼并收购、IPO、海外上市、债务融资便利性、财务危机公司的政府救助等影响着公司的经营活动。政府与公司的关系历来有"掠夺之手"和"帮助之手"的争议（Shleifer and Vishny，1998）。政府干预和市场机制的不完善是我国上市公司最为基本的制度环境。因此，在考虑公司治理机制时必须十分注重政府行为对公司治理效率的影响。

本章小结

1.信息不对称是指市场交易或者签订契约的一方比另一方拥有更多信息的状况，并由此导致信息拥有方为谋取自身更大的利益而使另一方的利益受到损害。

2.在信息不对称条件下，管理者（内部人）比投资者（外部人）更为了解公司收益和投资的真实情况。外部人只能根据内部人所传递的信号来重新评价他们的投资决策。公司的融资结构、股利政策等都是内部人传递信号的手段。

3.股权融资一般存在着比较严重的逆向选择问题，投资者在购买股票时会要求一个较高的风险溢价，以弥补可能遭受的损失。因此，逆向选择问题将导致股权融资成本远高于内部融资成本。

4.资产负债率是一个积极信号，公司的经营状况越好其资产负债率越高。这由于在任何债务水平上，低质量公司都拥有更高的边际预期破产成本，所以低质量公司的管理者不会仿效高质量公司进行过多的债务融资。

5.股东与管理者之间的冲突主要表现在直接侵蚀股东财富和间接侵蚀股东财富两个方面，前者表现为高薪与在职消费；后者表现为由于管理者帝国建造引起的过度投资，由于管理者的风险态度和任期观念引起的投资不足等投资行为对股东财富的影响。

6.股东与债权人的代理冲突主要来源于4个方面：债权侵蚀、高风险投资、支付股利抽逃资本、投资不足等。其结果是使财富从债权人手中转移给股东。

7.现金流权是股东依据股权份额享有的收益分配权和剩余索取权。若股权控制链条仅有一条控制链，则现金流权等于该控制链条上的各层股份持有份额的乘积；若股权控制链存在多条控制链，现金流权就等于每个控制链条上的各层股份持有份额的乘积之和。

8.控制权为股权控制链条的最终控制人通过直接和间接持有公司股份而对公司拥有的实际控制权。若仅有一条控制链，控制权是该控制链条上最小的股份持有份额；若存在多条控制链，控制权就是每条控制链条上的最小的股份持有份额之和。

9.狭义的公司治理是指股东对管理者的一种激励与监督制衡机制，即通过一种制度安排，合理配置股东与管理者之间的权力与责任关系，公司治理的目标是保证股东利益最大化。广义的公司治理不是局限于股东对管理者的制衡，而是涉及广泛的利害关系者，包括股东、债权人、供应商、客户、雇员、政府、社区等与公司有利害关系的集团。

10.公司财务治理可描述为以经济环境、经济体制为基础，以融资治理为核心、以治理效率为目的三大框架。不同的经济环境和经济体制产生不同的融资方式与治理方式，从而影响着公司经营效率和财务治理效率。

讨论题

1.ABC公司当前的股票价格为80元，投资者预测未来的股票价格可能为100元/股、80元/股、60元/股，各种情况出现的概率相等。假设公司的CEO宣布将按市场价格的90%出售他所持有的大部分股票，如果投资者认为CEO知道股票的真实价值，那么当他试图出售股票的消息宣布时，股票的价格将如何变化？CEO能够以每股80元的股价出售吗？为什么？

讨论题指引

2.2012年12月4日晚间，用友软件（后改为用友网络）（600588）发布公告称，公司拟以不超过11.18元/股的价格回购本公司股份，回购总金额不超过2亿元，预计将回购的股份约为1788.91万股，约占公司总股本的1.83%。回购后，控股股东用友科技的持股比例将从29.31%上升至29.86%。请上网查询用友公司为什么要回购股票？这一公告信息对用友网络的股票价格有什么影响？请结合相关理论分析股票回购的信号作用。

讨论题指引

3.2003年7月，美国微软公司宣布对员工薪酬制度进行重大变革，允许公司给员工发放限制性股票，从而取代实行了施行17年之久的发放股票期权方式。微软将从9月份开始向54 000名员工发放限制性股票，这样员工在股价下跌的时候依然能够有收益。与股票期权一样，限制性股票将在发放之后的5年内逐步转归持有人。同时，微软的600多名高管将不再享有股票期权，取而代之的是股票奖励。所谓限制性，是指微软的员工必须将公司以奖励方式发放的股票保留5年，5年后如果还在微软就职，就有权卖出这些股票。微软的600多名高管人员也将和其他的员工一样执行限制性股票奖励制度。微软称公司在未来的财务报告中将记入与发放限制股票有关的支出。此外，还将重新发布以往的财务报告，以反映所有与股票期权相关的奖励成本。微软先前曾估计，如果采用新的会计规则，将期权成本作为费用扣减，其截止到2002年6月的财政年度净收益将为53.5亿美元，将原来报告中的78.3亿美元减少了27.4亿美元，降幅高达32%。

讨论题指引

这一举动引起了业界的广泛关注和种种猜测，这到底是股票期权时代的结束，还是微软成熟的标志？是一种薪酬制度的死亡，还是薪酬制度多样化的开始呢？请上网查询相关案例并解释这一现象。

4.2015年6月18日，上海家化（600315）长期激励计划正式通过最终审批。此次激励计划包括（1）2015年股票期权与限制性股票激励计划：拟向激励对象（涵盖333名公司董事、高级管理人员、公司核心人才等人员）授予权益总计260.62万份，其中股票期权不超过80.80万份，限制性股票不超过179.82万份。限制性股票的授予价格为19.00元，股票期权的行权价格为41.43元。行权/解锁的业绩条件为：以2013年业绩为基准，

讨论题指引

2015 年、2016 年、2017 年营业收入相对于 2013 年增长率分别不低于 37%、64%、102%，同时 2015 年、2016 年、2017 年加权平均净资产收益率均不低于 18%。（2）2015 年员工持股计划：覆盖其他经董事会确定的、与上海家化签订劳动合同的正式全职员工。2015 年股票期权与限制性股票激励计划，2015 年员工持股计划的资本总额为 634.37 万元，参与人预计共计 1 183 人，股票来源为由公司授权的管理方在二级市场上购买的公司股票。

根据上述资料，你认为上海家化这一做法对解决股东与管理者之间的代理冲突有何普遍意义？你认为股权激励对防止经理的短期行为，引导其长期行为具有什么作用？员工持股计划对于建立员工、股东与公司风险共担、利益共享的机制，挖掘公司内部成长的原动力，提高公司自身的凝聚力和市场竞争力有什么作用？

5.2002 年，在美国连续发生了安然、世通公司财务丑闻后，美国国会批准了"萨班斯–奥克斯利"等三个旨在强化公司治理与会计改革的法案，这三个法案有一个共同点就是强调会计与审计的独立性，独立是公允的基础。CFO 与经营层的相对独立，不受经营层直接制约，向董事会负责，就是在制度安排上制约了管理者的内部人控制行为，从而维护了股东的利益。由此可见，CFO 的制度设计是公司治理的产物，CFO 的核心功能之一是治理能力。在公司治理中，你认为 CFO 的治理能力应包括哪些？

讨论题指引

案例分析

雷士照明控制权之争

雷士照明控股有限公司（HK：02222，以下简称雷士照明）是一家中国领先的照明产品供应商。1998 年，吴长江与杜刚、胡永宏共同出资创立雷士照明，三人合力领导雷士照明，一度被行业誉为"照明三剑客"。2005 年，吴长江推出了渠道变革，遭到了杜刚和胡永宏的强烈反对，最终两位选择出局。但雷士照明必须即刻向两位股东各支付 5 000 万元，并在半年内再各支付 3 000 万元，总额 1.6 亿元的现金流出让雷士照明不堪重负，吴长江开始寻找资金。此时，亚盛投资总裁毛区健丽带着自己的团队在雷士照明最缺钱时成功低价入股，一下子就稀释了吴长江 30% 的股权。此后，在赛富亚洲投资基金和高盛的资金陆续进入雷士照明后，吴长江的股权再次遭遇巨幅稀释，第一大股东地位拱手于人，赛富成为雷士照明第一大股东。2014 年，雷士照明引入战略投资者德豪润达国际（香港）有限公司，并通过股权置换助其成为雷士照明第一大股东。吴长江在大幅转让自己股权的同时，也为双方利益冲突以及爆发控制权纷争埋下了隐患。2014 年 7 月 14 日，德豪润达联合赛富、施耐德全面替换雷士照明 11 家控股子公司董事，吴长江及其管理团队的核心成员全面出局。2014 年 8 月 8 日，雷士照明董事会决议罢免吴长江的 CEO 职务，由董事长王冬雷担任临时 CEO，同时罢免吴长江管理团队的核心成员副总裁职务。2014 年 8 月 29 日，雷士照明在香港召开临时董事会，以 95.84% 的投票权罢免了吴长江执行董事及委员会职务。表3-4列示了雷士照明股权变动情况。

表3-4　　　　　　　　　　雷士照明股权变动情况

时间	融资与相关事项	股权结构	第一大股东
1998 年—2002年	吴长江、杜刚、胡永宏分别出资45万元、27.5万元、27.5万元	吴长江45%、杜刚27.5%、胡永宏27.5%	吴长江
2002年	创始人重新划分股权	吴长江33.4%、杜刚33.3%、胡永宏33.3%	吴长江
2005年	创始人杜刚、胡永宏退出	吴长江100%	吴长江
2006年8月	亚盛投资总裁毛区健丽等出资894万美元，用于解决公司财务危机，支付杜刚、胡永宏股权转让费	吴长江70%；毛区健丽20%；陈金霞、吴克忠、姜萍三人共占10%	吴长江
2006年9月	赛富亚洲投资基金出资2 200万美元，自然人叶志如200万美元，以解决公司资金短缺，满足经营与发展的资金缺口	吴长江41.78%；赛富35.71%；毛区健丽12.88%；叶志如3.21%；陈金霞、吴克忠、姜萍三人共占6.43%	吴长江
2008年8月	高盛出资3 656万美元；赛富再出资1 000万美元，用于收购世通投资有限公司现金对价	吴长江34.4%；赛富36.05%；高盛11.02%；毛区健丽9.50%；其他9.03%	赛富
2008年8月	雷士照明定向增发326 930股普通股给世纪集团作为收购对价的一部分	吴长江29.33%；赛富30.73%；世纪集团14.75%；高盛9.39%；毛区健丽7.74%；其他8.06%	赛富
2010年5月	港交所IPO，发行6.94亿新股，占发行后总股份的23.85%，募资14.57亿港元	吴长江22.33%；赛富23.4%；世纪集团11.23%；高盛7.15%；毛区健丽5.89%；其他29.99%	赛富
2011 年7 月21 日—2012年11月	由赛富、高盛联合吴长江等六大股东向法国施耐德电气转让2.88亿股股票，施耐德出资12.75亿港元，用于拓展海外销售市场，拓展工程照明业务	吴长江15.33%；赛富18.48%；施耐德9.22%；世纪集团9.04%；高盛5.65%；其他42.28%	赛富
2012 年12 月—2014年12月	吴长江多次向德豪润达转让股份，到2013年12月31日，吴长江仅持股1.71%，用于拓展LED照明业务，对赛富、施耐德形成股权制衡	德豪润达27.03%；赛富18.50%；施耐德9.22%；世纪集团8.97%；高盛5.67%；其他39.58%	德豪润达

数据来源：依据雷士照明公司公告、年报，以及媒体报道整理。

要求：上网查询雷士照明控制权纷争的相关信息，回答以下问题：

（1）雷士照明主要经历了三次大的控制权之争：第一次是2005年创始人吴长江与创始人杜刚、胡永宏之间；第二次是创始人股东吴长江与机构投资者（赛富）

之间的控制权之争；第三次创始人吴长江与战略投资者（德豪润达）之间的控制权纷争。请说明吴长江引入资本的后果是导致控制权丧失，这对民营企业引入外部资本有什么启发？在实践中，企业为防止创始人控制权被稀释，可以通过一些制度安排加以控制。请上网查询民营上市公司保持控制权的其他方法。例如，百度创始人李彦宏、搜狐创始人张朝阳、京东商城创始人刘强东如何将控制权保持在创始人手中。

（2）雷士照明于2006年8月第一次出售股权是为了支付两位创始人的退出费用，后面几次融资（出售股权、IPO或定向增发、股权置换等）大部分是为了满足公司经营或战略需要，请查询雷士照明各次股权融资的原因和用途以及各次引入资金后对公司治理的影响。

讨论题指引

（3）雷士照明控制权之争并没有完结，可继续跟踪这一事件的后续发展情况。你认为雷士照明控制权纷争对民营上市公司治理有什么启发？

第4章

资本市场融资策略

◇ 掌握企业生命周期理论对融资方式的影响
◇ 了解公开发行股票（IPO）、股权再融资的资格与条件
◇ 了解我国上市公司 IPO、股权再融资的发行费用状况
◇ 掌握公司资信等级对债券融资的影响
◇ 掌握债券发行过程中的定价与分销

学习目标

从企业经营看，现金流决定企业的生存，利润事关企业的发展，资金是企业的血液。中国企业家习惯从银行贷款融资，并不熟悉或热衷于从资本市场获得发展资金，对私募股权投资、风险投资、债券融资、夹层融资、并购等融资渠道和方式缺少实战经验。在现代经济生活中，资本市场不仅提供了企业筹集资本的场所，也是实现社会资源配置的工具，并起到完善公司治理结构的作用。然而，在资本市场上融资并不可能是一帆风顺的。

2016年2月18日，民营快递老大顺丰控股（集团）股份有限公司的《上市辅导公告》终于浮出水面，公告显示其拟在国内证券市场首次公开发行股票并上市，目前正在接受中信证券、招商证券、华泰联合证券的上市辅导。另据证券时报消息，深圳证监局目前已受理顺丰控股的上市辅导申请。

尽管顺丰此前一直给人留下"不差钱，不上市"的低调印象，但今日将IPO提上议程，从2013年其接受私募融资中已现端倪。彼时《新财富》曾撰文对顺丰融资后的发展方向进行预判。

王卫，这位被神秘光环笼罩、一向低调的顺丰掌门人，在顺丰速运即将成立20周年之际做出了注定在其发展史上具备里程碑意义的决定。2013年9月，顺丰接受苏州元禾控股旗下的元禾顺风股权投资企业（以下简称元禾顺风）、中信资本旗

下的嘉强顺风（深圳）股权投资合伙企业（以下简称嘉强顺风）、招商局集团旗下的深圳市招广投资有限公司（以下简称招广投资）、古玉资本旗下的苏州古玉秋创股权投资合伙企业（以下简称古玉秋创）组成的投资团队入股。据坊间传闻，4家投资机构拟投资的金额在80亿元左右，4家投资机构占股比例约为24.5%。一向以"不差钱"闻名，且多次拒绝投资机构橄榄枝的顺丰，是如何从私募走向IPO的？这与顺丰的发展密不可分[①]。第4章简要介绍企业不同生命周期的融资方式，说明IPO、股权再融资的发行条件、新股发行的定价方法及定价过程；分析IPO和股权再融资的发行过程和发行费用；讨论债券的信用评级与债券选择、债券的发行程序，便于读者掌握债券发行过程中的定价与分销问题。

4.1 企业生命周期与融资方式

4.1.1 企业生命周期的财务特征

对企业生命周期的研究始于20世纪50年代，繁荣于70—80年代，在90年代末出现了新的高潮。企业生命周期理论是在承认企业具有生命属性的前提下进行的仿生研究。它将企业作为一个整体来考察其成长、发展的经历，寻求其规律性，强调了企业发展的阶段性和作为整体（法人）的生命有限性，致力于研究在该过程中各个阶段的特征与问题。企业生命周期理论通常将企业分成4个发展阶段：初创期、成长期、成熟期和衰退期。企业在不同阶段的财务特征各不相同，见表4-1。

表4-1　　　　　　　　　　　　企业各生命周期财务特征

	初创期	成长期	成熟期	衰退期
理财目标	销售额最大化	利润最大化	企业价值最大化	现金净流量最大化
战略重点	吸引风险投资者	提高资金运用效率	维持当前的利润率	寻找新的利润增长点
企业规模	小	逐步变大	大	逐步缩小
市场占有率	低	逐步上升	高	逐步降低
未来成长预期	非常高	高	中等	负增长
经营风险	非常高	高	中等	低
资本来源	留存收益/风险投资	负债与权益资本	负债与留存收益	负债，谨慎筹资
资产负债率	低	高	低	高
现金净流量	负	平衡略有上升	保持大量现金流	平衡略有下降
财务风险	非常低	高	中等	较高
股价	未知	增长	稳定	下滑
股价波动幅度	高度易变	易变	稳定	易变
市盈率	非常高	高	中等	低
每股净利	没有	低	高	下滑
股利政策	剩余股利政策	低现金股利零现金股利	固定股利政策固定股利支付率政策	剩余股利政策不支付股利
股利支付率	零	一般	高	较高

资料来源：陈芳. 基于企业生命周期的融资战略选择 [J]. 中国管理信息化，2011 (7)：20-22.

---

① 腾讯财经 http://finance.qq.com/a/20160225/020781.htm.

1）初创期的融资方式

这是企业形成后的最初阶段，一般而言，由所有者权益来提供资金，也可能包括银行借款。当该企业试图吸引顾客并且站稳脚跟时，会因为融资需求而受到约束。

2）成长期的融资方式

一旦企业成功地吸引了顾客并且在市场上占有一席之地，它将准备扩张，此时其融资需求会增加。因为该企业在此阶段不可能从其内部产生高额的现金流以满足其投资需求，企业的所有者一般会寻求私有权益或者风险资本来满足这种融资需求。

一些处于该阶段的企业也会转变为上市公司，通过发行普通股股票来满足其资金需求，如中小企业板和创业板的上市公司。在转变为上市公司的过程中，企业的融资选择也增加了。虽然企业的收入高速增长，但是盈利增长很可能滞后于收入增长并且出现内部现金流滞后于投资需求。一般来说，处于该阶段的上市公司会发行更多的权益资本，可能以普通股、权证以及其他股票期权的形式发行。如果它们使用的是负债，很可能会使用可转换债券来筹集资金。

3）成熟期的融资方式

随着企业的成长性逐渐趋于平稳，企业一般会出现两个现象：第一，盈利和现金流会持续快速增长，这些反映了过去的投资；第二，对新项目进行投资的需求会减小。其结果就是一部分资金需求可以由内部融资满足，并且使用的外部融资方式会发生变化。这些企业更可能采用银行借款或者公司债券的负债方式来满足它们的投资需求。

4）衰退期的融资方式

企业生命周期的最后一个阶段是衰退期。处于该阶段的企业会发现，随着它们业务的成熟以及新的竞争对手的超越，其收入与盈利都开始下滑。现有的投资还可能持续产生现金流量，尽管产生现金流量的速度在下降，而公司已经没有什么新的投资需求。因此，内部融资很可能超过再投资的需求。企业不大可能发行新的股票或者债券，而更可能收回现有的负债或者回购股票。从某种意义上说，企业正在自我清算。

并非所有企业都经过这 4 个阶段，也并非所有的企业都会做出相同的决策。第一，很多企业没有度过初创期，每年企业家们成立了数万家企业，其中，很多企业无法幸存下来。即使是那些得以幸存的企业通常一直都是小企业而没有扩张的潜力。第二，并非所有成功的私有企业都会转变为上市公司。这些企业一直保持私有并且努力做到筹集足够的资金以保证企业长期健康增长。第三，有些企业即使在高成长期也不需要进行外部融资，因为利用内部资金来为这种增长融资已经完全足够了。也有高成长性的企业发行债券，也有低成长性的企业发行股票。简而言之，生命周期理论框架不能解释所有企业的融资决策，但有助于我们解释为什么不同企业的选择不同以及是什么使企业偏离了一般的融资决策。

4.1.2 企业生命周期对融资方式选择的影响：经验研究

企业融资方式的选择受到内因和外因的共同影响，企业的不同发展阶段也会影响融资方式的选择，国内外学者为了研究这个问题引入了企业生命周期变量。企业生命周期假说是 20 世纪 70 年代韦斯顿和布里格姆（Weston 和 Brigham，1970，1978）根据企业不同成长阶段融资来源的变化提出的，他们把生命周期划分为初期、成熟期和衰退期三个阶段。但早期的金融生命周期模型主要是根据企业的资本结构、销售额和利润等显性特征来说明企业在不同发展阶段的金融资源获得性问题，较少考虑企业信息等隐性特征的影响。后来，Berger 和 Udell（1998）将企业生命周期与融资相结合，形成了修正的金融成长周期理论，指出小的年轻的信息不透明的企业多依赖于初始内部融资、贸易信贷或天使融资；当企业逐步发展则可以获得间接融资（权益资金来自于风险投资，债务资金来自于银行、金融公司等）；最后如果企业持续增长，则有机会通过公共权益和债务市场进行融资。Victoria（2011）进一步从现金流量特征角度提出了新的企业生命周期代理变量，根据现金流量将上市公司划分为初创期、成长期、成熟期、动荡期和衰退期。企业生命周期变量的确定为企业生命周期对融资方式影响的研究奠定了理论基础。Kingsley，C. W.（2000）以计算机及外设产业公司为样本检验了生命周期和企业融资结构的关系。研究表明，最优投资回报率和融资结构之间的关系随企业所处生命周期阶段的不同而不同，企业生命周期在企业融资结构决策过程中起到了非常重要的作用。Bender 和 Cranfield（2003）从企业生命周期视角对公司融资策略方面进行研究，认为在企业整个生命周期过程中，企业经营相关风险有所下降，而企业财务方面风险反而增加。他们通过企业财务和经营风险逆向组合，制定企业各个生命周期阶段的财务战略。

我国学者张捷和王霄（2002）在企业生命周期理论模型的基础上，通过对中美两国中小企业融资结构的比较，验证了企业生命周期规律对中国的中小企业的适用性。曹裕等（2009）以筛选得到的 354 家我国上市公司 2002—2007 年的数据为样本，借鉴产业经济学增长率产业分类法将上市公司大致界定处于成长期、成熟期或衰退期，从企业自身特征的角度研究了处于不同生命周期阶段的企业融资结构特征、差异性和导致差异的原因。研究表明，处于不同生命周期阶段的上市公司融资结构具有显著差异。其中长期负债率在成长期相对较高，短期负债率在成熟期相对于成长期与衰退期较高，但与成长期的差别较小。赵旭（2012）运用"管理熵理论"对中国上市公司的生命周期阶段进行了科学划分与界定，对 1 030 家处于不同发展阶段的上市公司的融资结构进行了实证分析。研究结果表明，绝大部分上市公司处于成长期，其成长期负债比率高于成熟期，反映上市公司融资规律在部分时期符合金融成长周期理论；融资结构在民营和非民营公司之间并没有本质差异，即所有制歧视对企业融资结构的影响并不显著；成长阶段融资结构有一定的行业差异，相对垄断的行业如采掘业、电力、交通运输业等似乎偏向于股权融资，而充分竞争的行业如建筑房地产业、制造业、信息技术业等行业的上市公司倾向于债务融资，这可能与我国证券市场的特有制度安排有关。李润平（2014）以浙江省 6 543 家中小企业为样本，运用 Multinomial Logit 模型，研究了生命周期、融资条件、行业分类等因素对中小企业提升融资规模的影响。实证结果发现：企业处于成长期、成熟期和退出期对其提升融资规模有一定的影响但并非全部显著。企业年限对任意由低等级向中高等级融资规模的发展都起到显著正向作用，但对由任意等级向最高等级融资规模发展呈负向作用。信用评级、银企关系对中小企业在任何融资水平上提升融资规模都有显著的积极作用。相比制造业企业，商业、服务业和公共事业企业提升其融资规模的机会更大，而农林牧渔业企业正好相反。论文的结论不仅指出了不同融资规模企业属于该融资类型的原因，而且也提出了改变中小企业融资规模的各种路径。孙秋霞和易颜新（2015）采用企业经营活动、投资活动、筹资活动现金流量的不同组合作为划分企业生命周期的代理变量。以我国创业板上市公司作为样本，实证研究高新技术企业所处生命周期阶段对融资策略的影响。实证结果表明，留存收益融资率与企业所处的生命周期阶段呈正相关关系，负债融资率、银行信用融资率、商业信用融资率与企业所处的生命周期阶段呈显著负相关关系。同时，融资策略还受高新技术中小企业的企业规模、非债务税盾、成长性、获利能力的影响。

4.2 首次公开发行股票（IPO）

4.2.1 股票发行上市的资格与条件

1）主板上市的资格与条件

A 股发行主体应是依法设立且合法存续的股份有限公司；经国务院批准，有限责任公司在依法变更为股份有限公司时，可以公开发行股票。财务上的具体要求有：发行前 3 年的累计净利润超过 3 000 万元；发行前 3 年的累计净经营性现金流超过 5 000 万元或累计营业收入超过 3 亿元；无形资产与净资产比例不超过 20%；发行前不少于 3 000 万股；上市股份公司的股本总额不低于 5 000 万元；公众持股比例不低于 25%；如果发行时股份总数超过 4 亿股，公众持股比例不得低于 10%；在过去 3 年的财务报告中无虚假记载。

2）中小企业板上市的资格与条件

中小企业板上市的基本条件与主板市场完全一致，中小企业板块是深交所主板市场的一个组成部分，按照"两个不变"和"四个独立"的要求，该板块在主板市场法律法规和发行上市标准的框架内，实行包括"运行独立、监察独立、代码独立、指数独立"的相对独立管理。

中小企业板块主要安排在主板市场拟发行上市企业中具有较好的成长性和较高的科技含量的、流通股本规模相对较小的公司，其持续经营时间应当在3年以上（有限责任公司按原账面净资产值折股整体变更为股份有限公司的，持续经营时间可以从有限责任公司成立之日起计算）。发行人在最近3年内的主营业务以及董事、高级管理人员没有发生重大变化，实际控制人没有发生变更。在财务会计方面要求发行人的资产质量良好，资产负债结构合理，盈利能力较强，现金流量正常。具体各项财务指标应达到以下要求：最近3个会计年度的净利润均为正数且累计超过人民币3 000万元；最近3个会计年度的经营活动产生的现金流量净额累计超过人民币5 000万元，或者最近3个会计年度的营业收入累计超过人民币3亿元；发行前股本总额不少于人民币3 000万元；最近一期期末的无形资产（扣除土地使用权、水面养殖权和采矿权等后）占净资产的比例不高于20%；最近一期期末不存在未弥补亏损。

3）创业板上市的资格与条件

创业板市场与主板市场不同，现阶段其主要目的是为高科技领域中运作良好、发展前景广阔、成长性较强的新兴中小型公司提供融资场所。中小型高科技企业普遍经营规模偏小，营运时间较短，市场前景不确定，造成其盈利能力不稳定，存在一定的市场风险，银行不敢为其贷款，而中国主板市场因为进入门槛过高也将它们拒于门外，这样就特别需要一个有别于主板市场的创业板市场为它们提供融资渠道。考虑到新兴高科技公司业务前景的不确定性，在构建中国创业板市场时，要设法降低市场的进入门槛。具体发行条件如下：申请股票上市的公司股本总额应不少于3 000万元；最近一期期末的净资产不少于2 000万元，发行后股本不少于3 000万元；最近两年连续盈利，最近两年的净利润累计不少于1 000万元，且持续增长；最近一年盈利，且净利润不少于500万元，最近一年的营业收入不少于5 000万元，最近两年的营业收入增长率均不低于30%。发行人应具有一定的持续经营记录，具体要求发行人应当是依法设立且持续经营3年以上的股份有限公司，有限责任公司按原账面净资产值折股整体变更为股份有限公司的，其持续经营时间可以从有限责任公司成立之日起计算。

4.2.2　首次公开发行股票的审核流程

按照依法行政、公开透明、集体决策、分工制衡的要求，首次公开发行股票的审核工作流程分为材料受理分发、见面会、问核、反馈会、预先披露、初审会、发审会、封卷、会后事项审核、核准发行等主要环节，分别由不同处室负责，相互配合、相互制约，具体流程如图4-1所示。

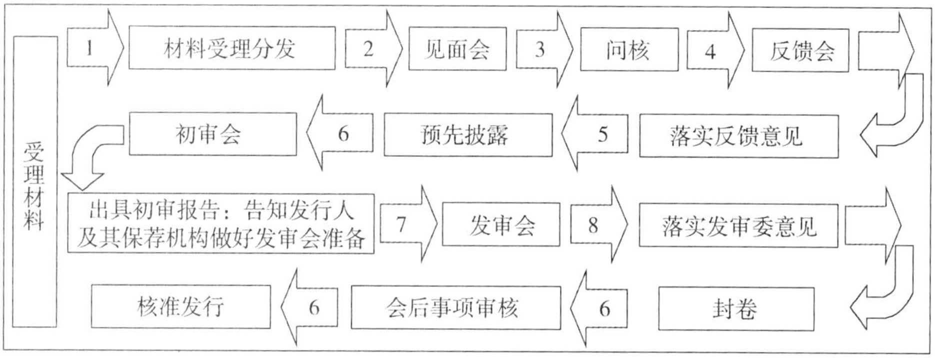

图4-1　首次公开发行股票流程图

1）材料受理分发环节

中国证监会受理部门工作人员根据《中国证券监督管理委员会行政许可实施程序规定》（证监会令第66号）和《首次公开发行股票并上市管理办法》（证监会令第32号）等规则的要求，依法受理首发申请文件，并按程序转给发行监管部。发行监管部综合处收到申请文件后将其分发审核一处、审核二处，同时送国家发改委征求意见。

2）见面会环节

见面会旨在建立发行人与发行监管部的初步沟通机制。会上由发行人简要介绍企业的基本情况，发行监管部部门负责人介绍发行审核的程序、标准、理念及纪律要求等。见面会按照申请文件的受理顺序安排，一般安排在星期一，由综合处通知相关发行人及其保荐机构。见面会参会人员包括发行人代表、发行监管部部门负责人、综合处、审核一处和审核二处的负责人等。

3）问核环节

问核机制旨在督促、提醒保荐机构及其保荐代表人做好尽职调查工作，安排在反馈会前后进行，参加人员包括问核项目的审核一处和审核二处的审核人员、两名签字保荐代表人和保荐机构的相关负责人。

4）反馈会环节

审核一处、审核二处的审核人员审阅发行人申请文件后，从非财务和财务两个角度撰写审核报告，提交反馈会讨论。反馈会主要讨论在初步审核中关注的主要问题，确定需要发行人补充披露、解释说明以及中介机构进一步核查落实的问题。

反馈会按照申请文件的受理顺序安排，一般安排在星期三，由综合处组织并负责记录，参会人员有审核一处、审核二处审核人员和处室负责人等。反馈会后将形成书面意见，履行内部程序后反馈给保荐机构。反馈意见发出前不安排发行人及其中介机构与审核人员沟通（问核程序除外）。

保荐机构在收到反馈意见后，组织发行人及相关中介机构按照要求落实并进行回复。综合处收到反馈意见回复材料进行登记后转审核一处、审核二处。审核人员按要求对申请文件以及回复材料进行审核。

发行人及其中介机构在收到反馈意见后，在准备回复材料的过程中如有疑问可与审核人员进行沟通，如有必要也可与处室负责人、部门负责人进行沟通。

在审核过程中如发生或发现应予披露的事项，发行人及其中介机构应及时报告发行监管部并补充、修改相关材料。初审工作结束后，将形成初审报告（初稿）并提交初审会讨论。

5）预先披露环节

反馈意见落实完毕、国家发改委意见等相关政府部门意见齐备、财务资料未过有效期的将安排预先披露。具备条件的项目由综合处通知保荐机构报送发审会材料与预先披露的招股说明书（申报稿）。发行监管部收到相关材料后安排预先披露，并按受理顺序安排初审会。

6）初审会环节

初审会由审核人员汇报发行人的基本情况、在初步审核中发现的主要问题及其落实情况。初审会由综合处组织并负责记录，发行监管部的部门负责人、审核一处和审核二处的负责人、审核人员、综合处以及发审委委员（按小组）参加。初审会一般安排在星期二和星期四。

根据初审会的讨论情况，审核人员修改、完善初审报告。初审报告是发行监管部初审工作的总结，履行内部程序后转发审会审核。

初审会讨论决定提交发审会审核的，发行监管部在初审会结束后出具初审报告，并书面告知保荐机构需要进一步说明的事项以及做好上发审会的准备工作。初审会讨论后认为发行人尚有需要进一步落实的重大问题、暂不提交发审会审核的，将再次发出书面反馈意见。

7）发审会环节

发审委制度是在发行审核过程中的专家决策机制。发审委委员共25人，分3个组，发审委处按工作量安排各组发审委委员参加初审会和发审会，并建立了相应的回避制度、承诺制度。发审委通过召开发审会进行审核工作。发审会以投票方式对首发申请进行表决，提出审核意见。每次会议由7名委员参会，独立进行表决，同意票数以达到5票为通过。发审委委员投票表决采用记名投票方式，会前有工作底稿，会上有录音。

发审会由发审委工作处组织，按时间顺序安排，发行人代表、项目签字保荐代表人、发审委委员、审核一处与审核二处的审核人员、发审委工作处人员参加。

发审会召开5天前由中国证监会发布会议公告，公布发审会审核的发行人名单、会议时间、参与发审会的委员名单等。发审会先由委员发表审核意见，发行人聆询时间为45分钟，聆询结束后由委员投票表决。发审会认为发行人有需要进一步落实的问题时，将形成书面审核意见，履行内部程序后发给保荐机构。

8）封卷环节

发行人的首发申请通过发审会审核后，需要进行封卷工作，即将申请文件的原件重新归类后存档备查。封卷工作在落实发审委意见后进行。如没有发审委意见需要落实，则在通过发审会审核后即进行封卷。

9）会后事项审核环节

会后事项是指发行人在首发申请通过发审会审核后、招股说明书刊登前发生的可能影响本次发行及对投资者做出投资决策有重大影响的应予披露的事项。存在会后事项的，发行人及其中介机构应按规定向综合处提交相关说明。须履行会后事项程序的，综合处接收相关材料后转审核一处、审核二处。审核人员应按要求及时提出处理意见。按照会后事项的相关规定需要重新提交发审会审核的需要履行内部工作程序。如申请文件没有封卷，则会后事项与封卷可同时进行。

10）核准发行环节

封卷并履行内部程序后，将进行核准批文的下发工作。

4.2.3　首次公开发行股票的询价机制

为了保护投资者的合法权益，加强市场约束，完善股票发行价格形成机制，证监会要求首次公开发行股票实行询价制度，即首次公开发行股票的公司及其保荐机构应通过向询价对象询价的方式确定股票发行价格。询价对象是指符合证监会规定条件的证券投资基金管理公司、证券公司、信托投资公司、财务公司、保险机构投资者和合格境外机构投资者（QFII），以及其他经中国证监会认可的机构投资者。

发行股票申请经中国证监会核准后，发行人应公告招股意向书，开始进行推介和询价。询价分为初步询价和累计投标询价两个阶段。发行人及其保荐机构应通过初步询价确定发行价格区间，通过累计投标询价确定发行价格。招股意向书除了不含发行价格、融资金额以外，其内容与格式应与招股说明书一致，并与招股说明书具有同等的法律效力。发行人及其保荐机构应对招股意向书的真实性、准确性及完整性承担相应的法律责任。

发行人及其保荐机构应向不少于20家询价对象进行初步询价，并根据询价对象的报价结果确定发行价格区间及相应的市盈率区间。询价对象应在综合研究发行人的内在投资价值和市场状况的基础上独立报价，并将报价依据和报价结果同时提交给保荐机构。初步询价和报价均应以书面形式进行。公开发行股数在4亿股（含4亿股）以上的，参与初步询价的询价对象应不少于50家。

发行价格区间确定后，发行人及其保荐机构应在发行价格区间内向询价对象进行累计投标询价，并应根据累计投标询价的结果确定发行价格。符合规定的所有询价对象均可参与累计投标询价。发行价格区间、发行价格及相应的发行市盈率确定后，发行人及其保荐机构应将其分别报中国证监会备案并公告，发行价格确定依据应同时备案及公告。

发行人及其保荐机构应向参与累计投标询价的询价对象配售股票：公开发行数量在4亿股以下的，配售数量应不超过本次发行总量的20%；公开发行数量在4亿股以上（含4亿股）的，配售数量应不超过本次发行总量的50%。经中国证监会同意，发行人及其保荐机构可以根据市场情况对上述比例进行调整。

累计投标询价完成后，当发行价格以上的有效申购总量大于拟向询价对象配售的股份数量时，发行人及其保荐机构应对发行价格以上的全部有效申购进行同比例配售。配售比例为拟向询价对象配售的股份数量除以发行价格以上的有效申购总量。有效申购的标准应在发行公告中明确规定。保荐机构应对询价对象的资格进行核查和确认，对不符合相关规定的投资者，不得配售股票。

累计投标询价及配售完成后，发行人及其保荐机构应刊登配售结果公告。配售结果公告至少应包括以下内容：

（1）累计投标询价情况，包括：所有询价对象在不同价位的有效申购数量，不同价位以上的累计有效申购数量及其对应的超额认购倍数、申购总量和冻结资金总额；

（2）发行价格以上的有效申购获得配售的比例及超额认购倍数；

（3）获得配售的询价对象名单、获配数量和退款金额。

累计投标询价完成后，发行人及其保荐机构应将其余的股票以相同价格按照发行公告规定的原则和程序向社会公众投资者公开发行。

询价对象应承诺将参与累计投标询价获配的股票锁定3个月以上，锁定期自向社会公众投资者公开发行的股票上市之日起计算。

4.2.4 首次公开发行股票的费用

自2006年以来，我国公司IPO制度由核准制升级为保荐制，IPO的发行费用构成也随之发生变化。发行费用的具体构成包括：

1）承销费用

股票承销费用又称发行手续费，是指发行公司委托证券承销机构发行股票时支付给后者的佣金，通常在股票发行费用中所占的比例最大。承销费用一般按企业募集资金总额的一定百分比计算，从承销商在投资者付给企业的股款中扣除。

决定和影响股票承销费的主要因素包括：①发行总量。股票发行量的大小决定了承销机构的业务量与承销费的高低，发行量越大，承销费用越高。②发行总金额。一般来说，承销费用与股票筹资额成正比，股票筹资额越大，收取的承销费用越多。③发行公司的信誉。发行公司的信誉越好，发行股票的销路越好，收取的承销费用较低。④发行股票的种类。不同种类股票的特点及其风险互不相同，从而收取的承销费用也不一样。⑤承销方式。承销商的承销方式包括包销和代销。承销商在不同的承销方式下承担的责任和风险有所不同，因此发行人支付给承销商的承销费也不尽相同，通常以包销方式承销时的承销费用要高于以代销方式承销时的承销费用。⑥发行方式。例如，网下发行的承销费用一般略高于网上定价发行的承销费用。

2）保荐费用

公开发行股票依法采取承销方式的，应当聘请具有保荐资格的机构担任保荐人。保荐费用为发行公司委托保荐机构推荐股票发行上市所支付的费用。

3）其他中介机构费用

在股票发行过程中必然会涉及评估、财务和复杂的法律问题，因此，企业自股票发行准备阶段起就必须聘请具有证券从业资格的资产评估机构、会计师事务所以及律师事务所参与发行工作。此类中介机构的费用也是在股票发行过程中必须支付的费用，其收费标准基本上按企业规模的大小以及工作的难易程度来确定。

4）印刷费用

企业必须为发行申报材料、招股说明书、上市公告书等文件的印刷付出印刷费用，这笔费用将依印刷频率、数量和质量而定。

5）宣传广告费

在发行股票时，为了使股票能顺利发售出去，实现预定的筹资目标，发行公司往往会做一些广告、宣传工作，这无疑需要支出一定的费用。

6）审计费用

公开发行股票的公司必须向社会公众披露经过审计的财务报告，以及会计师事务所出具的审计报告，以合理保证财务报告的真实性、完整性和客观性。因此，需要对提供审计服务的会计师事务所支付审计费用。

7）其他费用

除上述费用外，发行人在股票发行过程中可能还需支付一些其他费用，如采用网上定价发行方式的公司需支付上网发行费用。

表4-2是我国上市公司2003—2012年间主板、中小企业板和创业板IPO融资费用的状况。从表4-2可以看出，自2006年及以后IPO的公司要承担保荐费用。从费用构成看，保荐费用构成了发行费用的主要部分，由图4-2可见：2009年之前，主板的保荐费用比例明显高于中小企业板；2009年以后，主板、中小企业板和创业板的保荐费用比例基本相当。从主板、中小企业板和创业板3个板块的IPO费用相比较可以看出，主板的发行费用率低于中小企业板，中小企业板的发行费用率低于创业板。主板的保荐费率低于中小企业板，中小企业板的保荐费率低于创业板，而且，无论是发行费用还是保荐费用随着时间的推移呈现了上涨趋势，其中创业板的费用上涨趋势最快。

表4-2　　　　　　2003—2012年间各市场板块IPO融资费用状况

年份	主板			中小企业板			创业板		
	上市公司数量	发行费用率	保荐费用率	上市公司数量	发行费用率	保荐费用率	上市公司数量	发行费用率	保荐费用率
2003	65	3.33%	0	0	0	0	0	0	0
2004	60	4.61%	0	38	5.84%	0	0	0	0
2005	3	2.93%	0	12	6.79%	0	0	0	0
2006	21	2.33%	1.98%	60	5.95%	4.25%	0	0	0
2007	38	1.66%	1.49%	96	5.42%	3.98%	0	0	0
2008	8	1.92%	1.59%	71	5.57%	3.94%	0	0	0
2009	12	2.37%	1.82%	54	5.24%	3.90%	36	6.12%	4.56%
2010	30	2.11%	1.68%	200	5.50%	4.38%	111	5.96%	4.90%
2011	42	3.58%	3.11%	111	6.14%	5.21%	123	7.80%	6.62%
2012	26	4.73%	3.66%	52	7.22%	5.87%	72	8.56%	6.92%
均值	27	2.97%	3.72%	78	5.96%	6.87%	89	7.16%	7.95%

数据来源：根据wind金融数据库整理得出。

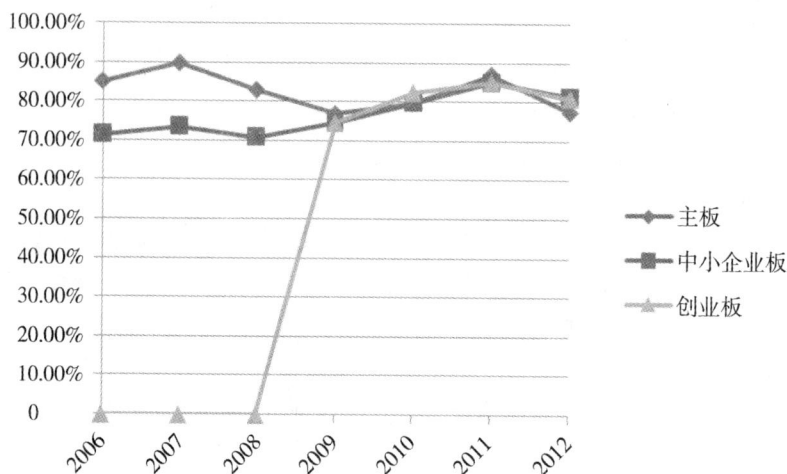

图4-2　IPO保荐费用占发行费用的比例

数据来源：根据wind金融数据库整理得出。

4.2.5　我国上市公司IPO超募融资的经验研究

2006年股权分置改革以后，证监会进一步规范了公司首次公开发行股票的行为：在新股定价方面采用向机构投资者询价的制度；在募集资金的使用方面，规定公司不得持有交易性金融资产和可供出售的金融资产、委托理财等财务性投资；目的在于约束IPO公司的高价发行和"圈钱"融资行为。然而，近年来IPO超额融资（超募）现象越来越普遍，所募集的资金经常被用于偿还负债或以金融资产形式持有，且有逐年递增的趋势（黄志忠，2012）。

何谓IPO超募现象？IPO超募现象是指上市公司在首次公开募股过程中募集的资金超过投资项目计划实际所需的资金。根据信息不对称理论，产生IPO超募现象的原因是投资者对本次发行前景掌握有利信息，从而大量认购导致其发生（Rock，1986）。Rock还构建了一个超募与IPO抑价关系模型，Koh和Walter（1989）、Yong等（2001）、Sohail和Nasr（2007）分别利用新加坡市场、吉隆坡证券交易所、卡拉奇证券交易所的公司数据，检验了Rock（1986）的模型，均发现超募水平对IPO抑价存在显著正向影响。具体而言，导致超募的原因是多方面的。Ning Gao和Bharat A Jain（2011）研究认为创始人领导风格代表了独特的所有权结构和治理机制，会对超募资金的使用情况加以干涉，从而造成超募资金滥用问题。Bruce Hearn（2014）通过研究2000—2013年北非86家上市公司数据发现，IPO抑价作为一种机制，对这种机制刺激过度，从而加剧了IPO超募比例。而在我国资本市场发展尚不健全的环境下，发行询价体制是导致超募问题的实质（毛瑞炜，2010）。承销商的声誉和投资者的投资热情也能影响超募程度。王霞等（2011）发现，承销商的声誉越好，其承销的企业资金超募就越严重。衣龙新（2012）发现一级市场的机构投资者的热情与二级市场的公众投资者的情绪及券商在利益驱动下的"推手"作用，是造成创业板上市公司严重超募的主要动因。从公司自身来说，管理者声誉、公司年龄也能显著影响超募的水平（Shelly和Balwinder，2008）。从宏观经济环境看，宏观经济形势向好、产业结构升级、宽松的货币政策以及股票市场追"新"传统将是导致超高募集资金的环境因素（蒋欣、李全，2010）。在我国特殊的产权制度背景下，产权性质也是引起超募融资的原因之一。Wilson H S，Tong Weexamine（2015）等人通过对中国上市公司样本，以及私人公司和国有企业进行研究发现，IPO定价低估进而造成IPO超募是因为制度环境影响，而且国有企业的IPO定价比私营企业低27%。

超募是一种低效率的经济行为，会导致资金使用效率大幅下降并易导致公司管理层"滥用自由现金流"，而且会损害中小股东的利益并降低社会资源的配置效率（王峰娟等，2010）。Yiguang Li等（2014）通过对中国创业板355家上市公司年报分析，得出过度IPO超募会导致公司资本配置扭曲，激励性薪酬不能有效抑制过度投资行为，而良好的公司治理机制可以有效地缓解滥用超募资金。谢获宝等（2014）也发现：创业板上市公司IPO超募程度与其投资效率负相关。IPO超募金额越大，超募比例越高，公司投资过度或投资不足的现象也越严重。Xiaoming Wang等（2015）等人研究了中国上市公司股权结构与IPO超募的问题，认为大股东和中小投资者股权结构在公司层面的差异会导致短期IPO抑价而长期表现不佳。不仅如此，冯晓、崔毅（2010）认为创业板超募资金使用不当会损毁公司财富，巨额超募资金引发的盲目投资会增加经营风险，社会财富分配不合理会造成企业家人才流失；方军雄和方芳（2011）发现IPO融资超募容易导致上市公司的过度投资和高管薪酬的过度发放。黄志忠和张程睿（2013）研究我国公司的股权融资偏好及其对公司长期业绩、过度投资行为和公司价值的影响。研究发现，半数以上超额融资的企业在IPO之后显示出强烈的厌恶长期负债的倾向；大多数企业在IPO时过度融资，导致存在过多的冗余金融资产，企业金融资产比例越大，IPO后业绩下降幅度越大；而且超额融资量和冗余资产比例与企业过度投资行为的概率显著正相关，与企业的未来价值显著负相关。张志宏等（2013）从股权融资超募与投资现金流敏感性之间的关系来研究超募资金使用的低效性。研究发现，IPO超募融资与投资现金流敏感度存在显著正相关，高超募率公司面临较宽松的融资约束，代理问题诱发超募资金的过度投资行为；低超募率公司投资现金流表现为较强的敏感性，而较紧的融资约束性导致公司的投资不足。周孝华和唐文秀（2013）以创业板公司为样本，以logistic模型构建融资约束指数，研究了公司融资约束、IPO申购情况与创业板企业IPO资金超募之间的关系。研究发现，超募率与上市前融资约束程度负相关，否定了上市公司融资约束是超募动机一说；创业板市场IPO申购情况对超募程度有显著影响。网上与网下IPO申购偏差越大，超募越严重；网下申购竞争越激烈，超募也越严重。

通过上述对引起超募的原因和后果的研究，可以为有效缓解超募资金滥用的研究提供理论基础。根据上述的文献综述发现，可以通过优化新股发行体制、规范参与询价的机构投资者的责任、改革我国企业的资本金制度、加强对保荐机构的监管、尽快推出直接退市制度、积极引导上市公司科学制订超募资金使用计划等措施以缓解超募现象（申军静，2010；王峰娟等，2010）。从公司角度看，夏芸和徐欣（2012）研究发现，公司内部治理机制能够有效缓解IPO超募资金使用过程中的代理问题：董事长和总经理二职合一、高管的货币薪酬较高，会引发IPO超募资金的过度投资，而公司股权制衡的提高可以减少IPO超募资金使用中的过度投资行为。王欣荣（2014）以2009—2011年年底在创业板上市的281支新股为样本研究金融中介机构声誉对IPO融资超募的抑制作用。发现高声誉的承销商为了追求高的承销费增加了发行公司的超募程度，说明承销商的声誉无法约束其机会主义行为。而风险投资的持股和声誉对发行人的超募程度没有影响。不过，有风险投资参与的IPO对高声誉承销商的机会主义行为有抑制的作用。此外，审计师声誉和超募程度显著负相关，说明高声誉的审计师显著降低了发行公司的超募程度。Joseph A LiPuma（2012）认为在国际化上市时，国际风险资本提供者会评估上市公司价值，进而会缓解IPO超募，由于严格审核制度，国际化市场不会增加公司价值，所以国际化市场更加审慎。

4.3 股权再融资行为（SEO）

4.3.1 股权再融资的资格与条件

《上市公司证券发行管理办法》就上市公司通过配股、增发、发行可转换公司债券的条件做了两个层面的规定：一般规定和特殊规定。一般规定适用于所有股权再融资方式，其具体要求包括5个方面：第一，上市公司组织机构健全、运行良好；第二，上市公司的盈利能力具有可持续性；第三，上市公司的财务状况良好；第四，上市公司36个月内的财务会计文件无虚假记载，且不存在重大违法行为；第五，上市公司募集资金的数额和使用应当符合政策规定。各个股权再融资方式除了要满足一般规定外，还要满足各自的特殊规定。

1）配股的条件

上市公司向原有股东配股，除了满足一般规定外，还要符合下列规定：第一，拟配售股份的数量不超过本次配售股份前股本总额的30%；第二，控股股东应当在股东大会召开前公开承诺认配股份的数量；第三，采用证券法规定的代销方式发行；第四，控股股东不履行认配股份的承诺，或者代销期限届满，原股东认购股票的数量未达到拟配售数量70%的，发行人应当按照发行价并加算银行同期存款利息返还已经认购的股东。

2）增发的条件

增发分为向不特定对象公开发行股票以及向特定对象非公开发行股票两种形式。向不特定对象公开增发股票的上市公司除了要满足一般规定，还要符合下列规定：第一，3个会计年度的加权平均净资产收益率平均不低于6%，扣除非经常性损益后的净利润与扣除前的净利润相比，以低者作为加权平均净资产收益率的计算依据；第二，除金融类企业外，最近1期期末不存在持有金额较大的交易性金融资产和可供出售的金融资产、借予他人款项、委托理财等财务性投资的情形；第三，发行价格应不低于在公告招股意向书前20个交易日公司股票的均价或前一个交易日的均价。

向特定对象非公开发行股票的发行对象不超过10名，应当符合下列规定：第一，发行价格不低于定价基准日前20个交易日公司股票均价的90%。第二，本次发行的股份自发行结束之日起，20个月内不得转让；控股股东、实际控制人及其控制的企业认购的股份，36个月内不得转让。

3）发行可转换债券的条件

公开发行可转换公司债券的公司，除应当符合一般规定外，还应当符合下列规定：第一，3个会计年度的加权平均净资产收益率平均不低于6%；第二，本次发行后累计公司债券余额不超过最近1期期末净资产额的40%；第三，3个会计年度实现的年均可分配利润不少于公司债券1年的利息；第四，可转换公司债券的期限最短为1年，最长为6年；第五，可转换公司债券的每张面值为100元；第六，可转换公司债券的利率由发行公司与主承销商协商确定，但必须符合国家的有关规定；第七，公开发行的可转换公司债券，应当委托具有资格的资信评级机构进行信用评级和跟踪评级，资信评级机构每年至少公告一次跟踪评级报告；第八，公开发行可转换公司债券，应当提供担保，但最近1期期末经审计的净资产不低于人民币

15亿元的公司除外；第九，可转换公司债券自发行结束之日起6个月后方可转换为公司股票，转股期限由公司根据可转换公司债券的存续期限及公司的财务状况确定；第十，转股价格应不低于募集说明书公告日前20个交易日该公司股票交易均价和前一交易日的均价。

4.3.2 股权再融资的程序

1）增发新股的程序

（1）先由董事会作出决议

董事会就上市公司申请发行证券做出的决议应当包括下列事项：①本次增发股票的发行的方案；②本次募集资金使用的可行性报告；③前次募集资金使用的报告；④其他必须明确的事项。

（2）提请股东大会批准

股东大会就发行股票做出的决定至少应当包括下列事项：本次发行证券的种类和数量；发行方式、发行对象及向原股东配售的安排；定价方式或价格区间；募集资金的用途；决议的有效期；对董事会办理本次发行具体事宜的授权；其他必须明确的事项。股东大会就发行事项做出决议，必须经出席会议的股东所持表决权的2/3以上通过。向本公司特定的股东及其关联人发行股票的，股东大会就发行方案进行表决时，关联股东应当回避。上市公司就增发股票事项召开股东大会，应当提供网络或者其他方式为股东参加股东大会提供便利。

（3）由保荐人保荐，并向中国证监会申报

保荐人应当按照中国证监会的有关规定编制并报送发行申请文件。

（4）中国证监会依照有关程序审核，并决定核准或不核准增发股票的申请

中国证监会审核发行证券申请的程序为：在收到申请文件后的5个工作日内决定是否予以受理；在受理后，对申请文件进行初审；由发行审核委员会审核申请文件；做出核准或者不予核准的决定。

（5）上市公司发行股票

自中国证监会核准发行之日起，上市公司应在6个月内发行股票；超过6个月未发行的，核准文件失效，须重新经中国证监会核准后方可发行。证券发行申请未获核准的上市公司，自中国证监会做出不予核准的决定之日起6个月后，可再次提出证券发行申请。上市公司发行证券前发生重大事项的，应暂缓发行，并及时报告中国证监会。该事项对本次发行条件构成重大影响的，发行证券的申请应重新经过中国证监会核准。

（6）承销发行股票

上市公司发行股票，应当由证券公司承销，承销的有关规定参照前述首次发行股票并上市部分所述内容；非公开发行股票，发行对象均属于原前10名股东的，可以由上市公司自行销售。

　　2）配股的程序

　　上市公司原股东享有配股优先权，可自由选择是否参与配股。若选择参与配股，则必须在上市公司发布的配股公告中的配股缴款期内参加配股，若过期不操作，即为放弃配股权利，不能补缴配股款参与配股。

　　一般的配股缴款起止日为 5 个交易日，具体以上市公司公告为准。

　　配股缴款之后，根据上市公司公告会有一个具体的除权日以除权方式来平衡股东的该股份资产总额以保证总股本的稳定。

　　（1）沪市的配股程序

　　在配股缴款期结束后的第 1 个交易日晚上收市清算后才会将客户资金账户中冻结的配股资金进行划转扣减，具体流程见表 4-3。

表 4-3　　　　　　　　　　　　　　　　沪市配股流程

日期	业务流程	备注
T-3 日及以前	主承销商向本所上市公司部报送有关材料，并进行配股说明书及附件上网操作	报送的资料包括：中国证监会核准批文；发行人提供的信息披露申请表；配股实施流转表；上市公司配股情况表；配股说明书及附件的电子文件；配股说明书及附件与电子文件一致的证明文件
T-2 日	信息披露	配股说明书见报；配股说明书及附件上网
T-1 日	进行网上路演	发行公司如果认为需要进行网上路演，那么需要在次日进行
T 日	股权登记日	正常交易
T+1 日	除权日及缴款起始日	刊登配股提示性公告
T+1 至 T+5 日	缴款期间	配股说明书刊登后，配股缴款首日须刊登配股提示性公告，在缴款期内上市公司须就配股事项至少再做 3 次提示性公告
T+6 日	网下验资	确定原股东的认配比例；如发行成功，则中国登记结算有限责任公司上海分公司进行网上清算
T+7 日	刊登配股发行结果公告	股票恢复正常交易，如发行成功，当日为除权基准日；如发行失败，当日为申购资金退款日

　　（2）深市的配股程序

　　在深圳证券交易所内，配股缴款期内某天一旦执行了配股立即在当天晚上收市清算后将客户资金账户中冻结的配股资金进行划转扣减。其余流程与上海证券交易所基本一致。

　　3）发行可转换公司债券的程序

　　（1）董事会决议并公告

　　上市公司申请发行可转换债券，应当在发行议案经董事会表决通过后，在两个工作日内报告证券交易所，公告召开股东大会的通知。

（2）股东大会批准

申请发行可转换债券，应由发行人的股东大会做出决议。

（3）申报文件编制

主承销商、注册会计师和律师等有关中介机构认真履行各自的义务和职责，按照中国证监会的有关规定制作申请文件，为发行人发行可转换债券提供服务，并承担相应的法律责任。

（4）主承销商推荐和保荐机构保荐

上市公司发行可转换公司债券，应当由主承销商负责向中国证监会推荐，出具推荐意见，并负责报送发行申请文件；由保荐机构和保荐代表人出具保荐文件。

（5）提交可转换债券的发行申请文件

公司债券发行申请人应提出发行申请，即可转换债券的发行人按照《公开发行证券的公司信息披露内容与格式准则第12号——上市公司发行可转换公司债券申请文件》的要求向中国证监会提交发行申请文件。

（6）受理申请文件

中国证监会收到申请文件后，在5个工作日内做出是否受理的决定。

（7）初审

中国证监会受理申请文件后，对发行人申请文件的合法性进行初审，并在30日内将初审意见函告发行人及其主承销商、保荐机构。

（8）发行审核委员会审核

中国证监会对按初审意见补充完善的申请文件进一步审核，并在受理申请文件后60日内，将初审报告和申请文件提交"发审委"审核。"发审委"以投票方式对发行申请进行表决，并提出审核意见。

（9）核准发行

中国证监会依据"发审委"的审核意见，对发行人的发行申请做出核准或不予核准的决定。予以核准的，中国证监会出具核准公开发行的文件；不予核准的，中国证监会出具书面意见，说明不予核准的理由。中国证监会自受理申请文件之日起到做出决定的期限为3个月。

（10）复议

发行申请未被核准的公司，自接到中国证监会的书面决定之日起60日内，可提出复议申请。中国证监会收到复议申请后60日内，对复议申请做出决定。

（11）公告募集说明书并公开发行可转换债券

发行申请被核准的可转换债券的发行人必须在发行日的前2～5个交易日公布可转换债券募集说明书。

4.3.3 我国上市公司股权再融资方式选择的影响因素：经验研究

增发、配股和可转换债券融资有其各自的优缺点，从而影响上市公司对股权再融资方式的选择。Eckbo 和 Masulis（1992）从发行成本考虑，认为应该首先选择承销配股，然后选择非承销配股，不赞成选择增发方式；Eckbo 和 Masulis（1992）从逆向选择的角度研究发现，规模较小且持股集中的上市公司常常采用配股方式，比如，加拿大、大部分欧洲国家和亚洲国家；Cronqvist 和 Nilsson（2002）从控制权的角度研究发现，家族企业有保护控制权的强烈动机，这些公司在进行股权再融资时，为了不稀释其控制权，不愿意选择承销配股或增发方式；Smith（1977）从监管成本的角度研究，认为公司管理者采用增发方式可以从承销商处获得私人收益，而配股方式却不能；Hansen 和 Pinkerton（1982）从比较成本的角度研究，认为如果原有股东不希望行使他们的配股权利，而公司管理者硬要采用配股发行方式，那么其成本将高于增发，公司管理者之所以采用增发方式，是因为他们了解到原有股东不希望行使他们的配股权利；Booth 和 Chua（1996）从流通成本的角度进行研究，认为配股的间接交易成本高于增发；Brennan 和 Franks（1997）从公司治理的角度进行研究，认为配股不会改变公司的股本结构，故其监管作用不会发生变化，而增发尤其当把新股增发给机构投资者后，会造成原股本结构的变化，其治理结构也将产生相应的变化，这些新股东就可能会起到监管作用，从而使对上市公司的监管作用发生变化；Booth 和 Smith（1986）从承销商公证的角度研究，认为承销商在增发过程中所承担的责任远比配股大，承销商需要帮助上市公司以合理的市场价格将新股发售给新投资者，否则承销商自己将承受巨大的市场风险。对于外部投资者来说，承销商担负起把关责任，使处于信息不利地位的外部投资者得到相应的补偿，以减小代理成本。Eckbo 和 Masulis（1992）认为方式选择的关键是现有股东愿不愿意参与配股，而与承销商公证无关。他们认为低价值公司将选择增发，中等价值的公司选择承销配股，而高价值公司则会选择非承销配股，他们利用实证证明了该结论；而Slovin 等（2000）的结论正好与 Eckbo 和 Masulis（1992）相反，认为高价值的公司将选择增发，通过承销商公证来传递其是高价值公司的信号，而低价值公司只能选择配股。Wu 和 Wang（2002）在 Myers 和 Majluf（1984）的框架基础上，忽略了公司现有资产价值和新投资项目预期净现值存在的信息不对称，而以公司管理者将在实施新项目时获得的私人收益作为不对称的信息，来研究配股和增发方式的选择。得出的分离均衡模型认为，高价值公司将选择配股方式，而低价值公司将选择增发方式。管征等（2008）在 Wu 和 Wang（2002）模型的基础上得出中国市场的修正模型，理论分析的结果表明，在中国增发方式是上市公司管理者的首选方式，但从外部流通股股东和提高市场效率来说，应该提倡采用配股方式，实证检验结果支持理论分析的结论。

4.4 发行债券融资

4.4.1 公司资信等级与债券融资

从 20 世纪初期开始，债券被指定了反映其违约概率的质量等级，即进行债券评级。债券评级是指由专门的信用评级机构，对拟发行债券单位的债券质量做出的等级评价。根据中国人民银行的有关规定，凡是向社会公开发行债券的公司，都必须由中国人民银行及其授权的分行指定的资信评定机构或公证机构进行信誉评定。债券评级的目的是确认债券发行主体的信誉等级，从而向社会公众揭示所发行债券的质量，作为投资者投资决策的参考依据。

目前，国际上 3 个主要的评信机构分别是穆迪投资服务公司（Moody's）、标准普尔公司（S&P）和菲奇投资服务公司。按照国际惯例，债券信用等级一般分为三等九级，具体分为 AAA、AA、A；BBB、BB、B；CCC、CC、C 三个等次九个级别。按照债券等级排列，依次反映了债券违约风险的大小。3A 和双 A 债券是非常安全的，单 A 和 3B 债券也足够安全被称为投资等级债券。双 B 以及更低级别的债券是投机性债券或垃圾债券，这些债券的违约风险较高。

债券评级是基于定性和定量因素结合而得到的结果，其中主要受以下因素的影响：

（1）偿债能力比率。该比率包括资产负债率、产权比率以及利息保障倍数等。偿债能力越强，评级越高。

（2）抵押条款。如果债券有抵押保障，而且抵押物的价值大于债务价值，则债券的评级会上升。

（3）附属条款。如果债券附属于其他债券，那么要比没有附属的债券评级低一等。

（4）担保条款。如果实力较弱公司的债券由一家实力强的公司（通常是发行公司的母公司或关联方）担保，则债券的评级会上升。

（5）偿债基金。如果债券有偿债基金来保证系统性的偿付，则债券的评级会上升。

（6）到期时间。在其他条件不变的情况下，到期时间较短的债券风险小于到期时间较长的债券，因此，一般地，短期债券比长期债券的评级高。

（7）稳定性。如果发行公司的销售收入和利润趋于稳定，则债券的评级会上升。

（8）政府管制。政府管制能够降低债券发行人的违约风险，比如公用事业类和电信类公司等受政府管制比较多。如果证券发行人受政府管制，则债券的评级会上升。

（9）跨国经营。如果当地政治环境比较差，则公司的收入、资产和利润中来自跨国经营的比例越高，风险的分散效应越好。因此，跨国经营能够分散风险，债券的评级会上升。

（10）劳工动荡。如果公司存在潜在的劳工问题，使得公司佣工不稳定，则会导致债券的评级降低。

（11）会计政策。如果公司采用相对保守的会计政策，其报告的利润比不使用保守政策得到的数据"质量高"。因此，保守的会计政策能够使债券的评级上升。

公司债券评级的变化会影响其借入长期资本的能力以及这些资本的成本。债券评级机构会定期重新评估流通在外的债券，偶尔会因为发行者条件的变化调高或调低债券的等级。

我国的信用评级行业发展至今也仅有二十余年。第一家评级机构是中国人民银行吉林省分行于1987年成立的，随后其他省市的人民银行也相继成立了自己的评级机构。当时这些人民银行下属的评级机构仅对当地的企业债券进行评级，一方面在全国范围缺乏公信力，另一方面也不具有独立性。20世纪90年代初期我国的评级行业开始了市场化改革。人民银行逐渐取缔下属评级机构，或者将其剥离并推向市场。同时国家也批准了独立评级机构的成立。但是由于债券市场尚不成熟，评级机构几乎没有生存空间，评级行业的发展几乎处于停滞状态。20世纪90年代末期，伴随着债券市场的发展我国的评级行业也进入了规范化的发展阶段。1997年中国人民银行认可了9家可从事在全国范围内企业债券评级业务的公司，还规定企业债券发行前必须经这些机构进行信用评级。2000年之后企业债市场的迅猛发展极大地推动了评级业的发展，几家大的评级机构逐渐拥有了较先进的评级技术和较高的信誉度，并且积极地寻求同国外权威评级机构的合作。

当前我国的信用评级行业基本处于垄断竞争的局面，几家具有一定规模的评级机构占据着绝大部分市场，主要包括中诚信国际信用评级有限责任公司、大公国际资信评估有限公司、联合资信评估有限公司、上海新世纪资信评估投资服务有限公司、上海远东资信评估有限公司、鹏元资信评估有限公司。其业务主要包括证券评级、企业评级、其他金融产品评级等，特别是在债券评级业务市场中，超过90%的市场份额被中诚信、大公国际和联合资信这3家公司所占有[①]。

4.4.2　债券发行条件与审批程序

1）债券的发行条件

《中华人民共和国证券法》第十六条规定，公开发行公司债券应当符合下列条件：（1）股份有限公司的净资产不低于人民币3 000万元，有限责任公司的净资产不低于人民币6 000万元；（2）累计债券余额不超过公司净资产的40%；（3）最近3年平均可分配利润足以支付公司债券1年的利息；（4）筹集的资金投向符合国家

① 何平，金梦. 信用评级在中国债券市场的影响力［J］. 金融研究，2010（4）：18-19.

产业政策；（5）债券的利率不超过国务院限定的利率水平；（6）国务院规定的其他条件。公开发行公司债券筹集的资金，必须用于核准的用途，不得用于弥补亏损和非生产性支出。

凡有下列情形的，不得再次发行公司债券：一是前一次发行的公司债券尚未募足的；二是对已发行的公司债券或者其债务有违约或者延迟支付本息的事实，且仍处于继续状态的。

2）债券发行的审批程序

由于我国企业债券的发行总量须纳入国家信贷计划，发行审核程序也就随信贷计划而设定。企业发行债券时需要经过配额审核与资格审核两个环节。

（1）配额审核程序

申请公司债的发行配额审核要经过下列环节：①发行人在发行债券前，须向其行业主管部门提出申请，只有在行业主管部门正式批准并且推荐的前提下，才能申请发行债券；②该企业主管部门向省、自治区、直辖市或计划单列市的中国人民银行分行、计委申报发行配额；③省、自治区、直辖市或计划单列市的中国人民银行分行、计委共同编制当地全国企业债券年度发行计划，并报中国人民银行总行和国家计委审核；④中国人民银行总行、国家计委综合各地申报的发行计划，共同编制全国企业债券年度发行计划，并报国务院批准；⑤全国企业债券年度发行计划被批准之后，由中国人民银行总行、国家计委联合将发行配额分给各省、自治区、直辖市和计划单列市；⑥各省、自治区、直辖市和计划单列市的中国人民银行分行与计委共同将发行配额分给企业或主管部门，企业获得发行配额，需得到中国人民银行各省、自治区、直辖市和计划单列市分行发放的"发行企业债券申请表"；⑦发行债券所筹的资金如果用于固定资产的投资，还必须被列入我国的"固定资产投资规模"之中。

（2）资格审核程序

公司在得到债券发行的配额之后，应向有权审核发行申请的国务院证券管理部门报送相关的申请文件。中央企业发行企业债券，由中国人民银行会同国家计委审批；地方企业发行企业债券，则由中国人民银行省、自治区、直辖市、计划单列市分行会同同级计划管理部门审批。

证券管理部门在对发行申请进行审核时，主要考虑3个方面的问题，即发行人的资格、发行条件、禁止发行事由。在对这3个方面进行审查之后，做出批准发行或不予批准的决定，并且就不批准发行的理由向企业做出说明。

4.4.3　债券发行过程中的定价与分销

从债券发行人委托承销商发行债券，到债券成功发行并在二级市场上流通交易。在此过程中，发行人、投资人、承销商之间的相互磋商和协调，使债务风险与债券利率尽可能平衡，并保证债券的顺利发行，成为最为关键的环节，而这一环节就是所谓的债券市场发行过程中的定价与分销。

由于从债券一级市场发行到二级市场交易存在一段时间，尽管市场管理机构尽可能将时间缩短，但终究因为债券的规模巨大，并且具有持有和交易的两重投资价值，所以不可能实现从发行直接到交易的"无缝链接"。正是因为一、二级市场存在距离，而宏观经济和市场利率等因素在各种事件的影响下，会对一、二级市场的债券利率产生不同影响，从而使一、二级市场出现价差，于是就会出现一、二级市场的买卖套利机会。

应当承认，即使在完全市场化的条件下，一、二级市场差价依然会存在，而行政管制和不合理的定价发行机制将会使这一差价放大，甚至被人为操纵成为违法的牟利手段。所以，如何使债券发行定价更为合理，分销过程更为透明，使一、二级市场的价格更加接近，成为债券市场健全完善发行机制的重要着力点。

债券发行定价与分销一般有两种方式：一是招标发行；二是簿记建档发行。

1）招标发行

招标发行是在债券发行过程中市场化程度最高的一种发行方式。其基本原理是发行人将拟发行债券的信息公告投资者，然后由投资者发出标书提出自己希望认购的债券数量和价格。最后发行人根据投标人的出价情况，决定债券发行价格以及投标人的中标数量。换句话说，招标发行按照投资者与发行人之间的协调和博弈后确定债券价格。

招标发行可以有多种形式，但一般为数量招标和价格招标两种。数量招标是债券发行人确定债券价格后，投资人按照自身对这一价格的认可程度投标提出认购数量。在数量招标过程中，债券发行价格确定，投资人在定价上的发言权相对较少，但这与发行人单方定价有本质区别。因为投资人一旦不认可该价格，就不会认购或者只认购较少的数量，从而影响其他投资者，导致债券发行出现困难。并且，发行人下一次报价或其他类似债券发行报价时，都会考虑上一次的情况。

价格招标是发行人确定发行规模后，由投资人提出在某一债券价格水平下的认购数量，从而将预计发行规模完成时的价格作为发行价格的一种定价方法。价格招标发行方式，蕴含了投资人与发行人、投资人与投资人之间的博弈过程，基本能够反映整个市场的水平，但同样也存在投资人串谋或者投资人胁迫发行人的可能。

债券价格竞标有3种方式，分别为"荷兰式"、"美国式"和"混合式"。

（1）荷兰式招标

"荷兰式"招标，又称统一价位招标或单一价位招标。具体做法为竞标结束后，发行系统将各承销商有效投标价位按一定顺序进行排序（利率、利差招标由低到高排序，价格招标由高到低排序），并将投标数额累加，直至满足预定发行额为止。此时的价位点便称为边际价位点，中标的承销商都以此价格或利率中标。

（2）美国式招标

"美国式"招标，具体做法为投标结束后，发行系统将各承销商有效投标价位按一定顺序进行排序（利率、利差招标由低到高排序，价格招标由高到低排序），直至募满预定发行额为止，在此价位以内的所有有效投标均以各承销商的各自出价中标。所有中标价位、中标量加权平均后的价格为该期债券的票面价格或票面利率。

（3）混合式招标

市场当中纯粹的"荷兰式"或"美国式"并不多见，往往都是将这些招标方式混合使用，组合成为新的"混合式"招标。其具体做法为投标结束后，发行系统将各承销商的有效投标价位按一定顺序进行排序（利率、利差招标由低到高排序，价格招标由高到低排序），直至募满预定发行额为止。所有中标价位、中标量加权平均后的水平为该期债券的票面价格或票面利率，价格高于（利率低于）这一水平，以承销商的投标价为准；价格低于（利率高于）这一水平，以平均水平为准。

2）簿记建档发行

簿记建档发行是另一种债券发行方式。其基本原理是簿记管理人（一般由承销商承担）记录投资者认购价格和数量意向，在考虑市场利率水平和资金充裕程度的基础上分析拟发行债券的定价区间，最终根据在发行期内（簿记建档期间）实际的投标情况确定债券发行价格和分销。

簿记建档是主承销商与债券投资者通过不断了解债券发行价格可能范围并逐步缩小价格区间，然后根据投资人投标（下单）时报价与发行人一起商讨最终确定价格。在簿记建档发行过程中，确定合理的发行价格水平，是整个发行过程的一个重要组成部分，也是决定发行成功与否的一个重要因素。

簿记建档发行的基本步骤是：第一步，主承销商在对投资者询价的基础上确定投资者报单的利率区间；第二步，主承销商公告该利率区间并邀请投资者在规定时间内报单；第三步，主承销商整理全部订单；第四步，主承销商与发行人一起商定超额认购倍数和相应的债券利率；第五步，以确定的利率和簿记情况按比例配售和公开零售。

在具体操作过程中，有些债券主承销商在向发行审批机关报送发行申请材料时，还会将利率作为一项需要说明乃至需要审批的内容进行报告。

3）招标发行和簿记建档发行的区别

通过招标方式来确定债券的发行价格，是市场化程度最高的一种定价方式。无论是从这种定价方式所体现的理念来看还是所采取的程序来看，都排除了人为因素，完全按照事先设定的招标规则科学地进行。从定价机制来看，它体现的是交易双方公平的竞价。在这里价格优先是它始终坚持的原则。对于发行人来说，谁出高价（低利率）就卖给谁；对于投标人来说，谁卖低价（高利率）就买谁的。

由于招标发行是通过发行系统进行的，这个系统是一个完全中立的物理系统。在发行过程中，这个系统按照设定的规则运行，对谁的报价都按同样的原则处理，不存在任何偏袒。但需要注意的是，在招标发行过程中，投资者拥有更大的定价话语权，对处于弱势地位的发行人而言，将无法控制自身发行债券的财务成本；对处于培育发展壮大的债券市场而言，也不利于为更多类型的企业提供服务。

而就簿记建档发行来说，发行人、承销商、投资者共同参与其中，定价分销时同样考虑债券供需情况、资金充裕程度以及当时的利率水平，也是一种市场化的发行机制。同时，为了保证在簿记过程中定价和配售的公平性和公正性，其程序和操作过程还常常由律师见证或公证。但是，由于在簿记建档发行机制中与发行人直接相关的主承销商在债券发行和分销过程中发挥了重要作用，而主承销商行为决策更具有个性，这就使得簿记建档发行方式在"自由"程度上略逊于招标发行方式。

不过，在我国现阶段债券市场发行过程中，招标发行和簿记建档发行作为高度市场化的发行手段，均具有广泛的作用空间。一般而言，国债、金融债券、大型企业发行的企业债券，多数采用招标发行定价办法；短期融资券、中期票据、公司债券以及发行规模不大的企业类债券，更多采用簿记建档方式定价。这是因为招标发行和簿记建档发行具有3方面区别：

（1）簿记建档发行较招标发行对债券价值水平的判断更充分

招标发行要求投资人在规定的时间内（一般是2、3小时）完成投标报价，他们只能根据各自对市场以及对这只债券价值的判断，报出投标价格和投标数量，这既需要投资人事先充分准备，也需要发行人和债券本身具有较大市场影响力。

簿记建档发行则因事先需要各方多次沟通，且簿记建档的周期较投标更长，因此可以允许投资人对发行人和债券进行详尽的价值分析。因此国债、金融债等信用等级较高的债券，由于市场影响力和认可度较高，所以多用招标发行方式；而企业债券、公司债券等信用等级和市场认可度相对较低的债券，往往更适用簿记建档发行方式。

（2）簿记建档发行对承销团要求较高，发行成功的概率更高

招标发行和簿记建档发行都可以建立承销团，但两者的承销团需要承担的责任并不相同。招标发行时，承销团成员一般没有包销责任，是否参与投标完全取决于承销团成员对债券的预期收益。

簿记建档发行时，承销团成员需要承担一定的承购包销责任，同时也会获得相应收益。因而承销团成员在发行过程中，不仅关注本期债券的承销收益，还会基于长期收益履行承购包销的责任。因此，簿记建档发行的承销团，资金实力要较招标发行的承销团更为雄厚。

从发行成功的角度看，簿记建档发行方式的成功概率会比招标发行更大些。由于定价能否成功直接关系到发行是否成功，因此，采用簿记建档发行方式，对于那些市场认可度不够或者影响力不足的发行人而言，更易成功发行。

（3）招标发行对投资人的数量和质量要求更高

招标发行要求在债券发行过程中有足够多的投标者参与，否则投标者的报价离散度很高，很难形成合理的价格。要使投标者足够多，发行债券的数量就必须足够大，而簿记建档发行定价则无此类要求。

4.4.4　信用评级对债券市场的影响：经验证据

债券作为企业债务融资的重要途径之一，在金融市场中扮演着重要的角色。信用风险是制约债券市场发展、影响企业融资的主要风险。因此，信用评级在债券市场中起到了至关重要的作用，主要体现在以下3个方面：

（1）信用评级与违约概率。信用评级对企业未来信用表现能够起到预测作用，即是否评级越低的企业越容易违约。Jerome S. Fons 和 Andrew E. Kimban（1991）研究了评级高低和实际违约率的关系，发现不论是标准普尔的评级还是穆迪的评级，随着评级的下降违约率都会显著地升高。

（2）信用评级与债券收益率。信用评级能够向市场传递关于债券质量的信号，Manfred Steiner 和 Volker G. Heinke（2001）研究了标准普尔和穆迪公司的"列入评级观察名单"公告对于德国债券价格的影响，结果显示负面的评级公告会在公告当日及后几日带来明显的异常收益率，但是正面的评级公告却不会引发明显的价格波动；Jun Peng（2002）研究了标普基础评级对于有保险的市政债券的影响，发现基础评级的公布可以将利率降低约4个基点。

（3）信用评级与债券融资成本。信用评级对债券市场的影响力可以由评级对债券发行成本的影响反映出来。由于债券发行人与投资者之间存在着信息不对称，所以评级机构做出的信用评级为投资者提供了额外的风险信息。如果债券投资者确实将信用评级作为投资的依据之一，即评级对债券市场有充分的影响力的话，则信用评级越高的债券应该越受到投资者的青睐，因而应具有越小的发行成本。何平和金梦（2010）利用2007—2009年发行的企业债数据，建立"真实利息成本（TIC）"回归模型，检验信用评级在一级市场中对债券发行成本的影响，发现债券评级和主体评级分别能够影响债券的发行成本，但债券评级对发行成本的影响力大于主体评级。

信用评级能够降低债券的信用风险，但很多学者认为债券的信用风险会受到宏观经济不确定性的影响。Altman（1983）首先发现表征宏观经济的一组变量的变化率，包括实际GDP、S&P指数等，与公司债券的信用价差之间存在着负相关性，即在各个宏观经济指标显示经济状况较好的时期，企业债券的信用风险较低。Thomas C. Wilson（1998）加入了失业率、GDP增长率、长期利率水平、汇率、政府支出和总储蓄率，研究了这些因素对债券违约可能性的影响。Wassim Dbouk 和 Lawrence Kryzanowski（2010）发现GDP的预期变化率和期限结构斜率的预期变化率都是投资组合的信用利差变化的主要影响因素，同时还发现违约风险、市场流动性和回报的波动率也会对投资组合的信用利差变化产生重要影响。由此可见,信用评级并不能完全消除由于宏观经济不确定而产生的信用风险。

目前,关于信用评级对债券市场的研究,其难点在于信用评级方法和评级差异。

在信用评级方法方面,国外的研究除了对企业相关因素进行定性综合分析的评级方法以外,各种基于模型的定量评级方法也层出不穷。Fisher(1959)开创了多元线性分析模型;Linden等(1998)运用加权Logistic回归分析模型分析了债券评级的决定因素;Ruey-Ching Hwang等(2008)研究了预测评级常用的"ordered probit模型",发现从预测失误率的角度来看这个模型并不是最优的,认为市场驱动因素和行业因素也应被用于评级预测。而我国学者绝大多数进行综述研究和制度比较研究,极少有结合数据进行定量研究。胡悦(2006)研究了世界上主流的债券评级方法和我国现有的评级方法,分析了在我国评级方法中存在的问题并提出了提高我国评级技术的建议;黄石和黄长宇(2006年)研究了KMV模型的原理,并介绍了使用该模型对发行主体进行信用评级的方法。

在评级差异方面,Jeff Jewell和Miles Livingston(1999)的研究比较了标准普尔、穆迪和惠誉这三家公司的债券评级,发现在拥有了其中两家机构评级的基础上,如果再雇第三家公司进行评级,仍然可以为市场提供更多的信息。而我国学者对于信用评级差异的研究是缺乏的,这与我国评级市场成熟度不高的现状是相吻合的。我国学者通过借鉴国外的经验教训提出完善我国信用评级制度的建议。刘铭(2007)对中国债券评级行业进行了比较全面的行业研究,并通过分析国外债券评级行业的启示提出了我国债券评级行业的发展策略;徐道宣和石璋铭(2008)根据制度经济学理论指出必须从确立信用评估机构在市场中的独立地位、加强对外交流和健全企业债券评级的法律法规等方面规范企业债券市场的信用评级制度。

由此可见,我国关于信用评级对债券市场影响的研究突破在于信用评级的定量方法研究,有了数据才能够为加强债券市场建设提供更完善的建议。

本章小结

1.企业生命周期理论通常将企业分成4个发展阶段:初创期、成长期、成熟期和衰退期。企业在不同阶段的财务特征各不相同,其选择的融资方式也不相同。

2.首次公开发行股票的审核工作流程分为受理、见面会、问核、反馈会、预先披露、初审会、发审会、封卷、会后事项、核准发行等主要环节。

3.首次公开发行股票的公司及其保荐机构应通过向询价对象询价的方式确定股票发行价格。询价对象是指符合证监会规定条件的证券投资基金管理公司、证券公司、信托投资公司、财务公司、保险机构投资者和合格境外机构投资者(QFII),以及其他经中国证监会认可的机构投资者。

4.发行申请经中国证监会核准后,发行人应公告招股意向书,开始进行推介和询价。询价分为初步询价和累计投标询价两个阶段。发行人及其保荐机构应通过初步询价确定发行价格区间，通过累计投标询价确定发行价格。

5.由增发、配股、可转换公司债券的发行程序可知，它们的发行费用主要包括承销费用、保荐费用、资产评估费用、土地评估费用、律师费用、审计验资费用、环保核查费用、发行手续费用、推介宣传费用。

6.决定和影响股票承销费的主要因素包括：发行总量、发行总金额、发行公司的信誉、发行股票的种类、承销方式、发行方式。

7.向特定对象非公开发行股票的发行对象不超过10名，应当符合下列规定：第一，发行价格不低于定价基准日前20个交易日公司股票均价的90%。第二，本次发行的股份自发行结束之日起，20个月内不得转让；控股股东、实际控制人及其控制的企业认购的股份，36个月内不得转让。

8.目前，国际上3个主要的评信机构分别是穆迪投资服务公司（Moody's）、标准普尔公司（S&P）和菲奇投资服务公司。按照国际惯例，债券信用等级一般分为三等九级，具体分为：AAA、AA、A；BBB、BB、B；CCC、CC、C。按照债券等级排列，依次反映了债券违约风险的大小。

9.债券评级是基于定性和定量因素结合而得到的结果，其中主要受以下因素影响：偿债能力比率、抵押条款、附属条款、担保条款、偿债基金、到期时间、稳定性、政府管制、跨国经营、劳工动荡、会计政策。

10.招标发行是在债券发行过程中市场化程度最高的一种发行方式。其基本原理是发行人将拟发行债券的信息公告投资者，然后由投资者发出标书提出自己希望认购的债券数量和价格。最后，发行人根据投标人的出价情况，决定债券发行价格以及投标人的中标数量。

讨论题

讨论题指引

1.在为实体经济、为企业进行融资服务时，企业应该按照自身生命周期所处的不同阶段，运用不同的工具，采取不同的方法，提供不同的服务，而不应该只有一种融资方式——贷款。在一定程度上可以说正是因为现在我国的金融市场发育不够充分，财富管理的水平不够高，市场上缺乏适合企业在不同发展阶段所需的不同融资工具，所以才会出现人们所常说的企业"融资难"的问题。那么你认为在企业的初创期和成长期主要依靠什么样的资本更有利于企业发展？通过什么方式融资？

讨论题指引

2.目前我国的上市公司股票有配股和增发两种基本形式进行再融资，请说明增发和配股的区别有哪些。

3.创立23年，顺丰少有依靠外界，多是自食其力，迈过资金难关。但面临利润微薄，前有劲敌、后有新秀，行业之火燃烧至资本市场的江湖之争，顺丰也逃不过资本的魔力，向资本市场"折腰"。继申通、圆通分别借壳艾迪西、大杨创世，曲线抢占A股市场席位后，坚持不圈钱的顺丰也按捺不住，宣布拥抱资本市场。2016年2月18日，顺丰发布的上市辅导公告称，顺丰控股（集团）股份有限公司拟在国内证券市场首次公开发行股票并上市。简述顺丰上市的途径、过程及特点。

讨论题指引

4.目前我国信用评级市场发展现状如何？根据市场占有份额，前五大信用评估机构有哪些？

讨论题指引

5.可转换债券（Convertible Bond）是债券的一种，可以转换为债券发行公司的股票，通常具有较低的票面利率。本质上讲，可转换债券是在发行公司债券的基础上附加了一份期权，允许购买人在规定的时间范围内将其购买的债券转换成指定公司的股票。因此，在可转换债券的价值中包含了期权价值，那么请说明在可转换债券中可能包含哪些期权。

讨论题指引

案例分析

中国建筑IPO融资

2007年12月8日，由中国建筑工程总公司整体改制，设立了中国建筑股份有限公司（下面简称"中国建筑"），中国建筑承袭了中国建筑工程总公司的全部资产和公司文化。其中，中国建筑工程总公司在发行前持有中国建筑94%的股份，为控股股东和实际控制人。同时，中国建筑工程总公司还为中国海外发展（00688.HK）和中国建筑（03311.HK）的实际控制人。

中国建筑（601668）经上海证券交易所批准于2009年7月29日起A股上市交易，本次发行数量120亿股，发行价格4.18元/股，实际募集资金501.60亿元，此次发行成为2009年IPO重启以后A股市场最大的一单。本次发行采用网下向询价对象询价配售发行（以下简称"网下发行"）与网上资金申购发行（以下简称"网上发行"）相结合的方式进行，其中网下初始发行规模不超过48亿股，约占本次发行数量的40%；网上发行数量为本次发行总量减去网下最终发行量。中国建筑在路演询价过程中，根据网下和网上的配售情况，启动了双向回拨机制，最终使得网上发行和网下发行量均为6 000万股。本次发行募集资金主要用于重大工程承包的流动资金需求（占20.99%）、房地产开发项目（占19.75%）、购置机械设备（占17.28%）、基础设施项目（占25.68%）、钢结构加工基地项目（占1.48%）、补充公司流动资金（占14.82%）。

中国建筑本次发行定价沿着"招股意向公告—预路演，初步询价—确定发行价格区间—网下发行，网上路演—网上发行—确定发行价格—启动回拨机制，摇签配号—摇号中签结果公告"的路线开展工作。发行询价分为初步询价和累计投标询价。发行人及保荐人（主承销商）通过向询价对象和配售对象进行预路演和初步询价确定发行价格区间，在发行价格区间内通过向配售对象累计投标询价确定发行价格。

1）初步询价

在初步询价期间，共有565家配售对象提交了初步询价有效报价。其中，提交了"入围报价"的配售对象有531家，对应的"入围数量"之和为16 963 280万股，为本次网下初始发行规模的35.34倍。初步询价确定发行价格区间为3.96～4.18元/股（含上限和下限）。

2）累计投标询价

累计投标询价阶段分为网下配售发行和网上申购发行两种方式，根据网上发行和网下发行的中签率来决定是否启用回拨机制，调整网下发行和网上发行规模。本次公开发行总量为不超过120亿股。其中，在回拨机制启动前，网下发行股份不超过48亿股，约占本次发行数量的40%；网上发行股份不超过72亿股，约占本次发行数量的60%。网下发行由本次发行的保荐人（主承销商）负责组织实施，配售对象通过上交所的申购平台进行申购；网上发行通过上交所的交易系统实施，投资者以价格区间上限申购缴款。

（1）网下发行

中国建筑此次网下发行的起始日为2009年7月21日，截止日为7月22日，初步询价提供了入围报价的174家询价对象管理的531家配售对象全部参与了网下申购，其中530家配售对象及时足额缴纳了申购款，冻结资金总额为9 694.31亿元，见表4-4。达到发行价格4.18元/股并满足《网下发行公告》要求的为524家配售对象，对应的有效申购总量为23 028 080万股，有效申购资金总额为9 625.74亿元。在回拨机制启动前，网下发行股份不超过480 000万股，则初步配售比例为2.08%，认购倍数为47.98倍（23 028 080/480 000）。在启动回拨机制后，网下最终配售数量为600 000万股，则网下最终获配比2.61%，认购倍数为38.38倍（23 028 080/600 000）。

表4-4　　　　　　　　　　　　网下申购情况表

有效报价家数	网下申购配售对象家数	初步申购上限（万股）	最终配售数量（万股）	有效申购数量（万股）	有效申购资金（亿元）	冻结资金总额（亿元）	有效配售比例（%）	认购倍数
531	531	480 000	600 000	23 028 080	9 625.74	9 694.31	2.61	38.38

资料来源：根据wind资讯金融数据库数据整理。

（2）网上发行

本次网上申购日期为2009年7月22日，网上资金申购投资者须按照本次发行价格区间的上限（4.18元/股）进行申购。价格区间3.96～4.18元/股（含上限和下限）对应的市盈率区间及初步询价报价情况为：29.15～30.77倍和48.59～51.29倍（每股收益按照经会计师事务所审计的、遵照中国会计准则确定的扣除非经常性损益前后孰低的2008年度净利润除以本次发行前的总股数计算）。

网上发行的有效申购户数为4 470 871户，冻结资金8 875.71亿元，见表4-5。在回拨机制启动前，网上初始发行规模为720 000万股，有效申购股数为21 233 753.3万股，网上初步中签率为3.39%。在启动回拨机制后，网上发行600 000万股，占本次发行总规模的50%，网上最终中签率为2.83%。

表4-5　　　　　　　　　　　　网上申购情况表

有效申购家数	初步申购上限（万股）	最终配售数量（万股）	有效申购数量（万股）	冻结资金总额（亿元）	网上中签率（%）	认购倍数
4 470 871	720 000	600 000	21 233 753.3	8 875.71	2.83	35.39

资料来源：根据wind资讯金融数据库数据整理。

（3）启动双向回拨机制

由于本次网上发行获得足额认购，且本次网下发行初步配售比例2.08%低于网上发行初步中签率3.39%，因此，发行人和保荐人（主承销商）决定启动回拨机制，将120 000万股（本次发行规模的10%）股票从网上回拨至网下，本次回拨后网下发行数量不超过本次发行数量的50%。在回拨机制实施后的发行结构如下：网下发行60亿股，占本次发行总规模的50%；网上发行60亿股，占本次发行总规模的50%。

根据上述资料，思考以下问题：

（1）中国建筑为什么要融资？其数额是如何确定的？融资结构如何？

（2）上网查询中国建筑的相关发行公告，简要说明中国建筑的IPO程序。

讨论题指引

（3）简要说明中国建筑股票定价的具体程序。

（4）说明中国建筑启动回拨机制的原因。

附录

中国股票发行上市步骤及其核准程序

1.设立股份有限公司

我国的法律法规规定发行股票的企业必须是股份有限公司，因此企业要想发行股票必须首先设立股份有限公司。

2.聘请中介机构

主要是聘请有证券从业资格的会计师事务所、律师事务所和有主承销商资格的证券公司。会计师事务所负责出具审计报告，律师事务所负责出具法律意见书，证券公司负责对拟上市企业发行股票的辅导和推荐工作，辅导期为1年。辅导内容主要包括以下9个方面：

（1）股份有限公司设立及其历次演变的合法性、有效性；

（2）股份有限公司人事、财务、资产及供、产、销系统的独立完整性；

（3）对公司董事、监事、高级管理人员及持有5%以上（含5%）股份的股东（或其法人代表）进行《公司法》《证券法》等有关法律法规的培训；

（4）建立健全股东大会、董事会、监事会等组织机构，并实现规范运行；

（5）依照股份公司的会计制度建立健全公司财务会计制度；

（6）建立健全公司的决策制度和内部控制制度，实现有效运作；

（7）建立健全符合上市公司要求的信息披露制度；

（8）规范股份公司和控股股东及其他关联方的关系；

（9）公司董事、监事、高级管理人员及持有5%以上（含5%）股份的股东持股变动情况是否合规。

辅导期满6个月应在当地省级日报上公告，如公司所在地不在省会城市，除在省级日报公告外，还需在公司所在市县日报上公告。

在辅导期间，主承销商应对拟发行股票的企业的董事、监事和高级管理人员进行《公司法》《证券法》等法律法规的考试。

3.向中国证监会派出机构报送材料

中国证监会派出机构负责辖区内拟上市企业辅导工作的监督管理。

辅导工作开始前10个工作日内，辅导机构应当向派出机构提交下列材料：

（1）辅导机构及辅导人员的资格证明文件（复印件）；

（2）辅导协议；

（3）辅导计划；

（4）拟发行公司的基本情况资料表；

（5）最近两年经审计的财务报告（资产负债表、利润表、现金流量表等）。

辅导期间，中国证监会派出机构可根据辅导报告发现的问题对辅导情况进行抽查。

4.改制辅导调查

辅导机构对拟上市公司进行辅导的期限满1年后，经辅导机构申请、中国证监会派出机构对拟上市公司的改制、运行情况及辅导内容、辅导效果进行评估和调查，并出具调查报告。辅导有效期为3年，即在辅导期满后3年内，拟发行公司可以由主承销机构提出股票发行上市申请；超过3年，则须重新聘请辅导机构进行辅导。

5.报送申请股票发行文件

拟上市公司和所聘请的证券中介机构，按照中国证监会制定的公司公开发行股票申请文件标准格式制作申请文件，由主承销商向中国证监会申报。中国证监会收到申请文件后在5个工作日内做出是否受理的决定。

6.初审

中国证监会在受理申请文件后，中国证监会对发行人申请文件的合规性进行初审，并在30日内将初审意见函告发行人及其主承销商。

主承销商自收到初审意见之日起10日内将补充完善的申请文件报至中国证监会。

中国证监会在初审过程中，一方面征求省级人民政府或国务院有关部门的意见；另一方面将就发行人投资项目是否符合国家产业政策征求国家发展计划委员会和国家经济贸易委员会的意见，两委自收到文件后在15个工作日内将有关意见函告中国证监会。

7.发行审核委员会审核

中国证监会对按初审意见补充完善的申请文件进行进一步审核，并在受理申请文件后60日内，将初审报告和申请文件提交发行审核委员会审核。

发行审核委员会按照国务院批准的工作程序开展审核工作。委员会进行充分讨论后，以投票方式对股票的发行申请进行表决，提出审核意见。

8.核准发行

依据发行审核委员会的审核意见，中国证监会对发行人的发行申请做出核准或不予核准的决定。予以核准的，出具核准公开发行的文件；不予核准的，出具书面意见，说明不予核准的理由。

9.复议

发行申请未被核准的企业，自接到中国证监会书面决定之日起60日内，可提出复议申请。中国证监会在收到复议申请后60日内，对复议申请做出决定。

10.发行股票

股票发行人在获得中国证监会核准其公开发行股票的文件以后，就可以按照核准的发行方案发行股票。

11.上市交易

股份有限公司在发行股票后，申请其股票上市交易，必须报经国务院证券监督管理机构核准。国务院证券监督管理机构可以授权证券交易所依照法定条件和法定程序核准股票上市交易申请。股票上市交易申请经国务院证券监督管理机构核准后，其发行人应向证券交易所提供核准文件及有关文件。证券交易所自接到该股票发行人提交的文件之日起6个月内，安排该股票的上市交易。

第5章

公司战略与价值创造

学习
目标

◇ 了解投资决策、竞争战略及其与价值创造的关系
◇ 掌握经济增加值和市场增加值的评价标准
◇ 熟悉财务战略矩阵的内容
◇ 掌握基于EVA和基于竞争战略的价值驱动因素
◇ 理解价值创造体系的内容

在Coase（1937）提出企业的性质之后，Modigliani and Miller（1958）为企业价值提供了一个客观明确的度量标准，即企业价值等于以与之风险程度相适应的折现率对预期收益进行折现的价值。不同组织形式的企业也随之确定了一个共同经营目标——价值最大化或创造价值。至此，企业理论研究者们开始探究企业应当如何运作来增长企业价值。

受2008年世界金融危机的影响，许多国际知名企业宣布裁员或濒临破产，可见如何实现可持续成长已成为企业界和学术界共同面临的一大难题。大量研究的趋同结论得出，企业可持续成长的关键在于创造价值。经济发展是经济结构、科技进步、经济效率、创新能力等内在特性的综合产物，就其根本而论是价值创造及其能力提升的过程。数量扩张只是经济发展的外在表现，而价值创造才是现代经济的本质特征。可以说，价值创造正在成为中国当前经济战略转型的基点。

价值创造研究的核心问题可以归结为价值创造的驱动因素与实现路径研究。价值创造研究从最初由片面强调财务资本的重要性到更加关注组织资本的作用，由注重价值管理发展到注重通过战略性的制度设计来保证可持续的价值创造。当企业为了获取战略收益进行资本投资决策时，应该将战略性思维与资本预算结合起来。在战略管理理论中，战略资源理论和核心能力理论解释了为什么在动态环境中企业应该投资于战略资源和核心竞争能力以在追求市场机会的时候取得独特的竞争优势。

价值创造不仅依靠企业独特的资源和核心竞争能力，还有赖于企业对动态环境的适应能力。在财务体系中的估值技术能够帮助企业在执行公司战略的时候及时进行资产的调整和再分配，增加协同效应，形成新的投资机会。

　　本章在分析投资决策、竞争战略与价值创造的关系的基础上，从股东权益的视角提出经济增加值和市场增加值的评价标准，利用财务战略矩阵将价值创造与现金余缺联系起来，并从EVA和竞争战略两个不同的角度进一步分解价值驱动因素，最后阐述了价值创造体系在价值管理中的作用。

5.1 投资决策、竞争战略与价值创造

5.1.1 投资决策与价值创造

　　公司财务的研究框架主要有两个：一是通过资源的流动和重组实现资源的优化配置和价值增值，即如何在商品市场上进行实物资产投资，为公司的未来创造价值；二是通过各种金融工具的创新和资本结构的调整实现资本的扩张和增值，即如何在金融市场上筹措投资所需要的资本，为投资者创造价值。在实务中，从价值创造的角度来看，公司的管理决策主要表现为投资决策、筹资决策和经营决策3种形式。图5-1揭示了股东价值创造和管理决策、价值动因的关系。

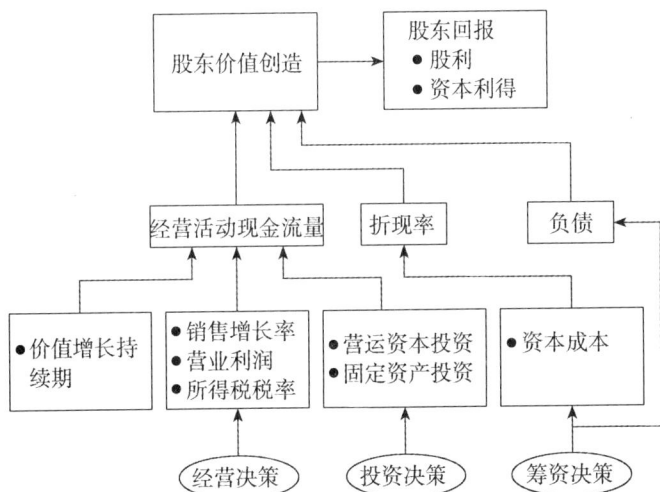

图5-1　股东价值构架图

　　图5-1清晰描述了股东价值创造这一财务目标与基本的价值参数（价值动因）之间的关系。价值动因包含了销售增长率、营业利润、所得税税率、营运资本投资、固定资产投资、资本成本和价值增长持续期。例如产品组合、定价、推广、广告、分销以及客户服务等经营决策与销售增长率、营业利润和所得税税率相关。在投资决策中，例如增加存货水平、拓展生产能力等反映在营运资本投资和固定资产

投资上。资本成本不仅受到企业风险的影响，更受到管理层筹资决策的影响，比如管理层在融资过程中会选择什么样的债务和权益比例，以及选择什么样的融资工具。价值增长持续期则反映了管理层对于投资回报大于资本成本的年限的估计。

如图5-1所示，经营活动所产生的现金流量由投资活动价值驱动因素、经营活动价值驱动因素和价值增长持续期决定。折现率取决于对资本成本的估计。公司的资本成本是公司融资决策的结果，对公司资本成本的管理就是对公司的融资管理。要注意，只有经营活动所产生的折现现金流量才会实现价值创造。股权价值是由公司价值减去债务价值所得。股东价值创造为股东获得股利或资本利得的回报奠定了基础性作用。

投资决策是评价和选择投资项目、优化资源配置的一种经济活动。投资项目决策的目的旨在评价或选择能够创造公司价值的投资项目，以便提高公司价值的长期增长潜力，通常的做法是选择净现值大于零的项目。在投资决策中，公司可以根据自己的产品优势、技术优势、资本优势、成本优势等发现具有正的净现值的投资机会。当公司的投资收益率超过资本成本时，公司股东才能够自由地获得越来越多的公司经营产生的现金流，从而创造出股东价值。同时MVA的来源是公司的投资活动和经营活动，市场增加值主要是向市场或投资者展示这种价值的度量结果，仅当投资活动和经营活动所创造的价值大于资本成本时，才能为投资者创造增量价值。可以说，价值创造与价值评价是一种动因和结果的关系。融资决策创造价值则可以直接通过节税或降低融资成本来实现，也可以通过提高公司资本来源的可靠性和灵活性、降低公司风险等方式间接实现。

5.1.2　竞争战略与价值创造

在企业的经营要素中，拥有土地、物质资本、资源、区位、规模等生产要素资源的组织就拥有一定的基于资源的优势（resource-based advantage）、基于规模的优势（scale-based advantage）或基于区位的优势（location-based advantage）；拥有技术、专利和知识等资源的组织就拥有一定的基于知识的优势（knowledge-based advantage）和基于技术的优势（technology-based advantage）；拥有组织能力、品牌、商誉、市场网络、顾客关系和社会资本等资源的组织则形成了它的基于体系的优势（system-based advantage），这些基于体系优势的能力要素往往具有垄断性质，是在市场竞争中最致命的武器。

目前，最有代表性的三大竞争战略理论是产业结构理论、战略资源理论和核心能力理论。

产业结构理论认为，产业内部的竞争状态取决于5种基本竞争力量，即进入威胁、替代威胁、现有竞争对手之间的竞争、买方议价能力和供方议价能力。这5种竞争的共同作用力决定了竞争的强度和最终利润。如果把产业结构看成是一个稳定的常量，那么成功的企业肯定是那些在该产业中具有良好的相对位势的企业。竞争优势可以分成两类：低成本优势和差异化优势，每一家成功企业都具有一种或两种优势。

战略资源理论是以公司内部的专有资源为基础研究公司战略。这一理论认为，公司内部环境同外部环境相比，具有决定性的作用。企业内部的组织能力、资源和知识的积累是解释企业获得超额收益、保持竞争优势的关键。资源基础理论的核心思想是，企业竞争力的差异是由战略的差异，或者更进一步说是由企业的资源差异来解释的，这是一个从资源到战略，再到竞争力的因果关系。基于资源理论的战略有以下几个步骤：确定有价值的资源；决定在哪些市场中这些资源能获得最高的收益；投资和提升资源；最大限度地使用资源，最后形成核心能力。

核心能力理论是指一种强调以企业生产、经营行为和过程中的特有能力为出发点，制定并实施企业竞争战略的理论思想。使企业成为一个以能力为基础的竞争者，是能力学派的最终目的。能力学派主张，核心竞争力是企业可持续竞争优势与新事业发展的源泉，它们应成为公司战略的焦点，要建立或捍卫一个企业的长期领导地位，就必须在核心能力、核心产品和最终产品 3 个层面上参与竞争，并成为胜利者。

事实上，公司竞争优势的形成可能归属于上述某一种战略，也可能是不同战略组合的结果。由于公司在资源、能力等方面的异质性，加之社会分工的需要，不同的公司会处于同一产业的不同链条上，企业凭借着独特而又难于模仿的市场定位和体系优势，创造出独特的战略产业要素（strategic industry factors），拥有先赋性的优越市场竞争地位，只要公司在这个链条上能够创造"与众不同"，获得相对于其他企业的竞争优势，就可以获得超额利润（Amit and Schoemaker，1993），实现公司价值增值。D'Aveni（1994）还认为，在许多市场中，正在形成一种超竞争（hypercompetition）环境，竞争优势的持续时间正在不断缩短。在超竞争环境中，企业绝不能满足、停留于原有的资源、能力和竞争优势，必须不断寻找、发展新的竞争优势源。

5.2 价值创造的评价标准

5.2.1 经济增加值

随着财务理论的发展，衡量公司业绩的指标必须要能够准确反映公司为股东创造的价值，20 世纪 80 年代后期，一些新的价值评价模型应运而生，如基于价值管理的经济增加值（economic value added，EVA）、市场增加值（market value added，MVA）等。在国外，EVA 指标得到了广泛关注和应用，许多大型企业（如美国的AT&T 公司、可口可乐公司等）应用 EVA 这一工具取得了卓越的成效，越来越多的投资机构也利用它来评估股票的内在价值，如高盛公司等著名投资银行，自从 20

世纪 90 年代中期以后逐步培训分析师采用 EVA 指标评价上市公司，一些大型投资基金也纷纷尝试使用 EVA 指标建立投资组合。从本质上说，EVA 是剩余估价模型[①]的衍生品，主要用于评价公司价值的创造能力，衡量公司的经营业绩以及进行管理层激励。长期以来很多投资者认为公司的每股收益和净资产收益率的增加意味着创造股东价值，然而实际情况是大量的公司存在运用权责发生制原则下的会计方法进行利润操纵。这引发了人们从会计方法、机会成本、货币时间价值 3 个方面去反思会计收益指标的缺陷，得出与公司内在价值相联系的经济利润指标才能反映公司股东价值创造的结论。当公司投入资本回报率超过资本成本时，公司股东才能够自由地获得越来越多的公司经营产生的现金流，从而创造出股东价值。

1）经济增加值的基本含义

经济增加值在数量上等于税后净经营利润超过包括股权和债务的全部资本成本的价值，其计算公式为：

$$EVA=NOPAT-WACC\times IC \tag{5.1}$$

式中：NOPAT（net operating profit after taxes）为税后净经营利润（调整后）；WACC 为公司的加权平均资本成本；IC 为投入资本总额（调整后）。

EVA 的公式也可以写为：

$$EVA=IC\times(ROIC-WACC) \tag{5.2}$$

式中：ROIC 表示投资资本的回报率，即为 NOPAT 与 IC 的比值。

这两种公式计算的 EVA 结果是一样的。

（1）税后净经营利润等于税后净利润加上税后利息费用（如果税后净利润已扣除少数股东损益，则应加回），或者等于销售收入减去除利息费用以外的全部经营成本和费用（包括所得税费用）后的净值。从本质上说，它实际上是在不涉及资本结构的情况下公司经营所获得的税后收益，反映了公司资产的盈利能力。在此基础上，还需要对部分会计报表的有关项目进行调整，以纠正会计信息对真实业绩的扭曲。

（2）投入资本总额是指投资者投入公司资本的账面价值，包括债务资本和股权资本。其中，债务资本是指债权人提供的短期和长期贷款，不包括应付账款、应付票据、其他应付款等商业信用负债；股权资本主要由普通股、优先股以及少数股东权益构成。投入资本总额也可以理解为公司全部资产减去商业信用后的净值。计算投入资本总额时也需要对部分会计报表科目的处理方法进行调整，以便真实反映资本的投入额。在实务中既可以采用年初的资本总额，也可以采用年初与年末资本总

---

① 剩余收益（residual income）作为一个经济概念，是指扣除股权资本成本后的公司净收益。美国学者奥尔森（Ohlson，1995）在其文章"权益估价中的收益、账面价值和股利"中对这个方法进行了系统的阐述，建立了公司权益价值与会计变量之间的关系，将股利折现模型（DDM）与净盈余关系（clear surplus relation，CSR）相合并，提出了著名的 Ohlson Model，即：$V_s=BV_0+\sum_{t=1}^{\infty}\dfrac{RI_t}{(1+r_s)^t}=BV_0+\sum_{t=1}^{\infty}\dfrac{NI_t-r_s\times BV_{t-1}}{(1+r_s)^t}$ （5.3）

其中：V_s 表示股票当前价值（t=0）；BV_0 表示普通股当期账面价值；BV_t 表示第 t 期的预期普通股账面价值；NI_t 表示第 t 期的净收益；r_s 表示股权的资本成本；$RI_t=NI_t-r_s\times BV_{t-1}$，表示第 t 期的预期剩余收益。

额的平均值。

（3）资本成本是指公司债务资本和股权资本的加权平均数。与传统的评价指标不同，EVA 是从股东的角度定义公司的利润，股东将资本投入公司时，实际上就放弃了投资其他项目可能获得的收益，即机会成本。因此，只有当投入资本的收益率（ROIC）超过其资本成本（WACC）时，才会增加股东财富。传统的业绩评价指标在计算时只考虑了债务资本成本，没有考虑到企业的股权资本成本，导致资本成本计算不完全，无法准确衡量企业到底为股东创造了多少价值，而 EVA 是从股东的角度定义的利润指标，只有考虑了权益资本成本的经营业绩指标才能反映企业的真实盈利能力，这正是 EVA 指标最具特点和最重要的方面。

2）EVA 的会计调整

EVA 与会计利润的主要区别就在于它考虑的股权的资本成本，对经营利润和投入资本进行了一定的调整。EVA 商标的持有者 Stern Stewart 公司列出了多达 164 个调整项目，后来又发展到 200 多项。需要强调的是，在计算 EVA 时进行会计调整主要是为了更好地进行企业内部管理和价值评估，不是要改变企业的会计账务处理。

调整的数量越多，其计算结果就越精确，但同时也增加了计算的复杂性和难度。因此，在实务中必须结合成本效益原则，根据调整目的在精确性和复杂性之间做出权衡和选择，从而确定调整的限度。大多数企业集中在 5～10 项的调整，常见的调整项目和调整方法如下：

（1）利息支出。由于资本成本包括了债务部分的成本，因此在计算税后净经营利润时，发生的利息费用不应计入期间费用，否则会导致资本成本和利息费用的重复计算，须将税后财务费用加回到税后净经营利润中去。

（2）研究开发费用。研究开发费用与其他有形资产投资一样，旨在提高公司未来的经营业绩，如果不予资本化会低估公司资本。企业会计准则规定研究费用需要费用化处理，但进入开发过程中的费用如果符合相关条件，就可以资本化。按 EVA 会计调整要求，应对所有研究与开发费用予以资本化，并在一定期间摊销。因此，应将研发费用资本化，在支出的当年，将全部的研发费用加回到经营利润和投入资本中，以后逐年摊销的研发费从 NOPAT 中扣除，而未摊销的余额部分仍然包括在投入资本总额中。这样处理的目的就在于防止低估企业价值，尤其是知识密集型的高新技术企业，并且鼓励企业的研发创新。

（3）商誉。商誉是公司的永久性资产，能为公司带来收益。会计准则规定，对企业合并形成的商誉不再进行摊销，每年至少进行一次减值测试，并结合相关资产组和资产组组合进行测试，计提减值准备。因此对商誉的调整就涉及对其减值准备的调整，其当期计提的减值准备增加税后净经营利润，累计计提的减值准备则调整投入资本。

（4）递延税项。根据会计准则计算的利润与按照税法计算的应纳税所得额存在差异时，就会产生递延税项。当会计利润大于应纳税所得额时，形成"递延所得税负债"（反之，称为"递延所得税资产"），公司的纳税义务向后推延。只要公司持续发展并不断更新设备，递延税款实际上一直保持一个余额，相当于公司永久性占用的资本，和其他资本一样可用于生产经营。对递延税项的调整是为了使支出额与该年度的实际纳税额相接近，具体调整方法是，将其贷方余额加回到投入资本总额中，若为借方余额，由于递延所得税资产并不是公司真正意义上的资产，应从资本总额中扣除；同时将当期递延税项贷方余额增加值加回到当期的NOPAT中，或将其借方余额的增加值从NOPAT中扣除。通过调整后计算出的EVA能够更准确地反映公司的经营业绩。

（5）资产减值准备。对于各种准备金，如坏账准备、存货跌价准备、长期投资减值准备、固定资产减值准备、无形资产减值准备等，出于稳健性原则，我国会计准则规定公司要为将来可能发生的损失预先提取准备金，准备金余额抵减对应的资产项目，余额的变化计入当期费用冲减利润。但这些准备金并不是公司当期资产的实际减少，准备金余额的变化也不是当期费用的现金支出。提取准备金的做法一方面低估了公司实际投入经营的资本总额，另一方面也低估了公司的利润，不利于反映公司的真实盈利能力；同时，公司管理人员还有可能利用这些准备金账户操纵账面利润。因此，计算EVA时应将准备金账户的余额加到资本总额之中，同时将准备金余额的当期变化加到税后净经营利润之中。

（6）经营性租赁。根据会计制度，将租赁付款作为租金费用处理，通过租赁得到的资产不用资本化。这种会计处理方法的结果低估了投入资本，高估了经营利润。由于在租赁付款中隐含了部分租赁利息成本，因此，EVA方法认为不可取消的经营性租赁资产是"债务等同物"，不应将这种"债务"置于资产负债表外。调整利息支出的计算方法是将经营性租赁费用资本化后的价值乘以借款利率，然后将它的税后值加到经营利润中去。

调整后的税后净经营利润可按下式计算：

调整后的NOPAT=税后净利润+税后利息费用+少数股东损益+递延税项贷方余额的增加+各种准备金余额的增加×（1-所得税税率）+（本年发生的研发费用-本年研发费用摊销额）×（1-所得税税率）+经营租赁中隐含的税后利息费用

调整后的投入资本总额可按下式计算：

调整后的IC=普通股权益+少数股东权益+递延税项贷方余额（借方余额为负值）+当年资本化的研发费用+经营性租赁+各种准备金贷方余额+短期借款+长期借款+长期借款中短期内到期的部分

3）EVA的计算案例

（1）资本成本数据。FM公司股票当前的市场价格为51.94元，流通在外的普通股股数为1 775万股，股东权益为18 523万元；根据风险分析，该公司股票的β系数为0.75，无风险利率为4%，市场风险溢价为5%，股权资本成本为7.75%，税前负债成本为 5.52%，所得税税率为 25%。

（2）税后净经营利润的计算。税后净经营利润需要在税后净利润的基础上进行调整（见表 5-1）。

（3）调整后资本的计算。投入资本的调整需要在普通股和负债的基础上进行（见表 5-2）。

（4）EVA 的计算。现以表 5-1 和表 5-2 为基础预测各年的 EVA（见表 5-3）。

表 5-1 　　　　　　　FM 公司税后净经营利润的计算（预测）　　　　　单位：万元

项目	第 1 年	第 2 年	第 3 年	第 4 年	第 5 年	第 6 年
调整后的税后净经营利润：						
税后净利润	4 382	4 503	4 888	5 217	5 580	5 748
加：税后利息费用	80	73	82	91	90	92
研究开发费用调整项*	343	238	220	203	186	191
递延税项贷方余额增加	-25	36	83	56	90	44
调整后税后净经营利润	4 780	4 850	5 273	5 567	5 946	6 075

注：*为简化计算，此处研发费用调整不考虑摊销。

表 5-2 　　　　　　　　FM 公司调整后资本的计算（预测）　　　　　单位：万元

项目	第 1 年	第 2 年	第 3 年	第 4 年	第 5 年	第 6 年
普通股权益	19 656	20 267	21 210	22 208	23 653	24 363
加：递延税项贷方余额	1 191	1 227	1 310	1 366	1 456	1 500
资本化研发费用	457	317	293	270	248	255
加：短期借款	298	307	328	341	364	375
一年内到期的长期借款	361	361	631	631	413	425
长期借款	2 680	2 760	2 948	3 073	3 276	3 375
调整后的投入资本总额	24 643	25 239	26 720	27 889	29 410	30 293

EVA 与传统价值评估模式相比，其优越性体现在：把股权资本成本考虑进去，并从净利润中扣除，从而能够全面、准确地反映企业生产经营的最终盈利或价值，促使上市公司关注股东价值，将主要精力放在公司价值创造上。当然，一种模型是否具有长久的生命力，不仅在于其理论上的严密性，更重要的是，其在实践中是否具有广泛的应用价值。目前，在美国的 500 强企业中，采用 EVA 业绩评价指标的公司约占一半。美国的电子零售商 Best Buy 宣布将 EVA 作为企业治理体系基础时，其股价当天迅速上涨了 10%。当然，在具体实施过程中，国内外企业都有成功的经验和失败的教训。其中，EVA 的计算不准确、不合理、不完善等问题，在很大程度上影响了 EVA 的推广和应用。

表 5-3　　　　　　　　　　　FM 公司各年经济增加值（预测）　　　　　　　　单位：万元

项目	第1年	第2年	第3年	第4年	第5年	第6年
调整后的投入资本总额	24 643	25 239	26 720	27 889	29 410	30 293
其中：						
负债	3 339	3 428	3 906	4 045	4 053	4 175
股东权益	21 304	21 811	22 814	23 844	25 357	26 118
负债/投入资本总额	13.55%	13.58%	14.62%	14.50%	13.78%	13.78%
股东权益/投入资本总额	86.45%	86.42%	85.38%	85.50%	86.22%	86.22%
股权资本成本	7.75%	7.75%	7.75%	7.75%	7.75%	7.75%
税后债务成本	4.14%	4.14%	4.14%	4.14%	4.14%	4.14%
加权平均资本成本[①]	7.26%	7.26%	7.22%	7.23%	7.25%	7.25%
经济增加值	2 991[②]	3 018	3 344	3 551	3 814	3 879
经济增加值现值（7.26%）	2 789	2 623	2 710	2 683	2 687	2 547

注：①此处加权资本成本以调整后的账面价值为权数。

②第一年的经济增加值为 2 991 万元（4 780-7.26%×24 643）。

2010 年国资委开始在中央企业全面推行经济增加值（EVA）考核，开启了一个有别于传统注重规模和利润的新时代。EVA 指标已经实质性纳入对央企负责人的年度经营业绩考核，并与央企负责人的薪酬和任命挂钩。2016 年 12 月 8 日国资委发布了《中央企业负责人经营业绩考核办法》。在 EVA 调整细则中，主要对利息支出、研究开发费用、非经常性收益、无息流动负债和在建工程等 5 项进行调整。在估计 EVA 时，国资委考核中央企业的资本成本原则上定为 5.5%（基于长期贷款利率确定的）；承担国家政策性任务较重且资产通用性较差的企业，资本成本定为 4.1%；资产负债率在 75% 以上的工业企业和 80% 以上的非工业企业，资本成本上浮 0.5 个百分点；资本成本确定后，3 年保持不变。在这个过程中，EVA 在央企所有考核指标中所占的权重不断提高，2012 年年底提升至 50%，同时国资委还将它作为 A 级企业的晋级门槛，规定利润总额为负或经济增加值为负且没有改善的企业，考核结果原则上不得进入 A 级。国企改革的社会化、证券化、市场化路径，决定了上市央企为股东创造价值这项功能将越发重要。经济增加值考核强化了企业价值创造导向，引导央企更加注重资本使用效率，做大做强主业，注重风险防控。我们在引进 EVA 时应该注意到，央企在企业战略目标、经营方式、管控模式、市场地位、交易方式和员工状况等方面与国外企业有着巨大差异，因此央企实施 EVA，一定要结合企业实际，认真研究本企业的具体问题，不断完善本企业的业绩考核方案，正确认识 EVA 业绩考核。EVA 指标是一个短期财务绩效和长期可持续发展效应的综合衡量，它不仅仅是核心考核指标，更是一种价值管理体系，在这种价值管理体系中，应关注 EVA 能否引导业务达成目标，通过 EVA 考核把经营业务、企业战略带动起来。

5.2.2　市场增加值

市场增加值（MVA）是评估股东财富的另外一种衡量工具，即将公司的市场价值与投入资本进行比较。MVA 就是市值与股东投入资本（净资产）的差值，换句话说，市场增加值是企业变现价值与原投入资本之间的差额。因为股东投入资本的目的是获得超出其投入资本的回报，如果公司的价值大于投入资本的总额，说明公司为股东创造了价值；如果公司的价值等于投入资本总额，说明公司只是刚好补偿了所有者的投入资本；如果市场价值低于投入资本则公司破坏了股东财富。MVA 是以预示公司成长性的股价为基础，对股票收益有较强的解释能力。MVA 的计算公式：

$$MVA_t = MV_t - BV_t \tag{5.4}$$

其中：MV_t 表示 t 时点公司市场价值，即债务与股权市场价值之和；BV_t 表示 t 时点公司投入资本的账面价值[①]，它是根据 EVA 的概念进行调整的。

从 MVA 的计算公式来看，如果 MVA 大于零，说明公司资本的市场价值大于投资者投资于公司的资本数量，从而为投资者创造了价值；反之，则说明公司损害了投资者的价值。从某一特定时点来说，MVA 的大小反映了公司为投资者创造价值或损害价值的数量。

在理论上，公司的市场价值等于投入资本账面价值加上所有未来 EVA 的现值，也就是说 MVA 是市场对公司获取未来 EVA 能力的预期反映。EVA 越多，公司价值的增值就越多，为股东创造的财富就越多。

公司市场价值可写为：

$$MV = IC_0 + \sum_{t=1}^{\infty} \frac{EVA_t}{(1+WACC)^t} \tag{5.5}$$

公式（5.5）中的公司市场价值等于投入资本账面价值加上所有未来 EVA 的现值。重新调整公式（5.5），市场增加值 MVA 可按下式计算：

$$MVA_t = MV_t - IC_t = \sum_{t=1}^{\infty} \frac{EVA_{t+1}}{(1+WACC)^t} \tag{5.6}$$

如果公司处于稳定增长阶段，增长率为 g，则公式（5.6）可简化为：

$$MVA = EVA_1 / (WACC-g) \tag{5.7}$$

根据公式（5.7），影响 MVA 的因素主要有 3 个：下一期 EVA 水平、资本成本和未来预期增长率。其中 EVA，反映了公司下一期经济增加值的高低，资本成本反映了公司风险的大小，增长率则代表了公司未来发展空间的预期。

---

① TBV 实质上应该是股权投资者和债权投资者投入到企业的现金，但是由于在实务中投资到公司的现金很难准确估计。Stern Stewart 提出使用投入资本的账面价值来表示。从投资的角度分析，在 MVA 计算公式中的投入资本账面价值应当是公司过去和现在的所有项目的投入资本总额。

根据表5-3的数据，加权平均资本成本为7.26%，假设从第6年开始，公司每年以3%的增长率持续增长，此时采用二阶段模型，FM公司的市场增加值计算如下：

增长期EVA现值=2 789+2 623+2 710+2 683+2 687=13 492（万元）

公司市场增加值等于增长期EVA现值加上持续期EVA现值之和，即：

$$MVA=13\ 492+\frac{3\ 879}{7.26\%-3\%}\times\frac{1}{(1+7.26\%)^5}=13\ 492+64\ 138.86=77\ 630.86（万元）$$

在实务中，股权MVA等于公司发行在外的股份乘以股票的市场价格，减去普通股权益总额，即：

$$MVA=发行在外的股份\times股票价格-普通股权益总额 \tag{5.8}$$

根据FM公司的资料，该公司股票当前市场价格为51.94元，流通在外的普通股股数为1 775万股；假设该公司的股东权益为18 523万元，因此：

$$MVA=51.94\times1\ 775-18\ 523=92\ 193.5-18\ 523=73\ 670.5（万元）$$

5.2.3　财务战略矩阵

财务战略矩阵是通过二维的参数综合分析公司价值增长程度的工具，纵坐标是投资资本回报率与其资本成本的差额，即资本收益率差幅（ROIC-WACC），横坐标是销售增长率与可持续增长率之间的差幅（$G_{销售}$-SGR）。根据不同的资本收益率差幅和增长率差幅将财务战略矩阵分为四个象限，如图5-2所示。每一象限对应于资本收益率差幅与增长率差幅的不同组合，对应于不同的经营状态。[①]

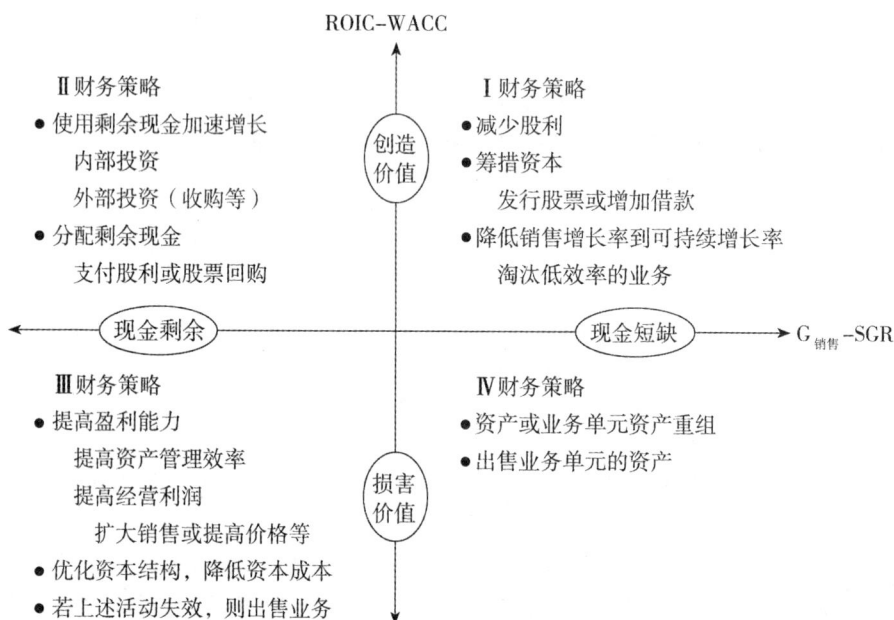

图 5-2　财务战略矩阵

① 哈瓦维尼，维埃里.经理人员财务管理——创造价值的过程［M］.王全喜，译.北京：机械工业出版社，2006：301.

在图5-2中纵坐标表示资本收益率差幅，如果资本收益率差幅大于零，则表明该业务单元为公司创造价值；反之，则损害公司价值。横坐标表示增长率差幅，用于衡量公司某一特定业务单元为销售增长提供现金的能力。如果增长率差幅大于零，则表明业务单元现金短缺；反之，则表明该业务单元现金剩余。对于处于不同象限的部门或业务单元，应采用不同的财务策略。

象限一：属于增值型现金短缺业务。处于这一象限的业务单元，资本收益率差幅与增长率差幅大于零。该业务单元的经营活动创造价值，但自身经营产生的现金不足以支持销售增长，现金短缺。对此，可供选择的财务策略是：（1）筹措资金，满足销售增长的需要，包括增加借款比例及增发股份。（2）缩小经营规模，使公司的可持续增长率与销售增长率相平衡。这个战略可以使公司通过进入更加细分的市场，提高留存业务的价值创造能力。（3）提高可持续增长率，这也是解决长期性高速增长资金问题的手段之一。提高经营效率可以有效提高可持续增长率，具体包括：①降低成本。进行作业分析，重构作业链，消除无增值作业，提高增值作业效率。②提高价格。改变价格形象，在维持利润的同时抑制销售增长，减少资金需要。③降低营运资金。重构价值链，减少资金占用。④剥离部分资产。将资产利润率较低的资产剥离出去，用节省出的资金支持核心业务增长。⑤改变供货渠道。增加外购以减少自制，减少资产占用，提高资产周转率。

象限二：属于增值型现金剩余业务。处于这一象限的业务单元，资本收益率差幅大于零，但增长率差幅小于零。该业务单元的经营活动创造价值，并产生剩余现金。因此，关键的问题是能否利用剩余的现金迅速增长，使增长率接近可持续增长率。根据是否存在增长机会采取不同的财务策略：如果存在增长机会，可将多余的现金投资于现有业务单元，以促进现有业务的扩张，如扩大产销规模，增加生产线，增加分销渠道等，或者通过收购相关业务迅速扩大规模以实现外部增长；如果目前尚未发现有利的投资机会，可通过现金股利或股票回购方式将多余的现金返还给股东。

象限三：属于减损型现金剩余业务。处于这一象限的业务单元，资本收益率差幅和增长率差幅均小于零。减损型现金剩余表明资源未得到充分利用，存在被收购的风险。减损型现金剩余的主要问题是盈利能力差，而不是增长率低，简单的加速增长很可能有害无益。这是公司处于衰退期的前兆，应分析盈利能力差的原因，寻找提高投资资本回报率或降低资本成本的途径，使投资资本回报率超过资本成本。对此，可采取的财务策略是：（1）将多余的现金用于该业务单元的业务重组，提高投入资本收益率；（2）通过扩大销售、提高价格、减少费用等途径提高税后经营利润率；（3）通过有效营运资本管理（加速收款、减少存货）等方法提高资产周转率；（4）审查目前的资本结构政策，如果负债比率不当，可以适度调整，以降低资本成本；（5）将该业务单元的业务出售，并将多余的现金返还给股东。如果企业不能提高投资资本回报率或者降低资本成本，无法扭转价值减损的状态，就应当把企业出售。

象限四：属于减损型现金短缺业务。处于这一象限的业务单元，资本收益率差幅小于零，增长率差幅大于零。该业务单元由于增长缓慢遇到现金短缺问题，经营活动既不能创造价值，又不能支持其自身的发展。相关的战略选择是：（1）彻底重组。如果盈利能力低是本企业的独有问题，应仔细分析经营业绩，寻找价值减损和不能充分增长的内部原因，对业务进行彻底重组。但如果重组失败，股东将蒙受更大损失。（2）彻底退出。如果盈利能力低是由整个行业的衰退引起的，企业无法对抗衰退市场的自然结局，应尽快出售以减少损失。即使是企业独有的问题，由于缺乏核心竞争力，无法扭转价值减损的局面，也需要选择出售。

5.3 价值创造的驱动因素

5.3.1 基于 EVA 的价值驱动因素

对于价值驱动因素中外许多学者都提出了颇有见地的观点。Thakor（2002，中译本）指出，价值驱动因素是影响或推动价值创造的一个决策变量。他通过星巴克等案例说明，价值的驱动因素是决定结果的要素，是价值创造的有效载体和具体方式。Copeland（1994）认为，价值的根本驱动要素就是投资资本回报率、企业预期增长率。这一论断虽然将价值的驱动因素只归结到两个财务指标上面，但由于这两个财务指标是两个基本的财务指标，它们事实上反映了企业从日常经营管理、投资到企业资本结构的许多问题。奈特（2002）则认为，价值影响要素是对经营活动和财务运行效果有重大影响的运行因子，这一定义不仅仅限于运行效果，还包括所有决策得以实施的动力机制，价值影响要素存在于企业的各个领域，包括产品开发、生产、营销以及人力资源的开发和利用等等。

1）价值驱动因素分析的思路

价值驱动因素是影响或推动价值创造的一个决策变量。根据财务估价理论，公司价值创造的源泉来源于存量资产创造的价值和公司未来增长机会创造的价值。现从 EVA 视角说明不同价值驱动因素对公司价值的影响。如果资产账面价值与投入资本相等，根据公式（5.5），公司的市场价值为投入资本与未来 EVA 的现值之和，其中未来 EVA 的现值来源于两个方面：存量资产创造的各期 EVA 现值和未来增量投资创造的各期 EVA 的现值。因此，公式（5.5）可改写为：

$$MV = IC_{存量资产} + \sum_{t=1}^{\infty} \frac{EVA_{t,\,存量资产}}{(1+WACC)^t} + \sum_{t=1}^{\infty} \frac{EVA_{t,\,未来增量投资}}{(1+WACC)^t} \tag{5.9}$$

在公式中，决定存量资产的价值创造主要取决于公司存量资源的经营效率；未来增量投资主要取决于增量资源的投入与整合。

再回过来看 EVA 的基本公式（5.2），EVA=NOPAT−WACC×IC，可以看出，

EVA 的直接决定因素是税后净经营利润和资本成本，而税后净经营利润的增加取决于销售收入的增长、经营利润的增长以及税率的降低。公式（5.3）中的 EVA 还可表述为：EVA=IC×（ROIC-WACC）。公式表明，在其他因素保持不变的情况下，提高投入资本收益率（ROIC）、降低资本成本（WACC）、增加资本投入或减少资本投入时，就会增加 EVA，为股东创造价值。将 ROIC 分解后，可以得出：

ROIC=销售增长率×资本周转率

因此，提高销售的盈利能力和资本的使用效率是提升 ROIC 的有效途径。下文具体阐述 EVA 的几个主要驱动要素。

2）提高销售增长率

企业价值产生源于企业销售的增长。那么，是什么支撑着企业销售的持续增长？成功企业的实践表明，企业的核心能力是引导企业持续增长的关键要素。核心能力一般是指企业独自拥有的、能为消费者带来特殊效用、使企业在某一市场上长期具有竞争优势的内在能力资源，这些资源可以是人力、产品、技术、流程、企业文化等。核心能力引导企业增长，这种增长必须是持续稳定的，必须是能带来现金流量的销售增长，单纯销售增长率的提高可能潜伏着危机。罗伯特·C.希金斯教授（1998）认为："从财务角度看，增长不总是上帝的一种赐福。快速的增长会使一个企业的资源变得相当紧张，因此，除非管理层意识到这一结果并且采取积极的措施加以控制，否则，快速增长可能导致企业破产。"希金斯教授强调企业应保持可持续增长，即在目标值（经营目标和财务目标）不变的条件下，企业销售额可以达到的最大增长率。如果预计或实际的销售增长率脱离可持续增长率，必有一些因素脱离目标值。可持续增长率一方面受商品市场和管理效率的双重影响，如产品的价格、成本水平管理，应收账款、存货、固定资产的管理等；另一方面受金融市场和财务政策的影响，如企业的负债水平、投资规模、筹资方式、股利政策等。因此，某一销售增长率是否能实现，不仅取决于企业的盈利水平和资产周转的情况，而且也取决于企业的财务政策或财务资源的影响。

3）降低投资支出/销售收入比率

企业进行投资支出的终极目标是为客户与投资者创造持久的价值，或者说为企业的未来创造价值。这一投资主要包括为扩充企业生产能力而进行的长期资产投资和为维持企业成长所需要的营运资本投资等。投资支出/销售收入比率的倒数称作资产周转率，为提高资产周转率，企业或者扩大销售收入，或者降低投资支出。投资与销售收入比率的高低不仅与企业内部资源的使用效率有关，也与企业调度外部资源的能力有关。在信息经济时代，资源的概念不再是企业拥有多少资源，而是企业能调度多少资源。企业不仅通过内部资源的流动和重组获取利润，而且还要善于整合外部资源（包括物质资源、人力资源、技术资源、组织资源和商誉等）为己所用。

4）税收筹划

企业税收筹划是通过对企业经营、投资和融资活动的事先筹划和安排，选择符合立法意图且减轻税负的经济行为。企业的税收筹划方案一般包括以下3个方面：一是根据国家税收政策导向设计纳税策略；二是根据经营活动的特点设计纳税策略；三是根据财务活动的特点设计纳税策略。

5）降低资本成本

影响资本成本的因素主要是不同资金来源的资本成本以及不同来源资金所占的比例。前者与风险相关，后者与资本结构有关。从理论上说，不同筹资方式资本成本的差异主要取决于风险的大小。政府债务成本一般与无风险利率有关；债务风险补偿率的大小与市场利率成因有关；股权资本成本风险补偿率主要取决于经营风险补偿率和财务风险补偿率的大小。风险管理从某种意义上来讲就是充分发挥企业价值增长的两个杠杆（经营杠杆、财务杠杆）作用，权衡经营风险和财务风险对企业价值的影响。风险管理就是通过风险识别、风险衡量、风险控制等活动，达到风险获利等目的。在资本成本管理中，另一个要素就是合理设计企业的资本结构。

此外，增加资本投入，剥离不良资产，处置毁损价值的无效资产，降低资本占用，同样可以实现价值创造。如果以比资本投入增加更快的速度增加市场价值，或者以比市场价值减少更快的速度减少资本投入，都会得到同样的效果，即增加股东价值。

5.3.2　竞争战略与价值驱动因素

1）竞争战略分析

价值创造有两个重要源泉：一是公司经营所在行业的吸引力；二是相对于竞争对手，公司所建立的竞争优势。竞争战略分析涵盖了3个基本步骤：评估行业的吸引力、评价企业在行业中的竞争地位以及确认企业的竞争优势。行业吸引力分析的根本目的是衡量每个行业的价值创造潜力。行业吸引力分析的一个重要因素是行业竞争风险。波特的五力模型是分析该风险的重要工具。

行业吸引力分析主要解决以下问题：

• 行业总体的吸引力有多大？

• 行业中能够创造价值的最重要的因素有哪些？

• 重要因素的变化对于行业中不同公司价值的影响有多大的敏感度？

• 行业结构的变化、总体经济形势的变化对于企业个体或整个行业有多大的影响？

竞争战略分析的第二个步骤是评价企业在行业中的竞争地位。如果一家公司处于弱势竞争地位，那么无论这个行业多么有吸引力，也无益于公司的价值创造。反之也一样，如果一家公司处于强势竞争地位，那么即使这个行业没什么吸引力，也将有益于公司的价值创造。当然，通过竞争战略的选择，公司可以改变它在行业中的地位。

竞争地位分析主要解决以下问题：

- 在相关的行业中，公司竞争者所展现出来的优势和劣势是什么？

- 公司对其竞争者的战略如何回应？竞争对手的战略又对公司有怎样的影响？

- 在竞争地位、成本结构和资金供给都已经给定的情况下，竞争者能够很好地执行对应的战略么？

- 行业结构的变化、总体经济形势的变化对于个体竞争者或整个行业有多大的影响？

行业吸引力分析和行业竞争地位分析为竞争战略分析的第三步——企业竞争优势的确认——提供了背景支持。好的价值创造战略源自稳定的竞争优势，评估竞争优势就是在评估公司股东价值创造的潜力。更确切地说，可持续的价值创造就是要持续不断地寻找超过资本成本的长期投资机会，这是竞争优势的终极体现。

2）成本领先战略与差异化战略的价值驱动因素分解

一系列文献研究表明，价值创造源于行业中竞争行为所产生的经济租金（economic rents）。在竞争性环境中，如果公司能够产生竞争优势，就会有超额利润产生。Shapiro（1991）指出，现有竞争者的进入壁垒和独特的竞争优势（例如规模和范围的经济效应、绝对的成本优势和产品的差异化等）是超额利润的真实源泉。不同竞争战略的价值动因见表5-4。

表5-4　　　　　　　　　　　　不同竞争战略的价值动因

竞争战略	项目价值动因
成本领先战略	绝对成本优势 ·专有产品技术 ·重要原材料的控制 ·早期进入者的优先权 ·学习和经验曲线效应
差异化战略	规模经济效应 范围经济效应 新产品的研发 知名度的建立

成本领先战略通过成本控制和价值链的重新配置来形成更有效的方式去设计、生产、分销或销售产品。从价值管理的角度分析，具有价值创造功能的战略，必然能够将在战略设计过程中所有竞争优势因素转化为财务上的价值驱动因素。结合图5-1，下文中表5-5和表5-6列示了成本领先战略和差异化战略按价值驱动因素分类的支持性策略。

表 5-5 成本领先战略下按价值驱动因素分类的支持性策略

价值驱动因素	支持成本领先战略的策略
销售增长率	· 保持有竞争力的价格 · 追求市场份额以获得生产、分销等的规模经济性
营业利润	· 在每一个价值活动中争取相关的规模经济性 · 引入提高学习速度的机制，例如，标准化、产品设计修正、改善时间进度等 · 在供应商的产品设计、质量、包装、订购程序中寻求降低成本的方式 · 寻求与渠道有关的成本减少 · 减少不能增加产品价值的一般管理费用
营运资本投资	· 最小化现金余额 · 管理应收账款以减少平均收账期 · 在不损害客户服务所要求的水平下减少存货
固定资产投资	· 增加固定资产的利用率 · 获得提高生产率的资产 · 出售闲置的固定资产 · 以最低的成本获得资产（例如，选择租赁还是购买）
资本成本	· 设定最优资本结构目标 · 选择成本最低的筹资工具（债务或股权） · 降低公司风险因素

资料来源：①拉帕波特.创造股东价值［M］. 于世艳，郑迎旭，译. 昆明：云南人民出版社，2002：70.
② ALFRED. Creating shareholder value: a guide for managers and investors ［M］. New York: Free Press，1998.

表 5-6 差异化战略下按价值驱动因素分类的支持性策略

价值驱动因素	支持差异化战略的策略
销售增长率	· 争取较高的价格 · 追求消费者愿为差异化支付溢价这一市场份额的增长
营业利润	· 选择最有成本效益的差异化价值活动组合，例如，通过降低购买者成本和风险并同时提高产品性能的方式 · 减少不能对消费者需求做出贡献的成本
营运资本投资	· 最小化现金余额 · 将应收账款政策与差异化战略联系起来 · 维持存货水平，使之与服务的差异化水平相一致 · 争取向供应商支付应付账款的最优条款
固定资产投资	· 投资于能产生差异化的特定资产 · 购买具有最佳效用的资产 · 出售闲置的固定资产 · 以最低的成本获得资产（例如，选择租赁还是购买） · 设定最优资本结构目标
资本成本	· 选择成本最低的筹资工具（债务或股权） · 提高差异化程度，使产品需求较少地依赖于整体经济状况

资料来源：①拉帕波特.创造股东价值［M］. 于世艳，郑迎旭，译. 昆明：云南人民出版社，2002：70.
② ALFRED. Creating shareholder value: a guide for managers and investors ［M］. New York: Free Press，1998.

差异化战略的支持性策略和成本领先战略的支持性策略有明显的不同，这些不同反映在每一驱动因素的分解上。例如，价值创造对于营业毛利通常比较敏感。在成本领先战略中，实现目标利润的关键就是实行有效的成本控制；然而在差异化战略中，焦点的核心看起来更像是公司寻求溢价的能力。无论公司计划实行哪一种竞争优势，管理层都必须要在不同的价值驱动因素间实现平衡。

5.4　价值创造体系

价值创造体系主要揭示公司价值创造的驱动因素，根据前述的资源理论和核心能力理论，公司价值的持续增长来源于公司的持续竞争优势，持续竞争优势则来源于公司所拥有的战略资源。在上述各节的讨论中，主要是从财务资源的角度分析价值创造的驱动因素，事实上，除投资者提供的财务资源外，客户资源和人力资源以及其他无形资产都是构成公司竞争优势所不可缺少的资源。

5.4.1　客户价值与公司价值

在价值管理中，不仅要为财务资源的提供者——股东——创造价值，也要为人力资源提供者或财务资源的使用者——员工（包括经营者和其他员工）——创造价值。此外，还要为公司产品/服务的购买者——客户——创造价值。价值创造体系的核心要素就是客户价值。

公司价值或股东价值的实现是通过为客户创造价值完成的，或者说，通过为客户提供超越竞争对手的价值，从而为公司或股东创造价值。为提高客户价值，公司不但要在产品属性、服务质量、价格、品牌等客户价值收益来源上做文章，而且也要研究影响客户支出成本的因素，设法降低客户购买成本、时间成本、精神成本、体力成本以及风险承担（因信息不对称导致的客户所购与所需产生差异而带来的损失）；通过建立客户信息共享机制和内部沟通机制，实现公司与客户的双向沟通，建立基于共同利益的新型企业-客户关系，通过客户服务（争取客户、满足客户、保持客户）创造价值。

企业的价值实现主要由顾客忠诚来驱动的这一观点，得到许多学者的实证检验。Heskett和James等（1994）为这一问题提供了清晰的思路。他们认为企业的收益增长与盈利能力主要是由顾客忠诚决定的，顾客忠诚是由顾客满意决定的，而顾客满意由顾客的价值决定。企业的价值创造或价值增值是由顾客的数量和质量来决定的，由于保有顾客忠诚的成本低于获得新顾客的成本，因此企业首选的做法应该是尽量保有原来的顾客，在不考虑降价的情况下，增加顾客所感知的价值就会增加顾客的满意度，也就提高了顾客的忠诚度，企业价值因此获得实现。为此，为顾客创造价值应该成为企业的最重要的目标。

从客户的角度看待产品/服务的价值，其目的就是通过为客户提供超越竞争对手的服务，从而为企业创造价值。客户关系管理包括客户分析、成本、便利和沟通4个方面的内容。利用数据仓库、报表等技术手段对客观数据进行分析，以便了解、研究、分析客户的需求与欲望，确定企业应该生产什么产品；研究影响客户支出成本的因素，设法降低客户购买和消费成本；研究如何把产品/服务有效率地传递到客户那里，并方便地使得客户实现其效用；研究如何在企业研、产、销之间建立客户信息共享机制及内部沟通机制，通过企业与客户的双向沟通，建立基于共同利益上的新型企业-客户关系，通过为客户服务、争取客户、满足客户、保持客户以从中获利。客户关系管理这4个方面呈顺时针的方向变化，体现了在客户价值创造体系中的逻辑关系。

5.4.2　无形资产在价值创造中的作用

有形资产和金融资产是工业经济时代企业创造价值的主要来源。但是，在知识经济时代，无形资产正在成为企业价值创造的主要驱动因素。财务资源主要表现为有形资产和金融资产；组织资源、信息资源和人力资源主要表现为无形资产。在无形资产中，组织资源是指为执行创造公司价值战略所要求的组织能力，主要包括：（1）文化——执行战略所需要的使命、愿望和核心价值的意识和内在化；（2）领导力——管理者动员和领导员工实现公司目标的能力；（3）协调一致——个人、团队和部门目标与战略目标的实现相结合；（4）团队工作及知识管理——整个公司共享的具有战略潜力的知识。信息资源主要包括信息系统、数据库、图书馆和网络资源等。IT的应用会带来企业组织结构和行为的显著变化，进而导致新的商业过程和新的市场策略的出现。众所周知，沃尔玛的主要资产不是计算机软件和硬件，而是围绕信息系统所形成的无形的商业流程，其拥有的关于消费者、供应商和商业知识等数据的价值是用于存贮上述信息的磁盘成本的好多倍。人力资源主要指员工技能、知识和诀窍的有效性，这些技能、知识和诀窍主要用来执行对创造公司价值至关重要的内部经营。据 A. Bhide（2000）的统计，名列"Inc1 500"（美国主要的新兴成长型公司）中的公司，71%是由那些对其原先雇主创新工作进行复制或修改的人建立的，这充分说明了留住关键员工并拥有其所创造价值的重要意义。

从无形资产形成的过程看，它与企业的创新活动、组织设计和人力资源实践有密切的相关性，三者单独或共同作用的结果表现为无形资产的形成和价值的创造。例如，默克制药公司所拥有的巨大无形资产主要来自其每年投入的巨额研发费用，这是创新活动的结果；戴尔计算机公司主要的价值驱动因素是其独特的计算机直销体系，这属于组织设计的范畴；可口可乐公司的品牌是通过其秘密配方和出众的营销能力组合形成的，它是创新活动以及组织设计共同作用的结果。

在知识经济时代，由于经济的全球化、管制的解除和技术的发展等因素导致竞争的加剧，企业的基本面发生了重大的变化，有形资产和金融资产正在迅速商品化，其投资报酬率趋同于社会平均报酬率，从而不能为企业提供持续的竞争优势与增长。面对这一变化，企业必须采取组织重构和战略聚焦两大基本策略。前者使纵向一体化的内部组织被供应商、客户和员工之间的紧密合作与联盟的网络所取代，导致大量的有形资产被无形资产（主要是组织资本）所替代；后者强调创新是获得持续竞争优势的主要来源，导致更多的无形资产投资（研发、信息技术、员工培训、争取客户等），并且凸显了人力资本的重要性。因此，无形资产正在成为企业价值创造及增长的主要驱动因素。

本章小结

1.投资决策是评价和选择投资项目、优化资源配置的一种经济活动。投资项目决策的目的旨在评价或选择能够创造公司价值的投资项目，以便提高公司价值的长期增长潜力。

2.MVA的来源是公司的投资活动和经营活动，市场增加值主要是向市场或投资者展示这种价值的度量结果，仅当投资活动和经营活动所创造的价值大于资本成本时，才能为投资者创造增量价值。

3.经济增加值是一种剩余价值指标，在数量上等于税后净营业利润超过资本成本的价值。

4. $\begin{aligned}\text{调整后的}\\\text{NOPAT}\end{aligned} = \begin{aligned}\text{税后}\\\text{净利润}\end{aligned} + \begin{aligned}\text{税后}\\\text{利息费用}\end{aligned} + \begin{aligned}\text{少数}\\\text{股东损益}\end{aligned} + \left(\begin{aligned}\text{递延税项贷方}\\\text{余额的增加}\end{aligned} + \begin{aligned}\text{各种准备金}\\\text{余额的增加}\end{aligned}\right) \times \left(1 - \begin{aligned}\text{所得税}\\\text{税率}\end{aligned}\right) +$

$\left(\begin{aligned}\text{本年发生}\\\text{的研发费用}\end{aligned} - \begin{aligned}\text{本年研发}\\\text{费用摊销额}\end{aligned}\right) \times \left(1 - \begin{aligned}\text{所得税}\\\text{税率}\end{aligned}\right) + \begin{aligned}\text{经营租赁中隐含}\\\text{的税后利息费用}\end{aligned}$

$\begin{aligned}\text{调整}\\\text{后的IC}\end{aligned} = \begin{aligned}\text{普通股}\\\text{权益}\end{aligned} + \begin{aligned}\text{少数股东}\\\text{权益}\end{aligned} + \begin{aligned}\text{递延税项}\\\text{贷方余额}\end{aligned} \left(\begin{aligned}\text{借方余额}\\\text{为负值}\end{aligned}\right) + \begin{aligned}\text{当年资本化}\\\text{的研发费用}\end{aligned} + \begin{aligned}\text{经营性}\\\text{租赁}\end{aligned} + \begin{aligned}\text{各种准备金}\\\text{贷方余额}\end{aligned}$

$\begin{aligned}\text{短期}\\\text{借款}\end{aligned} + \begin{aligned}\text{长期}\\\text{借款}\end{aligned} + \begin{aligned}\text{长期借款中短期内}\\\text{到期的部分}\end{aligned}$

5.项目净现值衡量投资项目对公司增量价值的贡献大小。投资净现值为正的项目将会增加公司价值；反之，则会损害公司价值。经济增加值是对于净现值法则的简单拓展。

6.市场增加值是从总体上衡量公司为投资者创造价值能力的指标，其大小不仅取决于公司当前经营创造的价值能力，而且与公司未来创造价值的能力有关。

7.在其他因素保持不变的情况下，提高投入资本收益率（ROIC）、降低资本成本（WACC）、增加资本投入或减少资本投入时，就会增加EVA，为股东创造价值。将ROIC进行分解后，可以得出ROIC=销售增长率×资本周转率，因此，提高销售的盈利能力和资本的使用效率是提升ROIC的有效途径。

8.财务战略矩阵是通过两维的参数综合分析公司价值增长程度的工具：一是资本收益率差幅（ROIC-WACC）；二是销售增长率与可持续增长率之间的差幅。

9.价值创造有两个重要源泉：一是公司经营所在行业的吸引力；二是相对于竞

争对于，公司所建立的竞争优势。竞争战略分析涵盖了3个基本步骤：评估行业的吸引力、评价企业在行业中的竞争地位以及确认企业的竞争优势。

10.有形资产和金融资产是工业经济时代企业创造价值的主要来源，但是，在知识经济时代，无形资产正在成为企业价值创造的主要驱动因素。

讨论题

讨论题指引

1.2011年，中国石油（股票代码601857）的EVA为862亿元，其投资资本为12 498亿元；中材国际（股票代码600970）的EVA为12亿元，其投资资本为52亿元。结合两家公司2011年的财报，你认为投资者更青睐于哪家公司？

2.请根据经济增加值说明公司价值创造的驱动因素。

讨论题指引

3.运用EVA进行战略分析时，需要进行会计调整，理论上说，会计调整的项目包括很多项，但在实务操作时，往往需要根据项目的实际情况进行专业判断，你认为执行者在进行项目调整时需要考虑到哪些因素？

讨论题指引

4.资本成本率是计算EVA的重要指标，国资委颁布的《经济增加值考核细则》规定，资本成本率统一规定为4.1%、5.5%和6%三类，且资本成本率确定后3年保持不变。你对该项规定有何看法？

讨论题指引

案例分析

互联网时代——谁的江湖

Facebook起初的目的并不是要创立一家公司，它建立的目的是实现一种社交模式——让世界变得更开放更紧密。

——马克·扎克伯格（Facebook创始人）2012年5月16日

Facebook创始人、CEO马克·扎克伯格于2012年5月18日在位于美国加利福尼亚州的Facebook总部敲响开市钟。此次IPO发行价为38美元，发售4.2亿股，融资规模将达160亿美元。按此发行价计算，Facebook的估值为1 040亿美元，创下美国公司的最高上市估值。但是Facebook在开盘日即跌破发行价，在6月6日的交易中，Facebook股价再度下挫，收盘价跌破26美元，与上市之初的千亿美元相比，Facebook的市值已经缩水三成，按收盘价计算约为709亿美元。标准普尔分析师斯科特·凯斯勒（Scott Kessler）6月6日将Facebook的股票评级从"卖出"上调至"持有"，称这只股票的价格已经跌破其此前设定的27美元的目标价。凯斯勒同时指出："Facebook 仍旧在商业化、移动业务、内部投资支出、第三方公司的并购交易和知识产权以及公司治理等领域中存在问题。"上市之后，Facebook 将不可避免地应对来自投资者的股价和业绩压力，扎克伯格会将这个庞大的社交帝国带向何处？

Facebook 的三大挑战：

现实挑战：广告营收。顶着千亿美元估值上市的 Facebook 从未摆脱过泡沫的质疑，而营收是支撑股价最关键的指标，他们必须保持营收的持续稳定增长，才能推动股价维持高位乃至继续走高。2011 年 Facebook 实现营收 37 亿美元，其中 85% 来自广告。作为全球最大的社交网站，Facebook 本该是广告主最青睐的平台。但就在上市前几天，他们的广告价值却遭到了沉重打击。美国第三大广告主通用汽车宣布，由于对 Facebook 的广告成效存在怀疑，决定取消总额 1 000 万美元的 Facebook 广告预算。据 Forrester 的分析师内特·爱列奥特（Nate Elliott）透露，宝洁、美国运通、AT&T、迪士尼和 Verizon 等数家广告大金主也对 Facebook 的广告成效产生了怀疑。广告价值在于信任，如果这一多米诺骨牌开始倒塌，那么 Facebook 的广告营收前景可能会更加黯淡。市场调研公司 WordStream 的数据显示，Facebook 的广告点击率平均只有 0.051%，不仅低于行业平均水平 0.1%，更远远低于谷歌的 0.4%。Gartner 预计，2015 年移动应用广告市场规模将达到 200 亿美元，只要 Facebook 愿意的话，这一领域也会带来重要营收。创新将是扎克伯格解决营收问题的关键。

迫切挑战：移动领域。Facebook 成为全球最大社交网站主要是基于网页平台，但随着移动互联网时代的到来，越来越多的用户通过智能手机登录 Facebook。有数据显示，在 Facebook 的 9 亿月活跃用户中，有 4.88 亿用户通过移动设备使用服务。以 Facebook 的人才储备和研发能力，这个问题只能被解释为没有基于移动来做产品。但好在 Facebook 已经重视移动领域的挑战，单是在招股书中就 71 次提到"移动"字眼。目睹谷歌取代雅虎的地位，而后 Facebook 又挑战谷歌，扎克伯格显然比谁都明白优胜劣汰的道理。2012 年 4 月，移动图片应用 Instagram 刚刚推出 Android 版，用户数便以每周 500 万人的井喷式速度增长。Instagram 刚刚完成了估值 5 亿美元的新一轮融资，两天之内扎克伯格就开出了双倍价格，斥资 10 亿美元收购 Instagram。收购 Instagram 显然是出于战略考量，化解一个潜在的竞争对手。第三方应用平台应用中心（App Center）是 Facebook 在移动领域的杀手锏，这是一个基于 Facebook 移动网站的跨平台应用商店，用户可以通过网页、Android 以及苹果 IOS 设备登录 Facebook 应用中心。跨平台带来了更多的用户和开发者，凭借着全球 9 亿多用户与跨平台的优势，Facebook 的应用中心从一开始就吸引了普遍关注。这个应用中心打通了苹果、谷歌、微软和亚马逊等应用商店的界限。此外，Facebook 从未放弃推出自有移动系统的计划。苹果 IOS 系统深度整合了 Twitter，却没有与 Facebook 推进合作，或许是忌惮 Facebook 未来会成为另一个谷歌，扎克伯格和他的 Facebook 需要自己的平台。

长远挑战：新业务开拓。在广告营收和移动战略之外，Facebook还面临着新业务开拓的挑战。诞生于2004年的哈佛大学宿舍，Facebook一路击败了Friendster、MySpace等竞争对手成长壮大，如今已经成为社交网站的代名词。但上市也意味着Facebook进入了稳定期，怎样开拓新的业务是扎克伯格面临的长远挑战。自2006年9月向所有用户开放注册后，Facebook的用户数就开始了疯狂的增长。2008年突破1亿，2010年突破6亿，2012年达到9亿，Facebook在全球市场的扩张速度令人瞠目结舌。但在急剧扩张数年之后，Facebook的用户量增速不可避免地放缓，或许会在相当长时期内停留在10亿左右。面对用户基数增长放缓，Facebook的重心将是打破传统的网络界限，成为用户网络服务的入口。

Facebook最有价值的要素是什么？答案显然是9亿的用户和海量数据。大数据俨然已经成为社交网站时代的最热技术，上市之后的Facebook会走出怎样的弧线？

在网络社交领域，Facebook不仅面临着MySpace、Google、Twitter和Linkedin在全球范围内的竞争，也面临着来着中国的腾讯、人人、新浪微博等的强有力挑战。

腾讯公司成立于1998年11月，是目前中国最大的互联网综合服务提供商之一，也是中国服务用户最多的互联网企业之一。2004年6月16日，腾讯公司在香港联交所主板公开上市。2013年"BrandZ全球最具价值品牌百强榜"上，腾讯品牌价值排名第21名，超越第31名的Facebook。腾讯把为用户提供"一站式在线生活服务"作为战略目标，提供互联网增值服务、移动及电信增值服务和网络广告服务。通过即时通信QQ、微信、腾讯网、腾讯游戏、QQ空间、财付通等中国领先的网络平台，腾讯打造了中国最大的网络社区，满足互联网用户沟通、资讯、娱乐和电子商务等方面的需求。截止到2013年11月21日，QQ号已经到了2044430031（从10000号开始），QQ累计用户数已经超过了20亿。腾讯的累计用户数已经超越了三大运营商之和。腾讯公司从2005年左右就已经开始进行投资收购，从2005年到2009年，腾讯的投资都是小幅度的尝试，投入金额和数量都比较小，直到2011年年初，腾讯开始转变自己的发展战略，开始作为战略投资者对相关产业进行投资收购，成立了腾讯产业共赢基金，真正开启了腾讯以投资发展企业的时代。起初基金的规模为50亿元，2014年扩充至100亿元，并且投资的金额和数量都在逐年增加。2011年7月，投资金山软件。2013年9月16日腾讯旗下搜搜的通用搜索、问问和百科相关团队以及QQ输入法团队与搜狗原有团队融合，共同组建新的搜狗团队。2014年2月14日，腾讯和银河基金合作银河定投宝。2014年2月19日，腾讯收购大众点评20%股权，双方共同打造中国最大的O2O生态圈。2014年3月4日，腾讯宣布与王老吉成为战略合作伙伴。北京时间2014年3月10日，腾讯港交所公告，称同意以2.15亿美元收购京东3.5亿多股普通股股份，占京东上市前在外流通普通股的15%。同时京东腾讯还签署了电商总体战略合作协议，腾讯将旗下拍拍

C2C、QQ网购等附属关联公司注册资本、资产、业务转移至京东。腾讯拥有丰富的产品和业务线，涉及：即时通信、门户网站、搜索、电子商务、网络游戏、博客空间、网络支付等多个领域与数百个产品，到目前为止，腾讯在海内外投资和收购的案例超过160起，总金额超过530亿元。腾讯重点布局在社交、游戏、网媒、无线、电商和搜索六大业务，强化平台战略。腾讯公司历年投资收购案例数量如图5-3所示，腾讯公司投资收购案例领域分布如图5-4所示。

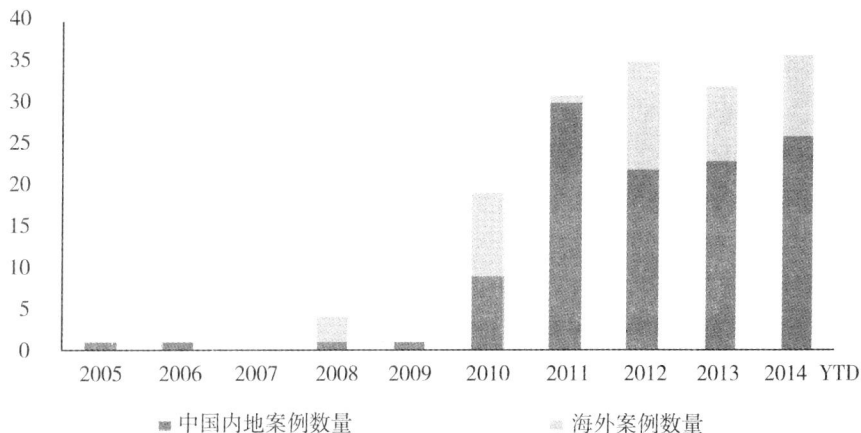

图5-3 腾讯公司历年投资收购案例数量

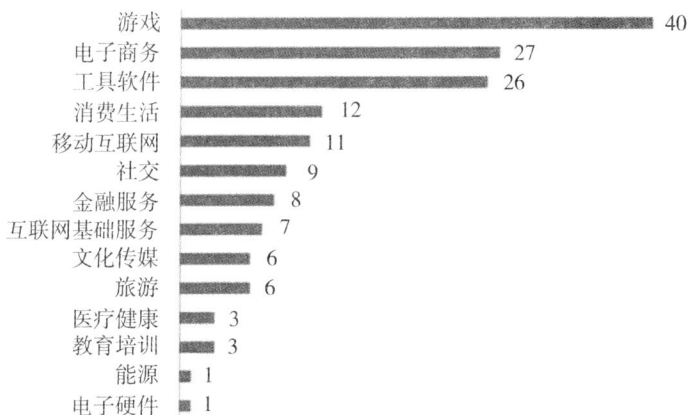

图5-4 腾讯公司投资收购案例领域分布

请结合案例资料及Facebook和腾讯公司的公开资料回答：

Facebook和腾讯公司各自实施的投资战略有何特点？该投资决策有益于股东的价值创造吗？

讨论题指引

公司并购

2014年6月11日，阿里巴巴宣布全资收购在中国国内用户数量排名第一的移动浏览器——UC优视。此次并购对价高达43.5亿美元，成为中国互联网史上最大并购案。阿里巴巴的此次并购以股票为主、现金为辅的方式进行。完成并购后，阿里巴巴持有UC优视100%的股份，同时组建阿里UC移动事业群。此次并购的完成对阿里巴巴的移动互联网布局起到了极大的推进作用。

自20世纪以来，并购已经成为企业快速扩张和整合的重要手段之一。寻求扩张的企业面临着内部扩张和通过并购实现发展两种选择。当一家公司用其货币资本来购买企业比其自己直接投资建厂所获得的收益更大时，购买行为就显得更加经济可行。在优胜劣汰的市场竞争中，公司并购与重组能够最有效地将某些经营困难的公司的闲置生产要素转移给那些正在扩大生产规模的公司。不同企业的并购动机与效果也各不相同。通过本章的学习，可以对并购的相关理论和实践建立较为清晰的架构。

第6章在介绍并购和并购浪潮的基础上，分析总结了并购效应的理论，并列举了相关的经验证据，以此了解并购发展的必然性。在了解并购动机之后，本章简要介绍了企业并购价值评估的思路，了解并购定价的理论依据，然后对并购的融资和对价方式进行总结，最后介绍了国外比较常见但在我国也应引起关注和重视的敌意收购以及相关的防御策略。

6.1 上市公司并购行为

6.1.1　并购的含义与类型

并购一般是指兼并和收购的简称。兼并是指一个公司采取各种形式有偿接受其他公司的产权，使被兼并公司丧失法人资格或改变法人实体的经济活动。收购是指一家公司通过现金、股票等方式购买另一家公司部分或者全部股票或资产，从而获得对该公司的控制权的经济活动。

公司的兼并和收购，从本质上看，都是公司所有权或产权的有偿转让；在经营理念上，都是通过外部扩张型战略谋求自身发展；目的都是加强公司的竞争能力，扩充经济实力，实现一体化。因此，通常将公司兼并和收购统称为并购。

根据并购的不同功能及并购所涉及的产业组织特征，可以将其划分为横向并购、纵向并购和混合并购三种基本类型。

横向并购是指处于相同市场层次上的公司并购，即两个或两个以上生产和销售相同或相似产品公司之间的并购行为。它的主要目的是使公司资本向同一生产、销售领域集中，扩大公司的生产经营规模，取得规模收益。近年来，由于全球性行业重组的趋势加快，我国各行业谋求发展的实际需要以及我国在政策法律层面对横向重组的一定支持，行业横向并购的发展十分迅速，对行业发展产生了重要影响。

纵向并购是指发生在同一产业的上下游企业之间的并购，各家企业处于生产经营同一产品的不同生产阶段。这些企业之间不是直接竞争关系，而是供应商和需求商之间的关系。通过纵向并购活动，同一产业链上的公司相互整合，构成一个同一集团内的产业价值链。纵向并购在我国发展尚处起步阶段，基本都在钢铁、石油等能源与基础工业行业内进行。这些行业的原料成本对行业效益影响较大，企业希望通过纵向并购来加强业务链的整体优势。

混合并购是指两个或两个以上相互没有直接投入–产出关系的公司之间的并购行为，其目的主要在于分散风险，寻求范围经济。在面临激烈竞争的情况下，我国一些企业希望通过混合并购的方式，实现多元化发展的格局，为企业进入其他行业提供有力、便捷、低风险的途径。

除了上述基本分类外，按并购的支付方式划分，并购可分为现金支付式、承债式、股份置换式、买壳式、借壳式以及联合收购式等。其中，买壳式、借壳式并购是企业除 IPO 外拥有上市公司的其他方式，资产置换加股权转让是最典型和最有效的方式之一。联合收购式并购是指在并购过程中，收购企业进行支付的方式不仅有现金、股票，还有认股权证、可转换债券等多种方式的混合。按被收购企业意愿划分，并购可以分为善意并购和敌意并购。其中，善意并购是指并购企业会与目标企业进行协商，在其同意的基础上再进行谈判并达成一致意见而采取的并购方式，被形象地称为"白马骑士";敌意并购是指并购方不管目标企业的意思表示,缺乏协商过程而进行的并购,被称为"黑马骑士"。

6.1.2 并购浪潮

以美、英、日、德等发达国家为代表的并购活动按历史进程大致可以分为6个阶段,在每一个阶段总有一种特定的并购方式处于主导地位。

1)第一次并购浪潮(1895—1904年)

第一次并购浪潮以横向并购为主要特征。19世纪下半叶,科学技术的巨大进步显著地推动了社会生产力的发展,并掀起了以铁路、冶金、石化、通信等行业为代表的行业大规模并购浪潮,各行业的许多企业通过资本集中组成了规模巨大的垄断公司,如美国钢铁公司、杜邦公司、美国烟草公司、美国橡胶公司等。在美国并购高峰时期的1899年,公司并购达到1 208起,是1896年的46倍,并购资产总额达到22.6亿美元。在1895—1904年的并购高潮中,美国有75%的公司因并购而消失。作为工业革命的发源地,英国在此期间的并购活动也大幅增长,有665家中小型企业在1880—1981年间通过兼并组成了74家大型企业,垄断着主要工业部门。在这股并购浪潮中,大企业在各行业的市场份额迅速提高,形成大规模的垄断企业。

2)第二次并购浪潮(1916—1929年)

经历了第一次并购浪潮后,企业并购活动处于低潮。到20世纪20年代,科学理论的突破形成了新的工业技术,导致汽车工业、电力工业空前繁荣,消费时代的到来使得这些工业的发展需要资本的进一步集中,企业并购又形成了第二次浪潮,见证了新产业的崛起。第二次并购浪潮与第一次并购浪潮具有显著的区别:第二次并购浪潮以纵向并购为主要特征,使得那些在第一次并购浪潮中形成的大型企业继续开展并购活动,并进一步增强其经济实力,扩展并巩固其对市场的垄断地位。在这一时期,纵向并购所占比例达到85%,各行业部门将其各个生产环节统一在一个企业联合体内,形成了一批在各部门处于领导地位的大型企业,如ICI至今仍然控制着英国的制造业,美国福特汽车公司发展成为汽车行业的巨大生产联合体。

3)第三次并购浪潮(1965—1969年)

第三次并购浪潮以混合并购为主要特征,而且无论是在规模上还是在速度上都大大超过了前两次。各主要工业国的经济经过20世纪40年代后期和50年代的逐步恢复,在20世纪60年代迎来了经济发展的黄金时期,同时催生了大规模的投资建设活动。随着第三次科技革命的兴起,一系列高新科技成就得到广泛应用,社会生产力实现迅猛发展,并造就以混合并购为主要特征的第三次并购浪潮。例如,美国在1967—1969年的并购高峰期,共发生并购10 859起,混合并购所占比例达到60%左右。第三次并购浪潮的主体主要是大型企业,企业和市场的垄断程度进一步提高。

4）第四次并购浪潮（1984—1989年）

第四次并购浪潮从20世纪80年代中期持续至20世纪80年代末。这一阶段以融资并购为主要特征，杠杆并购为主要手段，交易规模空前，数量繁多。据统计，1980—1988年间，企业并购的总数达到20 000宗，其中1985年达到顶峰。第四次并购浪潮的特点是杠杆并购盛行，出现了大量小企业并购大企业的现象，金融界为了支持杠杆并购，开始发行"垃圾债券"，导致20世纪80年代"垃圾债券"危机四伏。同时，这一时期的跨国并购不断增多，并一直延续至第五次并购浪潮。

5）第五次并购浪潮（20世纪90年代）

自20世纪90年代以来，全球化、信息技术、金融创新及产业整合等要求企业做出迅速调整，全球跨国并购迎来新浪潮。在此背景下，跨国并购作为对外直接投资的重要方式，逐渐替代跨国创建新企业而成为跨国直接投资的主导方式，并由此出现了像波音-麦道公司那样的世界性行业垄断集团。统计数据表明，1987年全球跨国并购额仅有745亿美元，1990年就达到了1 510亿美元，2000年全球跨国并购额进一步达到11 438亿美元。以往的并购活动主要集中在几个行业，而第五次并购浪潮涉及了通信、化工、航空、零售、医疗保健、银行等行业，促进了产业结构调整。

6）第六次并购浪潮（2004年至今）

全球在经历了第五次并购浪潮后，2004年的跨国并购再掀狂潮。全球跨国并购额2004、2005年和2006年分别达到3 810亿美元、7 160亿美元和8 805亿美元。这一期间，并购活动的猛增的原因部分在于2005年股市复苏带动的大宗交易。价值10亿美元以上的特大交易有141起，2005年特大交易的价值为4 540亿美元，是2004年的2倍以上，占全球跨国并购总价值的63%。近年来，全球并购仍在持续增长。2015年，全球并购数量再创新高，交易总额达到3.8万亿美元，其中：药品、食物、烟酒等消费品行业的并购交易额达1万亿美元，位居第一；金融领域的并购交易额达7 510亿美元，位列第二；工业企业的并购交易额达4 470亿美元，位列第三。[①]

在前五次并购浪潮中，中国企业只是在第五次并购浪潮中，以联想、海尔为主力的机构稍有参与。目前，中国企业大量崛起，国际大型投资银行等机构纷纷入驻我国展开并购活动。2013年全年，中国内地企业共参与海外并购200宗，并购数量同比上升5%，并购总金额达506亿美元。2014年，中国内地企业的海外并购数量达到272宗，较2013年增长36%；并购总金额达到557亿美元，同比增长10.08%。2015年，中国内地企业共实施的海外并购项目达到382宗，同比增长40.44%，交易总额达到674亿美元，同比增长21.01%。可见，中国的并购活动日益频繁，增长

---

① 商务部. 2015年全球并购交易创历史新高 2016年延续活跃态势 [EB/OL]. (2016-01-08) [2017-02-08]. http://finance.sina.com.cn/roll/2016-01-08/doc-ifxnkmaw2179378.shtml.

趋势明显。我们相信第六次并购浪潮将会以中国为主。

6.1.3 中国上市公司的并购特征

随着1990年12月上海证券交易所和1991年7月深圳证券交易所的成立，中国股份制企业的数量迅速增长，证券市场高速发展，利用证券市场进行的企业并购数量和交易规模也快速上升。通过20年的发展和完善，中国上市公司的并购活动取得了令人瞩目的成果。

1）中国上市公司并购活动的基本情况

我国从改革开放至今，企业并购活动已经有30多年的实践经验。随着我国企业优胜劣汰进程的加快和资本市场容量的扩大，资本市场并购活动总体呈现上升趋势。1998—2001年，我国共发生了1 700多起企业并购事件，交易金额达人民币1 250亿元。据《中国企业并购年鉴》统计，2002—2012年我国企业并购活动的数量显著增长。2002—2012年我国企业并购活动的数量趋势图如图6-1所示。

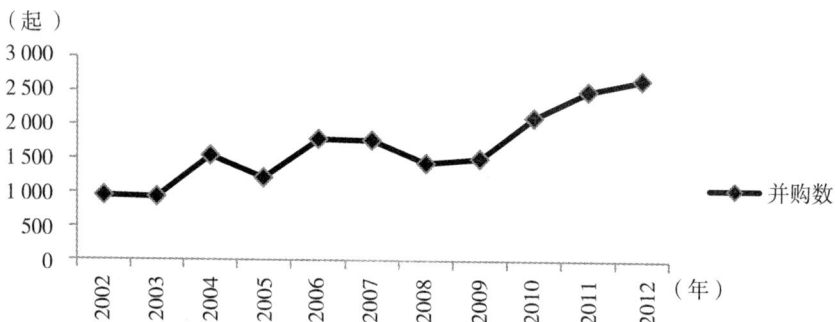

图6-1　2002—2012年我国企业并购活动的数量趋势图

2005年，在我国上市公司相继进行了股权分置改革之后，上市企业的并购活动呈现出新的变化。2005年以前，上市企业的并购活动主要以资产交易为主，之后股权交易开始占主流，并且控股权转移的并购不断增多，反映了我国资本市场上通过并购重组来进行业务拓展和实现行业整合的功能在增强。2005—2012年中国上市公司并购股权交易与资产交易数目对比图如图6-2所示。

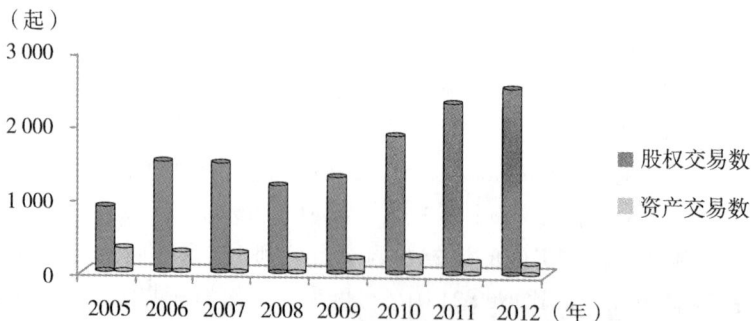

图6-2　2005—2012年中国上市公司并购股权交易与资产交易数目对比图

2）中国上市公司并购活动特征

现阶段我国上市公司的并购呈现模式多样化和领域广泛化等特点，民营资本以及外资资本也开始成规模地进入并购市场。然而，由于结构具有一定的特殊性，我国资本市场还呈现以下5个特征。

（1）进行市场化的业务结构调整和行业整合

改革开放30多年以来，我国很多产业的产能都出现了不同程度的过剩，同时随着经济的全球化，我国企业还面临外资特别是国际巨头的激烈竞争，因此通过市场整合现有产业的分散状态，调整业务结构是我国企业并购重组的主要动机。这对企业发展具有战略意义，主要表现在并购同行业不同领域公司或同行业不同市场的公司，达到做大做强的现实目标并重新配置资源、延长和重整产业链条，典型的例子是中国铝业不仅并购了众多铝业企业，还收购了上海有色等铜业企业。

2013年1月，工业和信息化部、国家发展和改革委员会、财政部等国务院促进企业兼并重组工作部际协调小组12家成员单位联合印发了《关于加快推进重点行业企业兼并重组的指导意见》，提出了汽车、钢铁、水泥、船舶、电解铝、稀土、电子信息、医药和农业产业化共九大行业和领域应通过企业兼并重组，提高产业集中度，促进规模化、集约化经营，形成一批在行业中发挥引领作用的大企业大集团，以促进产业持续健康发展。这项政策会进一步加快相关行业的重组整合。

当然，由于我国资本市场对上市公司资产和股权的不正常溢价，这种整合机会也给了上市公司进行资产套现和再融资的借口。

（2）封闭型并购占重要比重

封闭型并购是指关联企业之间或者政府主导的同一管辖范围内企业间的并购重组，与之相对应的是开放型并购重组。表6-1是近几年属于关联交易并购的数据。

表6-1　　　　　　　　　　　　关联交易并购数据表　　　　　　　　　　单位：起

年份	股权交易			资产交易		
	并购数	其中：关联交易数	占比	并购数	其中：关联交易数	占比
2012	2 537	665	26%	133	61	46%
2011	2 337	828	35%	167	108	65%
2010	1 871	729	39%	244	150	61%
2009	1 312	413	31%	196	130	66%
2008	1 207	356	29%	234	125	53%
2007	1 505	468	31%	268	165	62%
2006	1 515	471	31%	273	170	62%
2005	894	315	35%	325	206	63%

资料来源：北京交通大学中国企业兼并重组研究中心.中国企业并购年鉴［M］.北京：中国经济出版社，2006—2013.

从表6-1的数据可见，在股权交易中，关联交易数平均占并购总数的30%左右，在资产交易中的关联交易数更高达约60%，关联交易的比重是很大的。这是由于在我国的上市公司中，分拆上市的多，法人整体上市的少；同时，国有企业多，民营企业少，使得母公司与上市公司之间可以通过并购重组将非上市的资产注入上市公司或将上市公司的资产剥离，以实现上市公司资产规范增加、质量改善、结构优化等目的，或实现主业整体上市及法人整体上市。

（3）对控股权的争夺稳中有降

自2005年起，随着股权收购的日益增多，上市公司对控股权的争夺没有股权分置刚开始那么激烈了，在2005年的894笔股权交易中有397笔发生控制权转移，占全部股权交易的44%，而2012年的占比降到了32%。虽然有所下降，但总体还是不少，具体趋势如图6-3所示。

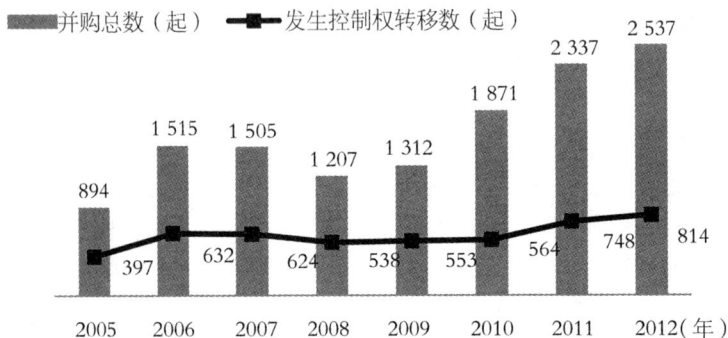

图6-3　2005—2012年中国上市公司股权交易控制权转移数量图

资料来源：北京交通大学中国企业兼并重组研究中心.中国企业并购年鉴［M］.北京：中国经济出版社，2006—2013.

争夺控股权的主要原因是我国上市公司控制权存在较大溢价，同时控股股东利用控制权获得额外好处的可能性很大，特别是可以从资本市场进行再融资，并将资金用于对控股股东非常有利的领域。尤其是在股权分置改革初期，限售流通股的溢价非常大，使对控股权的争夺非常激烈。随着市场开放程度的加深，这种溢价优势开始减弱，因此对控股权的争夺有一定程度的降低。

（4）并购事件易引发资本市场动荡

由于并购对上市公司的未来资产质量和盈利能力的影响比较大，因此对并购事件的预期容易引起上市公司二级市场价格的剧烈波动。由于我国对并购的管理还不完善，不法分子会利用并购信息的不对称性操纵市场价格，导致投资者利益受到侵害，不利于投资者形成良好的投资理念和证券市场的健康发展。针对此问题，相关部门应对《上市公司收购管理办法》中存在的内幕交易、操纵市场等行为予以详细界定和严惩。

（5）并购交易支付方式单一

我国并购规模与国外成熟的资本市场相比总体不大，而且往往是以大吞小式的并购，强强联合或蛇吞象式的并购案并不多。其中，80%以上的支付方式都是现金支付。同时，由于我国企业并购市场化程度低，很多并购都是政府主导，所以存在一些具有我国特色的特殊并购支付方式，如资产支付、承债支付和无偿划拨等。国际上流行的股票支付运用得较少，而综合证券支付则几乎没有。

6.2 并购效率理论与经验证据

6.2.1 并购效率理论

在众多的并购案例中，成功的并购可以使企业扭亏为盈，创造更多的价值，而失败的并购却会为社会和企业增添负担。并购成功与否可以通过对并购双方股东财富或公司价值的增减来体现，对并购财富效应的研究不仅直接关系到能否增进社会财富，还影响企业的并购决策，甚至会涉及反垄断问题。然而，由于并购活动的动因多种多样，并购所产生的效应也并不一致，甚至同一个企业不同时期的并购效应都有所不同，因此有关并购效应的研究历久弥新，产生了很多相关的理论以及众多经验证据。

并购效率理论认为，公司并购活动对整个社会而言是能带来潜在收益的，并且会提高并购参与者的效率。这一理论包含两个基本的要点：一是公司并购活动的发生有利于改进管理层的经营业绩；二是公司并购活动会导致某种形式的协同效应。该理论支持公司并购活动能够增加社会财富的观点，共有以下几种理论支撑并购效率理论。

1）管理协同效应理论

该理论也被称作"效率差异化理论"和"效率效应理论"。这种理论认为，并购活动产生正效应的原因在于并购双方的管理效率是不一致的。也就是说，如果甲公司的管理效率优于乙公司，那么在甲公司兼并乙公司后，乙公司的管理效率将被提高到甲公司的标准，由于两公司的整合而使效率偏低的公司的管理效率得到了促进。该理论有两个基本假设：

（1）并购方的管理资源有剩余且具有不可分散性。这是因为，如果并购方的管理资源没有剩余，已经得到充分利用，或是可以轻易地分割出来，并购活动将是没有必要的。

（2）对于目标公司而言，其管理的非效率可经由外部经理人的介入和增加管理资源的投入而得到改善。

在这种理论中，收购方一般具有目标公司所处行业所需的特殊经验并致力于改进目标公司的管理，同时使自己的管理资源得以充分利用。因此，管理协同效应理论适用于解释横向并购。

2）非效率管理理论

对非效率管理有两层解释，首先，目标公司的既有管理层没能充分利用既有资源以达到潜在绩效，相对而言，并购方的介入能使目标公司的管理更有效率，同时目标公司的管理是绝对无效率的，几乎任何外部经理层都能比既有管理层做得更好。非效率管理理论具有3个理论假设：①目标公司无法替换有效率的管理，而诉诸需要成本的收购；②如果只是因为经理人的无效率管理，目标公司将成为收购公司的子公司；③收购完成后，目标公司的管理者需要被替换。非效率管理理论更适用于分析混合并购，即处于不相关行业的公司间的并购活动。

3）经营协同效应理论

经营协同效应，是指由于经济上的互补性、规模经济或范围经济，而使得两个或两个以上的公司合并成一家公司，从而造成收入增加或成本减少的情形。该理论的前提是行业中存在着规模经济，且在合并前公司的经营水平达不到实现规模经济的要求。在企业尚没有达到使各种资源得到充分利用的合理规模时，并购是解决这一问题很好的手段。

该理论比较适用于解释纵向并购。因为根据交易成本理论，通过纵向一体化可以形成经营协同效应。例如，将同一产业的不同生产阶段或是不同发展阶段的企业合并起来，可以降低或避免讨价还价、通信联络等交易成本，从而提高企业的经营效率。

4）财务协同效应理论

财务协同效应理论建立在内外部资金分离的基础之上，认为并购可以给企业提供成本较低的内部融资。并购可以使公司从边际利润较低的生产活动向边际利润较高的生产活动转移，也就是低成本地促使资金在企业内从低回报项目流向高回报项目，将资金在并购企业的产业与目标企业的产业之间进行再配置。例如，当一方具有充足的现金流而缺乏投资机会，而另一方有巨大的成长潜力却缺乏融资渠道时，两者的并购就会产生财务协同效应。此外，在一个税法完善的市场经济中，并购后企业的负债能力往往大于并购前各单个企业的负债能力之和，虽然合并后企业的规模显著增大，但其筹资成本和交易成本却不会同步扩大，甚至可能与兼并前某个企业的成本差不多，同时负债的节税效应也会降低企业的财务成本。

5）多元化经营理论

作为一种并购理论，多元化经营理论区别于股东证券组合的多样化理论。股东可以在资本市场上通过将投资分散于各类产业而分散风险，但是，在所有权与经营权相分离的情况下，公司管理层和其他员工却很可能面临因为公司的单一经营而陷于困境的风险。多元化经营不是为了股东财富最大化，而是为了分散企业经营的风险，从而降低企业管理者和员工的人力资本投资风险。而且，公司内部的长期员工由于具有特殊的专业知识，其潜在生产力必定优于新进的员工。为了将这种人力资本保留在组织内部，公司可以通过多元化经营来增加职员的升迁机会以及工作的安全感。此外，如果公司原本具有商誉、客户群体或供应商等无形资产时，多元化经营可以使这些资源得到充分的利用。虽然多元化经营未必一定通过收购来实现，可通过内部成长达成，但时间往往是重要因素，通过收购其他公司可迅速达到多元化扩展的目的。

6）战略性并购理论

公司的并购策略并不是孤立的，而是应当放进公司的发展战略中进行综合衡量。实现股东价值最大化是公司的终极目标，但是其短期目标可能包括最小化成本、最大化利润、最大化市场份额、提升研发能力以及开拓新的市场等。为了实现公司的战略目标，公司可以选择内生增长、与其他企业结盟（战略合作关系）、与其他企业合资或者进行并购等方式。战略并购理论强调企业并购是为了增强企业适应环境变化的能力，而不是为了实现规模经济或有效运用剩余资源。并购可以使企业迅速进入新的投资领域，占领新的市场，获得竞争优势。虽然企业也可以通过内部发展来获得新的资源和新的市场，但并购显然能使企业更快地实现这种调整。

因此，并购应当被看作一种积累和创造资源和能力的动态过程，有助于提高企业的长期竞争力，在现有的资源和能力的基础上为公司争取新资源和新能力提供机会。

7）价值低估理论

这一理论认为，当目标公司的市场价值由于某种原因未能反映其真实价值或潜在价值时，并购活动将会发生。公司市值被低估的原因一般有以下3种：①公司的经营管理未能使公司达到其潜在可达到的效率水平；②并购公司拥有外部市场所没有的、有关目标公司真实价值的内部信息；③通货膨胀造成资产的市场价值与重置成本之间存在差异，从而出现公司价值被低估的现象。

常被用来衡量企业价值是否被低估的指标是托宾Q。Q等于公司的股票市场价值与实物资产重置成本的比例，如果Q值小于1，说明企业的价值被低估了，如果并购这样的公司将会产生潜在收益。例如，某公司Q值为0.7，即使收购成本为市值的1.2倍，其收购成本也只有资产重置成本的84%，收购该公司依然有利可图。

8）交易费用理论

在20世纪70年代后期，一种新的企业并购理论被西方经济学家提出，即交易费用理论。该理论从交易费用的角度解释了企业纵向并购的成因。该理论认为，企业并购的重要原因在于节约交易费用，即会产生交易费用效应。交易费用效应的产生原因在于：

（1）节约知识交易的谈判成本，减少机会主义行为

由于市场存在信息不对称及外部性的特点，知识的市场难以实现并且需要付出昂贵的成本。企业并购可以使专门的知识在同一企业内运用，进而实现节约交易费用的目的。另外，市场交易中存在人人为己的特点，单靠契约是不完备的。并购后，上下游企业之间的交易就成为一种内部交易，在同处于一个管理机构控制下的情况下，各自产生机会主义的动机就小。

（2）降低资产专用性风险

资产的专用性也是决定交易费用的重要因素。某些企业的产品生产需要大量专门的中间产品的持久投入，而这些中间产品市场常常存在供给的不确定性等问题。并购将供应商变成内部成员便解决了这一问题，降低了资产专用性风险。

6.2.2　并购信息与信号理论

并购信息与信号理论认为，企业并购会传递给市场参与者一定的信息或信号，表明目标企业的未来价值可能提高，从而促使市场对目标企业的价值进行重新评估或激励目标企业的管理层贯彻更有效的竞争战略。在以这种理论解释并购效应的研究中，有3种不同的看法：

①即使收购活动并未最终取得成功，目标企业的股票在收购过程中也会被重新提高估价。这种假说认为新的信息是作为要约收购的结果而产生的，且重新估价是永久性的。该信息假说可以区分为两种形式：一种形式认为，收购活动会散布关于目标企业股票被低估的信息并且促使市场对这些股票进行重新估价，目标企业和其他各方不用采取特别的行动来促进价值的重估；另一种形式认为，收购要约会激励目标企业的管理层自身贯彻更有效的战略，不需要任何外部动力来促进价值的重估。

②在一项不成功的兼并收购活动中，目标企业的股票价格提高是由于市场预期该企业随后会被其他企业收购。这些被预期的企业将拥有用于目标企业的专门资源。Desai和Kim（1988）的研究结果表明，那些没有再收到收购要约的目标企业的股票价格在首次收购之后的5年内会回到原来的水平，而那些随后又收到新的竞价的企业，股价则进一步上涨。他们认为信息假说是无效的，只有当目标企业的资源与收购企业的资源结合到一起时，目标企业股票的永久性重估才会发生，收购活动并不必然意味着目标企业的股票在市场上被低估或可以依靠自身力量来改善经营效率。

③由于信息不对称，作为内部人的经理人比外部人更多地了解公司状况，在这种情况下可能存在最优资本结构。根据罗斯的理论[①]，最优资本结构可能在下述情况下存在：第一，公司投资政策的性质将通过其资本结构的选择向市场发出信号；第二，经理报酬与资本结构信号的真实性相关联。信号的发布可以以多种方式包含在收购与兼并活动中。公司收到并购要约可能给市场传递这样的信息：该公司拥有尚未被认知的额外价值或者企业未来的现金流量将会增长。当竞价企业用普通股来收购目标企业时，可能会被目标企业或其他各方认为释放竞价企业的普通股价值被高估的信号。当企业回购自己的股票时，市场会将此视为股票价值被低估的信号，且该企业将获得有利的成长机会。

---

① 1977年，美国经济学家罗斯（Ross）首次将信息不对称理论引入资本结构理论的分析中，建立了激励信号传递模型。罗斯认为，企业债务比例或资产负债结构是一种把内部信息传递给市场的工具。负债比例上升是一个积极的信号，它表明经理对企业未来的收益有较高的期望，传递着经理对企业的信心。

在并购信息与信号理论中，非对称信息的假设更具有现实意义，但也存在一定的缺陷，并没有考虑经理人会与其他人员勾结向市场输送错误信息而使自己获益的行为。

6.2.3 代理问题与管理主义理论

1）代理成本理论

两权分离是现代公司的特点之一，但当企业的管理者仅拥有少量公司股票或者在所有权极为分散的大公司中，管理者与所有者各自的利益取向不同。管理者会因为工作中缺乏动力或进行额外的消费来满足自身的利益需求而损害股东财富的最大化，所有者难以有效地监督管理层，就会产生代理问题。代理理论在并购中主要体现在以下两个方面：

一方面，从解决代理问题的角度来看，解决代理问题一般有两种途径：第一是组织机制方面的制度安排，第二是市场机制的制度安排。在现实中，通过设计股权支付的报酬安排、外部产品市场、资本市场和经理人市场都可以适度地降低代理成本。但当这些机制都不足以控制代理问题时，接管可能是最后的外部控制机制。代理理论认为并购可以通过改选经理人和董事会成员而对现有管理层构成有效的威胁，是解决代理问题的重要途径。代理理论可以解释代理问题较为严重的企业往往成为并购对象的现象。

另一方面，并购企业的决定往往是由并购公司的董事会或者经理代表股东策划完成的，这就会导致代理问题的存在。经理人员在做出并购决策时，并不能完全代表股东的利益，更多地体现管理者的利益要求。因此，并购公司的管理者提出并购的动机，也可能是代理问题的一种表现。

2）管理主义理论

与并购可以控制代理问题的观点相反，管理主义理论认为并购本身就是一种代理问题的表现而不是解决方法。Mueller（1969）认为，代理人的报酬决定于公司的规模，因此代理人有动机通过并购使公司规模扩大，从而增加自己的收入以及保障其职位的安全。这样，管理者很容易只重视企业的增长率而忽视企业的实际投资收益率，从而做出错误的并购决策。

并购是企业获得管理价值最大化的行为，企业家希望通过并购扩张企业，不断促使企业迅速发展，以实现其在事业上的雄心壮志。在企业并购中，最普遍的并购动机是来自企业家的事业心和成就感，然而企业并购并不能为企业带来最大价值和利润，不是增强企业效益的最好方法，只是在管理者的扩张动机下产生的行为。同时，Roll（1986）提出，管理者由于野心、自大或过分骄傲而在评估并购机会时可能犯过分乐观的错误，支付给目标企业股东的价值偏大，从而导致在并购公告日附近，目标公司的累计超额收益显著大于零。这种理论意味着，发生收购时，目标公司的股东财富增加是因为收购方管理者的盲目乐观，过高地支付对价，使财富从收购方转移到目标公司股东，因而从整个社会角度来看财富并没有增加。

3）自由现金流假说

该理论认为，管理者和股东之间在自由现金流量配置上存在冲突而产生的代理成本是导致并购活动的主要原因。所谓自由现金流量，就是超过所有投资项目资金要求量的现金流量，且这些项目在以适用的资本成本折现后要有正的净现值。公司要实现效率最大化，自由现金流量就必须支付给股东，这也直接削弱了管理层对企业现金流的控制，并相应减弱了管理层的权利。当管理层为额外的投资活动进行融资时，就更容易受到公共资本市场的监督。但是，管理者并没有将这些自由现金流量派发给股东，而是将其投资于回报率很低的项目，或兼并别的企业以扩大企业规模，由此造成更高的代理成本，进一步削减了股东财富。

6.2.4　并购效率的经验证据

并购后双方公司的绩效如何是衡量并购是否成功的重要依据，国内外学者都对此进行了大量研究，并取得了相当数量的经验证据。

1）简单绩效研究

由于并购活动对公司绩效的影响主要体现在目标公司收益的增减、并购公司收益的增减以及总收益的增减上，以下将从这几个方面对国内外的研究结论进行汇总，具体内容见表6-2和表6-3。

表6-2　　　　　　　　　　　　并购绩效结论汇总表（国外）

总收益	目标公司收益	收购公司收益	研究者	研究内容
没考虑	通过兼并，享有20%的超额报酬	不显著	Jensen，Ruback（1983）	总结13篇研究文献的研究成果
	通过接管，享有30%的超额报酬	享有4%的超额报酬		
负	一年内反常收益为 -1.53%，两年反常收益为-4.94%，三年内反常收益为-7.38%	将近一半的并购公司股东累积反常收益为正	Agrawal等（1992）	1955—1987年间的1 164个并购事件
正效应	正效应	正效应	Healy，Palepu & Ruback（1992）	1979—1984年，美国最大的50起并购的业绩
没考虑	反常收益为35%	不显著	Schwert（1996）	1975—1991年间的1 814个并购事件
没考虑	不显著	兼并完成后5年时损失了财富的10%	Agrawaland Jaff（2001）	美国的937起兼并交易和227起要约收购交易
综合股东收益具有不确定性	10%~30%的股票超额收益率	股票收益率不确定，有负的趋向，长期财务业绩随着时间推移递减	Bruner（2002）	对1971—2001年间的130篇经典文献进行汇总分析

表6-3　　　　　　　　　　　　　　并购绩效结论汇总表（国内）

总收益	目标公司收益	收购公司收益	研究者	研究内容
没考虑	正效应	负效应	檀向球（1998）	沪市1997年的198个案例
没考虑	没考虑	累积超常收益有上升趋势，但统计不显著	陈信元、张田余（1999）	1997年上交所的并购活动
没考虑	收益变化差异不显著	收益变化差异不显著	高见、陈歆玮（2000）	1997—1998年的资产并购重组活动
没考虑	正的累积异常收益	不显著	余光、杨荣（2000）	深、沪两地1993—1995年的并购事件
没考虑	不显著	显著增加	李善民、陈玉罡（2002）	对1999—2000年的深、沪两市共349起并购事件进行研究，国家股比重最大和法人股比重最大的收购公司其股东能获得显著的财富增加
正效应	股票溢价达到29.105%	股票溢价为-16.176%	张新（2003）	对1993—2002年上市公司的1 216个并购事件进行研究
没考虑	没考虑	当年绩效提高，但其后绩效下降，且下降程度甚至抵消之前的提高	李善民等（2004）	1999—2001年，中国A股上市公司的兼并收购活动
没考虑	没考虑	并购两年内经营绩效降低股东利益，并购3年后有所改善	陆桂贤（2012）	选取沪深上市公司2005年发生的37起并购案在2004—2009年间各并购公司的EVA值，并分析其变化趋势
没考虑	得以改善	没考虑	张翼等（2015）	2003—2008年，沪深股市发生并购事件的上市公司

2）特定视角绩效研究

随着讨论的逐渐深入，很多学者结合中国资本市场的特殊背景以及并购的不同动因对并购绩效进行进一步研究，得出很多具有实际意义的结论，具体内容见表6-4。

表 6-4 　　　　　　　　　　　　　　　基于特殊视角的并购绩效汇总表

特殊视角	研究者	研究结论
考虑并购所涉及的产业组织特征分类	Elgers，Clark（1980）	混合并购的并购公司的收益高于非混合并购
	Agrawal 等（1992）	兼并后若干时间内混合并购的并购公司收益并不低于非混合并购
	冯根福，吴林江（2001）	总体上先升后降：混合并购的短期效益好，长期优势有限；横向并购的短期效益一般，长期绩效稳定且上升；纵向并购效果不显著
考虑并购动因	朱宝宪、王怡凯（2002）	业绩较差的公司较愿意出让控股权；多数并购是战略性的，获得上市地位是主要的并购动力；并购后主业得到明显加强；市场化的战略性并购效果较好，有偿并购的效果也较好
考虑关联方关系	王跃堂（1999）	关联方资产重组有更明显的操纵业绩的倾向，关联资产重组采用资产置换的比例远高于非关联方，但其绩效并未好于非关联方
考虑重组类型分类	陆国庆（2000）	资产剥离+收购兼并、第一大股东变更的股权转让+资产剥离+收购兼并这种类型的绩效最好；单纯的收购兼并次之；资产置换和没有实质性重组的股权转让不但没有改善企业业绩，还恶化了企业的财务状况
考虑连续并购问题	吴超鹏等（2008）	管理者能够充分学习，则可避免并购绩效的逐次下降，甚至可能逐次上升；若管理者仍不学习，则并购绩效将持续较差，甚至逐次显著下降
考虑了产业周期和并购类型	刘笑萍等（2009）	并购类型影响并购绩效的优劣，并购双方所处的产业周期也会影响并购绩效的优劣
考虑股权结构	刘大志（2010）	总体而言并购前后绩效是先降后升的；国有股东属性与并购绩效负相关；管理层持股与并购绩效负相关，但并不显著；股权集中度与并购绩效负相关；流通股比例与并购绩效正相关
考虑异质波动	赖步连（2006）	异质性波动通过影响投资者的投资预期会影响并购绩效
考虑政府干预和企业生命周期	王凤荣（2012）	较高的政府干预对处在成长期的地方国有企业的并购绩效产生负面影响；对处在成熟期的地方国有企业的并购绩效能起到明显改善的作用

特殊视角	研究者	研究结论
考虑政治关联和高管变更	吴超鹏（2012）	CEO并购绩效越差越容易被变更，但是政治关联CEO即使并购绩效差也不易被变更，这一现象在政府干预较少的省份较不明显；政治关联CEO被变更时的市场反应好于其他CEO，而且其所实施的并购绩效越差，其公司所在地政府干预越严重，其被变更时市场反应越好
考虑内部控制和高管权利	赵息、张西栓（2013）	内部控制对并购绩效有显著的正向影响；高管权利与并购绩效负相关
考虑控制权转移中大股东持股与利益侵占行为	陈文婷等（2015）	收购后业绩较差的公司，大股东持股比例与其利益侵占呈现"N"型关系；收购后业绩好的公司，大股东持股比例与其利益侵占呈现倒"N"型关系
考虑并购支付方式	葛结根（2015）	以市场为主导的有偿并购的绩效明显好于以政府为主导的无偿并购的绩效；与现金支付方式相比，管理交易和并购类型是其他支付方式下并购绩效改善的主要影响因素

6.3 并购价值评估

6.3.1 目标公司价值评估的步骤

并购价值评估主要是确定目标企业的价值以及并购增值，是在企业并购中制定并购策略、评价并购方案、分析并购增值来源、确定并购支付成本的主要依据之一，是企业并购的中心环节，具有十分重要的地位。并购价值评估是否准确合理在很大程度上将决定并购能否成功。如果高估了目标公司的价值，就会导致并购公司付出过高的代价，从而导致并购成本过高，增加了并购风险。因此，对目标公司的价值评估，不仅仅是对公司并购行为的财务评估，也是决定并购能否成功的关键环节。

目标公司价值评估就是对已选择的目标公司进行综合分析，以确定目标公司的价值。并购公司的选择涉及对诸多因素的考量，公司人员应合理借助公司内外力量来选择目标公司，并对目标公司进行严格审查，审查涉及并购动机、法律程序、公司业务及运营、并购风险等因素。选定目标公司后，在进行综合分析时要获取目标公司所处的经济环境、行业环境和公司本身的相关评价，在此基础上结合适合的评估方法将财务信息、市场信息转化为价值信息。在进行价值评估时，一般按照以下步骤：

1）收集信息资料

收集相关的信息是进行分析评估的前提，收集准确、全面的信息能为价值评估提供坚实的基础。这个过程包括制订收集计划、收集信息资料、核对信息资料、鉴定信息资料和信息资料归类，要分别从目标公司内外收集企业的财务信息、法律文件、经营信息、宏观经济信息和行业经济信息。

2）分析目标公司的法律地位

对目标公司的各种法律文件进行审查、分析有助于及时发现并购的风险、更理性且更客观地进行价值评估，主要包括：审查企业章程、股票证明书中是否有对并购方面的限制；审查主要财产目录清单，了解公司的资产所有权、使用权以及租赁情况；审查目标公司的产业是否符合国家的相关产业规定等，以便及时发现潜在的法律风险。

3）环境及竞争力分析

经济环境和行业环境分析是财务预测和价值评估的基础，通过这些分析可以考察所有公司共同面临的环境以及对公司竞争能力的影响，具体需要分析的方面如下：

（1）宏观经济环境分析

主要用PEST分析方法①来进行分析，站在价值评估的角度看，除了考虑政治、社会和技术等因素外，应重点关注经济因素，如经济发展的总体指标、通货膨胀率、利率、失业率等。虽然公司不能控制宏观经济因素，但这些因素会影响公司的发展前景，因此也必须考虑这些因素的影响。

（2）行业环境分析

行业分析主要是通过考察特定行业的经济特性、生命周期、关键成功因素来找出公司的竞争优势，正确制定公司的战略。可以用波特五力分析模型和行业生命周期理论来进行分析。波特五力分析模型通过分析被评估企业所处行业现有企业间的竞争状况、新进入者和替代品的威胁、客户和供货商的议价能力来评估目标公司所在行业的盈利能力。波特之后的学者在模型的基础上继续考虑了其他因素，包括劳动力、政府管制、全球化程度、经济环境因素（利率波动等）。同时还要关注行业生命周期对公司的影响，产品生命周期分析法是企业并购战略的基本分析方法，一般分为4个阶段：投入期、成长期、成熟期和衰退期。在不同的阶段，企业所面临的周期风险不同，成本效益不同，盈利能力不同。除此之外，还要考虑经济周期对特定行业的影响，例如，高档消费品对经济周期的敏感性较强，而公共事业对经济周期的敏感性较弱。在选择目标公司时，了解被并购方主要产品处于生命周期的哪一阶段是十分必要的，这有利于迅速决定并购资金的回收速度，以有效降低并购

---

① PEST分析方法是分析企业外部宏观环境的一种方法。由于自身特点和经营需要的不同，不同行业和企业在对宏观环境因素进行分析时，分析的具体内容会有差异，但一般包括政治（political）、经济（economic）、社会（society）和技术（technological）这四大主要的外部环境因素，简称PEST分析方法。

风险。

（3）竞争战略分析

通常采用SWOT分析法，通过对自身优势（S）、弱势（W）、外部的机会（O）和威胁（T）的分析，明确目标公司的竞争优势和在市场中的地位，最终分析目标公司是否能与并购公司的业务以及战略相融合，看能否产生协同效应。同时，SWOT分析要使企业真正考虑到并购过程中如何进行资源分配（需要对企业资源采取何种调整活动，是否存在需要弥补的资源缺口，分配资源时优先考虑哪些资源），合理配置并购过程中的公司资源，最终确定公司并购战略的主要方向和并购方式。

4）进行会计分析

会计分析是根据公认的会计准则对财务报表的可靠性和相关性进行分析，目的在于评价被评估企业会计所反映的财务状况与经营成果的真实程度，是财务业绩分析的基础。会计分析的内容主要包括：

（1）阅读经审计的年度财务报告

年度财务报告是会计分析的出发点，首先要关注注册会计师发表的审计意见，其次是找出能够决定公司成功的关键业务并识别其收益与风险，在阅读财务报表的同时要着重注意企业的财务报表附注和财务情况说明书，了解企业的会计政策和会计估计及其变更情况。

（2）评价会计政策

不同的会计政策和会计估计对公司财务报告的影响不同，能够为管理者操纵财务报告提供机会，因此要予以重点关注。可以通过对同一个公司不同时点或同一时点不同公司间的财务状况、经营业绩进行比较，从而对目标企业采用相关政策和估计的适当性做出评价，进而对管理者的真实目的进行深入分析。

（3）分析变动情况

变动情况主要包括报表项目的变动和会计政策及会计估计的变更。财务报表项目的显著变动往往意味着非正常原因的存在，分析时需要对报表项目的变动额度、变动幅度和变动趋势等进行分析，找出显著的变动，并利用会计报表附注判断此变动是否具有充分合理的解释，排除正常变动；未加解释的报表项目变动、会计政策及估计变更，需要进一步搜集信息，寻找产生异常变动的原因。

（4）调整财务报表

如果通过以上步骤确实发现了不真实的财务数据，就需要利用相关资料对财务报表进行调整，以恢复财务数据的可靠性，增加财务报表的可信性。

5）财务业绩分析与预测

财务业绩分析主要包括对企业的盈利能力、偿债能力、营运能力和增长能力四个方面进行分析，是了解目标企业财务状况、经营成果和现金流量的主要手段，有助于判断目标企业的盈利能力、财务风险和发展前景，为财务预测提供依据。财务业绩分析主要是以目标公司调整过的财务报表中的财务数据为基础进行相应的计算与评价。

财务预测是财务管理的主要环节，是一系列财务分析及预测程序的综合，包括根据历史资料、预测数据与基本假设（商业环境和经济环境）、财务业绩比率、公司增长率等资料编制预计资产负债表、预计利润表、预计现金流量表，确定公司在计划期内各项投资及生产发展所需的资本数量及其时间安排；结合公司的股利政策、目标资本结构或债务方针等财务政策，确定资本的来源与运用计划；分析各种因素对预计财务报表的敏感程度，提高预测结果的准确性和可行性。

6）选择价值评估方法

通过科学的财务预测方法得到各项预测数据后，需要将相关数据结合相适应的价值评估方法进行价值评估。为了避免使用单一评估方法产生偏差，可以借助多种评估方法，从不同角度评估目标企业的价值。

企业并购估价与其他估价并没有太大的区别，基本方法大致可分为现金流量折现法、市场价值法、成本法、换股估价法、期权估价法以及上市公司基准法。前几种方法可参照有关教材，在这里仅介绍上市公司基准法。上市公司基准法是将选择出的某上市公司的股票总体价值作为参照价值，然后与目标企业的经营业绩或财务状况指标进行比较，得出适合于目标企业的乘数，再应用乘数计算出标的企业的价值。

在选择要参照的上市公司时，通常考虑以下因素：①企业规模。一般情况下使用销售量指标进行衡量。②产品或服务。当上市公司存在多样化的产品或服务时，每一项产品或服务的特征及其销售量都应与标的企业的情况进行比较。③市场情况。许多行业的市场由于地理区域、客户、产品、服务、技术等因素被分割为不同的部分，其中每一项因素都有可能影响一个上市公司是否能够成为参照标准。④财务表现。财务表现的差别经常反映在产品生产线、产品质量、所拥有的市场份额等方面，这些因素必须在选择上市公司时加以考虑。

当存在下列情况时，双方的财务报表也要进行适当的调整：①双方使用了不同的会计核算方法，应调整为一致的核算方法；②双方需要调整财务报表中的非经营性或非持续性项目，使报表具有参照性，更精准地反映企业的经营业绩。

比较双方的主要财务指标同样是一项重要工作，需要分析重要的财务指标如资产收益率、毛利率、资产使用率、资产流动性等，并根据这些因素判断目标公司是否达到了被参照上市公司的水平。若目标公司的指标高于被参照公司，那么说明目标公司比被参照公司更有优势，可以相应放大价值乘数；如果目标公司的指标与被参照公司基本相当，则说明目标公司与被参照公司的优势大致相当，双方价值基本持平；如果目标公司的指标低于被参照公司，那么说明目标公司没有拥有与被参照公司一样的优势，因此应该相应缩小价值乘数。

上市公司基准法的优势在于它提供了充分分析行业内公司的机会，并明确了这些公司的价值驱动因素和风险因素。在分析过程中通常能够洞察到一些企业为创造优势或促进发展所采取的战略措施，以及造成劣势或阻碍发展的问题所在。但对于规模、行业或产品比较特殊的企业，可以进行比较的上市公司一般很少或者几乎没有。

7）价值评估结果的调整

根据估值方法与并购交易的特征不同，选择是否要进行溢价与折价调整，确定在每种方法下的评估结果，并对每种初步结论进行分析，在综合考虑不同评估方法的质量和相关性的基础上，采用加权平均的方式形成最终的并购评估结果。

6.3.2 并购溢价与折价调整

要最终确定目标企业的价值，还要考虑一些调整事项。价值评估结果的调整类型主要分为控制权溢价或折价调整以及流动性不足折价调整。在进行价值调整时必须考虑评估方法的特点。因为每一种估值方法或程序都会产生不同的价值特征，因而并非所有的估值方法或程序所得到的评估结果都需要进行溢价或折价调整。

1）判断是否需要调整

正确的判断方法是，首先区别不同价值评估方法的特点，看所使用的评估方法是否已经考虑了控制性和流动性问题。如果考虑了，再与目标企业的控制性和流动性特征进行比较，看在评估方法中隐含的控制程度或流动性水平与所评估权益的控制程度或流动性水平之间的差异性。如果评估方法所包含的价值特征不同于要评估的权益，那么就要求进行相应的调整。同时，由于具有控制性的投资者能随时选择出售企业将其变现，从而具有一定的流动性，因此，一般将对流动性水平的调整放在控制性调整之后。

例如，在市场比较法中的并购交易法暗含的控制程度约等于收购100%的企业权益，如果这一数据用于评估同样是带有控制性的所有者权益，则不需要溢价或折价调整，因为这种方法得到的价值所反映的控制性与所评估权益的控制程度相适应。再比如，通过上市公司基准法得到的价值是建立在少数权益可流通的基础上，那么评估非上市企业的少数权益就需要对流动性的缺乏进行折价。

2）并购溢价调整

溢价调整主要是指控制权溢价。控制权能使收购者有权决定被收购企业的财务和经营决策，并能据以从该企业的经营活动中获取利益。控制权溢价是指投资者为了获得目标公司普通股里的控制权而愿意付出的高于市场正常权益价值的这部分附加价值。大多数企业产权交易并非企业整体的产权转让，交易的对象只是企业的部分股权。如果拥有这部分股权从而对公司产生控制力，则其单位价值通常要高于对企业无控制力的少数股权单位价值，即产生了控制权溢价。控制权溢价产生的根本原因在于收购者看到了并购目标公司价值增值的潜力。

对产生溢价的另一种解释是，人们所研究交易的大部分都是战略投资者的收购。他们进行收购的主要动机在于获取协同效应和相关的战略益处。虽然买方获得了交易中的控制权益，但价格高于市价的主要推动因素是协同效应，而不全是控制权。所以一般认为除非能够得到交易的协同效应，否则买方很少支付溢价。控制权溢价不能完全表示目标公司对收购者的最大投资价值，而协同效应产生的价值才是真正的最大投资价值。对于每一项战略性收购，控制权溢价和协同效应产生的溢价都是不同的，各自的大小要根据具体收购情况来决定。所以，每个买方的投资价值还取决于每一笔交易独特的协同性。

3）并购折价调整

并购折价调整包括缺乏控制的折价和流动性不足的折价。

（1）缺乏控制的折价。这种折价反映了控制不足对价值的负面影响，因为初始确定的评估价值具有全面性，没有考虑股权所有者对所具有的份额缺乏控制时的损失。我们可以将这一折价用于少数权益或缺乏控制的多数权益。缺乏控制的折价通常是通过控制权溢价间接换算得出的，即控制权折价不是由于收购不具有控制权的股权带来的，而是由于支付控制权溢价得出的：

MID=1-1÷（1+CP）

式中：MID表示控制权折价；CP表示控制权溢价。

简单的理解就是一个企业所能带来的价值是固定的，当具有控制权的一方为目标公司支付了一定的溢价，那么不具有控制权的另一方就应该相应地少支付一些。

（2）流动性不足的折价。待评估企业股权如果缺乏流动性，就可能产生流动性不足，需折价调整以反映不能迅速将所有权转化为现金，对价值带来的减值影响。产生流动性不足折价的原因主要是：第一，缺乏流动性增加了投资风险，流通股的流动性强，交易活跃，流通股持有者可以随时出售所持有的股票，通过用脚投票[①]来避免进一步遭受损失的可能，而流通不足的股权缺乏这种快速变现的能力；第二，缺乏流动性增加了交易费用，流通股权由于可以在证券市场公开进行交易，费用较低，而流通不足的股权往往在获取信息、实施交易等方面存在困难，交易费用较高，从而价值较低。

从上述分析可以看出，少数股权折价与流动性折价是有区别的，即使是控股股权，同样需要考虑其流动性折价。也就是说，市场变现能力与股权比例没有必然的内在关系，不论是控股股权、少数股权还是等份股权，在评估时均要考虑其流动性折价。

4）调整方法

虽然控制性和流动性对价值的调整是相关的，但两者并不相同。应该先对控制

[①] 用脚投票，是指投资者出售所持有的公司股票，离开或放弃对这家公司的投资。与之相对应的是用手投票，是指投资者根据其享有的投资公司的股份比重进行利润分配，享有相应权益。

性进行调整，然后才是对流动性的调整。需要注意的是，这些调整以乘数方式进行，而不是简单的叠加。即：

调整后评估值=调整前评估值×（1+控制性溢价率）×（1+流动性折价率）

或　　　　　　　　=调整前评估值×（1+控制性折价率）×（1+流动性折价率）

控制性溢价率的获取来自于对上市公司控股权的研究，通过分析上市公司的控制性权益被收购的数据来确定控制性溢价率或缺乏控制性的折价率。理论研究常见的方法有3种，第一种方法是 Barclay 和 Holderness（1989）对事关控制权的大宗交易的转让价格进行研究，发现转让价格比宣布并购之后的交易所价格高出20%左右。他们认为这20%代表了控制权的价值。第二种方法来自于 Nenova（2000）。Nenova 针对非一股一票的股票报价进行研究，比较了具有相同股息权但不同投票权的股票的股价，由此推算出控制权价值。她对18个国家的661家双重股票结构（Dual Class）公司进行了统计，发现控制权价值在公司市价的0（丹麦）～50%（墨西哥）之间。第三种方法是针对中国进行的研究。Chong en Bai，Qiao Liu 和 Frank Song（2002）对1998—2000年沪深两市的66家ST公司自宣布ST处理之日起的累计超常收益进行统计，计算出累计超常收益为29%。他们将这29%归因于在位者和潜在竞争者对ST公司控制权的争夺，因而间接地认为这就是控制权价值，但这种方法的局限性在于它仅对ST公司有效。截至目前，并没有公认的计算溢价率的标准方法。伴随着中国资本市场股权分置改革的成功进行，更多的第一手数据可以为研究者使用，中国上市企业可以为控制权溢价的定量分析提供更多、更好的实践机会。这些成果也可以被引用或推广到所有企业价值评估的过程中去。

流动性折价率来源于市场的经验数据，是通过数据拟合出来的，普遍认为这些数据比控制性溢价率所得数据更为精确：①流动性折价率的第一个数据来源是对限制性股票交易的研究。限制性股票的发行公司无须向证券交易委员会注册，因此不能在公开市场出售，但可以在私募市场出售。交易中的买方要遵从限制规定，就只愿意为这些不能立即转化成现金的证券支付折价。研究表明，限制期越短，流动性不足的限制性股票折价越低。②流动性折价率的第二个数据来源是对首次公开发行前的研究。根据行业情况和收购方式的不同，收购可以以股票或票据形式支付。对于股东而言，这种方式不如现金有吸引力，所以加剧了控制权益出售的困难程度，同时也决定了流动性不足折价时要考虑的因素。在市场被分割的行业或并购活动不发达的行业里，买卖双方很难接触，交易时间长，交易成本高，流动性不足的折价也高。

需要注意的是，这些数值并不一定就是由缺乏流动性造成的，可能是由于特殊的交易因素而使法人股的交易价格偏低，如出售方故意压低法人股价格以转让给关联方。

6.4 并购融资与对价方式

6.4.1 并购融资方式

在企业并购活动中，并购融资与支付对价是完成交易的两个实质性环节，而且事实上这两个环节是紧密联系、不可分割的。在本节，我们将介绍并购融资的原则与方式，支付对价的方式及其影响。

鉴于基本的融资方式在初中级财务管理中都有过介绍，本书不再赘述细节，仅列出整体的框架和基本定义，希望对读者在整体的融资思路构建上有帮助。常见的融资方式见表6-5。

表6-5 融资方式

内源融资		留存收益：从企业内部开辟资金来源筹措所需资金
外源融资	债务融资	借款融资：根据借款合同或借款协议向金融机构融资
		债券融资：按照法定程序发行的企业债券、垃圾债券等
	权益融资	普通股融资：股份有限公司发行无特别权利的主权资本股份
		优先股融资：在盈余分配和剩余财产分配上优先于普通股
	混合型融资	可转换债券：持有人依据一定条件可将其转换为普通股的证券
		认股权证：是股票衍生产品，持有人有权在未来某一特定日期，以约定的价格购买一定数量的标的资产。标的资产可以是个股，可以是一篮子股票、指数、商品或其他衍生产品

企业在并购过程中，往往同时采用上述几种不同的融资方式拓宽融资渠道，以综合利用各种融资方式的优点。目前，我国企业的并购融资方式主要以银行贷款为主，少数企业采取了普通股融资和可转换债券的融资方式，极少数企业采用优先股融资、认股权证融资等方式。融资方式单一，企业并购缺乏资金来源的多元化，导致收购企业的资金压力加大。这是我国企业在未来并购融资过程中需要考虑的重要问题。

在2010年之前，我国可转换债券的存量规模一直较小，而2010年以来可转换债券的扩容态势非常显著。2008年可转债市场的总发行规模仅为123.81亿元，但2010年的发行规模骤升至717.30亿元，其中中行转债和工行转债的上市分别贡献了400亿元和250亿元的规模。2011年，市场共发行可转债9只，发行规模为413.2亿元；2012年发行可转债9只，合计发行可转债的规模为946.55亿元，发行规模创历史新高。2015年，我国发行可转换债券共72只，发行规模合计2 506.91亿元。2010年，可转换债券的发行规模扩大，为717.30亿元；之后两年发行规模逐渐减小；2013年，可转换债券的发行规模再度扩大，为544.81亿元；2014年，可转换债券的发行规模创历史新高，为13只；2015年则为发行只数最少的一年，仅发行3

只可转换债券，发行规模为 98 亿元。

认股权证交易于 2005 年又重新出现在中国的证券市场上，并且逐步得到市场的认可。近年来，认股权证逐渐在市场上普遍。例如，2011 年 8 月，中国贵金属成功发行了面值为 9 348 万元的认股权证，该认股权证的持有人可按每股新股份 2.1 元的认购价认购新股份。

现以联想并购 IBM 为例说明并购融资方式。2004 年 12 月 7 日，联想对外宣布以 6.5 亿美元现金和 6 亿美元股票合计共 12.5 亿美元并购 IBM 公司的 PC 全球业务。2005 年 1 月 27 日，联想召开股东特别大会，以 99.47% 的赞成票通过了收购 IBM 公司的 PC 业务议案。2005 年 3 月，美国外国投资委员会对联想并购 IBM 公司 PC 业务的审查提前通过。2005 年 5 月 1 日，联想集团正式宣布以 12.5 亿美元完成对 IBM 公司全球 PC 业务的收购，并承担来自 IBM 公司约 5 亿美元的净负债。

在整个财务安排上，当时只有 4 亿美元自有现金的联想，为减轻支付 6.5 亿美元现金的压力，与 IBM 公司签订了一份有效期长达 5 年的策略性融资的附属协议，从巴黎银行、荷兰银行、渣打银行和中国工商银行分别获得总计 6 亿美元的国际银团贷款。随后，联想获得全球三大私人股权投资公司的青睐，以私募的方式向德克萨斯太平洋集团、泛大西洋集团及美国新桥投资集团发行股份，获得总计 3.5 亿美元的战略投资。

联想向这 3 家私人投资公司共发行 921 636 459 股价值 3.5 亿美元的可转换优先股以及可用作认购联想股份的非上市认股权证。获得额外投资后，联想集团再拿出 1.5 亿美元现金回购 IBM 公司股份，而另外 2 亿美元用作运营资金及一般企业用途，最终联想向 IBM 公司支付 8 亿美元现金及价值 4.5 亿美元的股票，IBM 公司的持股比例从最初约定的 18.9% 下降到 13.4%，公众股占有 34.8% 的股份。

浙江吉利收购沃尔沃主要是通过债务融资完成收购活动的。2010 年 3 月 28 日，浙江吉利控股集团有限公司与美国福特汽车公司在瑞典正式签署最终股权收购协议。吉利成功收购沃尔沃轿车公司 100% 的股权以及包括知识产权的相关资产。

在吉利收购沃尔沃的过程中，收购及后续发展共需 27 亿美元。但是，吉利的自有资金仅占用于收购沃尔沃和后续发展所需的 27 亿美元的 25%，其余资金均来自借债融资。吉利既利用了中国主权银行的并购资金，又利用了分别来自于美国、欧洲和中国香港的境外资金。以中国银行浙江分行以及伦敦分行为首的财团为吉利提供了 5 年期的长期贷款，金额近 10 亿美元，吉利还与中国进出口银行签署了贷款协议。此外，吉利还吸取了源于欧盟银行的部分资金。在吉利收购及发展沃尔沃的资金来源中，自有资本、银行贷款各占 1/4，境外筹资占 1/2，是以小博大的典型成功案例。吉利收购沃尔沃成功的关键在于完美的融资借债。这一案例表明，杠杆融资最大的特点在于收购方只需投入少量的自有资金便能获得大额进款，用于收购目标公司。

6.4.2 并购对价方式

1) 对价方式概述

支付是整个收购交易的最后一个环节，也是决定交易最终能否成功的重要一环。支付方式的选择关系到并购双方的切身利益，适合的支付方式可以使各方达到利益上的均衡。国际上较为常见的支付方式见表6-6，其中承担债务方式和国家无偿划拨方式是我国在特殊的制度背景和经济背景下存在的方式。

表6-6　　　　　　　　　　　　　　　　对价方式

现金对价		并购方通过支付一定数量的现金来购买目标企业的资产或股权，从而实现并购交易的一种支付方式
股票对价		并购方通过换股或增发新股的方式取得目标企业的控制权，进而收购目标企业的一种支付方式
承担债务收购		收购方在收购目标企业时，不向目标公司的股东支付任何现金或有价证券，而是承担目标公司所有债务进而取得对目标公司的控股权
综合证券收购		收购公司对目标公司提出收购要约时，其出价不仅仅有现金、股票，而且还有认股权证、可转换债券和公司债券等多种混合形式
杠杆收购	一般杠杆收购	通过增加并购企业的财务杠杆完成并购交易的一种并购方式。实质是并购企业用少量的自有资金，主要以借债的方式来购买目标企业的产权，继而以被并购企业的资产或者现金流来偿还债务
	管理层收购	杠杆收购的一种特殊形式，它限定收购主体是目标公司的内部管理人员，具体方式是通过借债融资获取股份
卖方融资收购		也称推迟支付或分期付款，指卖方根据未来收益而让买方分期偿还付款
国家无偿划拨		国家通过行政手段将国有企业的控股权直接划至另一个国有资产管理主体。这种支付方式是与我国企业的产权结构联系在一起的

2) 特殊对价方式介绍

现金支付、股票支付和我国特有的两种支付方式都比较容易理解，因此在本节中没有展开叙述。由于综合证券收购、杠杆收购和卖方融资收购等特殊对价方式在我国的应用还不是很广泛，很多人对这些方式的操作流程和优缺点仍一知半解，下面将通过一些小案例简单介绍这些对价方式。

（1）综合证券收购

收购公司在并购目标公司时采用混合证券收购的方式就是将多种支付工具组合在一起，这样可取长补短，从而满足并购双方的需要。这样既可以少付现金，避免本公司的财务状况恶化，又可以防止控股权的转移。采用综合证券收购尽管会使并购交易变得烦琐，但它也增加了风险套利的难度。正因为如此，在各种出资方式中，综合证券收购呈逐年递增的趋势。

当然，这种支付方式的风险也是显而易见的。如果搭配不当，非但不能发挥各种支付工具之长，反而有集它们之短的可能。此外，综合证券支付对价方式对并购双方的股东利益和并购价格的影响是十分复杂的，在不同情况下，各种证券所占权重不同，其影响也有所差异。因此，综合证券支付方式是一种技术含量相当高的支付方式，一般需由投资银行经过周密的设计才能确定各种证券的比重，必要时还要进行模拟分析来推测市场的反应，因而操作相当复杂。

（2）杠杆收购

20世纪80年代以后，随着银行、保险公司、风险资本等各种金融机构的介入，杠杆收购交易得以快速发展。然而，在当前我国资本市场迅速发展、企业并购此起彼伏的形势下，杠杆收购仍然未能被普遍接受并广泛应用。

杠杆收购与其他并购融资方式相比，主要有以下基本特征：第一，收购公司用于收购的自有资金远远少于收购总资金，收购资金的大部分是借债而来，贷款方可能是金融机构、信托基金、个人，甚至可能是目标公司的股东；第二，收购公司用来偿付贷款的资金来自目标公司的资产或现金流量，也就是说，被收购公司将自己偿还收购自己所支付的款项；第三，收购公司除投资非常有限的资金外，不承担进一步投资的义务，即贷款方通常在目标公司的资产上担保，以确保优先受偿地位。

这种融资方式对于收购公司是非常有利的，但是杠杆收购在提高财务效益的同时也带来了高风险。由于这种收购的大部分资金依赖于债务，沉重的债息偿还负担可能会令收购公司和目标公司都不堪重负而最终被压垮。这就需要收购公司的管理层具有较强的重组整合能力，在组织结构和文化上达到和谐统一，最终实现各方面的协同效应，提高经营效益与偿债能力，使资产收益率和股权回报率有所增长。只有当大部分债务已经偿付完毕时，并购活动才算真正成功。

例如，2012年11月5日，光明食品有限公司与狮王资本基金联合宣布，光明集团收购英国著名品牌维他麦公司60%的股份。这次交易是中国食品行业最大宗的海外并购，该企业价值为12亿英镑，并购项目以购买60%股权和承担部分债务的形式支付了交易对价6.8亿英镑（约合人民币68亿元）。光明集团的自有资本难以满足此次并购的资金需求。因此，光明集团采取了全杠杆融资方式，先通过一年期的过桥贷款获得资金完成并购交割，然后寻找合适的时间窗口在海外市场上发行债券融资用于偿还短期债务，缓解偿债压力。光明集团的全杠杆融资使该项并购的实际融资成本从预期的4%下降至3%~3.2%，大大降低了并购风险。

（3）卖方融资

目前，我国应用卖方融资方式的并购案例并不多，应用卖方融资理念也主要用在日常的经营融资管理上。一些商业银行开展了这方面的业务，应用最多的是国内信用证项下的卖方融资。为满足客户（卖方）日常的资金需求，银行以客户收到的延期付款国内信用证为依据，以信用证项下的应收账款为还款来源，向符合条件的客户发放短期融资。

在企业并购范畴，这种方式通常发生在目标公司获利不佳，股东急于获得现金或者并购方拥有极为出色的经营管理能力的时候。这种支付方式一般对收购方更有利，而对卖方也有一定的好处。

在收购一些以某些个人的特殊技艺或管理才能为特性的公司时，应特别注意人的稳定性，所以在具体价款支付上要有特别条款予以保障。若原来所有者与经营者为同一人，收购后仍保留经营者的资格，则可要求商定价格时，一半付现金，另一半视未来时点被收购公司的绩效目标的完成情况而定。

这种融资方式通常根据未来目标公司的经营业绩而决定支付价款的多少，可以使目标公司一直努力保持正常运作，以证明公司的价值，有助于缩小双方在并购价格认定上的差距。对于收购方而言，这种支付方式既可减轻收购当时的现金负担，又可免除很多保证措施，还可建立奖励措施。但是，此种依绩效而定价的方式，若支付期间过短，则在收购后，原所有者将可能只为了获得更高的支付价格而忽视企业长远的发展，从而使以后的支出大增，影响今后正常的生产和效益，这也是收购者在签约时应该考虑的问题。对于卖方而言，由于分期收取收购款项，卖方可以获得税负的分段延迟支付，同时还可以要求较高的利息。

例如，几年前，美国华纳传播（Warner Communications）欲将其亏损的阿泰利（Atari）电脑公司出售时，收购者即以未来偿还价款为保证，购买其全部股权。收购方提出能够拯救该亏损公司的计划，并将利用在其有效管理下所赚的盈余来偿债。在该案例中，因为华纳对收购方的拯救计划非常有信心，因而愿意以应付票据的方式达成交易，且并不要求前几年马上付清本金，使阿泰利在新业主经营下的前几年现金压力大为消除。由此可知，收购须有极佳的事业经营计划，才易取得"卖方融资"。

6.5 敌意收购与防御

6.5.1 敌意收购的基本形式

敌意收购又叫间接收购，是指在一项收购活动中，收购方不向目标公司直接提出收购的要求，而是绕过目标公司的管理层，直接以公开出价的方式向目标公司的股东发出要约，从而获得控制目标公司的必要股权，达到控制目的。敌意收购一般是在收购方的收购条件遭到对方管理层拒绝后，仍然强行进行收购，或者在未与目标公司的管理者进行协商的情况下，突然直接提出公开收购要约的行为。例如，2015年年初，宝能在二级市场买入万科股票，至2015年7月两次举牌后，宝能持股比例达10%，此前万科第一大股东华润持股14.89%。但万科董事局曾明确表示不欢迎其做第一大股东。之后，宝能系对万科从谈判不成走向了公开敌意收购，其与一致行动人连续举牌，持股增至15.04%，超过华润成为万科第一大股东。至

2015年9月，华润两次增持反超宝能重新成为第一大股东。3个月后，宝能系钜盛华及其旗下公司前海人寿再度增持，并最终以22.45%的持股比例成功成为万科第一大股东。万科集团于12月18日下午1：00起停牌。

收购防御，是指目标公司为防止其控制权转移而采取的一系列旨在预防或者阻止收购者收购本公司的措施。

在典型的市场经济国家中，主要的敌意收购方式有两种，即熊式拥抱方式、狙击式公开购买等。其中，熊式拥抱方式相对最友好，狙击式公开购买中的标购方式使用最频繁。20世纪90年代以来，敌意收购者发现通过提高收购价格获得目标公司的控制权变得越来越困难，代理权之争开始被广泛使用。

1）熊式拥抱方式

所谓熊式拥抱方式，是指收购者在发动收购前与目标公司管理层接触，表达收购的意愿，如果遭拒绝，就在市场上发动收购。

这是一种先礼后兵的收购方式。收购者一般会开出较为优厚的收购条件给目标公司管理层，目标公司管理层也有可能出于诚信义务的考虑将收购者的收购建议向全体股东公布，且部分股东往往也会向管理层施压要求其接受收购报价，但是，如果目标公司管理层拒绝，则收购者就可能发动标购。

对于管理层并不愿意被收购的目标公司来说，这是一种很有效的收购方法。管理层可能出于自己的利益回绝收购者提出的收购建议或要约，但董事们有义务为股东创造最丰厚的回报，所以，熊式拥抱方式更像是一种能够有效促成收购行为的股东利益保障机制。一旦熊式拥抱方式的消息公开化，风险套利者将会囤积目标公司的股票或卖空收购者的股票。这样一来，发动熊式拥抱方式的收购者想要大规模购买目标公司股票就变得容易了，也使目标公司想要保持其独立性变得更加困难。所以，这种敌意收购方式比较适合有可能通过协商来达成交易的目标公司，既可以节省收购者的收购成本，又可以降低标购可能带来的消极影响。

2）狙击式公开购买

这种收购方式一般是指在目标公司经营不善而出现问题或在股市下跌的情况下，收购者与目标公司既不做事先沟通，也没有警示，而直接在市场上展开收购行为，具体包括：标购、集中竞价收购、委托书收购等。这种手段针对的是股权相对分散或股价被明显低估的目标公司。

（1）标购

标购是指收购者不直接向目标公司董事会发出收购要约，而是直接在公开市场上向目标公司股东进行招标式（收购的股份数量与价格等）购买的收购行为。

（2）集中竞价收购

集中竞价收购，国外称之为公开市场收购，是指收购者从二级市场上收购目标公司的股份，其常见形式为"爬行收购"，即收购者先购买目标公司一定比例的股份（法律要求的公告起点内），当达到法律规定的触发点时加以公告，并通过多次购买取得足以控制目标公司的股份。

集中竞价收购与标购，二者既有联系又有区别。标购通常发生在与第三方争夺目标公司股权或对目标公司进行敌意收购时。这时，集中竞价收购往往是标购的前奏，一旦信息披露或收购意图曝光即发动标购。两者的区别是：标购是公开向市场出价，征求目标公司股票的出售者；集中竞价收购则是在市场中随行就市，按当前价买入目标公司股票，通常会比较隐秘。

标购不是全面收购要约，没有全面收购的义务。标购可以支付现金、股票或其他证券，也可以现金和证券混合支付。但在中国，标购方式都是使用现金的。在公开市场上收购股票很有可能收集不到足够的股份来获得目标公司完全的控制权，这时收购方会十分被动。标购的优势是，如果股东提供的股票达不到期望的数量，那么收购者可以不购买这些股票。

（3）委托书收购

委托书收购是指一个或一群股东通过公司投票权的委托代理机制取得公司控制权的一种方式，即收购方通过与公司其他持股人以及小股东合作，使这些投资基金和小股东将其投票权委托给收购方，以达到获得相对控制或绝对控制公司表决权的目的。代理权竞争主要有两种形式：一是争夺董事会的位置，争当具有决策权的董事，希望可以由此控制董事会，当选董事长，进而控制公司管理层及整个公司；二是在董事会中就某项具体的议题争取左右董事会的决策。当公司业绩不佳、公司董事会在股东中的支持率很低以及反对者提出了很有吸引力的方案时，这种收购机制容易发挥较大的作用。

相对于标购，委托书收购可能是一个比较便宜的选择。这是因为，标购要购买数额巨大的股票，并按有很高溢价的股价进行支付，而委托书收购不需要这些开支，所涉及的主要成本有：聘请代理权顾问、投行和法律顾问的费用；大量的打印、邮寄和与各类股东沟通的费用；可能在此过程中发生的诉讼费用及其他费用。

在中国，敌意收购最常见的只有一种方式，即在股票的二级市场中争购目标公司的股份，争取最大股东的地位，以此方式争取获得公司的控制权。在美国，它有个专门的名称，叫作"街道清扫"（street sweep），一般是在标购失败后进行的。由于中国上市公司限售流通股的存在，可实施敌意收购的目标公司很有限。

6.5.2 敌意收购的防御

敌意收购的防御措施按照实施的时间不同可分为两类：预防性收购防御措施与反击性收购防御措施。在"宝万之争"中，为防止可能的敌意收购，万科在公司章程中设置了反并购条款，同时于第一时间选择停牌，并着手开展防御措施。通过与深圳地铁签署协议，并发行新股收购股权的方式，使深圳地铁和万科管理层将以23.94%的合计持股比例超过宝能系成为万科第一大股东。此外，万科对宝能提起诉讼，指其持股达到5%后未及时披露，并以公司名义向有关监管机构与交易所举报，指出其相关资产管理计划存在违法违规行为。

敌意收购包含的具体防御策略各具特色，各有千秋，很难断定哪种更为奏效。企业应该根据并购双方的力量对比和并购初衷选用一种策略或几种策略的结合。本节主要介绍以下几种防御措施。

1）预防性收购防御措施

预防性收购防御措施是指目标公司为了降低潜在的敌意收购，获得成功的可能性，而在敌意收购发生之前就采取的收购防御措施。

（1）驱鲨剂条款

驱鲨剂条款是指目标公司可以通过在公司章程中设置某些条款的方式为收购设置障碍，增加收购成本，从而阻止收购行为，也叫作"豪猪条款"，主要内容包括：

①分期分级董事会条款，也称为"错列董事会条款"和"董事会轮选制"。其具体做法是，在公司章程中规定，董事会分为若干组，每一组有不同的任期，股东会每年只能依次改选其中的一组，且辞退董事必须具备合理的原因，更换董事也需要说明理由。这样，即使收购人控制了目标公司的多数股份，也不能在短时间内完全控制董事会，从而有利于抵御敌意收购。

②超级多数条款，企业章程都需要规定修改章程或重大事项所需投票权的比例。超级多数条款规定，涉及企业控制权变动的交易都必须取得2/3或80%的投票权，有时甚至会高达95%。这样，若企业管理层和员工持有企业相当数量的股票，那么即使收购方控制了剩余的全部股票，收购也难以完成。

③公平价格条款，公平价格条款规定收购方必须向少数股东支付目标企业股票的公平价格。所谓公平价格，通常是以目标企业股票的市盈率作为衡量标准，而市盈率的确定是以企业的历史数据和行业数据为基础的。

（2）毒丸计划

所谓毒丸计划，是指目标公司通过发行证券以降低公司在收购方案中的价值的措施。最初的形式很简单，就是目标公司向普通股股东发行优先股。一旦公司被收购，股东持有的优先股就可以转换为一定数额的股票。2005年2月19日，盛大及控股股东地平线媒体有限公司通过公开市场交易收购了新浪大约19.5%的已发行普通股。2月24日，新浪管理层抛出"毒丸计划"反击收购。据NASDAQ数据显示，盛大当时的市值约为21.3亿美元，新浪当时的市值约为12.9亿美元。一般情况下，新浪可以每份购股权0.001美元或经调整的价格赎回购股权，也可以在某位个人或团体获得新浪10%或以上的普通股前终止该购股权计划，最终迫使盛大放弃收购新浪。

毒丸计划有效地稀释了收购方的控制，但也会使目标公司的长期负债增加，使公司的经营风险增加。

随着并购交易的复杂化和时间的推移，该计划产生了以下变异：

①转致条款，指目标公司以股利形式（其价值远远高于市场价格）向股东赋予

购买期权：如果收购公司通过购买目标公司一定比例以上的股份与目标公司合并，被赋予期权的股东能以非常有利的价格（其价格远远低于市场价格）购买收购公司的股份。

②反致条款，指目标公司以股利形式（其价值远远高于市场价格）向股东赋予购买期权：如果收购公司购买了目标公司一定比例以上的股份，即便没有发生合并，被赋予期权的股东也能以非常有利的价格（其价格远远低于市场价格）购买目标公司的股份。

③回致条款，指目标公司以股利形式向其股东赋予出售期权，如果收购公司购买了目标公司一定比例以上的股份，即便没有发生合并，被赋予期权的股东也能以非常有利的价格（其价格远远高于市场价格）强制目标公司回购其股份。

由于毒丸计划可以不经过股东表决即能获得通过，而且从法律角度看，毒丸计划是以股息的形式伪装出现的，因此，许多大企业的股东对此表示强烈不满，认为这与股东的利益是对立的。一方面，"毒丸计划"一经实施，企业股票价格就会立即出现下降趋势；另一方面，"毒丸"的威慑作用将使股东丧失对可能的收购者出售股票的基本权利。

（3）金色降落伞

金色降落伞是一种补偿协议，规定在目标企业被收购的情况下，高层管理人员无论是主动还是被迫离开企业，公司都会提供相当丰厚的解职费、股票期权收入和额外津贴作为补偿费，以此来增加收购方的收购成本。与之相似，还有针对低层雇员的"银色降落伞"。

但是，金色降落伞策略的弊病也是显而易见的，即支付给管理层的巨额补偿反而有可能诱导管理层低价将企业出售。

（4）相互持股

为避免公司股权旁落，目标公司可以选择一家关系密切并值得信赖的公司，双方通过互换股权的方式，相互持有对方一定比例的股份，使流通在外的双方股权都大量减少，从而不易受到控股冲击。这要求持股双方形成默契，互不干涉，拥有自主经营的权利。

2）反击性收购防御措施

反击性收购防御措施是针对已经发起的敌意收购而采取的收购防御措施，尽管采取的各种预防性防御措施会增加收购成本，使收购变得更加困难和昂贵，但是这些措施并不能保证目标公司的绝对安全。当收购公司不惜代价，绕过重重防御时，就需要目标公司采取积极的措施进行反击。

（1）绿票讹诈

绿票讹诈是指目标公司以较高的溢价购买自己在收购者手中的股票，换取收购者不参加收购的承诺。然而，这很可能会对公司其他股东产生负面影响，稀释其他股东的权益，其合法性受到很大质疑。

（2）白衣骑士

当遭到敌意收购时，目标公司邀请一个友好公司，作为另一个购买者，以更高的价格来对付敌意收购，从而使自己被这个友好公司并购。如果敌意并购者的出价不是很高，那么目标公司被"白衣骑士"拯救的可能性就很大；如果敌意并购者的出价很高，那么"白衣骑士"收购的成本也会相应提高，目标公司获得拯救的可能性会降低。最好的结果是寻找"白衣护卫"，即使友好公司购买了目标公司一部分股份，但仍达不到控制的程度。从目前的法律法规来看，中国的证券市场管理者比较倾向于这种收购防御措施，不仅能够带来收购竞争，也有利于保护全体股东的利益。

有关"白衣骑士"的一个案例是融创中国和绿城中国的并购行为。2014年5月22日，融创中国宣布以约63亿港元的价格收购绿城中国24.313%的股份。收购完成后，融创中国与九龙仓并列成为绿城中国最大的股东。然而，收购仅半年后，绿城原董事长宋卫平就引入了"白衣骑士"——中国交通建设集团有限公司（简称"中交集团"），最终中交集团成为了绿城第一大股东，成功赶走融创中国。

（3）锁定交易

锁定交易是指当目标公司面临着不良收购时，可以以协议价格将其优良的资产或经营最好的业务（"皇冠明珠"）出售给友好公司或赋予其购买期权。设置这种锁定交易的目的是通过使目标公司的吸引力减弱而使竞争出价者失去收购的兴趣。

（4）帕克曼

该措施的做法是，遭受敌意收购的目标公司反过来收购敌意收购对手的股票。这种措施适合实力雄厚或融资渠道广泛的公司，在对手是一家上市公司并且本身存在缺陷的前提下才适合实施。

（5）资本结构调整

当面临收购时，目标公司会采取各种措施调整自己的资本结构，以避免被收购者收购。具体措施包括：①管理层收购，是杠杆收购的一种类型。一般情况下，管理层对被收购公司的资产价值或运营状况最为熟悉，故有相当比例的杠杆收购是由被收购公司的管理层发动的。②员工持股计划，是指由全公司员工来收购自己公司的股票。这一计划也可以通过大量借款来实现。员工为自己的工作及前途考虑，不会轻易出售自己手中的本公司股票。如果员工持股数额庞大，在敌意收购发生时，目标公司则可保安全。③股票回购，可以使敌意收购者不容易获得股份，也使那些常常帮助收购者的套利者难以获得股份，并增加了目标公司自己的持股比例。该策略的做法主要有两种：一是公司用自留资金以不低于市场价的价格向股东发出回购要约；二是通过发行公司债、优先股或其组合，以换股方式回购股票。

（6）焦土战术

焦土战术是指当目标公司面临被收购的威胁时，采用各种方式有意恶化公司的资产和经营业绩，如低价出售优质资产、增加负债，以此降低目标公司在收购公司眼中的价值，使进攻方却步。这是公司在遇到收购袭击而无力反击时，所采取的一种两败俱伤的做法。

（7）法律手段

在收购防御中，也可以引入法律武器：①反垄断法。并购能起到优化资源配置的作用，但如果某一行业的经营本来已经高度集中，继续并购当然会加剧集中程度，在一定程度上会导致垄断，限制公平竞争。反垄断法作为政府对企业并购进行管理的重要工具，成为目标公司进行反敌意并购的第一保护措施。②证券法或证券交易法。当目标公司是上市公司时，就会涉及上述法律。这些法律一般对证券交易及公司并购的程度、强制性义务有规定，比如持股量、强制披露与报告、强制收购要约等均有规定，收购方一旦在强制性义务方面有疏忽，很有可能因违反法律而导致收购失败。③其他相关法律。2002年10月，中国证监会颁布了《上市公司收购管理办法》和与之相配套的《上市公司股东持股变动信息披露管理办法》。这标志着中国调整上市公司收购兼并的法律制度有了新发展。此外《公司法》及其他相关法律建立了严格的企业并购的申报、报批制度以限制企业并购的进行。2015年5月，中国证监会推出《关于修改〈上市公司收购管理办法〉的决定》，进一步规范上市公司的收购及相关股份权益变动活动，促进了证券市场资源的优化配置，同时，更新了《上市公司重大资产重组管理办法》，以规范上市公司重大资产重组行为

诉讼策略是目标公司在遭遇敌意并购时常使用的法律手段。目标公司在收购方开始收集股份时便以对方收购的主体资格、委托授权、资金来源、信息披露等方面的违法违规为由向法院起诉，请求法院确认对方的收购行为无效。从提起诉讼到具体审理直至裁决，一般都需要一段时间，目标公司可以利用这段时间来商议对策拯救公司。这种诉讼的目的并非在于目标公司管理层希望在诉讼中最终获得胜利，而是为其赢得宝贵的时间。

本章小结

1.并购的基本分类是横向并购、纵向并购和混合并购；并购活动分为6个发展阶段，被称为6次并购浪潮；中国上市公司的并购活动取得了显著的成果并具有鲜明的特征。

2.并购的短期和长期效应各有不同，有多种理论对其解释剖析，主要有并购效率理论，并购信息与信号理论，代理问题与管理主义理论等，其中并购效率理论可细分为8种从不同角度思考的理论。国内外学者在各种理论的基础上进行了大量研究，并取得了相当数量的经验证据。

3.并购价值评估是并购的核心环节。首先，要了解目标公司价值评估的总体步骤；其次，要选用适当的价值评估方法；最后，对评估出的价值进行溢价与折价的调整。

4.并购融资与对价是完成并购交易的实质性环节。应根据对风险与收益的分

析，选择适合的对价方式，再根据对价方式考虑融资渠道和来源。

5.识别敌意收购的基本类型，并采取相应的防御策略。

讨论题

1.我国上市公司并购以股权交易为主流，股权交易与资产交易的主要区别有哪些？为什么大多数公司选择采用股权交易的方式？

讨论题指引

2.企业进行并购的动因有哪些？并购动因与并购效应之间是什么关系？

讨论题指引

3.价值评估结论的合理性通常取决于用来估算未来经济收益的预测和假设，在考虑预测和假设时应该注意哪些问题？

讨论题指引

4.中国上市公司并购对价方式的选择主要受哪些因素的影响？不同的对价方式对并购双方的股东财富又会产生怎样的影响？

讨论题指引

5.评价防御敌意收购的各种方法的适用条件和优缺点，举例说明哪些方法得到了有效运用。

讨论题指引

案例分析

圆通速递的并购重组

2016年1月15日，A股公司大杨创世发布公告表示，大杨创世将与圆通速递有限公司（简称"圆通速递"）进行资产重组。

2016年3月23日，大杨创世发布消息称，公司拟将全部资产与负债出售给蛟龙集团、云锋新创，后者以现金方式支付对价，交易作价为12.34亿元。同时，公司拟以7.72元/股的价格，向圆通速递全体股东非公开发行股票合计22.67亿股，作价175亿元收购圆通速递100%的股权，并拟按10.25元/股的价格向喻会蛟、张小娟、阿里创投等共7名特定对象非公开发行股票募集配套资金不超过23亿元。交易实施后，圆通速递的控股股东蛟龙集团将成为上市公司的控股股东，圆通速递的实际控制人喻会蛟、张小娟夫妇将成为上市公司的实际控制人。此次交易构成借壳上市。公司总股本将大幅增至 28.21 亿股，其中蛟龙集团持股比例为 51.18%，为第一大股东；公司的实际控制人将变更为圆通速递的实际控制人喻会蛟、张小娟夫妇。此外，阿里创投、云锋新创将分别持有公司 11.09% 和 6.43% 的股份。受圆通速递借壳上市的影响，大杨创世在 4 月 11 日复牌后，收出 5 个涨停。

交易完成后，上市公司主营业务彻底转型，由服装制造企业转变为综合性快递物流服务企业。在此次并购交易中，圆通速递在交易中做出业绩承诺：2016—2018 年实现归母净利润分别不低于 110 010 万元、133 290 万元和 155 250 万元。

圆通速递近年来在行业内完成的斐然业绩，为其奠定了行业领头羊的地位。从业务量上看，其 2015 年的业务量达到 30.32 亿件，市场份额高达 14.67%，跃居行业第一。此外，根据最近发布的行业数据，圆通速递在完成件量高增长的同时，在快递服务质量、时效、客户满意度等多项指标方面依然稳居行业领先地位。从盈利能力方面来看，圆通速递 2015 年实现营业收入 120.9 亿元、净利润 7.17 亿元，业绩行业领先。

根据上述资料，思考以下问题：

（1）查找并购交易的相关资料，了解交易的详细信息，思考并购交易的类型及并购动因。

（2）评价并购对价方式的特点及影响。

（3）该案例属于反向收购。思考反向收购的利弊及其操作过程，以及相关具体注意事项。

讨论题指引

第7章

衍生工具与风险管理

随着金融创新的日新月异，衍生金融工具不断推陈出新，已经成为经济全球化和金融一体化发展的主要推动力量。无论是20世纪70年代金融期货、期权的诞生，还是20世纪80年代货币互换的兴起，无论是20世纪90年代信用衍生产品的问世，还是21世纪耳熟能详的ABS、MBS、CDO，资本市场衍生产品交易种类和结构的变化都令人叹为观止、目不暇接。

然而，2007年美国市场的次级债券问题触发了一个几乎是全球性的金融危机。许多西方银行因资产证券化等金融衍生产品而蒙受了巨大损失。雷曼兄弟、AIG等跨国金融机构因CDS等场外金融衍生品轰然倒下，金融市场一片狼藉。在危机冲击下的中国也未能独善其身。2008年，多家国有企业因投资金融衍生产品失败而发生巨额亏损，中国东方航空股份有限公司的航油套期保值公允价值损失约62亿元；中国国航因航油套期保值浮亏68亿元；中国远洋远期运费协议（FFA）公允价值损失约40亿元……一时间，金融衍生产品成为众矢之的，被视为给全球金融市场带来巨大灾难的罪魁祸首，是金融界的大规模杀伤性武器。对金融衍生品不加区分的口诛笔伐充斥着国内外的舆论，金融衍生产品似乎有被"妖魔化"的趋势。

那么，金融衍生产品真的有如洪水猛兽这么可怕吗？其实不然，比如有人因为触电而死亡，有人因用火不慎而引起火灾，难道我们能够因为这些意外情况的发生而否定电与火的功能吗？我们需要做的是让大家都能普遍掌握用电、用火的安全常识，知道它们的危险性，而不是发生了因为操作不当引发的意外事件，就要求大家不要用电或用火。"水可载舟、亦可覆舟"贴切地形容了金融衍生产品的特性。在几年前的安然倒闭事件中，由于购买了CDS，持有12亿美元安然债券的花旗银行幸运地躲过了一劫。然而，同样是CDS，却在此次全球性的次贷危机中将雷曼兄弟送上了不归路。金融衍生品究竟是天使还是魔鬼？这个问题并非只有一个非此即彼的答案。

因此，通过对危机的反思，我们应更为深入和客观地认识金融衍生产品，不能否认其稳定市场、管理风险的作用，忽视其在金融危机考验下显示出的旺盛的生命力，而应该反思自身在风险管理和金融衍生品管理过程中的失误，总结教训，得到启示，从而充分发挥金融衍生品固有的套期保值、管理风险的积极作用，促进我国金融衍生品市场的发展。

第7章在介绍衍生工具基本概念和分类的基础上，简要介绍了衍生工具的功能，重点阐述利用衍生工具管理商品价格风险、利率风险和汇率风险的基本策略和方法。

7.1 衍生工具与衍生品市场概述

7.1.1 衍生工具的含义与功能

1）衍生工具的含义

衍生工具（derivatives），又称"衍生产品"，是与基础产品相对应的一个概念，就是由现货市场的既有产品衍生出来的产品。之所以冠上"衍生"这个词条，是因为该种产品建立在基础产品或基础变量之上，其价格随基础产品的价格（或数值）变动而变动。例如，股票指数期货合约的价值，受到其标的资产（underlying asset）现货股票价格指数高低的影响，故股票价格指数期货合约是一种典型的衍生性产品。2004年，巴塞尔新资本协议给出了衍生工具的明确定义："金融衍生交易合约的价值取决于一种或多种基础资产的价值或相关指数，除了远期、期货、掉期（互换）和期权等基本合约形式之外，具有以上任一种或多种特征的结构化金融工具也称为衍生工具。"

2）衍生工具的功能

（1）风险管理功能

风险是客观普遍存在的，不同的投资者对风险的承受能力不同。有的投资者愿意冒一定风险去获取较高的收益，而有的投资者只希望赚取确定的收益，不愿意承担风险。这样就产生了分离风险的客观需求。衍生工具的出现为投资者提供了一种有效的风险分配机制，该功能也是衍生工具被企业界广泛应用的初衷所在。通过套期保值使希望避免风险的人把风险转移给愿意承担风险的人，这样投资者就可以根据各种风险的大小以及自己的偏好更有效地配置资金。2009年4月，世界掉期与衍生产品协会（ISDA）的研究显示，在世界500强中，有94%的企业利用衍生产品管理和对冲商业风险和财务风险。从行业分布看，金融服务业的企业普遍利用衍生工具，利用率高达98.4%；基础原材料行业的企业以97.7%的利用率紧随其后；技术行业企业的利用率也高达95.2%；医药、工业制造和公用事业相关企业的利用率分别为95%、92.3%和91.7%；服务业的企业利用衍生产品的比例最低，但也达到了88%。各种金融衍生产品可以单独进行交易，也可以被用来"构造"一个更为复杂的系统，并根据需要进行调整或修改。不论是单一衍生产品还是多种衍生产品的组合，其设计的主要目的之一就是对冲风险。

（2）价格发现功能

由于衍生工具交易特别是场内交易集中了各方面的市场参与者，带来了成千上万种基础资产的信息和市场预期，使寻找交易对象和决定价格的信息成本大大降低。交易者在信息收集和价格动向分析的基础上，通过公开竞价的方式达成买卖协议。协议价格能够充分反映交易者对市场价格的预期，也能在相当程度上体现未来的价格走势，这就是价格发现。被衍生市场发现的价格随时随地通过各种传播方式向各地发布，这就为相应的经济领域提供了信息的生产和传递功能，为广大的生产者和投资者提供了正确的价格信号，从而使生产者和投资者可以相应制订和调整其生产与经营计划，使经济社会的每一个成员都能更快、更好地从未来价格预测中获益，促进资源的合理配置。

（3）增强市场有效性功能

即使没有衍生产品市场，证券的现货市场也可能是有效的。然而，即使在有效市场中也存在少量的套利机会。这些套利机会意味着一些资产价格在某些时候偏离了其正常价值。衍生工具的出现增加了不同金融工具市场和不同国家之间的联系，衍生品市场低廉的成本和简便的方式有助于套利交易和迅速的交割调整，以消除套利机会的存在，从而有利于减弱市场的不完善性，加强市场的竞争，缩小金融工具的买卖差价，消除或修正某些市场或金融工具的不正确定价。

7.1.2 衍生工具的种类与特点

按照最基本、最常见的分类，衍生工具可以分为远期合约、期货合约、期权合约和互换合约四大类。

1）远期合约

远期合约是交易双方约定在未来某一特定时间，以某一特定价格买卖某一特定数量和质量的合约标的物的一种协定。远期合约的品种主要有商品远期交易、远期外汇交易、远期利率协定等。远期合约交易的特点有：

（1）远期合约交易是通过现代化通信方式在场外进行的，交易双方互相认识，合约内容由交易双方互相协商，具有较高的灵活性。

（2）远期合约交易不需要保证金，没有初始投资，但是远期合约的履约也没有保证。当价格变动对一方有利时，另一方可能无力或无诚意履行合约，因此远期合约的违约风险较大。

（3）由于远期合约为非标准化合约，每份合约千差万别，同时由于远期交易没有固定、集中的交易场所，因此远期合约的流动性较差，大部分交易都导致最后进行实物交割。

2）期货合约

期货合约简称期货，是交易双方约定在未来某一特定时间，以某一特定价格买卖某一特定数量和质量的合约标的物的一种正式合约性协定。当合约到期时，合约双方必须履行交割义务，即买方交钱，卖方交货，以完成合约所规定的事项。为了保证在一方违约时，另一方不致遭受损失，在签订合约时买方和卖方都被要求支付一定数量的保证金，并视期货价格的变动情况确定其是否追加保证金。期货类衍生工具主要包括商品期货、外汇期货、利率期货、股票期货、股票指数期货等。期货交易的特点有：

（1）期货交易所需资金较少。进行期货交易不需要按实际期货合约的价值交纳现金，而只要交纳较低比例的保证金。

（2）期货交易在多数情况下不进行实物交割。多数的期货交易者在期货合约到期之前就通过对冲了结了履约义务，真正需要进行现货交割的，一般只占期货合约总额的1%～2%。

（3）期货交易的地点、方式等都有严格的限制。期货交易的对象是一张期货合约，期货合约中明确限定了交易商品的等级、数量、交易方式和交易地点，投资者可以选择的只是价格和交货期。

（4）期货交易风险较大。在期货交易中，买卖双方都要支付保证金，而且随价格的变化，有可能需要追加保证金，而且交易双方所承担的风险损失都是无限的。

3）期权合约

期权合约简称期权，又称选择权，期权交易实质上是一种权利的买卖。期权的一方在向对方支付一定数额的权利金后，即拥有在某一特定时间，以某一特定价格买卖某一特定种类、数量、质量的原生资产的权利。期权类衍生工具主要包括商品期权、外汇期权、利率期权、股票期权、股票指数期权等。期权交易的特点有：

（1）期权交易对象特殊。期权交易是以一种特定的权利为买卖对象的交易，是一种权利的有偿使用，即期权的买方向期权的卖方支付了一定数额的权利金后，就拥有了在规定的有效期内按事先规定的敲定价格向期权的卖方买进或卖出一定数量的某种商品期货合约的权利。

（2）买卖双方的权利义务不等。在期权交易中，期权的买方有权确定是执行权利还是放弃权利，卖方只有义务按买方的要求去履约，只有当买方放弃此权利时卖方才不必执行合约。

（3）买卖双方的风险收益结构不对称。期权交易的买方在成交时要支付一定的权利金，但没有实际执行合同的义务，所以期权买方的亏损是有限的，其最大的损失额就是权利金；而期权交易的卖方收取权利金，出卖了权利，他的损失可能是无限的。

（4）买卖双方的履约保证金不同。在期权交易中，期权的买方没有执行期权合同的义务，因此不需要交纳保证金；而期权的卖方则不然，他在期权交易所面临的风险损失很难准确预测，为此必须预先交纳一笔保证金，以表明其具有履约的能力。

4）互换合约

互换合约是指交易双方签订的在未来某一时期相互交换某种资产的合约。更为准确地说，互换合约是当事人之间签订的在未来某一期间内相互交换他们认为具有相等经济价值的现金流的合约。较为常见的互换类衍生工具是利率互换和货币互换，其他互换类衍生工具还有商品互换、股票指数互换等。

互换交易的主要目的就是防范利率风险、外汇风险，降低筹资成本，提高资产的收益。互换交易的特点有：

（1）互换交易是表外交易。所谓表外业务，是指那些不会引起资产负债表内业务发生变化，却可为交易者带来业务收入或减少风险的中间业务。互换交易就是一种衍生工具的表外业务。

（2）互换交易的期限较长，可进行长期安排（2～20年），因此在资产负债长期管理中，互换交易更为适用。

（3）互换交易是场外交易，按非标准形式进行（目前有标准化趋势），具有较高的灵活性，以适应各种交易者的需要。但正是由于互换交易的非标准化方式，它的交易成本较高，谈判比较复杂，同时违约风险也较大。

（4）互换可以暂时改变给定资产或负债的风险与收益，而不必出售原始资产或负债。这对于流动性相对较差的资产或负债来说很重要。

7.1.3 全球衍生品市场概述

1）全球衍生品市场的发展及成交概况

（1）全球衍生品市场的发展历程

国际衍生品市场的发展，大致经历了由商品期货、金融期货到期权和互换，交易品种不断增加、交易规模不断扩大的过程。

1848年，芝加哥期货交易所（CBOT）的诞生以及1865年标准化合约的推出，标志着现代衍生品交易的开始。随着现货生产和流通的扩大，新的期货品种不断出现，除了农产品期货之外，又增加了金属期货。1876年成立的伦敦金属交易所（LME）是第一家金属期货交易所，至今该交易所的期货价格依然是国际有色金属市场的晴雨表。

20世纪70年代初，国际经济形势发生急剧变化，布雷顿森林体系的解体使固定汇率制被浮动汇率制所取代，利率管制等金融管制政策逐渐取消，汇率、利率频繁剧烈波动，促使金融期货、期权和互换合约产生。1972年5月，芝加哥商业交易所（CME）设立了国际货币市场分部（IMM），首次推出包括英镑、加拿大元、西德马克、法国法郎、日元和瑞士法郎等在内的外汇期货合约。1973年，期权交易出现了革命性的变化。世界上最早也是最大的期权交易所——芝加哥期权交易所（CBOE）的诞生，标志着现代意义上期权交易的产生。此后，世界各地的交易所纷纷开始进行期权交易，交易品种也由股票期权逐渐扩展至货币、指数及期货期权等，交易量迅速膨胀。1975年10月，芝加哥期货交易所上市了国民抵押协会债券（GNMA）期货合约，从而成为世界上第一个推出利率期货合约的交易所。1982年2月，美国堪萨斯期货交易所（KCBT）开发了价值线综合指数期货合约，使股票价格指数也成为期货交易的对象。1985年2月，以活跃在互换市场上的银行、证券公司为中心，众多的互换参与者组建了旨在促进互换业务标准化和业务推广活动的国际互换交易协会（International Swap Dealer's Association，ISDA），拟定了标准文本"利率和货币互换协议"。该协议的实施标志着金融互换结构进入标准化阶段，为金融互换交易的深入发展创造了良好的条件，大大提高了交易效率。

20世纪80年代以来，全球金融市场处于动荡不安之中，从拉美债务危机到亚洲金融危机、俄罗斯债务危机、巴西和阿根廷金融危机，以及日本"泡沫经济"的破灭，全球信用环境恶化，信用风险上升，各国银行对信用风险问题的日益关注促进了信用衍生品的迅速发展。1993年，历史上第一笔信用衍生品交易是由Bankers Trust和CSFP针对日本房地产危机而做成的。自此后，信用违约互换、总收益互换、信用利差远期和期权等传统信用衍生产品逐渐规范。1998年，ISDA制定了第一个关于信用衍生产品的协议文本，为信用衍生产品交易提供参考，提高了交易的规范性和效率，降低了交易协商成本。1999年，ISDA又修订了信用事件的定义，降低了交易双方对信用事件分歧引起的法律风险。违约偿付逐渐由实物交割为主转变为现金结算为主，避免了基础资产交割，降低了交易成本。交易以信用违约互换为主，占交易量的90%以上，并且以单名互换为主，多名违约互换很少。2002—2007年，信用衍生产品市场快速发展，市场规模迅速膨胀，根据美国货币监理署（OCC）的统计，2007年美国商业银行持有的信用衍生产品合约的名义金额为14.41万亿美元，是2001年的36倍多，而同期银行贷款仅增长72%。2001年，信用衍生产品同银行贷款的比例是10.05%。到2007年，这一比例上升到212.55%。同时，信用衍生品也出现了许多复杂的结构衍生工具，如CDO、ABS CDOs、CDO2等。同传统的信用衍生产品相比，结构产品更复杂，信用风险分散更广，风险链条延长，投资者难以掌握结构产品的风险，信用评级成为投资者决策的主要依据。但是，信用评级机构并不能准确预测结构金融工具的风险。大量高风险资产的风险通过信用衍生产品扩散放大，金融市场蕴藏了巨大风险：次贷违约率上升引发了蕴藏的风险，形成了灾难性的金融危机。信用衍生产品投资者遭受巨大损失，甚至破产。由此，信用衍生产品交易萎缩，尤其是高风险基础资产和复杂结构信用衍生产品的交易量下降。

（2）全球衍生品市场的成交概况

虽然现代衍生产品市场的发展只有短短160多年的历史，但是衍生产品市场一直是增长速度最快的金融市场。

美国期货业协会（FIA）对全球78家交易所中的期货与其他场内衍生品成交量的统计结果显示，2015年全球交易所合约成交量比2014年增加13.48%，达到247.76亿手，接近2011年的最高水平——250亿手。在2015年的场内衍生品成交细分数据中，期货合约与期权合约的成交量均呈增长趋势，其中全球期货成交量增长了19.3%至144.80亿手，超过2011年的最高水平；场内期权成交量规模的增长比期货小，2015年共102.96亿手，同比增长6.2%。[①]

①从全球期货与其他场内衍生品成交量的地域分布来看，2014年北美地区成为全球成交量增长的主要拉动力量，不过这样的情况在2015年发生了较大变化，亚太、欧洲实现增长，北美与南美出现回落。2015年，亚太地区成交量大幅增长了33.69%，在美国期货业协会跟踪的28家亚太地区的衍生品交易所中，18家实现了成交量的两位数增长，仅有6家出现回落。亚太地区的成交最为活跃，也是2015年全球成交量能够实现快速增长最重要的因素。[②]2014—2015年全球期货及其他场内衍生品交易量分地区比较情况见表7-1，2015年全球期货及其他场内衍生品成交量地域分布如图7-1所示。

表7-1　　2014—2015年全球期货及其他场内衍生品交易量分地区比较情况

地区	2014年成交量(手)	2015年成交量(手)	同比变化
北美	8 215 935 876	8 195 399 670	−0.25%
亚太地区	7 257 085 363	9 701 681 822	33.69%
欧洲	4 409 853 320	4 769 831 611	8.16%
拉美	1 516 759 488	1 450 744 978	−4.35%
其他地区	433 297 533	658 103 273	51.88%
全球总量	21 832 931 580	24 775 761 354	13.48%

注：交易所所在地按交易所注册地划分；其他地区包括迪拜、以色列、南非以及土耳其。

资料来源：美国期货业协会（FIA）。

---

① 中国证券监督管理委员会，中国期货业协会．中国期货市场年鉴（2015年）[M]．北京：中国财政经济出版社，2016．
② 中国证券监督管理委员会，中国期货业协会．中国期货市场年鉴（2015年）[M]．北京：中国财政经济出版社，2016．

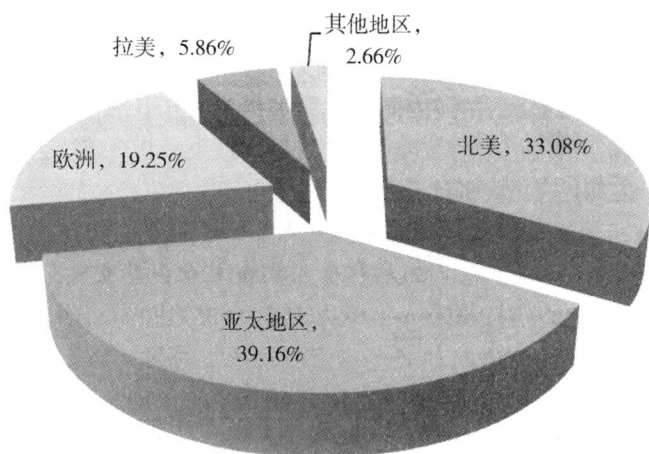

图7-1　2015年全球期货及其他场内衍生品成交量地域分布

资料来源：美国期货业协会（FIA）。

②从具体的交易所/交易所集团的成交量排名来看，2015年美国芝加哥商业交易所集团（CME集团）旗下三家交易所的成交量增减不一，但集团总体实现2.6%的成交增长至35.32亿手，排名第一。排名第二的印度国家证券交易所2015年的成交量实现61.2%的增幅，至30.32亿手，直逼第一的CME集团，且是唯一一家不以集团排名位列前三甲的交易所。①而中国的大连商品交易所、郑州商品交易所、上海期货交易所均跻身全球前10名。表7-2显示了2015年全球交易所/交易所集团成交量前20位排名。

③从具体的交易品种来看，衍生品市场主要由金融产品、农产品、能源产品、金属产品及其他期货和期权构成。其中，金融期货（股指、利率、外汇）占据主要的市场份额，传统的农产品、能源产品和金属产品的期货和期权占据份额较小（如图7-2所示）。2015年，金融期货交易量占全球交易量的77.93%，达到193.07亿手；农产品、能源产品和金属产品的期货和期权交易量占全球交易量的22.07%，为54.69亿手。在各品种的表现方面，2015年的成交量情况呈现明显分化。其中股票指数表现相当突出，比上年增长13.7%；外汇市场扭转了去年的颓势，表现十分优异，全年成交量增加31.2%；商品方面表现强势，农产品、金属和能源类别期货和期权的成交总量在2015年增加22.6%至46亿手，占全球场内衍生品成交量的19%，各自细分类别的成交量也在2015年创下纪录高位（见表7-3）。

---

　　①　中国证券监督管理委员会，中国期货业协会.中国期货市场年鉴（2015年）［M］.北京：中国财政经济出版社，2016.

表7-2 2015年全球交易所/交易所集团成交量前20位排名

排名	交易所/交易所集团名称	2014年成交量（手）	2015年成交量（手）	同比变化
1	芝加哥商业交易所集团（CME Group）	3 442 700 984	3 531 760 591	2.59%
2	印度国家证券交易所（NSE）	1 880 363 732	3 031 892 784	61.24%
3	欧洲期货交易所集团（Eurex）	2 097 975 470	2 272 445 891	8.32%
4	洲际交易所集团（ICE）	2 215 559 295	1 998 810 416	-9.78%
5	莫斯科交易所（Moscow Exchange）	1 413 222 196	1 659 441 584	17.42%
6	巴西证券期货交易所（BM&FBovespa）	1 420 479 205	1 358 592 857	-4.36%
7	芝加哥期权交易所集团（CBOE Holdings）	1 325 391 523	1 173 934 104	-11.43%
8	大连商品交易所（DCE）	769 637 041	1 116 323 375	45.05%
9	郑州商品交易所（ZCE）	676 343 283	1 070 335 606	58.25%
10	上海期货交易所（SHFE）	842 294 223	1 050 494 146	24.72%
11	纳斯达克OMX集团（NASDAQ OMX）	1 147 450 449	1 045 646 991	-8.87%
12	韩国交易所（KRX）	677 765 128	794 935 326	17.29%
13	孟买证券交易所（BSE）	754 992 572	614 894 523	-18.56%
14	南非约翰内斯堡证券交易所（JSE）	299 742 584	488 515 433	62.98%
15	美国BATS交易所	201 985 667	396 415 424	96.26%
16	日本交易所集团（JPX）	309 732 384	361 459 935	16.70%
17	香港交易所集团（HKEx）	319 590 751	359 364 547	12.45%
18	中国金融期货交易所（CFFE）	217 581 145	321 590 923	47.80%
19	台湾期货交易所	202 411 093	264 495 660	30.67%
20	迈阿密国际证券交易所	134 535 972	252 605 427	87.76%

资料来源：美国期货业协会（FIA）。

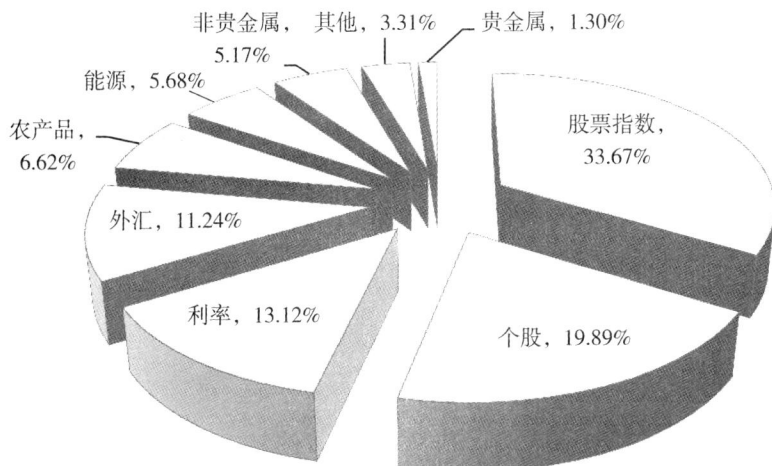

图7-2 2015年各品种成交量占全部成交量的比例

资料来源：美国期货业协会（FIA）。

表 7-3   2014—2015 年各品种成交量情况对比

品种种类	2014 年成交量（手）	2015 年成交量（手）	同比变化
股票指数	7 338 870 063	8 342 860 438	13.68%
个股	4 931 561 737	4 927 935 476	−0.07%
利率	3 293 164 521	3 251 257 586	−1.27%
外汇	2 122 783 609	2 784 884 902	31.19%
农产品	1 387 993 407	1 639 668 492	18.13%
能源	1 160 869 956	1 407 235 307	21.22%
非贵金属	872 626 126	1 280 935 517	46.79%
其他	353 997 195	819 713 435	131.56%
贵金属	371 064 966	321 272 201	−13.42%
总计	21 832 931 580	24 775 761 354	13.48%

资料来源：美国期货业协会（FIA）。

2）我国衍生品市场的发展及交易概况

（1）我国衍生品市场的发展历程

以 1990 年 10 月 12 日郑州粮食批发市场的开业为标志，我国衍生品市场已经走过了 20 多年的发展历程，大致可以划分为 3 个阶段：1990—1993 年初创时期的盲目发展阶段，1994—2000 年以政策调控为主的治理整顿阶段和 2001 年至今的复苏与规范发展阶段。

在我国商品期货盲目发展的初创阶段，曾出现过 50 多家商品交易所、300 余家期货经纪公司和 2 000 多个期货兼营机构。由于行政主管部门不明确，无法可依，期货市场混乱，欺诈行为盛行。1998 年 8 月，国务院确立中国证监会统一负责全国证券、期货业的监管，并发布《关于进一步整顿和规范期货市场的通知》，明确了"继续试点，加强监管，依法规范，防范风险"的原则，将 14 家交易所撤销合并为上海、郑州和大连 3 家，仅保留 12 个商品期货交易品种。2000 年 12 月 28 日，中国期货业协会成立大会在北京举行，期货业监管和自律体系完全确立，治理整顿阶段全面结束。2001 年 3 月，"稳步发展期货市场"被写入"十五"规划纲要，标志着我国商品期货市场复苏阶段的开始。2004 年 6 月，期货市场经过多年清理整顿后的第一个新品种——棉花期货合约在郑州商品交易所成功上市。之后，商品期货市场获得长足发展，燃料油、玉米、黄大豆 2 号、豆油、白糖、棕榈油、黄金等期货品种陆续上市，期货交易规模逐年扩大。大连期货交易所于 2003 年进入了全球十大期货交易所的行列，标志着我国的商品期货市场逐渐走向成熟。2005年，我国又相继开放了国债远期交易市场、股票权证市场、人民币远期交易市场以及抵押债券市场。2006年9月8日，中国金融期货交易所（简称"中金所"）在上海成立，交易所积极筹划推出期权，并深入研究开发国债、外汇期货及期权等金融衍生产品。2010年4月16日，中金所正式推出沪深300股指期货合约。2013年9月6日，中金所又推出了国债期货合约。这说明我国衍生品市场正在不断地发展进步。

（2）我国衍生品市场的成交概况

①从期货市场的交易品种来看，无论金融期货还是商品期货都有了进一步的拓展。截至2015年年底，国内期货市场共有52个期货期权品种。2015年新上市5个期货品种和1个期权品种，分别为镍、锡、上证50股指期货、中证500股指期货、10年期国债期货、上证50ETF期权。2015年我国期货市场交易品种见表7-4。

表7-4　　　　　　　　　2015年我国期货市场交易品种分布情况

交易所名称及代码	交易所所在地	品种
上海期货交易所（SHFE）	上海	铜、铝、锌、铅、黄金、天胶、燃料油、螺纹钢、线材、白银、沥青、热轧卷板、镍、锡
大连商品交易所（DCE）	大连	豆一、豆二、豆粕、玉米、豆油、线性低密度聚乙烯、棕榈油、聚氯乙烯、焦炭、焦煤、铁矿石、鸡蛋、胶合板、纤维板、聚丙烯、玉米淀粉
郑州商品交易所（ZCE）	郑州	强麦、棉花、白糖、PTA、菜籽油、早籼稻、甲醇、普麦、玻璃、油菜籽、菜籽粕、动力煤（旧）、粳稻、晚籼稻、硅铁、锰硅、动力煤（新）
中国金融期货交易所（CFFE）	上海	沪深300股指期货、5年期国债期货、10年期国债期货、上证50股指期货、中证500股指期货

②从交易规模来看，2015年全国期货市场的成交数据再创新高。中国期货业协会最新统计资料表明，1—12月全国期货市场的累计成交量为35.78亿手，累计成交额为554.23万亿元，同比分别增长42.79%和89.81%。从两大指标来看，成交量与成交额再创历史新高，超过2014年全年水平。

金融期货方面，2015年市场累计成交量为3.40亿手，累计成交额为417.7万亿元，同比增长56.66%和154.71%。商品期货方面，2015年市场累计成交量为32.37亿手，累计成交额为136.47万亿元，同比增长41.46%和6.64%。2015年全国期货市场的交易情况统计见表7-5。

表7-5			2015年全国期货市场交易情况统计		金额单位：亿元
交易所	上海期货交易所	郑州商品交易所	大连商品交易所	中国金融期货交易所	全国期货市场
2015年1—12月成交总量（手）	1 050 494 146	1 070 335 606	1 116 323 375	340 869 331	3 578 022 458
2014年1—12月成交总量（手）	842 294 223	676 343 283	769 637 041	217 581 145	2 505 855 692
同比增减百分比	24.72%	58.25%	45.05%	56.66%	42.79%
2015年1—12月成交金额	635 552.63	309 829.86	419 359.74	4 177 604.71	5 542 346.94
2014年1—12月成交金额	632 353.25	232 414.96	414 944.31	1 640 169.73	2 919 882.25
同比增减百分比	0.51%	33.31%	1.06%	154.71%	89.81%
2015年1—12月成交金额所占份额	11.47%	5.59%	7.57%	75.38%	100.00%
2014年1—12月成交金额所占份额	21.66%	7.96%	14.21%	56.17%	100.00%

资料来源：中国期货业协会。

7.2 衍生工具与商品价格风险管理

供求关系的异常波动、国家宏观政策的调整、季节性和突发性等因素，会给商品的价格带来不确定性，由此给持有、买卖商品的企业或个人带来收益或损失，这就是商品价格风险。衍生工具的产生为管理商品价格风险提供了新的手段。

7.2.1 利用远期商品合约管理商品价格风险

远期商品合约可以说是最早出现的衍生性产品，可以追溯到中古世纪，主要是提供农产品的避险之用。比如，对于种黄豆的农夫来说，当黄豆还未成熟时，黄豆的价格是不确定的，一旦黄豆收成，价格下跌，对农夫是不利的。因此，对农夫而言，黄豆价格的波动是相当大的风险。相反，对于黄豆的收购商、以黄豆为原料加工制作的工厂来说，如果黄豆歉收，价格上涨，也是不利的，他们也承受着黄豆价格变动的风险。因此，农夫和黄豆收购商为回避风险，在黄豆尚未收成以前，签订一个远期合约，以一个约定的价格买卖黄豆，由此帮助双方消除未来黄豆价格变动带来的风险。目前，人们对远期商品合约的定义是：一种在现在约定未来特定时日交易特定标的物的合约。合约的买方同意在未来的约定时日，按约定价格支付一定金额，以交换卖方特定数量的商品。远期商品合约交易发展演变至今，因其在规避商品价格风险、发现商品价格、商品价格投机等方面的特殊功能，仍然在金融市场上发挥着重要的作用。

生活中常有利用远期商品合约对冲商品价格风险的例子。例如，企业签订的长期房屋租赁合同，提前锁定了其厂房、办公室的租金；电力公司与煤炭企业签订的远期商品合约，事先确定了煤炭的供应价格；钢铁公司与采矿公司签订的远期商品合约，提前确定了铁矿石的供应价格。通过远期商品合约，签约双方都能实现使它们的原材料或产品的价格保持稳定的目的。

在2000年年初，当油价接近20美元/桶时，美国西南航空的CFO加里·凯利（Gary Kelly）就实施了一项可以保护公司免受油价剧烈上涨危害的策略，即签订了一份购买燃油的远期合约。合约约定到期时以每桶23美元的价格购买燃油。当年年底，油价飞涨超过每桶30美元，航空运输业因此陷入财务危机，而西南航空因为之前签订的合约而保证了它可以以每桶23美元的价格购买燃油，由此带来的资金节约额总和几乎达到了西南航空公司当年收益的50%。西南航空公司仍继续采用这种策略对冲燃油成本的上升。在2004年，如果没有燃油供货合约提供的45 500万美元的成本节约，西南航空当年31 300万美元的收益也就付之东流了。

当然，对冲商品价格风险并不总能提升公司的利润。如果在2000年秋天，油价下跌至每桶23美元以下，但西南航空必须依据合约仍以每桶23美元的价格购买燃油，成本的上升会减少公司的收益，但是由于每桶23美元的价格是事先约定并且是企业可接受的价格，所以即使购买燃油的成本高于市价，也不至于引起财务危机。换句话说，不论油价如何变化，远期商品合约将西南航空的收益稳定在一个可接受的水平上。

远期商品合约通常是由买方和卖方协商签订的双边合约。这种合约存在一些潜在的缺陷。第一，合约的每一方都面临着对方可能违约或不履行合约条款的风险。这种合约使公司避免了商品价格风险，但又使公司暴露于信用风险之下；第二，合约内容依据买卖双方的个性化需要制定，不是标准化合约，且不在交易所内交易，因此中途转让较困难，流动性差；最后，公司可能不容易确认合约在任何时点的市场价值，难以追踪合约的收益和损失。为避免这些缺陷，公司可以选择期货合约来对冲风险。

7.2.2 利用期货合约管理商品价格风险

期货合约是在未来某一时点，以现在锁定的价格交割资产的协议。期货合约以公开的市场价格在交易市场上匿名交易，流动性强，买方和卖方都可以在任何时间以当时的市场价格将合约出售给第三方。利用期货合约规避价格风险的交易策略是套期保值，它可在现货与期货之间、近期与远期之间建立一种对冲机制，以使价格风险降到最低。

"套期保值"译自英文单词 hedging，又译作"对冲交易"或"海琴交易"。其一般性的定义是，买进（或卖出）与现货数量相等但交易方向相反的期货合约，以期在未来某一时间再通过平仓获利来抵偿由现货市场价格变动带来的实际价格风险。常用的避险策略一般可分为空头套期保值和多头套期保值。

1）空头套期保值

空头套期保值（short hedge）是指由于持有现货商品，但担心将来因价格下跌而遭受损失，所以在期货市场中出售期货合约，通过持有空头头寸为现货市场的多头头寸保值，以规避现货市场价格可能下跌的风险，通常为直接生产者、加工商、出口商、贸易商及储运商等采用。

［例 7-1］某粮油进出口公司，8 月购入美国大豆 10 000 吨，预计 11 月份将大豆售出，售价 2 900 元/吨时可保证其正常利润。由于预测大豆价格在 11 月可能下降，于是该公司于 8 月在大连商品交易所（DCE）做了空头套期保值。空头套期保值情况分析见表 7-6（不考虑交易成本）。

表 7-6 　　　　　　　　　　　　**空头套期保值情况分析**

现货市场	期货市场
8 月 1 日进口大豆 10 000 吨 目标销售价格 2 900 元/吨	卖出 11 月大豆期货 10 000 吨 期货价格 3 100 元/吨
11 月 1 日出售大豆 10 000 吨 实际销售价格 2 600 元/吨	买进 11 月大豆期货 10 000 吨 期货价格 2 800 元/吨
现货亏损　300 元/吨 合计亏损　3 000 000 元	期货盈利　300 元/吨 合计盈利　3 000 000 元

根据表 7-6 可知，该粮油进出口公司由于准确地预测了价格变化趋势，果断地入市保值，成功地以期货市场每吨盈利 300 元弥补了现货交易每吨的损失，考虑期货市场的盈利，最终大豆的实际销售价格为 2 900 元/吨（2 600+300），达到了目标值，从而规避了价格下降带来的损失。

2）多头套期保值

多头套期保值是指由于未来要购入现货商品，但担心将来因价格上涨而遭受损失，所以在期货市场中买入期货，以期货市场的多头头寸来为现货市场的空头头寸保值，以规避现货市场价格可能上涨的风险，通常为加工商、供应商、进口商等采用。

［例 7-2］某铜材加工厂，3 月份签订了 9 月交货的加工合同，加工期为 1 个月，需买进原料铜 3 000 吨。合同签订时铜原料的价格较低，工厂欲以此为进货成本，而该厂又不愿早进原材料库存，决定 8 月份再买进原材料进行加工。由于担心到那时原料的价格上升，于是该工厂在期货市场上做了买入套期保值。多头套期保

值情况分析见表7-7（不考虑交易成本）。

表7-7　　　　　　　　　　　多头套期保值情况分析

现货市场	期货市场
3月1日目标成本价格为28 500元/吨	买进9月铜期货3 000吨的期货价格为28 700元/吨
9月1日买进铜3 000吨的实际成本价格为28 800元/吨	卖出9月铜期货3 000吨的期货价格为29 000元/吨
现货亏损　300元/吨 合计亏损　900 000元	期货盈利　300元/吨 合计盈利　900 000元

根据表7-7的分析可知，该加工厂以期货市场每吨盈利300元抵补了现货原料成本的上涨，则实际的原料成本为28 500元/吨（28 800-300），达到了既定的保值目标，并且避免了库存及资金占用，降低了成本。

但是，期货市场毕竟是不同于现货市场的独立市场，它还会受其他因素的影响，因而，期货价格的波动时间与波动幅度不一定与现货价格完全一致，即存在基差风险。套期保值不能完全抵消价格风险，这是需要特别注意的。

7.3　衍生工具与利率风险管理

利率风险是指因利率变动，导致附息资产（如贷款或债券）承担价值波动的风险。一般来说，当利率上升时，固定利率债券的价格会下降。20世纪70年代的两次石油危机导致世界能源价格上升，引发全球性成本推进型通货膨胀。为了抑制通货膨胀，美国政府采取了提高利率的政策，但结果未减轻通货膨胀，失业率反而上升，造成严重的社会问题。无奈美国政府只得降低利率，但是利率降低，物价再度上升。20世纪70年代美国的利率水平每月都在变化。利率的反复变动，给银行、公司以及其他投资者带来了与利率相关的金融风险。投资者为了保证资本不受利率的影响，管理利率风险的衍生工具应运而生。

7.3.1　利用远期利率协议管理利率风险

远期利率协议（forward rate agreement，FRA）是指买卖双方同意在未来一定时间（清算日），以商定的名义本金和期限为基础，由一方将协定利率与参照利率（通常为伦敦银行同业拆放利率LIBOR）之间差额的贴现额度付给另一方的协议。在协议结算日，如果市场利率高于协议规定的利率，那么协议的卖方必须向买方支付按名义本金计算的利差；反之，如果市场利率低于协议规定的利率，那么买方必须向卖方支付按名义本金计算的利差。这就通过固定将来实际交付的利率而避免了利率变动的风险。

［例7-3］A公司准备在3个月后借入100万美元，借款期为6个月。公司的财务部门担心未来3个月的LIBOR利率会上升，希望通过远期利率协议来对冲利率风险。2017年1月8日，A公司向X银行买入一份"3V9"的FRA，名义本金为100万美元，协定利率为4.75%。参照利率根据3个月后的6个月的LIBOR确定。

"3V9"是指合约的交易日和结算日之间为3个月，交易日至名义贷款最终到期日之间的时间为9个月，则名义贷款期为6个月。因此该合约的交易日为1月8日，结算日（起息日）为4月8日，到期日为10月8日，它们之间的关系如图7-3所示。

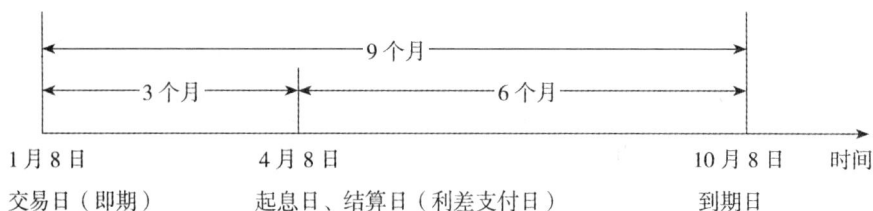

图7-3 远期利率协议的时间关系图

在远期利率协议的买卖中，买卖双方交易的只是名义本金（用于计息的基础），实际上并没有任何本金的转移，双方交割的仅仅是利差部分。如在［例7-3］中，3个月后（2017年4月8日），如果LIBOR大于4.75%，X银行将支付给A公司利息之差；如果LIBOR低于4.75%，A公司将支付给X银行利息之差。由于在远期利率协议条件下，没有本金的流动，所以远期利率协议可以成为资产负债表外的金融工具。

远期利率协议的结算日通常为名义贷款或名义存款的起息日，FRA差额的支付是在结算日，而不是在到期日，因此结算日所交付的差额按参考利率折现方式计算，即：

$$结算金 = \frac{(R_r - R_k) \times A \times \frac{D}{B}}{1 + R_r \times \frac{D}{B}}$$

式中：R_r表示参照利率，R_k表示协定利率，A表示合约的名义本金，D表示合约规定的存款或贷款天数，B表示一年天数。

上例中，假定3个月后的6个月的LIBOR为5.25%，名义贷款天数为184天（从2017年4月8日到10月8日），一年按365天计算。由于参照利率大于协定利率（5.25%＞4.75%），则A公司将从X银行收到利息差额的现值，即：

$$结算金 = \frac{(5.25\% - 4.75\%) \times 1\,000\,000 \times \frac{184}{365}}{1 + 5.25\% \times \frac{184}{365}}$$

$$= 2\,455.56（美元）$$

由此可见，虽然未来的市场利率上升对A公司不利，但是A公司从远期利率协议中得到利息的补偿，从而使其实际负担的利息成本锁定在协定利率的水平上。因此 FRA 最重要的功能在于预先锁定将来实际交付的利率而避免了利率变动的风险。

图 7-4 表明了 A 公司签订的远期利率协议，以及它希望通过这一协议规避利率风险的相关贷款。A 公司从 X 银行收到以 LIBOR 计息的利息恰好弥补了贷款需要支付的利息，因此，远期利率协议使公司将支付的贷款利率预先固定在了 4.75%（LIBOR-LIBOR-4.75%）的水平上。

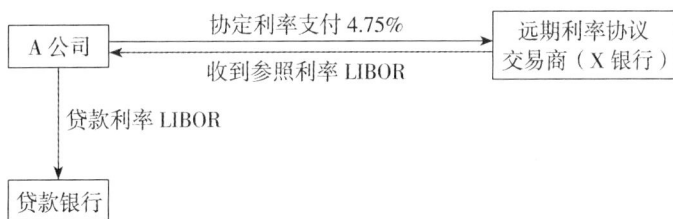

图 7-4　贷款加远期利率协议

签订远期利率协议后，不管市场利率如何波动，协议双方将来收付资金的成本或收益总是固定在合同利率水平上。如果市场利率发生对自己不利的变化，则应当可以从远期利率协议中得到利息补偿；如果市场利率发生对自己有利的变化，则这种变化产生的好处会被向远期利率协议另一方支付的结算金抵消。

7.3.2　利用利率期货管理利率风险

利率期货是指标的资产价格依赖于利率水平的期货合约。利率期货的种类繁多，通常按照合约标的的期限划分，利率期货可分为短期利率期货和长期利率期货。短期利率期货是指期货合约标的的期限在一年以内的各种利率期货。以货币市场的各类债务凭证为标的的利率期货均属于短期利率期货，包括各种期限的商业票据期货、国库券期货及欧洲美元定期存款期货等。长期利率期货则是指期货合约标的的期限在一年以上的各种利率期货。以资本市场的各类债务凭证为标的的利率期货均属长期利率期货，包括各种期限的中长期国库券期货和市政公债指数期货等。利率期货价格与实际利率呈反方向变动，即利率越高，利率期货价格越低；利率越低，利率期货价格越高。由于利率期货有标准化的合约并且流动性较高，因此被非金融公司的财务经理们广泛使用。下面举例说明利率期货在利率风险管理中的应用。

［例 7-4］C 公司是一家机床制造商，公司正处于经营扩张阶段。为了弥补资金的不足，公司希望于 9 月 1 日向银行申请贷款以支付货款 1 000 万美元。假定目前 6 月 1 日银行公布的贷款年利率为 9.75%。该公司考虑若 9 月份利率上升，必然会增加借款成本。于是，该公司准备利用短期国库券期货做套期保值（每张期货合约的面值为 100 万美元），以规避利率变动风险。假设 6 月 1 日，90 天期国库券期货报价为 90.25；9 月 1 日，报价为 88.00。假定 9 月 1 日银行公布的贷款年利率为 12%，那么 C 公司利用短期利率期货套期保值的结果如何？该公司的贷款实际利率是多少？

C 公司套期保值交易策略及结果如下：

由于利率期货价格与实际利率呈反方向变动，C公司欲固定未来的借款成本，避免利率上升造成的不利影响，因此，应采用空头套期保值的交易方式：即在6月1日卖出90天期国库券期货，待9月1日向银行贷款时，再买进90天期国库券期货平仓。期货交易数量为10张（1 000÷100）合约。

则期货交易盈利为：

225×25×10=56 250（美元）[1]

如果C公司9月1日贷款需支付的利息为：

$$10\ 000\ 000×12\%×\frac{3}{12}=300\ 000（美元）$$

套期保值后实际利息成本=利息成本－期货交易盈利

=300 000－56 250=243 750（美元）

$$贷款实际利率=\frac{243\ 750}{10\ 000\ 000}×\frac{12}{3}×100\%=9.75\%$$

由此可见，C公司最终将贷款利率锁定在6月1日9.75%的水平。然而，如果财务经理预测失误，在到期日前实际利率下跌，这时期货价格就会上涨，期货合约平仓后的损失将吞噬利率下降而节约的债务利息，最终利率仍然锁定在近于9.75%的水平。

上面所提到的利率风险主要是来自债务的偿付，但实际上这不是公司唯一的利率风险，公司的另一个较大的利率风险存在于公司持有的利率敏感性有价证券。债务记录在资产负债表的右边，而有价证券记录在资产负债表的左边，代表公司潜在的收益和利息收入流。因此，财务经理不仅要利用利率期货锁定未来支付的成本，也需要利用利率期货锁定未来的利息收益。不同的保值目的采用的策略也不相同。表7-8列示了两类基本利率风险和利用利率期货防范利率风险的策略。

表7-8 利用利率期货防范利率风险的策略

风险头寸	期货交易	利率变化	平仓结果
未来某日支付利息	卖出期货合约（空头）	利率上升 利率下降	期货价格下跌，空头获利 期货价格上涨，空头损失
未来某日收取利息	买入期货合约（多头）	利率上升 利率下降	期货价格下跌，多头亏损 期货价格上涨，多头获利

7.3.3 利用利率互换管理利率风险

利率互换（interest rate swap，IRS），是指互换双方同意以名义本金为基础交换不同类型的利率（固定利率或浮动利率）款项。其基本特征是：互换双方使用相同的货币；在互换整个期间没有本金的交换，只有利息的交换，但名义本金在互换中

---

[1] 短期国债期货采用指数报价法，由于C公司采用空头套期保值，则开仓时卖出价格为90.25，平仓买入价格为88，获利225点（（90.25－88）×100），每点的价值为25美元，共10张合约，因此期货交易盈利56 250美元。

是计算利息的基础；最基本的利率互换是固定对浮动利率互换，即互换一方支付固定利率，另一方支付浮动利率。固定利率在互换开始时就已确定，在整个互换期间内保持不变；浮动利率在整个互换期间参照一个特定的市场等量利率确定，在每期前预先确定，到期偿付。利率互换的运用和利率风险的管理具有十分密切的关系。对于一种货币来说，其利率有固定利率和浮动利率之分。无论是固定利率还是浮动利率的持有者，都面临着利率变化的影响。对固定利率的债务人来说，如果利率的走势上升，其债务负担相对较高；对浮动利率的债务人来说，如果利率的走势上升，则成本会增大。正因为如此，从利率风险管理的角度出发，人们有时需要将固定利率的债务换成浮动利率的债务，有时需要将浮动利率的债务换成固定利率的债务，而利率互换正好可以满足这种要求。

　　[例7-5] A公司在中国建设银行有一笔银行贷款，本金为人民币1 000万元，利息采用浮动利率（Shibor）计息。为了规避利率上涨所带来的利率风险，2017年1月，A公司向中国工商银行申请办理1年期人民币利率互换业务，将浮动利率转换为固定利率。工商银行对此笔利率互换的报价为5.46%。双方约定，A公司每季度支付按固定年利率5.46%计算的名义本金1 000万元的利息给工商银行，工商银行每季度支付按浮动利率计算的名义本金1 000万元的利息给公司。A公司将收到的浮动利息收入转付给借款银行（中国建设银行），因此锁定借款的利息成本为5.46%，从而规避利率上涨的风险，锁定财务成本。利率互换图如图7-5所示。当然，一般利息的支付采用利率差额来支付，固定利率为5.46%，如果浮动利率为5.51%，则A公司收到工商银行0.05%与名义本金1 000万元的乘积的利息。

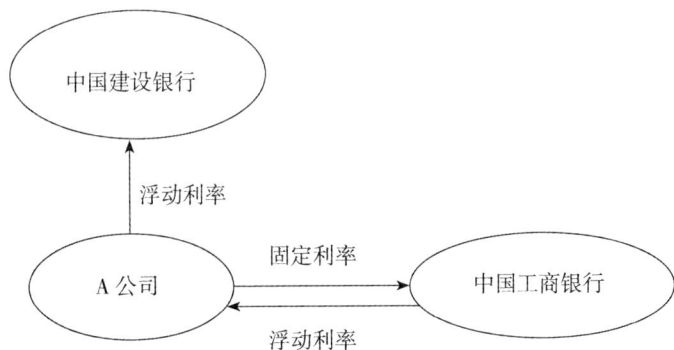

图7-5　利率互换图

　　也许有人会问这样的问题：为什么公司要把固定利率换成浮动利率或把浮动利率换成固定利率？它们为什么不终止现有贷款然后再重新安排一笔贷款？原因是，重新安排一笔贷款的交易成本可能太高。因为提前终止现有的贷款涉及大笔的终止费用，而安排新贷款又会发生发行成本，但是进行互换交易就经济多了，即使是在利用银行作为中介的情况下。因为银行在互换的安排中只担任中介的角色，所以它不承担任何违约风险，因此中介费很低。表7-9列示了利用利率互换防范利率风险的策略。

表7-9 利用利率互换防范利率风险的策略

债务头寸	利率变化	利率互换策略
固定利率债务	利率上升 利率下降	不进行互换 用浮动利率换固定利率
浮动利率债务	利率上升 利率下降	用固定利率换浮动利率 不进行互换

7.4 衍生工具与外汇风险管理

随着世界经济一体化的发展，跨国投资已经比较常见，而跨国公司必须特别注意的是对其外汇风险的管理，即由于各种货币间相对价值的变化而造成损失的可能性。

通常将外汇风险分为3类：交易风险、折算风险和经济风险。交易风险是指在汇率变动前发生的金融负债在汇率变动后进行结算时金融负债价值变化的风险，它度量的是由现存合同义务导致的现金流变化。例如，一家美国公司从中国进口零件，该美国公司面临人民币升值从而使零件的美元价格上涨的风险。折算风险是指跨国公司在合并财务报表时，将国外子公司的外币向母公司货币折算而产生折算收益或损失的可能性。例如，一家美国公司在英国投资了一个子公司，该公司面临英镑贬值，从而使在合并报表中以美元表示的子公司利润减少的风险。经济风险是指由于相关汇率发生意外变化所引起的未来营运现金流量变化，进而导致的公司价值变化的风险。这一风险与公司的竞争力相关。例如，在一家美国公司和一家日本公司在德国市场的竞争中，如果日元对人民币贬值而美元对人民币汇率不变，则日本公司可在德国降价而不损失日元收入，从而相对美国公司具有竞争优势。其中，交易风险和经济风险都会影响未来现金流量的变化，二者的区别在于交易风险是已合约化的现金流量变化，而经济风险强调的是未合约化的预期现金流量变化。由于对汇率变动的长期经济后果的预测非常复杂，因此，大多数企业并不对长期经济风险进行套期保值。对于折算风险，即使管理者采取积极的措施努力降低折算风险，也不可能同时规避交易风险和折算风险。如果必须在两者之间做出选择，那么管理者应优先选择规避交易风险，因为它将产生实际的损失。

7.4.1 利用远期外汇合约管理外汇风险

远期外汇合约（faorward exchange contracts）是指双方约定在将来某一时间按约定的远期汇率买卖一定金额的某种外汇的合约。交易双方在签订合同时，就确定好将来进行交割的远期汇率，到时不论汇价如何变化，都应按此汇率进行交割。在交割时，名义本金并未交割，而只交割合同中规定的远期汇率与当时的即期汇率之间的差额。利用远期外汇进行套期保值是很简单也很容易的。例如，某香港公司在3个月后要向一个美国供货商支付100万美元的货款。目前银行报出的远期汇率是1美元=7.771港元。为了规避港元对美元汇率下跌的风险，该公司可以与银行签订一个远期合约，按照1∶7.771的价格从银行买入这笔美元。无论接下来的3个月里汇率发生什么样的变化，通过这个合约，香港公司在现在这个时点就已经锁定了3个月后支付100万美元的港元价值777.1，因此不会随汇率的变动而变动。

远期合约允许交易双方自定义合约的各项条件，因此具有较高的灵活性，但是，由于其属于场外交易，交易双方的信用风险较高。

7.4.2 利用外汇期货管理外汇风险

外汇期货（foreign exchange futures）合约是指期货交易所制定的一种以外汇为标的的标准化合约，合约对交易币种、合约金额、交易时间、交割月份、交割方式、交割地点等内容都有统一的规定。外汇期货也被称为外币期货（foreign currency futures）或货币期货（currency futures）。为了避免由汇率变动风险造成的损失，许多跨国公司、进出口公司以及外汇管理机构都以期货交易的方式进行套期保值，表7-10给出了利用外汇期货合约构建多头套期保值的例子。

背景资料：6月1日那天，一个英国汽车制造商订立了一份合同，向一个美国汽车交易商卖出100辆英国生产的运动跑车，每辆的售价为50 000美元，合同约定于12月1日收取500万美元的货款。该制造商担心英镑会在接下来的数月内升值，从而导致收入减少。（当前的即期汇率是1英镑=1.4310美元，相关的英镑期货合同的交易价为1英镑=1.4275美元。假设6个月后的即期汇率是1英镑=1.4800美元，期货价格是1英镑=1.4790美元）

分析：如果不进行套期保值，12月1日现货市场出售的5 000 000美元得到的英镑相对于6月1日而言要减少115 682英镑（3 494 060-3 378 378），而期货交易的收益等于121 791英镑（180 250÷1.4800），完全抵消了现货市场的损失。

这里我们还可以计算在套期保值的操作下，英国公司最后出售美元的实际汇率。由于6个月后从客户处得到付款5 000 000美元，加上通过持仓终结得到的现金收益180 250美元，英国公司最后得到的美元总金额是5 180 250美元。按照12月1日的即期汇率1.4800，出售美元得到3 500 169英镑（5 180 250÷1.4800），其实际汇率为：

5 000 000÷3 500 169=1.4285（美元/英镑）

表7-10表示的是一个相当理想的决策，因为英镑的确发生了升值，因此使现货市场的收益比原先减少了115 682英镑，但是期货合约产生了121 791英镑的收益，抵消了现货市场的损失还绰绰有余。空头套期保值的原理也一样，只要英镑的即期汇率和期货汇率沿着同一方向运动，套期保值就可以成功地降低现货市场中的部分损失。但是在上例中，如果英镑贬值，则期货市场必然亏损，也会蚕食一部分

表 7-10　　　　　　　　　　利用外汇期货合约构建多头套期保值

日期	现货市场	期货市场
6 月 1 日	即期汇率是 1 英镑=1.4310 美元，出售 5 000 000 美元等于： 5 000 000÷1.4310≈3 494 060（英镑）	12 月份英镑期货合同的交易价为 1 英镑=1.4275 美元，则 500 万美元的当前英镑价值为： 5 000 000÷1.4275≈3 502 627（英镑） 因为英镑合同的标准数量是 62 500 英镑，因此适当的合约数量为： 3 502 627÷62 500≈56（份） 买进 56 份期货合约
12 月 1 日	即期汇率是 1 英镑=1.4800 美元，出售 5 000 000 美元等于： 5 000 000÷1.4800≈3 378 378（英镑）	12 月份英镑期货合同的交易价为 1 英镑=1.4790 美元，则卖出 56 份期货合约的总收益为： 56 份合同×515 波动点×每波动点 6.25 美元=180 250 美元≈121 791 英镑 卖出 56 份期货合约
结果	亏损　115 682 英镑	盈利　121 791 英镑

现货市场的收益。但是，套期保值的目的不是为了获利，而是为了规避汇率变动的风险，因此从这个角度而言，套期保值能够达到预期目的。

7.4.3　利用外汇期权管理外汇风险

外汇期权交易，是在约定的期限内，以某种外国货币或外汇期货合约为交易对象，以商定的价格和数量进行"购买权"或"出售权"的买卖交易。外汇期权交易也是规避汇率风险的有效保值工具，从某种意义上讲，它具有远期外汇交易和外汇期货交易所没有的优点。我们仍以某香港公司在 3 个月后要向一个美国供货商支付100 万美元的货款为例。目前银行报出的远期汇率是 1 美元=7.771 港元。为了规避港元对美元汇率上涨的风险，该公司可以在交易所买入行权价格为 1∶7.771 的名义金额为 100 万美元的美元/港元外汇看涨期权，假设期权费为 10 000 港元。这个合约允许公司在港币贬值时，仍按 1∶7.771 的价格从卖方买入 100 万美元。通过这个合约，香港公司可以规避美元兑港元汇率上涨的风险，但并不妨碍享受港币升值带来的收益。

另外，当公司并不特别明确是否会在未来的某个时点涉及外汇交易时，则要使用外汇期权进行套期保值。例如，当一家美国公司竞争投标英国的一项建筑工程合同，竞标价格用英镑提交，那么当公司将投标书提交以后，就必须做好准备，一旦竞投成功必然有大量英镑入账。因为这是一家美国公司，所以它必须将英镑兑换成美元，但是如果在支付日英镑贬值，该公司实质收入的美元金额就会减少。当然，公司可以利用远期合约或期货合约对汇率变动进行套期保值，但是如果竞投失败，就意味着这家公司将不会有英镑收入，而对已建立的远期合约或期货合约，公司只能针对该合约再做一个对冲合约，或者等合约到期时履行交割货币的义务。为了避免这个问题，外汇期权可以发挥其独特的功能：在投标成功的情况下，当英镑贬值时，现货市场的英镑亏损会被执行看跌期权所形成的收益所抵减；当英镑升值时，看跌期权合约到期，只损失权利金。在投标失败的情况下，当英镑贬值时，执行看跌期权会给公司带来可观的盈利；当英镑升值时，看跌期权合约到期，只损失权利金。当然公司也可以选择不使用套期保值工具，但是如果投标成功，一旦英镑大幅贬值，则公司所获收益就会减少很多，期权合约的套期保值给公司提供了一种很好的策略选择。当然，有时远期合约或期货合约的效果更好。总而言之，选择何种合约避险取决于对二者期望值的差异及管理者的风险偏好。

本章小结

1.衍生工具是由基础工具衍生出来的各种金融合约及其各种组合形式，建立在基础产品或基础变量之上，其价格随基础产品的价格（或数值）变动而变动。

2.衍生工具具有风险管理功能、价格发现功能和增强市场有效性功能。按照最基本、最常见的分类，衍生工具可以分为远期合约、期货合约、期权合约和互换合约四大类。

3.公司经营面临多种风险。这些风险可以概括为商品价格风险、利率风险、外汇风险等。衍生工具可以通过套期保值发挥转移风险的功能，是一种重要的风险管理手段。

4.远期合约是交易双方约定在未来某一特定时间，以某一特定价格买卖某一特定数量和质量资产的合约标的物的一种协定。远期合约的品种主要有远期商品合约、远期外汇合约、远期利率协定等。利用远期商品合约可以管理商品价格风险，利用远期外汇合约可以管理汇率风险，利用远期利率协定可以管理利率风险。

5.期货合约是交易双方约定在未来某一特定时间，以某一特定价格买卖某一特定数量和质量资产的合约标的物的一种正式合约性协定。期货类衍生工具主要包括商品期货、外汇期货、利率期货、股票期货、股票指数期货等。利用期货合约进行套期保值，可以管理商品价格风险、利率风险和外汇风险。

6.期权合约又称选择权。期权交易实质上是一种权利的买卖。期权的一方在向对方支付一定数额的权利金后，即拥有在某一特定时间，以某一特定价格买卖某一特定种类、数量、质量原生资产的权利。期权具有避免风险、固定成本的作用，而且克服了期货交易的局限，可以使期权的买方在市场价格发生有利变化时获利，市场价格发生不利变化时放弃履约。

7.互换合约是指交易双方签订的在未来某一时期相互交换某种资产的合约，更准确地说，互换合约是当事人之间签订的在未来某一期间内相互交换他们认为具有相等经济价值的现金流的合约。较为常见的互换类衍生工具是利率互换和货币互换。利率互换可以管理利率风险。

讨论题

1.有些公司的老板宣称由于操作衍生品的风险太大，他们公司绝对不进行衍生品交易，以免增加公司的风险。试分析这一见解是否正确。

讨论题指引

2.假设你是一位向美国出口电子设备的某国内公司的财务经理，请讨论你将采用什么样的策略来对冲出口交易产生的外汇风险，你将如何使用这一策略并获得公司高管的认可？

讨论题指引

3.2月，某公司预计6月需要1 000吨大豆做原料，当时大豆的现货价格是2 500元/吨。该公司预测未来大豆价格可能上涨，于是在期货市场进行大豆套期保值交易，当时6月大豆期货价格为2 550元/吨。若4个月后，大豆的现货价格上涨到2 700元/吨，期货市场当时交割的价格为2 750元/吨，为规避由于大豆价格上涨所带来的成本上升的风险，该公司应如何进行套期保值？

讨论题指引

4.7月6日，X公司确知其将在11月30日获得大约2 000万美元。该公司打算将这笔资金投资到欧洲美元存款，当前90天的欧洲美元存款的远期利率为12.25%，该公司担心欧洲美元利率将在以后数月中下跌。公司准备利用欧洲美元期货做套期保值（每张期货合约的面值为100万美元），以规避利率变动风险。假设7月6日，90天期欧洲美元期货的报价为86.30；11月30日，其报价为90.25。请讨论该公司应如何进行套期保值交易来规避欧洲美元利率下跌的风险。

讨论题指引

5.Y公司和S交易商达成一个名义本金为5 000万元的互换合约，初始日期为12月15日，合约规定S交易商基于3个月LIBOR利率分别于次年3月、6月、9月和12月的15日支付利息给Y公司。利息由结算期初的3个月LIBOR利率决定（即上年12月15日这一天3个月的LIBOR利率）。12月15日以及次年3月15日、6月15日、9月15日的LIBOR利率分别是7.68%、7.50%、7.06%和6.06%。Y公司按照7.50%的固定利率支付利息给S交易商，利息按照结算日之间的实际天数来计算。请讨论双方在每个支付日的现金流（见表7-11）。

讨论题指引

表7-11		Y公司与S交易商进行利率互换每个支付日的现金流			金额单位：元
日期	LIBOR	支付期	S交易商应支付	Y公司应支付	净支付给Y公司
12月15日	7.68%				
次年3月15日	7.50%				
次年6月15日	7.06%				
次年9月15日	6.06%				
次年12月15日					

案例分析

航空公司深陷"套保门"[1]

截至 2009 年 4 月 30 日，国航、东航、南航、海航、上航五大航空公司的年报无一盈利，亏损总额高达 305.79 亿元，而在此前，国际航空运输协会发布的报告显示，2008 年全球航空公司的亏损总额约合人民币 540 亿元。这也就意味着，在全球 230 多家航空公司中，中国五大航空公司的亏损总额就占约 57%。

在对亏损原因进行分析时，几家航空公司都把"全球金融危机导致航空运输需求急剧下滑和燃油成本大幅攀升"作为 2008 年主营业务亏损的理由。然而有人发现，国航、东航巨额亏损还有一个重要原因，在两家公司"关于燃油套期保值的提示性公告"中披露出这样的信息：2008 年，在东航 139.28 亿元的亏损中，燃油套期保值业务的损失为 64.01 亿元，占比 46%；而国航的油料套期保值业务损失达 74.72 亿元，竟然占总亏损额 91.49 亿元的 82%。

2008 年，全球金融危机对各国的实体经济都产生了巨大冲击，航空业当然也不例外，客流急剧减少、油价大起大落。但是，从几家航空公司的公告中我们发现，亏损主要来自并非主营业务的燃油套期保值。那么，同样经历了 2008 年的境外航空企业又有什么样的遭遇呢？

为了了解境外航空公司 2008 年的盈亏状况，我们对北美、欧洲、亚洲和澳洲的 8 家大型航空公司的年报进行了分析，结果发现，8 家航空公司都进行了航油套期保值操作，其中美利坚航空、英国航空、澳洲航空和新加坡航空这 4 家公司的套期保值业务均实现了盈利。德国汉莎航空公司虽然套期保值业务出现了 1.6 亿欧元的亏损，但主营业务盈利 13.83 亿欧元，公司总体盈利。

在 8 家大型航空公司中，只有 3 家的套期保值业务和主营业务均出现亏损，分别是美国达美航空、奥地利航空和中国香港的国泰航空。2008 年年报显示，美国达美航空的亏损总额为 8.964 亿美元，其中主营业务亏损 8.314 美元，占比

---

[1] 根据"高杨. 国航东航去年亏损60%来自套期保值业务 [EB/OL]. (2009-05-20). http://finance. sina.com.cn/chanjing/gsnews/20090520/13236250783.shtml." 改编。

92.75%，套期保值业务亏损 0.65 亿美元，占比 7.25%；中国香港国泰航空的亏损总额为 87.6 亿港元，其中主营业务亏损 79.29 亿港元，占比 90.51%，套期保值业务亏损 8.31 亿港元，占比 9.49%；奥地利航空的亏损总额为 4.2 亿欧元，其中主营业务亏损 3.121 亿欧元，占比 74.31%，套期保值业务亏损 0.47 亿欧元，占比 11.19%。

通过对比不难发现，境外 3 家航空公司亏损总额的大约 90% 来自航空运输主营业务，套期保值的损失还不到 10%。相比之下，国内两大航空公司的亏损总额中却有 60% 来自于套期保值业务的亏损。同样是套期保值，为什么境内外的航空公司会有这么大的差异呢？为了进一步了解情况，我们详细分析东航的燃油套期保值策略。

在东航的 2007 年年报中，在交易性金融资产及交易性金融负债一栏的航油期权合约中写到："本集团通过航油期权合约来降低市场航油价格波动对于飞机航油成本所带来的风险。截至 2007 年 12 月 31 日，根据签订的航油期权合约，本集团需以每桶 50 ~ 95 美元的价格购买航油约 7 980 000 桶，并以每桶 43 ~ 115 美元的价格出售航油约 2 300 000 桶，此等合约将于 2008—2009 年间到期。"东航在 2008 年的半年报中曾透露消息，公司在 2008 年 6 月 30 日签订的航油期权合约是以每桶 62.35 ~ 150 美元的价格购买航油约 1 135 万桶，并以每桶 72.35 ~ 200 美元的价格出售航油约 300 万桶，此等合约将于 2008—2011 年间到期。在东航签订的期权合约组合中，主要包括 3 种期权买卖：

（1）买入看涨期权，即东航以比较高的约定价（如在半年报中提到的每桶 150 美元）在未来规定的时间从对手方买入定量的油，在行权日，东航有权选择是否购买，对手方必须接受。

（2）卖出看跌期权，即东航以较低的约定价（如在半年报中提到的每桶 62.35 美元）在未来规定的时间向对手方卖出定量的油，但在行权日，对手方有权选择是否买油，东航必须接受。

（3）卖出看涨期权，即东航以更高的约定价（如在半年报中提到的每桶 200 美元）在未来规定的时间向对手方卖出定量的油，在行权日，对手方有权选择是否买油，东航必须接受。

显然，这样的套期保值策略，其风险与收益是不对称的。当然，这是期权的交易特色。根据东航的公告，东航平均每年需买入航油 378 万桶。如果东航卖出的看涨期权被行权，东航需卖出航油 100 万桶，即当燃油价格（P）在 72.35 ~ 150 美元时，协议不会给东航带来大额亏损，因为东航可以选择行权，以对冲对手方行权可能造成的损失；当 P 在 150 ~ 200 美元时，东航必然行使买入的看涨期权，以 150 美元/桶的价格买入燃油。如果东航卖出的看涨期权不被行权，协议最多产生收益 18 900 万美元（（200-150）×378）；当 P 在 62.35 ~ 72.35 美元时，东航卖出的看跌期权和卖出的看涨期权都不会被行权，协议产生的亏损最多为买卖期权的费用差额；当 P > 200 美元时，东航的买入看涨期权和卖出看涨期权都将被行权，行权后可能给东航带来的亏损为——（P-200）×100万桶，燃油价格越高，亏损额越大；当P＜62.35美元时，东航卖出的看跌期权将被行权，协议将为东航带来的亏损为——（62.35-P）×100万桶，油价越低，协议亏损额越大。

　　案例分析题：

　　1.什么是套期保值？套期保值业务应如何操作？

　　2.为什么航空公司要进行燃油套期保值业务？

　　3.套期保值只是一种交易手段，那么为什么东方航空公司却出现巨额亏损？

　　4.多家航空公司套期保值业务的亏损给我们带来什么启示？

案例分析指引

第8章

财务危机与预警

学习目标

◇ 明确财务危机的内涵及其与财务困境的本质区别
◇ 理解引发公司财务危机的宏观与微观因素
◇ 掌握公司财务危机的共性特征及其财务表现
◇ 理解财务预警的基本思路以及财务预警模型
◇ 动态掌握ST公司前一年到前三年财务危机的显著性变量特点

2013年7—11月，万科（000002）因在十余天内"三拿地王"而遭受热议，万科的解释是：万科将适应房地产过冬模式；那么，冬天该如何过？万科的答案是——只有多锻炼身体，更谨慎对待现金流，更多地满足客户的主流需求，才能对抗各种可能的不利因素。通俗理解万科抗险的策略无非两点：第一，身体好，即盈利能力、营运能力强；第二，"棉衣厚"，即现金储备多。我们可以通过查看万科2004—2012年财务报表的数据（参见章后附录）体会万科的过冬法则。

房地产开发行业是资金密集型行业，公司往往要通过负债的方式来筹措部分资金。万科的流动负债主要有：有息负债、预收款项、应付票据和应付账款、其他负债。理论而言预收款项与资产之比大，表明在公司的资产中由预收款项支撑的占比多，可以认为公司主要通过快速开发、快速销售取得好的经营现金流入，这是营运能力强的表现。万科的预收款项与资产之比从2004年的13%大幅上升至2013年的38%，同时，有息负债与资产之比从37%降至16%。对银行贷款等有息负债的依赖减少，转而主要依赖自身的销售，这足以表明万科的"身体好"。万科的存货周转率在2010—2012年低于0.5次（在此以当年的营业成本与两年前的存货之比来计算存货周转率，这是对传统的存货周转率指标的修正，因为两年前的存货与当年的开发成本更具有相关性），非历史较好水平，这与万科实施的精装修、高端楼盘等战略有关。精装修使得开发楼盘的竣工速度放缓，当然可能还有其他原因。

万科的应付票据和应付账款与资产之比有所上升，这是否意味着公司的资金更紧张了呢？答案是肯定的。衡量房地产开发公司的资金紧张程度还可以观察另一项指标——"（期末应付票据+期末应付账款）/当期销售商品、提供劳务收到的现金"，因为应付票据加应付账款比总负债、流动负债、有息负债等对资金的紧张反应更敏感；而销售商品、提供劳务收到的现金则比营业收入能更直观、稳健地反映公司的经营规模。万科该指标在2012年创出最高值。相对而言，现金流是否能应对流动与周转的需求，"厚棉衣"能否过冬御寒尚需审时度势加以预警。[1]

本章以财务危机的内涵与特征为研究起点，对财务危机的宏观与微观影响因素予以阐述，以阶段论、业务范畴论和性质论的研究视角，对公司财务危机的共性特征进行研究与探讨，以此推演出财务危机共性特征的财务表现；同时对财务危机预警的经典方法——多元判定分析模型和多元逻辑模型进行理论阐述，并结合我国上市公司的特点进行预警应用研究，以加深读者对财务危机及其预警的理论理解，更好地掌握其应用方法。

8.1 财务危机的内涵与影响因素

8.1.1 财务危机的概念界定与本质

西方关于财务危机研究的经典文献使用过财务危机（financial crisis）、财务困境（financial distress）、财务失败（financial failure）、公司失败（corporate failure）、公司破产（corporate bankruptcy）等多个概念，并且其概念的界定在很大程度上受实证研究样本选择的范围所限。Beaver（1966）使用"公司失败"（Corporate failure）一词，并明确将其定义为公司不能偿付到期债务；Carmichael（1972）、Scott（1981）等的大量研究均遵循这条思路；Altman（1968）使用"公司破产"的概念，将公司根据破产法提出破产申请的行为视为公司财务危机的标志，其后Deakin（1972）、Gilbert（1990）等均沿用这一思路；Laitinen（1991）则从程度上来界定财务危机，认为财务危机使得上市公司失败分为3个过程，即慢性失败公司、收益失败公司和严重失败公司；Ross（2000）进一步从4个方面概括了公司财务危机——技术失败、会计失败、公司失败和法定破产。

财务困境与财务危机不同，根据Altman（1993）、Ross（2000）的观点，财务困境是由于公司现金流不足所导致的到期债务不足以抵偿，影响公司正常运作的状态。关于财务危机概念的界定，彭韶兵和邢精平[2]（2005）采用两阶段划分法，将轻微的资金管理技术性失败到大规模重组阶段视为财务困境阶段；将大规模重组到破产这一过程视为财务危机阶段。因此，财务危机可以被定义为：由公司外部与内

---

① 根据"孙旭东. 万科："冬天"该如何过？[J]. 证券市场周刊. 2013（65）：52."整理。
② 彭韶兵，邢精平. 公司财务危机论 [M]. 北京：清华大学出版社，2005.

部因素引起的，导致公司整体运营陷入危及生存的非常状态，其极端形式是破产。财务危机的实质是财务风险的外在显性和集中爆发，财务表现为长时间财务恶化、亏损且无扭亏迹象、净资产为负、资不抵债面临倒闭以及审计报告被出具无法表示意见或者否定意见等。财务危机是公司长期陷入财务困境的结果。刘勇[①] （2015）认为，财务危机是在嵌入利益相关者行为的前提下，财务危机发生的力量之后所形成的企业支付能力不足的情况。大股东、债权人和政府是影响财务危机的3个来源。本教材趋同彭韶兵和邢精平关于财务危机的界定。财务困境与财务危机的界定比较见表8-1。

表8-1   财务困境与财务危机的界定比较

比较	财务困境	财务危机
内涵及本质	现金流出量超过现金流入量，不能按期偿付债务；本质是现金流匮乏、负债过重、经营与理财不当所致，是财务危机的诱因	公司整体运营陷入危及生存的严重状态；本质是经营失败，是财务风险集中爆发的结果
风险类型	技术性失败。个别风险，偿债能力的丧失；某一时段的负债不能及时偿还；如果处理不当，对公司的后续经营有深度的负面影响	契约性失败。整体风险，整体偿债能力的丧失；是长期风险和终极风险，严重威胁公司的经营能力和永续生存
与公司盈利的关联	在一定程度上与公司当期是否盈利的相关性并不显著；公司盈利，并非当期有现金净流入，即使有净流入，也不一定能应对到期的全部债务	显著取决于公司的长期盈利能力和现金流实力；取决于公司的盈利质量和资产质量；取决于公司的竞争力和发展实力

危机的本质是公司在发展过程中若干矛盾激化而导致的一种非常规状态，是事物矛盾的极致表现，因此，财务困境是财务危机前期的潜伏过程。

8.1.2　财务危机与经营危机的关系

提及财务危机，一般认为是由于公司财务管理水平低下，或者由于公司的财务失控、偿债无力、现金流量失控及其资金链断裂所导致的结果。就结果而言，只要出现财务危机，必然会导致上述各种不健康的财务状况，但是财务危机可能只是一个结果，而导致这种结果的原因来自大股东、债权人和外部环境。财务危机的发生一般表现为市场持续萎缩、投资失败、治理混乱、银行逼债等，即由于公司的经营不良，风险失控导致财务危机。众所周知"市场是龙头，资本是基础"，两者合理配置，才能正常营运。然而，当公司经营完全失败，公司的产品由于种种原因无法在市场上按合同约定的价格、数量销售的时候，恰逢公司既无必要的现金流入，又

---

① 刘勇．财务危机预警分析与框架重构［J］．北方经贸，2015（5）．

无良好的财务盈利状况支撑之时，出现财务危机就成为一种必然的后果，而试图通过财务本身来避免这种危机是徒劳的。因此，公司财务危机的发生不能局限于财务风险本身，而要充分关注公司不同时期的各种经营风险和经营危机，及时关注在营运中表现出来的各种非正常特征，以及它对财务危机所造成的直接或间接的影响。

经营风险引发财务风险，财务风险的不可控结果将引发财务危机，财务危机是公司综合风险失控的结果。

8.1.3　财务危机的宏观因素分析

公司财务危机的宏观因素是指公司外部对公司财务危机产生制约和影响的各类因素。宏观因素特别是宏观经济环境因素对公司运作的影响如同蝴蝶效应，同时二者存在互动制约，前者引发后者，后者强化前者，其影响结果可能是正面的，也可能是负面的。关于宏观因素对公司财务危机的影响，拟从经济环境因素、金融政策因素、法律法规制度因素及其行业环境风险因素四个方面进行分析。

1）经济环境因素

经济环境因素是指影响公司财务状况的各种外部经济因素，主要包括经济周期、经济发展水平和速度、经济政策、国家产业政策的变化与倾斜、地区经济扶持政策的不平衡、行业政策出台与变化、GDP、CPI水平、汇率、竞争、消费信心指数及其变动、监督质量标准等等。这些因素的变化与调整对公司财务预警变量的选择和公司财务预警系统的构建具有外部影响。

在市场经济下，经济发展与市场运行具有周期性规律，经济周期的不同阶段的公司战略和财务状况迥异；西方学者关于经济周期与公司基本营运情况，见表8-2。

表8-2　　　　　　　　　**经济周期与公司基本营运情况表**

复苏	繁荣	衰退	萧条
增加投资 引入新项目 站稳市场 增加储备 增加劳动力	继续追加投资融资 扩充市场份额 提高价格 上下游共赢 增加劳动力	停止扩张 出售多余设备 停产不利产品 停止长期采购 削减存货 停止雇用员工	缩减投资 保持市场份额 缩减管理费用 放弃次要利益 削减存货 裁减雇员

公司在经济衰退时更容易陷入危机，经济增长情况、货币供给量和股价指数对公司陷入危机的概率有显著影响。公司在不同的经济周期阶段财务危机的威胁程度显著不同，影响因素的特点和敏感度也有所区别。

同时，经济发展水平和速度因素也是影响公司财务预警的重要因素之一，经济增长促使需求扩张，利润的诱惑使得更多的公司加入新行业，投入新项目。公司纷纷通过举债、扩股等筹资方式获取资本支持，如此行为加大了投资及生产规模；某些经营管理不善、效益一般的项目和质次价高的产品也能暂时获得令人不解的利润。相形之下，当高速增长的经济势头开始走入拐点乃至下调时，原本膨胀的需求收缩，使得市场份额有限的公司间竞争更为激烈，从而引起利润率的下降；不确定的经济走势和不利的经营局面促使原本处于临界淘汰边缘的公司不堪激烈的行业竞争而出现经营危机，并在维系的过程中逐步陷入更深的困境，资本的筹集、回收越发困难，最终使公司陷入财务危机的沼泽。同时，由于经济高速增长而扩大投资规模时所借入的大量资本面临偿还高额的利息甚至还本的境遇，这无疑是雪上加霜，加剧了困境公司的危机，甚至会使部分微利公司陷于破产的境地。

2）金融政策因素

金融政策的变动对公司理财环境和财务危机产生直接或间接的制约作用，财务管理策略和财务危机受货币政策、信贷政策、风险控制、对公司信用监管的要求、金融交易的规范化运作等等因素的制约。众所周知，国家宏观金融政策收紧，公司资本运作和筹资活动就会相对艰难，经营面临的挑战就会变得严峻，网罗了整个社会经济关系的资金链也会由此变得脆弱，一旦诱发，在多米诺骨牌效应下的公司财务危机即从可能变为现实。

3）法律法规制度因素

公司的财务活动在各项法律法规制度的规范和制约下有序进行，各项法律法规制度的出台与完善对公司经营和财务绩效产生的影响更直观。所有上市公司都在《公司法》《税法》《合同法》《证券法》《会计法》以及会计准则、股票上市规则等法律法规制度框架下运营。法律法规制度框架对公司的经营与财务活动既进行了规定和保护，又做了相应的制约。法律法规制度因素对公司的财务运作影响很大。

4）行业环境风险因素①

行业环境风险与公司财务风险的形成具有密切的联系。

（1）行业环境深刻影响公司经营环境。公司在一定的环境中经营、成长与变化。行业环境是公司最基础的外部环境，宏观环境对公司的影响一般是通过影响行业环境而波及具体公司的，企业内部环境的调整也是以行业环境的要求为基础的。因此，研究公司及其财务状况必须研究它的行业环境及同行业环境的相互作用。环境意识是系统思想的一个基本观点。

（2）行业环境不确定性间接导致公司财务风险。行业环境总是处于一种不断变化的状态，具有高度的不确定性。这种不确定性必然引发行业环境风险，包括行业的政策风险、市场风险、技术风险等等，这些外部风险因素通过影响公司内部的供、产、销等生产经营活动，最终导致公司利润变动的风险，即企业财务风险。

研究表明，宏观经济指标虽然是决定公司陷入财务危机概率大小的重要因素，但由于宏观经济变量对于公司财务危机属于系统性风险，故宏观环境因素在公司财

① 张友棠，黄阳. 基于行业环境风险识别的公司财务预警控制系统研究［J］. 会计研究，2011（3）.

务预警变量选择中显著性有限。Rose 和 Giroux（1982）通过考察 28 个经济周期的相关指标发现，宏观经济变量的确对公司陷入财务危机有一定影响作用；Demirguc Kunt 和 Detragiache（1997）在其研究模型中运用了 10 个宏观经济变量，结论为只有 4 个变量具有显著性，具体是：GDP 季度增长率、短期实际利率、通货膨胀率和货币供应（M2）。

8.1.4　财务危机微观因素分析

财务危机的微观因素是指诱发公司财务危机的各类内部因素。公司财务危机的微观因素较多，按其对财务危机影响的路径分类，主要有以下四个方面[1]：

1）公司特征因素

公司特征主要是指公司规模、经济性质、行业以及行业特征、行业生命周期、行业获利能力等，公司对市场变动的承受能力和抗风险水平在一定程度上取决于其规模和经济性质。不同规模和经济性质的公司，在资本市场实力、筹资渠道、贷款能力、投资规模、资本运作、管理规范度、价格策略、税收优惠和股利政策等方面都存在较大差异。

公司的经营和财务风险受行业特征的影响较大。就市场稳定但盈利空间有限的行业来说，在市场销售和顾客消费倾向没有发生重大变化前，公司的经营和财务状况稳定，风险也较小，但是当市场消费和竞争对手发生较大变化时，公司可能会面临重大风险，而这类行业的公司大多抗风险能力较弱；而就市场多变、竞争激烈和盈利较高的行业来说，公司面临的风险通常较大，但因公司对经营和财务管理的要求较高，所以对一般的风险具有较强的抗御能力，但在面临更大程度的风险时也可能会陷入财务危机。公司财务状况健康的重要原因是现金充足，公司核心竞争力的强弱往往会在财务数据中显现。

NH 公司成立于 2002 年 10 月 11 日，是以集团公司为主体，联合 XJHK 公司、ZGBH 公司组建而成的大型国有航空运输集团，是由国务院国资委直接管理的三大骨干航空集团之一，主营航空运输业务，兼营航空客货代理、飞机发动机维修、进出口贸易、金融理财、建设开发、传媒广告等相关产业。NH 公司是中国运输飞机最多、航线网络最发达、年客运量最大的航空公司。1997 年，NH 公司分别在纽约和香港同步上市，2003 年在国内沪市成功上市。

从短期偿债能力和长期偿债能力指标数据看，与同行业其他航空公司相比较，NH 公司的偿债能力好于部分同行。尤其在短期偿债能力分析中，NH 公司实施了较为理想的 OPM 战略，在 2012 年实现了"两头吃"的资金占用策略，提高了本公司的资金使用效率，降低了资本成本并提高了综合竞争力，NH 公司 2012 年、2011 年的具体财务数据见表 8-3、表 8-4。

---

[1]　秦志敏. 基于我国上市公司的公司财务危机共性特征研究［J］. 会计师，2007（2）.

表8-3   NH公司2012年应收应付数据   单位：万元

	期末	期初		期末	期初
应收账款	18 850	21 860	应付账款	114 500	98 700
应收票据	—	—	应付票据	—	500
预付账款	8 610	7 110	预收账款	—	—
存货	17 080	16 180			

2012年NH公司占用客户资金3 010万元，即：

应收账款期初余额–应收账款期末余额=21 860–18 850=3 010（万元）

2012年NH公司占用供应商88 810万元，即：

应付账款期末余额+应付票据期末余额–预付账款期末余额–存货期末余额

=114 500–8 610–17 080=88 810（万元）

表8-4   NH公司2011年应收应付数据   单位：万元

	期末	期初		期末	期初
应收账款	21 860	20 050	应付账款	98 700	90 580
应收票据	—	—	应付票据	500	1 040
预付账款	7 110	6 650	预收账款	—	—
存货	16 180	13 550			

2011年，NH公司占用客户1 630万元，即：

应收账款期末余额–应收账款期初余额=21 860–20 050=1 630（万元）

2011年，NH公司占用供应商75 910万元，即：

应付账款期末余额+应付票据期末余额–预付账款期末余额–存货期末余额

=98 700+500–7 110–16 180=75 910（万元）

2011—2012年NH公司实施了较为成功的OPM战略，各会计期间占用供应商大量资金，节省了筹资成本，尤其是2012年，NH公司的OPM战略优势显著，市场占有与竞争实力相对明显。2010—2012年的同业比较数据可以呈现NH公司的增长与同业竞争优势，具体见表8-5。

2）公司治理因素

哈特（Hart，1986）在其发表的《一股一票与公司控制权市场》和《所有权的成本与收益：一种垂直合并的理论》中认为："代理问题和合约的不完全性是公司治理存在的条件和理论基础"，"代理问题之核心是组织成员之间的利益冲突"，并认为"公司所有权的核心是剩余权，即剩余索取权和剩余控制权。由于剩余索取权具有不稳定的期望，因此私有所有权就是剩余控制权"。德姆塞茨（Demsetz，1985）等认为，由于控股股东和外部小股东的利益冲突，公司财务风险与经营风险增

表 8-5　　　　　　　　　　　　　　2010—2012年同业比较结果　　　　　　　　金额单位：万元

	NH公司			ZGGH公司		
	2012年	2011年	2010年	2012年	2011年	2010年
毛利率	15.32%	16.99%	19.57%	19.10%	21.05%	24.65%
存货周转率	51.67	51.77	47.93	72.34	74.44	65.48
核心利润	22 530	22 830	58 440	50 660	99 270	110 460
经营现金流量	133 840	134 850	128 580	124 190	216 400	196 670
经营现金流量/核心利润	5.94	5.91	2.20	2.45	2.18	1.78

加。Laessensc、Djankov、Lang（1999）的研究结果表明，公司治理机制不良是亚洲金融危机和许多公司危机的重要原因。Panayotis Kapopoulos 和 Sophia Lazaretou（2007）对希腊公司的研究认为公司绩效和股权集中度正相关。

　　国内很多学者也认为公司治理不力与公司危机有较强相关性。姜秀华、孙铮（2001）研究了公司治理和财务危机的关系，结果表明治理弱化是财务危机的重要原因，财务危机是治理弱化的外在表现和最终归宿。治理机制的不健全导致公司剩余控制权的利益冲突，管理缺乏、低效则可能导致公司破产。姜国华、王汉生（2004）基于2000年的财务变量和股权结构数据对2003年的"ST"上市公司进行预测，结果发现，主营业务利润水平以及第一大股东持股比例对公司在2003年被"ST"具有显著性，并据此设计了上市公司"ST"的逻辑回归模型，结果显示出良好的预测能力。Tsun-SiouLee 和 Yin-Hua Yeh（2004）以我国台湾上市公司为样本，通过实证检验结果认为控制权以及现金流量要求权的偏离度与财务危机正相关。刘银国、高莹和白文周（2010）对机械、设备和仪表行业2005—2008年沪市数据的研究认为，股权集中度和公司绩效是倒"U"形的关系。赵昌林（2011）认为只有使用第一大股东持股比例来衡量公司股权集中度时，股权结构和公司绩效会存在倒"U"形关系。这说明公司治理不佳、最终控制权与现金流权的分享程度越重，上市公司侵占小股东的利益倾向也随之严峻，在公司失控的情况下，财务状况下滑乃至财务危机的产生顺理成章。

　　从近年来发生的财务危机案例[①]来看，由公司治理问题引发公司财务危机主要体现在以下几方面：

　　第一，股权结构不合理。中国上市公司绝大部分由国企改制而成。虽然我国的股权分置改革已于2005年正式启动并顺利推进，但是国有股占上市公司的股份总额比例过大的这一现象仍然广泛存在。理论界和实务界普遍认为，国有股的"一股独大"是我国股票市场出现的各种问题的根本原因。上市公司近些年来所暴露出来

---

①　如江苏春兰集团、熊猫集团、秦池酒厂、实达集团、东方宝龙、四川长虹、新疆德隆等。

的许多问题，譬如虚造业绩、盈余管理、市场操纵、虚假披露、"老鼠仓"（大股东利用关联关系对业绩良好的上市公司进行掏空）等，都与国有股股权比例过大有千丝万缕的关系。

股权结构不合理的另一个表现就是流通股过于分散，机构投资者[①]比重较小。作为人格化的法人，机构投资者最大的优势是它能将众多小股东的资本和其他社会资本集中起来，形成强大的投资实力。美国的研究表明，机构投资者不仅提高了股东对公司的监控力度，机构持有股份额高的公司效益也高于其他公司。我国的流通股股权高度分散于小散之中，使得公众对上市公司的直接控制力匮乏，从而导致上市公司的治理机制薄弱，为其内部人控制制造温床。2009年机构投资者持有股权比例的研究数据显示，在调查的89份有效样本的262个项目中，持有股权比例为10%~20%的项目所占的比例最高，达到20.99%；其次是持股比例在5%~10%的项目，占项目总数的19.47%，具体见表8-6。

表8-6　　　　　　　　　2009年样本投资机构持有股权比例分布表

持股比例	5%以下	5%~10%	10%~20%	20%~30%	30%~50%	50%以上	合计
数量（个）	47	51	55	36	46	27	262
比例	17.94%	19.47%	20.99%	13.74%	17.56%	10.31%	100%

数据来源：2009年统计年鉴。

第二，管理阶层寻租。我国上市公司多起财务危机案例的起因在于管理层（兼大股东）涉嫌挪用公司资金，违法炒作甚至中饱私囊，如此行为不仅危害到整体金融的稳定及其公司本身的发展，对投资大众（小散）也存在严重的不公平。La Porta（1999）表示：在不对称信息下，小股东缺乏必要的信号判断公司的策略和业绩，大股东以此严重侵犯小散利益，而不是兢兢业业把公司做大做强，长此以往公司绩效将岌岌可危。

第三，财务呈报不实。失实财务呈报是在现有一系列制度失衡下的产物，即上市公司的质量控制机制不健全（外部监管）引发上市公司管理层虚假披露乃至欺诈的动机，会计信息披露行为制度不健全给了管理层虚假披露的机会，而会计信息监控制度不健全掩饰了他们作假行为被发现或处罚的概率。因此，虚假财务报告不易被发现，强化了财务危机风险。

我国的会计信息的需求先天不足。在委托代理机制下，所有权和经营权的分离、信托责任的严重缺失使得所有者地位不断弱化，经营者地位不断强化，进而成为企业事实上的控制者。由此造成的后果是，管理层成为会计信息的垄断者。他们为了达到寻租预期，在会计准则允许的范围内适度博弈选择最为有利的会计政策。盈余管理或者利润操纵由此产生。

---

① 机构投资者主要有投资基金、保险公司、投资银行、其他法人机构等。

吴联生等（2007）以非上市公司的盈余管理程度为比较基准，对股市对公司盈余管理的强化作用予以研究，结论显示：根据 1998—2004 年的研究样本和数据，我国上市公司与非上市公司都存在避免亏损的盈余管理行为；但上市公司盈余管理频率大约为非上市公司的 3 倍，盈余管理的平均幅度大约为非上市公司的 13 倍，研究结论为股票市场对公司盈余管理强化作用显著。孙亮、刘春（2008）采用2003—2005 年证券市场的数据，借助调整的截面 Jones 现金流模型衡量操控性应计利润，对民营性质上市公司与国有性质上市公司盈余管理程度的差别及其决定性因素予以分析，研究显示：民营性质上市公司比国有上市公司盈余管理强度显著，决定盈余管理程度差异的因素来自于经营绩效激励，而非公司治理制约。蔡伟（2010）研究表明，上市公司中即将发生财务危机的样本公司与不会发生财务危机的样本公司相比，在财务危机之前的盈余管理程度较高。在描述性统计中，对于即将发生财务危机的上市公司和未来财务状况健康的上市公司的 DA 指标进行了描述性统计，从｜DA｜均值来看，在 t–1 年、t–2 年以及 t–3 年即将发生财务危机的上市公司的｜DA｜均值均比未来财务状况健康的上市公司要大，并且通过 Mann Whitney 检验显示：上市公司在 t–1 年和 t–2 年的指标要在 1% 的显著性水平上比未来财务状况健康的上市公司要大。

3）经营战略与策略因素

引起公司财务危机的经营战略与策略因素很复杂，主要可归纳为制定战略及执行策略两方面。其中，发生财务危机的公司的战略制定常见为战略缺位、战略错位和战略越位。战略缺位通常是没有明晰的全盘思想；战略错位通常是战略与环境不相适应；战略越位通常是超越自身的资源和能力，盲目扩张和多元化。

"公司建立新形象要远比改善经营业绩容易"（Fridson and Alvarez，2009）。Sharma 与 Mahajah（1980）认为，公司经营受到内在与外在因素的交互影响，其中，内在因素着重于战略与执行；波特（1980）指出，一家公司经营的成败通常取决于"策略"运用是否妥当。当一个公司经营决策不当，可能就会种下财务危机的隐患。

在公司长期的经营和发展过程中，其经营状况的好坏及经营的稳定性往往是决定一个公司是否出现财务危机的重要因素之一。公司经营战略的重大调整（如投资战略、融资战略、技术优势与品牌战略等），供产销的调整（如供应商的重大变更、订单计划的大幅调整、销售策略完善、重大促销政策的实施等），公司产品的特征与市场占有等，这些因素的变化与调整，都会对公司经营业绩及其稳定性产生影响，进而引发财务危机。公司因经营杠杆导致财务危机的案例很多，标王"秦池""五谷道场"广告费因引发经营风险进而诱发财务危机即是鲜活的佐证。原因在于固定成本的构成要素很多，在无法保证销售规模的前提下，固定成本过量导致较高的经营杠杆风险。公司经营策略失误情形具体集中在以下方面：

第一，跨业多角化经营的失败。当公司在其所属行业面临高度成熟或强大竞争威胁时，经济学的埋论解释的结果是无法赚取超额利润的，而通常该类公司会采取多角化的方式来维持营运。多角化作为经营战略和方式而言，其本身并无优劣之分，然而跨行业投资有可能因为决策的失当或对另一种产业不熟悉而拖垮公司主业的营运绩效，多角化经营的直接后果使新项目耗资，若未来景气程度不确定，则使得原来的竞争优势难以确保。这也是对多角化未必获得异常报酬的论点较好的诠释。

第二，核心竞争力非核心。在利润、市场份额、核心竞争力等微观因素中，核心竞争力是公司保持竞争优势的主要因素，是公司竞争长期发展的支撑和优势的原动力。核心竞争力可能表现为先进的技术、服务理念或者应变能力，其实质就是核心竞争力的结合体，公司的竞争归根到底是核心竞争力的抗衡；核心竞争力的培养需要长期精心打造，公司首先应该在拥有集中的竞争能力的核心产品之后，再考虑是否围绕核心产品进行多角化经营。否则，多角投资的直接后果会使新项目挤占主业资金，使公司原来的竞争优势也丧失殆尽。

在我国上市公司中有些公司在长期经营中积淀其独特的专长，具有良好的发展空间和较为凝聚的核心竞争力：国际星级服务的海尔品牌、特殊文化内涵的豫园高城、成本管理专长的邯郸钢铁、预算管理闻名的新兴铸管等。

第三，盲目提速。公司在飞速发展时，经营者头脑容易发热，盲目提速，追求高速。事实上，高增长的关键是看公司是否具备快速发展的条件；速度过快，会使公司处于资金短缺困境，会付出进步的代价。有些公司为做大做强，常常不顾风险、不计成本、不择手段盲目进行融资而进行非理性投资，结果有的不得不进行价格战，使融资成本、营业成本升高而影响收益甚至收不抵支，这种非理性扩容的结果会带来财务困境的阵痛。

4）负债规模和财务弹性因素

从理论上讲，适度负债，公司可以获取财务杠杆效应，但负债过度将会使公司的支付能力变得极其脆弱，甚至出现支付危机。不同的负债结构，对处于不同的经营阶段、不同的经营特征的公司，有完全不同的影响。假如负债结构与经营特征发生错位，尤其负债期限结构没有合理规划，公司未来的现金流量将不确定，有可能引发公司的支付危机。与此同时，若大量举债用于投资，在投资规模大、战线长的情况下，投资项目一旦出现系统风险或者非系统风险，公司巨额的债务、较低的预期回报和艰难的融资渠道的共同作用，将导致公司必然出现绩效状况恶劣，进而走向危机。

负债规模过度是财务危机的重要原因，过高的负债一方面会弱化公司的支付能力，蕴含着财务危机；同时，一旦公司信用链条上的某一环节出现运行不畅，或者实际现金流出超过预期，则影响即期债务的偿付，就必然会出现财务危机。德隆问题的原因在于，其经营策略和发展模式造成了资金链的紧张，外部金融环境的变化只能说是德隆问题爆发的催化剂而已。

财务弹性是指公司对市场机遇和市场逆境的适应能力和应变能力。其具体是指公司动用闲置资金,应对可能或无法预见的紧急事件,以及把握未来投资机会的能力,是公司筹资对环境的反应能力、适应程度及调整余地。财务弹性可以直接转换为经营弹性,最一般的行动是将现金"滞留"于有价证券,当紧缩的信用导致筹集所需的营运资金比较困难时,此行为将使公司较其"精干刻薄"的竞争者领先一步。

财务弹性来源于现金流入和现金流出需要的比较。这里着重考虑公司的造血机能即经营活动的现金流,经营现金净流量充足,如果当市场突然出现理想的投资机遇时,那么这种储备即可立即变为高回报;反之,当市场出现预想不到的逆境时,这种储备即化干戈为玉帛,可以防范逆境给还本付息以及股利支付带来压力。由此,财务弹性对公司面对逆境、迎接挑战起了重要作用,现金流量表中的要素不仅是风险厌恶型投资者的安全保障,而且是度量财务弹性最好的工具[1]。

公司财务危机的诱因是宏观环境与微观环境共同作用的结果,其中宏观环境为诱发危机的条件,微观环境为诱发危机的根据;就同行业内的不同公司而言,宏观变量为系统性风险变量,较之微观变量对公司财务危机影响程度的显著性相对有限。

8.2 财务危机特征

8.2.1 基于阶段论的公司财务危机的共性特征

所谓阶段论是指财务危机所处的阶段不同,其特征也各不相同。这种观点认为,财务危机具有客观积累性,它是公司在一定时期内的资金筹集、投资、占用、耗费、回收、分配等各个环节出现失误的综合体现,是各种营运活动行为失误的综合反映。大多数公司陷入财务危机都是一个逐步发展的过程,一般是一个从财务正常逐步发展成财务危机的过程。

1)Amy Hing-Ling Lau 的五状态论

1987 年,Amy Hing-Ling Lau 在《五状态财务困境预测模型》一文中将公司财务状况分为 5 个状态:

状态 1——财务稳定;

状态 2——取消或减少股利;

状态 3——技术性违约和债券违约;

状态 4——处于破产法的保护之下;

状态 5——破产和清算。

依据 Amy Hing-Ling Lau 的观点,取消或减少股利是公司财务危机开始的信

---

[1] FRIDSON,ALVAREZ. 财务报表分析 [M]. 朱丽,译. 3版. 北京:中国人民大学出版社,2009:19.

号，破产和清算意味着公司的终结即财务危机达到最严重和最后阶段。

2）Donald 和 Richard 的四阶段论

Donald 和 Richard（1988）认为财务危机的发生是一个渐进式的过程，通常包括 4 个阶段：

第一阶段是指公司在发生财务危机的前 10 年。当时公司一切运行正常，但公司整体获利性已经不如以前。此时公司在日常运营上并无明显的异常发生。

第二阶段是指公司在发生财务危机的前 10 年到前 6 年，这是公司早期遭受损伤的阶段。公司遭受大环境不确定性的影响而使其绩效下降，此时绩效下降的影响是潜在的，负面结果不会明显表现出来，但是此时公司的各种能力已经步入拐点。

第三阶段是指公司在发生财务危机的前 6 年到前 3 年，这时公司的获利情况急剧下降，只能勉强维持在损益平衡的状态。处在这个时期的公司会有以下 4 种状态：

①公司对已经制定的决策会进行复杂的变动或者完全不从事决策活动；

②公司在策略行为上会出现摇摆不定的现象；

③外在大环境变得不确定，对公司产品的需求变化也不明确；

④运营资金没有出现不足的情况，与其他非危机公司相差不大，运营资金不会因为公司在这期间绩效表现不佳而造成无法支付短期负债的现象。

第四阶段是指公司在面对财务危机时的挣扎阶段。在财务危机发生的前 2 年到危机发生时点，此时公司所面对的环境突然转差，进而使获利表现急速下降，公司丧失支付短期负债的能力，运营资金因而严重不足。

3）国内学者的四阶段论

第一阶段危机潜伏期，主要症状：盲目扩张、无视环境变迁并缺乏风险管理、无效经营；

第二阶段危机显示期，主要症状：过分依赖外部资本，自有资本严重不足，债务延期，利息负担沉重；

第三阶段危机恶化期，主要症状：经营混乱，资金周转困难，到期债务不能偿还；

第四阶段危机发作期，主要症状：资不抵债，丧失偿付能力，宣布破产。

四阶段论的观点认为：财务危机的发生过程为渐进式，识别不同阶段财务危机的特征可以归纳出财务危机的提示信号，有助于发现、预测公司财务恶化状况并判定其危机程度。

8.2.2 基于业务范畴论的公司财务危机共性特征

业务范畴论的观点认为，公司营运涉猎不同的业务领域，而当发生财务危机时，不同的业务领域会表现出不同的特征。公司运作不是单一环节，而是依赖于多个环节的有机整合和协作，任何一个环节的失误都可能导致财务危机。不同业务范畴的财务危机共性特征见表8-7。

表 8-7 不同业务范畴的财务危机共性特征表

管理领域	财务领域	销售领域	生产领域
公司员工大幅变动	过分依赖某个关联方或某家银行贷款	订单非预期下跌	盲目扩充生产设备
拖欠借款和债务	关联方濒临倒闭	信誉恶化	存货异常变动
市场竞争力不断减弱	财务结构及财务效率明显恶化	平均收账期延长	规模过度扩张
盈利能力严重滑坡	财务报表不能及时公开		

8.2.3 基于性质论的公司财务危机共性特征

性质论认为，财务危机具有可预见性和突发性两种特性。财务危机之所以具有可预见性，是因为财务危机由公司利益相关者的长期矛盾日积月累而形成，所以必然会表现为公司内部的一种逐步扩展或传导的过程，并且能反映在内部管理流程与管理行为的重要环节中；财务危机具有突发性的原因在于，尽管有些影响财务危机发生的因素是可控或可视的，但也有很多诱因尚具有突发性和意外性。当这些突发性因素出现时，财务危机就可能被引爆。

财务危机的可预见性在阶段论已阐述，财务危机突发性的特征突出体现在两个方面：

1）现金极度匮乏

成功的公司，各有其成功秘籍，失败的公司，征兆大致相同，即现金流链条断裂。综观发达国家破产倒闭的企业的征兆，80%的企业表现为盈利但现金流极度匮乏使之破产，也可称之为黑字破产；只有20%是亏损破产。可见，"现金为王"的理念在财务危机特征判断过程中仍不失其魅力。

现金流量在公司的不同生命周期显示的特征有所不同并具有一定的规律性。1968年，波士顿矩阵理论的出现再次印证了市场成长性、市场占有率与公司现金流量的相互关系规律。现金流量信息的财务困境预测模型基于的原理是：公司的价值等于预计现金净流量的现值。公司现金流能不能持续、稳定，对投资者和债权人等利益相关者的决策来说都是重要参照。投资者会通过公司现金流的分布时间、金额和风险来对股价进行估值，不会因较低的或者非持续的现金回报而支付高股价；债权人在面临一个公司非持续稳定的现金流时，对其贷款风险的焦虑与担心远高于担保、抵押与质押，对此类公司的风险溢酬决策会因公司现金流的变化而调整，公司的现金流匮乏状态将雪上加霜。

在 Gentry，Newbold 和 Whitford（1985）的研究基础上，Aziz，Emanuel 和 Lawson（1988）发展了现金流量信息预测财务危机的模型，在研究中根据破产企业和非破产企业的配对数据，发现在破产前5年两类企业的经营现金流量均值以及现金支付的所得税均值具有显著差异；Aziz，Emanuel 和 Lawson（1989）研究比较了使用现金流量模型、Z模型和ZETA模型预测企业发生财务危机的准确率，结果发现现金流量模型的预测效果最令人满意。

国内学者章之旺（2004）选取了2003—2004年度60家财务危机样本和2倍的非财务危机样本，分别用单变量和多变量Logistic模型验证现金流量信息在财务危机预测的作用，研究发现："第一，我国上市公司在财务危机的前1年，经营现金流量的相对信息含量仅次于总资产报酬率和总资产周转率，其预测效率比应计制会计变量更有效；第二，公司财务危机的前1年或前2年，现金流量类变量在会计比率的基础上增量信息含量均具显著性。结果显示：从财务危机预测的角度看，充分挖掘现金流量信息的分析意义和预测价值应当成为未来此领域的研究方向。"杨孝安（2010）针对上市公司存在盈余管理和利润操纵的行为，利用现金流对上市公司的盈余质量进行评价，使投资者准确分析上市公司的财务报表。通过列举在新会计准则下上市公司盈余管理的途径，并介绍用于盈余管理评价的主要财务指标，指出现金流量指标不受人为因素的影响，用于评价上市公司的经营业绩较为客观。

2）主营业务萎缩业绩下滑

公司主营业务萎缩业绩下滑的原因多重，主要与公司经营战略密不可分。决策的失误是根本的失误，在共同的宏观因素和行业因素面前，有的公司在行业中稳健经营主营业务；有的公司为了防范并化解经营风险，开展多元化经营，以期不断开拓市场、培育多元的经济增长点，但此种拓展的前提是公司保证主业持续稳定增长，否则，此举表面看是注重外延性扩张、实施多元化经营，而实际上是投资分散导致凝聚力分散难以形成合力与市场抗衡，公司会因此丧失核心竞争力，从而影响公司的本初业绩。

公司价值取决于预计现金净流量的现值，预计现金流的重要组成为利润，利润的源泉来自主营业务。收入的实质一是净资产的增加，二是主业经营的持续。作为利润表的首行项目，其重要性毫不逊色于利润表的净利润项目。主营效益是公司创造经营活动现金流量的根本源泉，衡量其核心竞争力、核心盈利质量的重要指标之一，同时在资本市场有效的前提下，主营效益及其成长性与波动性直接关系到公司的证券估值。林恩·特纳[①]（Lynn Turner）在对公司主营收入的重要性高度评价时称："主营收入的增减变动是投资者制定投资决策的重要判断指标，当投资者评价公司的历史业绩及其展望、收益前景时，主营收入的变化趋势

① 美国证券交易委员会（SEC）会计师。

和成长性总会左右着他们的思维。"更重要的是，它是判断经营风险与财务风险的可能性的重要依据。

8.2.4 财务危机共性特征的财务表现

由于公司所处的行业、规模大小、经营特点各不相同，公司发生财务危机的征候也不尽相同。但是，经验证明，当公司可能发生财务危机时，总会具有某些共同的特征。财务危机的共同特征可以概括如下五个方面[①]：

第一，运营能力方面。

①非计划的存货积压。存货通常是公司重要的资产项目，存货项目对公司的资产状况和损益状况均能产生直接的影响。产品销售不畅，必然导致存货的大量积压、存货周转率和变现率的降低、现金流短缺，情况严重时，还会造成公司的巨额亏损，并产生严重的财务危机。

②平均收账期延长。较长的平均收账周期会吸收许多的现金。当公司的现金余额由于客户迟缓付款而逐渐消失时，较长的平均收账期就会为公司带来严重的财务问题。还有一些原因也会减少公司正常的营业现金余额，但管理人员更应重视公司的收账期，并从中找出主要问题，以免使问题变得更为严重。

③资产质量下降，经营资产运营效率下降。经营资产一般主要包括：存货类、债权类、固定资产类资产，这些资源的投入是公司自主经营的需要。如果公司这部分资源的投入在一定时期未见增量收益或者市场占有率未见扩大，周转相对缓慢，此时的基本结论是公司的经营资产质量不佳；以此推理，对外投资资产也应该形成预期投资回报或者是撬动效应，否则，对外投资资产令人怀疑。

第二，偿债能力方面。

①负债过多。债务增加，造成资金结构失调。当公司的资产负债率超过一定比率时，可能引起公司的偿债能力和公司的融资信誉下降导致难以清偿到期债务，陷入严重的财务危机。适度负债，公司可以获取财务杠杆利益，但过度负债则会使其支付能力变得极为脆弱，甚至发生支付危机。偏高的负债一方面会弱化企业的支付能力，蕴含着财务危机；另一方面，一旦信用链条异常，必然会出现财务风险，引发财务危机。

②财务结构不合理。首先，筹资结构不合理，长、中、短期债务搭配不当。表现为：一是筹资成本过高，导致公司盈利能力下降；二是偿债高峰过于集中或过早到来，造成偿债困难。其次，投资结构不合理，长、中、短期投资比例失当。有的项目选得不准，有的投资超过风险限度。表现为：一是投资回报率低，致使盈利能力减弱；二是变现困难，不能及时偿还到期债务。另外，在ST公司中，大股东占用资金并利用上市公司担保的现象极为严重，这是造成资本结构异

[①] 除此以外，企业盲目多元化经营和扩张、信誉降低、市场竞争力不断减弱以及关联企业发生诉讼或倒闭等也是多数企业将要发生财务危机的表征。这里就不一一赘述了。

常，进而影响公司经营业绩的重要原因。究其根源，这与我国上市公司非整体上市、公司治理结构不完善、银行经营机制欠缺以及证券市场监管与处罚效率不高等方面有紧密联系。

第三，获取现金流量能力方面。

国外从现金流的角度建立公司财务危机的预警模型早已取得显著成果。例如：Beaver（1966）在排除行业因素和公司资产规模因素的前提下，对1954—1964年间的79家失败公司和相对应的79家成功公司的30个财务比率进行研究表明，现金流量/债务总额指标对财务失败的预测是最有效的；现金支付严重不足，是表明公司已面临财务危机重要的、最为直接的表现形式。聂丽洁、赵艳芳、高一帆（2011）以我国制造业上市公司2001—2008年被ST的41家公司和配对公司为研究对象，在引入传统财务预警指标设计的基础上，构建了基于现金流的危机预警指标体系。实证研究表明：现金流指标体系比传统财务指标体系有更高的预测精度和更低的错判率。众多研究表明，我国发生财务危机的公司的现金流量能力明显低于正常公司。现金流量能力主要表现为缺乏偿还即将到期债务的现金流，现金总流入小于现金总流出，特别是经营活动的现金净流量长期不佳，与核心利润以及净利润严重失衡，进而出现了经营现金净流量与核心利润以及净利润相背离的状态。

第四，盈利能力方面。

①主营业务严重萎缩。销售量的非预期下降，公司销售额的下滑，成本的不断攀升，导致公司的盈利空间逐步缩小，甚至连年出现亏损。公司的主营业务发生严重萎缩，利润依赖关联方交易及外来补贴。由于主营业务比其他业务的稳定性强，因而主营业务是否经营得好是上市公司能否生存和发展的关键。有的投入无效益或者无利润质量，公司的核心利润明显下降，投资收益不佳，营业利润与公司规模严重脱节甚至亏损严重。

②市场竞争力不断降低。市场竞争力的高低，主要体现在公司产品的市场占有份额和盈利能力上，如果公司产品的市场占有率很高，且盈利空间很大，说明公司市场竞争力很强；相反，如果公司的产品出现压库现象，造成市场占有率明显下降，或公司产品的市场份额未变，但盈利空间却在明显缩小，则说明公司的市场竞争力在减弱。公司的市场竞争力一旦由强变弱，公司就无法按计划、按目标生产经营自己的产品。

③对外巨额投资无收益。在我国证券市场上，有不少上市公司实施投资计划之前没有经过科学严谨的可行性论证，带有较大的盲目性，因而在投资项目实施后，不但没有给公司创造良好的经济效益，反而带给了公司由巨额投资所形成的机会成本。

④公司的经营风险加大。市场对公司产品的需求缩小，公司产品销售价格偏低，公司对产品销售价格的调整能力下降，单位产品变动成本的增加，公司固定成

本总额偏高，上述问题形成了公司经营方面的不确定性。

第五，发展能力方面。

①资产增长率较高。一般表现为投资资产、在建工程、固定资产等的异常增加，而且其资金来源多为负债规模增大，而不是所有者权益增加。

随着我国市场经济的不断发展和完善，许多上市公司将证券投资组合理论运用到公司投资活动中，在公司财务资源有限的条件下，实行多元化投资，但并没能合理解决公司资产结构与资本结构的有机协调、盈利性与流动性的有机协调等财务问题。因此，公司往往遭受重大损失，严重时可能会导致公司破产，巨人集团的惨痛失败就是典型的例子。

②销售增长率萎缩。从上市公司历年年报中可以看出，一般主业经营好的上市公司都有良好且稳定的业绩，而且主营业务利润占利润总额的比例较高；而大多数的亏损公司均是由于主营业务陷入困境，主业收入萎缩乃至出现亏损的。主营业务严重萎缩，主要表现为销售增长率下降，主营业务利润无法抵补期间费用。上市公司为改善财务状况、维持股票市值，或为了达到配股条件，通常会采用诸如出售资产、与关联方交易、获得政府补贴、与控股母公司资产置换或债务重组等手法，增加公司非经营性利润，来维持公司的账面盈利。这种由"报表重组"形成的公司盈利，不是公司盈利能力的真实反映，因而无法掩饰公司实际处于财务危机的窘况。

8.3 财务危机预警：经验研究与应用

8.3.1 财务危机预警的基本内涵和经典观点

1）财务危机预警的基本内涵

预警是指根据系统的外部环境和内部环境的变化对系统未来所带来的风险进行预测和警报。财务危机预警（简称"财务预警"）的概念界定为：以公开的财务会计信息为基础，其他相关信息为补充，以特定的敏感性变量或者数值为标识，对导致公司整体运营陷入财务危机的状态予以警示的行为组合。财务预警是风险控制机制的重要一环。

要有效预警必须借助于预警变量。所谓变量，原始的数学意义是：表示尚未清楚的值，即变数；或者是一个可代入函数的值。将数学意义引入预测功能时，变量可理解为解释要素或者解释因子。前已述及财务危机是各种因素诱发的结果，那么此类诱因量化后即可作为财务危机的解释要素或者解释因子，因此在财务预警过程中能够解释财务危机概率的要素或者因子在此界定为财务危机预警变量，简称为财务预警变量。

根据财务危机的微观诱因与宏观诱因，可以将财务预警变量进行狭义与广义的界定，财务预警变量的狭义界定是：在财务预警研究中，依照一定的理论原则和实际经验，借助公司财务报告、战略决策、经营计划以及其他与预警相关的信息，采用与公司财务危机有直接和明确对应关系的，并能如实反映公司财务危机潜在风险的财务比率集合。财务预警变量的广义界定是：能够预测公司财务危机的财务变量与可计量的非财务变量的集合，即狭义预警变量与非财务预警变量的集合。本章将基于狭义财务预警变量的界定展开应用。

2）财务危机预警模型介绍

最早的财务预警研究始于信用预警研究，当时许多机构在采用预警定量方法衡量公司状况之前，已经用定性信息评估特殊商人的信用状况。1849年，美国辛辛那提市著名的Dun & Bradstreet公司负责组织提供独立的信用调查[1]。国外对公司财务状况的预警研究起始于在20世纪初，亚历山大·沃尔出版的《信用晴雨表研究》以及《财务报表比率分析》两部著作，开创了对公司财务状况综合检测和评价的先河。

Fitzpatrick于1932年运用单个财务比率以19家公司为研究样本进行了财务危机的判别。他将样本划分为破产和非破产两组，发现净利润/股东权益和股东权益/负债对财务危机的判别能力最高。此研究开创了基于财务危机预警的实证研究的先河。1935年R.F.Smith和A.H.Winakor的论文《不成功企业的财务结构变化》，及其随后的系列研究结论如下：濒临经营失败的公司与能够永续经营的公司相比有显著的财务比率差异。Beaver（1966）使用79对公司样本组，对反映公司不同财务特征的6组30个变量在公司破产前1年至前5年的具体变化分别做了检验，结果发现最好的判别变量是：营运资本/流动负债和净利润/总资产[2]；Beaver发现，越临近破产日，误判率越低，理论界对此研究俗称Beaver单变量判定模型。此后，研究者不断探索通过统计模型的方法来建立财务预警模型。这些模型的研究有助于挖掘最有预见性的研究变量和研究方法。截至目前，主流财务预警的定量分析模型包括：一元判定模型、多元线性判定模型、多元逻辑（Logit）模型、Probit模型和人工神经网络模型等；定性分析模型包括：标准化调查法、四阶段症状分析法、流程图分析法和管理评分法等。目前应用较多的是多元线性判定模型和多元逻辑模型，以下予以介绍。

（1）多元线性判定模型

多元线性判定模型，也称多变量模型，最早是由Altman（1968）开始研究的。他得到的最终预测方程包含5个判别变量，在破产前1年的总体判别准确度高达95%。多元线性判定模型现已成为财务困境预测最常用的方法。多元线性判定模型的基本原理是通过统计技术筛选出那些在两组间差别尽可能大，而在两组内部的离散度最小的变量，从而将多个标志变量在最小信息损失下转换为分类变量，获得

---

① 在Altman（1968）的经典论文《财务比率，公司破产的判别分析和预测》中予以阐述。
② 营运资本/流动负债：在公司破产的前1年成功地判别了90%的破产公司。净利润/总资产：在公司破产的前1年判别的成功率是88%。

能有效提高预测精度的多元线性判别方程。运用多元线性判定模型判定二元问题时，可以通过降维技术，仅以最终计算的 Z 值来判定其归属，其构造的线性方程简单易懂，具有很强的实际应用能力。其判别方程的形式为：

$$Z=V_1X_1+V_2X_2+\cdots+V_nX_n \tag{8.1}$$

根据判别方程可以把单个公司的各种财务比率转换成单一的判别标准，或称为 Z 值。根据 Z 值将公司分为"破产"或"非破产"两类。其中，V_1、V_2、$\cdots$、V_n 是权数，X_1、X_2、$\cdots$、X_n 是各种财务比率。在实际运用时，需要将公司样本分为预测样本和测试样本，先根据预测样本构建多元线性判定模型，确定判别 Z 值（Z 值的大小可以作为判定公司财务状况的综合标准），然后将测试样本的数据代入判别方程，得出公司的 Z 值，并根据判别标准进行判定。此方法还可以用于债券评级、银行对贷款申请的评估、子公司业绩考核及投资决策等。多元判定分析模型的典型代表包括 Z 模型和 F 模型。

第一，Z 模型（Z-Score）。

1968 年，Altman 认为单变量分析的解释变量选择存在代表意义受限等诸多局限性，因此首次将多元线性判定模型引入财务危机预测领域。根据行业和资产规模，此研究对 1946—1965 年间提出破产申请的 33 家公司和同样数量的非破产公司进行分析，选用 22 个变量作为预测备选变量，根据误判率最小的原则，最终确定了 5 个变量作为判别变量，建立了企业破产预警分析的多变量模型，即著名的 Z-Score 模型。选取的 5 个变量是：营运资本/总资产（X_1）、留存盈余/总资产（X_2）、息税前利润/总资产（X_3）、股东权益的市场价值/负债总额的账面价值（X_4）、销售收入/总资产（X_5）。其多元线性判别模型为：

$$Z=1.2X_1+1.4X_2+3.3X_3+0.6X_4+X_5 \tag{8.2}$$

通过多元判定模型产生了一个总阈值称为 Z 值，并依据 Z 值进行判断，认为 Z 值越小，企业破产的可能性越大，具体见表 8-8。

表 8-8　　　　　　　　　　　　短期破产概率的 Z 值

Z 值	短期出现破产的概率
$Z\leqslant 1.8$	存在严重财务危机，破产概率很高
$1.8<Z\leqslant 2.99$	灰色区域，可能存在某些财务隐患和财务危机，处理不好则公司破产；接近 1.8，很危险；接近 2.99，有财务危机的可能
$Z>2.99$	财务状况良好，非常安全，无破产风险

近年来，澳大利亚、巴西、加拿大、法国、德国、爱尔兰、日本和荷兰都进行了类似的分析。尽管 Z 值的判断标准在各国有相当的差异，但各国"财务失败组"值的平均 Z 值都低于临界值 1.8。

第二，F 模型。

周首华（1996）等学者注意到 Z 模型没有充分考虑现金流量变动问题。为此，他对Z模型加以完善，并建立财务危机预测的新模式——F模型，其主要特点是：第一，F模型中增添了现金流量预测变量；第二，F模型根据现代公司业绩评价的新理念及标准予以调整；第三，F模型使用的样本范围较广，此研究在使用4 100家公司的相关数据的基础上，检验了F模型的有效性，而Z模型的样本过小是否有普遍应用意义有待考证。F模型如下：

$$F=-0.1774+1.1091X_1+0.10742X_2+1.9271X_3+0.0302X_4+0.4961X_5 \tag{8.3}$$

式中：X_1、X_2、X_4与Z模型相同，X_3=（税后纯收益+折旧）/平均总负债，X_5=（税后纯收益+利息+折旧）/平均总资产。

张鸣（2004）在其国家级课题的研究中从静态和动态的角度分别构建了静态财务预警模型和动态财务预警模型，并进行了中长期的预测，同时分别从外部信息使用者和内部信息使用者的角度阐述了具体的应用过程，并构建了以财务预警模型为核心的财务预警系统和企业预警系统。张鸣等以1998—2000年之间因财务状况异常而被特别处理的公司（ST公司）44家以及按照行业分类和总资产规模选择相应的控制样本（非ST公司）44家组成的88家公司为样本，运用多元判别方法并引入逐步判别分析建立了基于年报数据的预警模型。基于年报数据的预警模型，包含了12个预测变量，具体模型如下：

$$Z=0.1677+1.4029X_1-2.0601X_2-1.5686X_3+0.0443X_4-0.0726X_5-0.6276X_6-0.0711X_7-$$
$$0.5608X_8+0.1640X_9+1.0648X_{10}-0.0412X_{11}-0.1346X_{12} \tag{8.4}$$

其中，Z是判别函数值；X_1=资产负债率；X_2=（利润总额+财务费用）/总资产；X_3=主营业务利润/总资产；X_4=负债/股东权益合计；X_5=存货净额/主营业务收入净额；X_6=非主营业务利润/总资产；X_7=主营业务收入/净资产；X_8=流动负债合计/总资产；X_9=（本年度净利润−上一年度净利润）/（|本年度净利润|+|上一年度净利润|）；X_{10}=留存收益/总资产；X_{11}=每股净资产；X_{12}=每股未分配利润。该模型将判别临界值设定为0.5，大于0.5的判为财务危机公司即ST公司，小于0.5的判为财务正常公司即非ST公司。通过实证研究，该模型的判定精度达到了100%，说明该模型对原样本的拟合程度很高，交互验证误判率仅为10.29%，预测精度达到85%，因此该模型为在ST前1年的预测最优模型。

张友堂、黄阳（2011）基于行业环境风险识别的企业财务预警控制机理，分析了行业环境风险的识别方法，并利用系统动力学原理构建企业财务预警控制模型，将行业环境风险划分为7个维度，分别为行业资源风险、行业竞争风险、行业生命周期风险、行业技术变革风险、行业信用风险、行业税率风险、行业利率风险。具体影响变量设计为：

①行业资源风险。主要是指原材料资源的丰富程度，即原材料市场状况。它的主要衡量指标如下：第一，定量指标——原材料、燃料、动力购进价格指数，供应商集中度；第二，定性指标——上游产业依赖性。

②行业竞争风险。行业竞争风险主要描述行业内企业之间的竞争程度。它的主

要衡量指标如下：第一，定量指标——行业集中度、行业内企业年增加率；第二，定性指标——产品差异化程度。

③行业生命周期风险。行业生命周期风险是指行业所处的生命周期阶段给企业财务带来的影响。行业在不同的生命周期阶段会表现出不同的增长速度。它的主要衡量指标如下：第一，定量指标——销售增长率、行业固定资产投资增长率；第二，定性指标——行业所处生命周期阶段。

④行业技术变革风险。行业技术变革风险是指技术发展速度过快或重大技术更新过于频繁，容易给行业内现有企业带来的巨大生存压力。它的主要衡量指标如下：第一，定量指标——行业技术投入比率；第二，定性指标——产品更新速度、本企业技术水平。

⑤行业信用风险。行业信用风险实质是影响行业整体偿付能力的各种风险因素。它的主要衡量指标如下：第一，定量指标——行业现金流动比率、行业坏账率；第二，定性指标——企业回收账款的难易程度。

⑥行业税率风险。不同的行业产品适用不同的税率政策。行业税率风险的主要衡量指标如下：第一，定量指标——行业税率水平；第二，定性指标——政策优惠程度、税率波动幅度。

⑦行业利率风险。利率的变动直接导致企业资本结构调整与财务费用变动。行业利率风险的定量指标为行业利率水平，定性指标有利率波动幅度和利率波动频率。

（2）多元逻辑（Logit）模型

多元逻辑模型的目标是寻求观察对象的条件概率，从而据此判断观察对象的财务状况和经营风险。这一模型是建立在累计概率函数的基础上，不需要自变量服从多元正态分布和两组间协方差相等的条件。Logit 模型假设公司破产的概率 P（破产取 1，非破产取 0），并假设 $Ln[p/(1-p)]$ 可以用财务比率线性解释。假定 $Ln[p/(1-p)]=a+bx$，根据推导可以得出 $p=exp(a+bx)/[1+exp(a+bx)]$，从而计算出公司破产的概率。判别方法和其他模型一样，先是根据多元线性判定模型确定公司破产的 Z 值，然后推导出公司破产的条件概率。其判别规则是：如果 p 值大于 0.5，则表明公司破产的概率比较大，可以判定公司为即将破产类型；如果 p 值小于 0.5，则表明公司财务正常的概率比较大，可以判定公司为财务正常类型。

Logit 模型最大的优点是，不需要严格的假设条件，克服了线性方程受统计假设约束的局限性，具有更广泛的适用范围。目前，这种模型的使用较多，但其计算过程比较复杂，而且在计算过程中有很多的近似处理，因而不可避免地有影响预测精度的可能。

Ohlson（1980）率先规范将多元逻辑模型运用到财务危机预警实证领域，他将美国 1970—1976 年间的 105 家破产公司和 2 058 家非破产公司组成配对样本，采用 9 个变量建立了预测一年内破产、两年内破产和一年或两年内破产的 3 个 Logistic 模型，预测准确率都在90%以上，分别为96.12%、95.55%、92.84%。

吴世农、卢贤义（2001）以70家ST和1:1非ST上市公司作为样本，首先应用剖面分析和单变量判定，研究出现财务危机前5年两类公司的21个财务变量的差异，最后确定6个预测指标，同时应用Fisher线性判定分析模型、多元线性回归分析模型和逻辑回归分析模型，建立了3种预测模型分别进行预测，结论为：就同一信息集而言，逻辑回归分析模型的误判率最低，财务危机发生前一年的误判率仅为6.47%。

此外，对于财务危机预警模型的研究，代表观点还有：冯娟（2005）针对行业变量的加入对企业风险度量模型的预测能力的贡献做了分析。陈娟（2008）通过论证行业生命周期对财务风险评估的重要性和必要性，进而将行业生命周期引入并购财务风险评估体系中。于晓红、张立（2009）从财务理论和战略管理融合的角度，按照战略管理的研究范式，探讨行业环境因素对公司资本结构的影响。陆正华、钟燕华（2009）以中国上市公司2001年至2005年的面板数据作为样本，运用环境变化程度指标对公司所处行业进行分类，对行业环境特征与现金持有量的相关关系进行了检验。

8.3.2　Z模型的应用

1）应用样本说明

理论上讲，破产企业样本应该是财务危机样本的首选。我国《破产法》于1986年12月2日第六届全国人民代表大会常务委员会第十八次会议通过，自1988年11月1日起施行；新修订的《破产法》于2006年8月27日第十届全国人民代表大会常务委员会第二十三次会议通过，自2007年6月1日起施行。新法在第二条中规定：企业法人不能清偿到期债务，并且资产不足以清偿全部债务或者明显缺乏清偿能力的，依照本法规定清理债务。《破产法》的适用范围扩大到所有的企业法人，包括国有企业与法人型私营企业、三资企业、上市公司与非上市公司、有限责任公司与股份有限公司，甚至金融机构。破产不再是国有企业的"专利"，国有企业的破产从政策性破产走向市场化破产，意味着所有企业将受到同一"优胜劣汰"原则的制约。从大样本研究而言，到目前为止，我国上市公司真正破产的数据有限，因此以上市公司破产作为财务危机的标志予以个案研究基本可行。

1998年4月22日，沪深证券交易所规定将对财务状况和其他财务状况异常的上市公司的股票交易进行特别处理（special treatment，缩写为"ST"）。其中，异常主要指两种情况：一是上市公司经审计的两个会计年度的净利润均为负值，二是上市公司最近一个会计年度经审计的每股净资产低于股票面值。我国公司股票上市规则（2008年9月第六次修订）规定，上市公司出现财务状况异常或者其他异常情况，导致其股票存在被终止上市的风险，或者投资者难以判断公司前景，其投资权益可能受到损害的，证券交易所对该公司股票交易实行特别处理（ST）。特别处理分为：退市风险警示（*ST，即公司经营连续三年亏损，发出退市预警）和其他特别处理。

我们认为，以首次被ST的公司为财务危机预警研究样本有一定科学性，因为财务危机观测点与财务异常公司的条件具有逻辑一致性。根据对财务危机的界定可知，财务危机是由公司外部与内部因素引起的，导致公司整体运营陷入危及生存的严重困难境地的状态，此状态可以表现为：财务恶化、亏损且无扭亏迹象、净资产为负、资不抵债面临倒闭以及审计报告被出具无法表示意见或者否定意见等等。因此，从我国资本市场运行及其监管历程看，以 ST 公司作为财务危机研究对象具有较强的说服力。

2）Z 模型应用过程与结果

样本选择中随机选择了深圳证券交易所和上海证券交易所 20×3—20×6 年的 23 家 6 个行业的 ST 公司，包括 20×3 年被宣布为 ST 的 8 家，20×4 年被宣布为 ST 的 4 家，20×5 年被特别处理的 6 家以及 20×6 年被特别处理的 5 家，并根据行业相同等原则予以 1：1 配对。如此，上市公司财务预警模型应用研究所选取的随机样本资料见表 8-9。

表 8-9　　　　　　　　　　　　20×3—20×6 年随机样本资料

行业名称	ST 公司名称	非 ST 公司名称
综合业	ST 金盘 000572	华西村 000936
	ST 花雕 600659	创兴科技 600193
医药、生物制品业	ST 中西 600842	华东医药 000963
	ST 哈慈 600752	东盛科技 600771
机械、设备、仪表制造业	ST 自仪 600848	江钻股份 000852
	ST 松辽 600715	重庆实业 000736
	ST 威达 000603	四通高科 000409
	ST 天仪 000710	长风特电 000552
	ST 金马 000980	思达高科 000676
	ST 常柴 000570	江淮动力 000816
	ST 兰宝 000631	美菱 000521
	ST 巨力 000880	创元 000551
	ST 亚星 600213	轻工机械 600605
	ST 天宇 000723	长征电器 600112
	ST 托普 000583	深桑达 000032
	ST 炎黄 000805	领先科技 000669
	ST 科健 000035	中兴 000063
批发、零售业	T 昆百大 000560	西安民生 000564
	ST 一投 600515	天津劝业 600821
金属、非金属业	ST 东源 000656	飞亚达 000026
	ST 屯河 600737	福耀 600660
	ST 国瓷 600286	福建水泥 600802
房地产	ST 海泰 600082	天创置业 600791

Altman 的研究结论中将被研究企业的 Z 值划分为 3 个区域：(−∞，1.8]、(1.8，

2.99]、(2.99，+∞)，分别对应于存在严重危机的企业、存在某些财务隐患的企业和财务状况良好的企业。结合我国上市公司的财务数据及其说服力程度，进行适用性检验后，对Z模型的变量设计进行以下调整：

X_1=营运资金/总资产=（流动资产−流动负债）/总资产

X_2=留存收益/总资产=（未分配利润+盈余公积金）/总资产

X_3=息税前利润/总资产=（税前利润+财务费用）/总资产

X_4=资本市价/总负债=（每股市价×流通股数+每股净资产×非流通股数）/总负债

X_5=销售额/总资产=主营业务收入/总资产

拟合的Z模型为：

$$Z=0.1012X_1+0.1014X_2+0.1033X_3+0.1006X_4+0.1999X_5$$

模型选取的23家ST公司以及相对应的23家非ST公司的Z值见表8-10。

表8-10   Z值计算表[①]

ST公司	Z值			非ST公司	Z值		
	前1年	前2年	前3年		前1年	前2年	前3年
000656	0.928	1.55	2.15	000026	4.13	3.35	3.01
600842	−0.65	−0.134	0.86	000963	3.01	2.5	2.49
000603	−3.4	−0.8	0.72	000409	2.61	2.59	7.35
600715	−0.68	−0.012	0.22	000736	1.24	1.77	0.71
600848	−0.07	−0.56	0.132	000852	3.22	2.68	1.99
000723	−0.37	1.12	1.371	600112	3.21	3.03	2.68
000560	−0.78	0.17	0.7	000560	3.12	1.86	1.24
000572	−0.99	0.33	0.66	000936	3.69	4.78	6.61
000980	0.58	1.676	2.76	000676	3.05	1.85	2.55
000710	−0.44	0.27	1.77	000552	0.03	0.97	1.06
600082	2.25	2.46	0.15	600791	2.99	1.98	2.13
000570	−0.014	0.81	1.7	000816	1.7	2.92	2.73
000583	−0.08	1.92	1.88	000032	3.03	2.92	2.61
000805	0.73	1.61	1.18	000669	0.48	1.12	1.2
000035	1.75	2.36	1.12	000063	3.09	2.81	2.49
600659	−0.05	0.38	0.86	600193	3.38	3.09	1.84
600737	0.81	0.41	0.26	600660	3.41	3.04	2.99
600752	0.14	0.88	2.38	600771	3.17	2.3	1.22
000631	−1.08	0.24	0.61	000521	0.83	0.83	1.24
000880	−0.22	1.16	2.26	000551	3.42	3.06	2.08
600213	0.52	0.5	1.81	600605	3.22	3.07	3.02
600286	−1.12	0.27	0.87	600802	3.17	3.05	2.96
600515	−1.55	−0.74	1.48	600821	3.49	3.08	2.95

[①] 常艳. 我国上市公司财务预警模型的实证分析［J］. 金融经济，2008（2）.

为便于分析，将 Z 值结果整理得出"Z 值分布表"（见表 8-11）。

表 8-11　　　　　　　　　　　　Z 值分布表

		1.8 以下	1.8 ~ 2.99	2.99 以上	均值
ST 公司	前 1 年	95.7%	4.3%	0	-0.16
	前 2 年	91.7%	8.3%	0	0.79
	前 3 年	78.3%	21.7%	0	1.19
非 ST 公司	前 1 年	21.7%	4.3	74%	3.28
	前 2 年	17.4%	30%	52.6%	2.67
	前 3 年	21%	52%	27%	2.57

从以上分析可以看出：

20×3—20×6 年新增的 ST 公司在被特别处理前 1 年其 Z 值绝大部分小于 1.8，有的甚至为负数，说明公司在特别处理前 1 年其财务状况已经发生严重恶化。被 ST 前 1 年该类公司的 Z 值在 1.8 以下的占 95.7%，在 1.8 ~ 2.99 之间的占 4.3%，不存在 Z 值大于 2.99 的公司，说明 ST 公司的 Z 值在概率分布上也支持了新增 ST 公司在特别处理前 1 年的财务状况极差，存在严重的财务危机，其 Z 值应低于 1.8 的结论。

由表 8-11 可以看出，ST 公司在 ST 前 2 年和前 3 年，其 Z 值都在 2.99 以下，前 2 年 Z 的均值为 0.79，前 3 年其均值为 11.9，说明 ST 公司在特别处理前 2 年乃至前 3 年，已经出现一定程度的危机征候，且 Z 值呈逐年递减的趋势。其中被 ST 前 2 年 Z 值在 1.8 以下的占 91.7%，1.8 ~ 2.99 之间的占 8.3%；被 ST 前 3 年 Z 值在 1.8 以下的占 78.3%，1.8 ~ 2.99 之间的占 21.7%；在其概率分布上也支持新增 ST 公司在被 ST 前 2 年或前 3 年的财务隐患状况，其 Z 值应低于 2.99，并且在被 ST 前 3 年内公司 Z 值呈逐年递减的走势。

在 ST 样本组中，ST 海泰（600082）的 Z 值分布有其自身的特殊性。该公司在 20×3 年被 ST，被 ST 前 1 年 Z 值为 2.25。从表面看，这似乎不符合假设 1。然而，从该公司提供的上市公司的公开资料可见，ST 海泰在 20×4 年被获准摘帽。一方面，该公司被摘帽说明其财务状况有所好转；但由于之前的 ST 惯性，仍然存在一定的财务风险性，所以其 Z 值在 1.8 ~ 2.99 之间符合实际。总的来说，符合摘帽公司最近年度的财务状况应较戴帽以来以往年度财务状况有所改善，但由于此前连续亏损仍存在较大的经营风险，其 Z 值应在 1.8 ~ 2.99 之间。

正常公司除特殊情况外，其 Z 值基本大于 2.99，说明正常公司的财务状况良好，有一定的抵御风险的能力。

在非 ST 样本组的特殊状况：四通高科（000409）在 20×3 年被特别处理，重庆实业（000736）、长风特电（000552）、江淮动力（000816）分别于 20×4 年被特别处理，依据"ST公司在被特别处理前几年的财务状况就出现一定隐患，并且随着时间的推移逐步恶化"的结论，此类公司在作为非ST公司样本时，其财务状况呈现非正常趋势，其Z值均小于1.8是符合实际情况的。以上观察结果说明：Z模型在上市公司预警应用中具有一定说服力；但对个案分析而言，由于其中个别指标的畸高或畸低，不排除导致Z值异常的情况。这可以通过用个案的描述性统计替换显著性变量的方式来完善模型判定准确度。研究结果表明：离被ST的时间越近，模型的判断精度越高，被ST前1年的预测精度普遍较高。

8.3.3　预警模型的案例应用

1）案例公司简介

STAG是大型钢铁集团鞍钢集团下属的子公司，拥有集团全部焦化、烧结、炼铁、炼钢、轧钢等整套现代化钢铁生产工艺流程及相关配套设施，并拥有了与之配套的能源动力系统，实现了钢铁生产工艺流程的完整性、系统性。由于2011—2012年连续两年业绩巨亏（分别亏损21.46亿元、41.57亿元），按照深交所的相关规定，鞍钢股份被实行退市风险警示处理，证券简称于2013年3月29日变更为*STAG。

2）STAG的Logit预警模型构建

模型构建的显著性变量为盈利能力指标、偿债能力指标、发展能力指标中的10个变量，并考虑了现金流量因素。其具体构建见表8-12。

表8-12　　　　　　　　STAG（000898）的显著性预警变量

指标		2012年	2011年	2010年	2009年
盈利能力指标	销售净利率 X_1	−5.63%	−2.58%	2.11%	11.45%
	销售毛利率 X_2	2.72%	4.44%	10.53%	16.33%
	净资产收益率 X_3	−8.54%	−4.09%	3.82%	5.57%
	每股净资产 X_4	6.44	7.01	7.47	7.25
	每股经营活动现金流 X_5	0.20	0.66	1.25	1.65
偿债能力指标	流动比率 X_6	0.61	0.77	0.85	0.94
	速动比率 X_7	0.37	0.38	0.49	1.01
	产权比率 X_8	1.81	0.97	0.90	0.88
	利息保障倍数 X_9	−1.14	−0.60	1.90	15.97
发展能力指标	总资产增长率 X_{10}	−1.70%	−2.02%	4.09%	9.55%

主因子表达式为：

$Z_1=-0.07X_1-0.79X_2-0.093X_3+0.239X_4-0.037X_5+0.313X_6+0.316X_7-0.17X_8-0.094X_9+0.27X_{10}$

$Z_2=0.394X_1+0.395X_2+0.392X_3-0.151X_4-0.02X_5-0.045X_6-0.042X_7-0.029X_8-0.009X_9-0.086X_{10}$

$Z_3=0.075X_1-0.216X_2+0.022X_3+0.218X_4+0.515X_5-0.139X_6-0.142X_7+0.014X_8+0.445X_9+0.019X_{10}$

则STAG的Logit预警模型为：

$Y=6.120+4.147Z_1+0.862Z_2+4.062Z_3$

预警指标$P_i=\exp(Y_i)/[1+\exp(Y_i)]$

Logit预警模型的判定临界点P值确定为0.5，判定财务正常企业和财务危机企业的判断精确度最高。如果当企业的P值大于0.5时，可判定该企业的经营已陷入财务危机；如果P值小于0.5时，就可判定该企业为正常企业。P值越大，企业步入危机的可能性就越大，将各指标代入计算结果见表8-13。

表8-13　　　　　　　　　　　Logit预警模型的P值结果

年份	Z_1	Z_2	Z_3	Y	P_i
2012年	1.624875	−1.10511	0.877779	12.37189	0.999996
2011年	1.86864	−1.15197	1.444857	11.37099	0.832648
2010年	1.751196	−1.19364	2.932512	9.8945	0.724947
2009年	0.340321	−1.2742	8.867424	3.130389	0.4792

经过计算得知，2009—2012年，案例公司的财务预警P值不断升高，最后接近1，在2009年企业的财务预警P值（0.4792）应该说还是在警戒线范围内，但是到了2012年以后，预警值不断上升甚至接近1，说明公司财务状况恶化的程度很严重，这也与最终2013年公司被ST处理的结果不谋而合。

本章小结

1.财务危机是由公司外部因素与内部因素引起的，导致公司整体运营陷入危及生存的非常状态，其极端形式是破产。财务危机的实质是财务风险的外在显性和集中爆发，财务表现为长时间财务恶化、亏损且无扭亏迹象、净资产为负、资不抵债面临倒闭以及审计报告被出具无法表示意见或者否定意见等。财务危机是公司长期陷入财务困境的结果。

2.财务危机是一个结果，导致此结果的原因可能是公司经营失败，即由于公司的经营危机所造成的财务危机。当公司经营完全失败，公司的产品由于种种原因无法在市场上按既定的价格、数量销售的时候，公司既无必要的现金流入，又无良好的财务盈利状况的支撑，出现财务危机就成为一种必然的后果，试图通过财务本身来避免这种危机是徒劳的。所以，公司财务危机的发生，不能局限于财务风险本身，而是要充分关注公司不同时期的各种经营风险和经营危机，及时关汪在营运中表现出来的各种非正常特征，以及它对财务危机所造成的直接或间接的影响。

3.经营风险会引发财务风险，财务风险的不可控结果将引发财务危机，财务危机是公司综合风险失控的结果。

4.公司财务危机的特征依据其发展和恶化阶段的不同而显现出差异。由于财务危机具有客观积累性特点，因此财务危机是由于公司一定阶段各个环节失误的综合堆砌所致，是公司风险控制行为失误的综合反映。经验证明，当公司面对财务危机的威胁时，会具有某些共同的征兆，比如：主营业务萎缩、业绩下滑、现金极度匮乏，以至于资本结构、债务压力、资产营运、经营成果、盈利水平、盈利质量、财务弹性诸多方面都会有所反应。

5.财务危机预警变量选择的范围较广，根据财务危机的诱发原因和表现，财务危机预警变量可以归为偿债能力、盈利能力、营运能力、增长能力、现金流量等类别；预警变量选择的基本前提是：预警变量具有良好的判别率、普遍适用性、成本效益性、良好的解释力与潜在相关性等等。

6.截至目前，主流的财务预警定量分析模型包括：一元判定模型、多元线性判定模型、多元逻辑（Logit）模型、Probit模型和人工神经网络模型等。财务预警定性分析模型包括：标准化调查法、四阶段症状分析法、流程图分析法和管理评分法等。目前应用较多的是多元线性判定模型和多元逻辑模型。

讨论题

1.分析现金流量表与资产负债表、利润表的关系。判断当一个公司出现财务危机征候时，现金流量表的信息是否比资产负债表、利润表的信息更为重要？为什么？

讨论题指引

2.上市公司的财务状况应该着重观测哪些方面，对于盈亏边缘和亏损公司应该如何预警，选择相关样本予以求证。

讨论题指引

3.财务信息粉饰的动机和手段有哪些，一个公司资产质量如何判断？

讨论题指引

4.结合公司的生命周期,如何看待公司的造血功能(经营活动现金流量)、输血功能(筹资活动现金流量)、献血功能(投资活动现金流量)的辩证关系。

讨论题指引

5.选择某行业的上市公司样本数据,观测连续 5 年以上的财务状况及其他有用信息,运用多元判定分析模型、多元逻辑模型预测财务危机程度,并求证财务预警模型的有效性。

讨论题指引

案例分析

未雨绸缪为上策[1]

山东新查庄矿业有限责任公司(简称"新查庄矿业")于 2016 年 5 月 19 日发布公告称,该公司发行的债券"12 新查矿"(124216.SH)因为公司 2014 年度和 2015 年度连续两年亏损,将于 5 月 20 日起停牌。随后,上海证券交易所决定暂停该债券上市交易。

虽说新查庄矿业 2015 年上半年就已亏损 4 764 万元,但大多数"12 新查矿"的投资者可能想不到该债券会被暂停交易。这是因为,根据新查庄矿业 2014 年度财务报告,该公司当年是盈利的——实现净利润 595 万元。

然而,根据延期到 5 月 19 日才披露的 2015 年度财务报告,新查庄矿业 2014 年度却亏损了 1.71 亿元。显然,该公司 2014 年的财务报告有问题,或者说,造假了。

新查庄矿业 2014、2015 两个年度的财务数据见表 8-14、表 8-15:

表 8-14 **新查庄矿业部分资产负债表数据** 单位:亿元

	2014 年年报数	2015 年年报数	差额
资产	52.38	50.59	-1.79
负债	29.26	29.34	0.08
所有者权益	23.13	21.26	-1.87
流动资产	8.97	8.99	0.02
非流动资产	43.41	41.60	-1.81
其中:固定资产净额	12.50	11.28	-1.22
在建工程	7.06	6.49	-0.57
固定资产净额与在建工程合计	19.56	17.77	-1.79
固定资产原值	14.75	13.66	-1.09
累计折旧	2.26	2.38	0.12

---

[1] 孙旭东. 未雨绸缪才是上策 [J]. 证券市场周刊, 2016(43).

表8-15　　　　　　　　　　新登庄矿业部分利润表数据　　　　　　　　　单位：亿元

	2014年			2013年
	2014年年报数	2015年年报数	差额	
主营业务收入	7.82	7.82	0.00	7.74
主营业务成本	5.68	6.35	0.67	5.75
毛利率	27.37%	18.80%		25.71%
销售费用	0.54	0.56	0.02	
管理费用	1.46	1.63	0.17	
财务费用	0.22	1.06	0.84	0.26
其中：利息支出	0.14	0.99	0.85	0.21

依据上述分析数据，请思考：

（1）综合分析新登庄矿业2014年度财务造假端倪。

（2）综合分析新登庄矿业2014年和2015年的偿债能力。

（3）新登庄矿业2014年的Z值为0.50，远低于1.20的底线，也低于同期ST海龙和山水水泥。哪些观测点对揭示公司财务风险及其财务危机预警更具说服力？

案例分析指引

五谷道场九年兴衰的反思

2001年，中旺集团的前身是由13位股东出资180万元创建的河北中旺食品有限公司。2003年12月，中旺集团获得"康师傅"天津顶益国际食品有限公司的注资3亿元。2005年，中旺集团总部由河北省隆尧县迁至北京，五谷道场的品牌开始运作，中旺集团步入了二次腾飞的阶段。2006年，五谷道场的销售额达到15亿元，中旺集团因此荣登第五届中国成长企业100强的榜首。2007年，誓言增加到48条生产线，拿下方便面市场份额60%的五谷道场命运急转直下，衰落速度比成长时还要快。

2007年上半年，因为原材料价格大幅上涨，虽经历了集体涨价风潮，但是方便面行业的整体利润均下滑明显。特别是以广告投放为主要营销手段的五谷道场，由于其盲目扩张、广告支出过大及研发新产品的费用激增，出现了供应商货款给付不及时、无法给经销商正常发货、拖欠广告费和员工工资等问题。

自从2007年10月起，五谷道场全面爆发财务危机，劳动争议、法律诉讼不断增加。2007年年底至2008年上半年，仅房山区法院就受理涉及五谷道场的案件近80件，标的额达3 000多万元。

据报道，2007年9月，北京建设银行房山支行贷款1 000万元给五谷道场，2008年4月到期后，五谷道场只归还了30万元的借款本金。另根据五谷道场向房山法院提供的数据，截至2008年8月31日，公司的资产总额为1亿余元，但负债6亿余元。

2008年10月16日，企业全面停产，负债总额高达6.2亿元，600多名债权人遍布全国15个省市；在严重资不抵债的情况下，中旺集团向法院递交了破产重整申请书。根据评估公司出具的报告，中旺集团-北京五谷道场食品技术开发有限公司已经符合破产的条件。2008年11月20日，中旺集团-北京五谷道场食品技术开发有限公司破产重整。房山区法院受理此案后确定了由专业律师团队、清算事务所和房山工业局三方组成的五谷道场重组清算组为破产管理人。

2009年2月12日，中粮集团以1.09亿元取得该企业股权。2月26日，中粮集团正式接管北京五谷道场食品技术开发有限公司。中粮入主后的五谷道场继续做大非油炸方便面业务，还进一步投入资金。通过重组五谷道场，中粮集团成功进入方便食品行业。

2009年10月22日，曾经一度在大众视野中消失的五谷道场方便面高调宣布回归市场。

以上为一个市场上升空间较大的成长型企业，在竞争激烈的竞争面前，由于风险控制不当，偿债能力受阻，导致财务危机的经典案例。

请根据上述资料，思考以下问题：

（1）五谷道场属于市场上升空间较大的成长型企业，其步入财务危机的财务表现与非财务表现体现在哪些方面？

（2）能否将财务危机的非财务特征用财务数据加以描述？

（3）查阅2016年宜纸（600793）、ST生化（000403）被ST之前三年的财务预警数据，用Z模型进行危机预警。

（4）五谷道场资金链不畅，偿债能力受阻的主观原因与客观原因是什么？公司在发展进程中避免破产的对策有哪些？

案例分析指引

附录

万科2004—2012年部分财务数据及指标

附表8-1　　　　万科2004—2012年部分财务数据及指标　　　　单位：亿元

	2004年	2005年	2006年	2007年	2008年	2009年	2010年	2011年	2012年
营业成本	52.97	68.85	114.41	206.07	250.05	345.15	300.74	432.28	654.22
2年前存货	59.76	86.71	105.46	148.49	341.67	664.73	858.99	900.85	1 333.33
存货周转率	0.89	0.79	1.08	1.39	0.73	0.52	0.35	0.48	0.49
货币资金	32.12	26.24	54.60	223.88	199.42	276.15	315.43	338.99	333.07
资产	158.50	211.98	422.45	950.27	1 214.65	1 295.03	1 879.35	2 832.06	3 477.75

续表

	2004年	2005年	2006年	2007年	2008年	2009年	2010年	2011年	2012年
货币资金/资产	20%	12%	13%	24%	16%	21%	17%	12%	10%
应付票据+应付账款	17.32	21.49	41.71	66.03	101.98	121.28	131.34	205.11	337.56
销售商品、提供劳务收到的现金	52.37	85.85	118.29	303.32	319.92	413.56	542.83	751.68	771.83
(应付票据+应付账款)/销售商品、提供劳务收到的现金	33%	25%	35%	22%	32%	29%	24%	27%	44%

第9章

企业集团财务管理

◇ 熟悉企业集团组织特征及财务管理体制

◇ 掌握企业集团投资管理的目标、动因及投资决策与过程管理

◇ 了解企业集团筹资的特点与方式，理解企业内部资本市场与外部资本市场的区别

◇ 掌握企业集团资金集中管理的模式，领会不同模式的区别及适用情况

◇ 掌握企业集团的预算控制与业绩评价

学习目标

　　企业集团作为一种组织形式，自20世纪初期开始逐步登上世界经济的舞台，展示其特有的魅力。随着经济全球化的趋势不断增强，国际竞争日益激烈，企业集团作为一种高级组织形式，综合了企业组织形态的多种优势，促使企业组织形态和经营机制合理化，成为国民经济发展的支柱，是实现产业结构调整和升级的主导力量，同时还是发展外向型经济的中坚力量。正如伟大的企业史学家艾尔弗雷德·D.钱德勒所说：企业战略性增长，源于更好地利用现有资源或者扩张中的资源。作为市场经济和社会化大生产高度发展的产物，企业集团具有规模化、一体化、多角化和跨国化的优势，有利于企业更好地参与国际竞争。在更广泛的意义上，企业集团的数量和质量不仅决定了企业本身的长远发展，还决定着企业所在国家的经济发展水平，并最终影响该国的国际竞争力。因此，世界各国都在积极地发展并培育企业集团，以提高自己国家的综合国力。

　　近几十年来，我国的企业集团有了较快发展，但是在发展的过程中仍存在很多问题。尤其是相较于世界级企业而言，我国的企业集团表现出集团管控能力差、资源利用效率低、投资决策不科学、债务规模增长过快、亏损子公司多、整体运营水平低下等一系列问题。这些问题不仅影响企业集团自身的发展，而且还影响我国经济的整体

与长期发展。由此可见，要提升、培育和发展企业集团，我们还需要解决一系列问题。例如：如何获得集团战略发展所需要的财务资源？如何配置不具有可比性的各类产业发展所需的财务资源？如何在多种业务中合理地分配资金，提高资本使用效率，并管控好扩张资产的规模与提升企业核心能力之间的关系？集团总部如何用简捷直观的指标评价全集团和各业务板块的财务资源利用效率、投资资本效率等。

第9章在阐述企业集团组织结构与财务管理体制基本特征的基础上，从企业集团投资管理、筹资管理和财务控制3个方面阐述了企业集团财务管理的重要内容，目的是为了解决企业集团投资决策的科学性、资源配置的效率性和控制评价的合理性等问题。

9.1　企业集团组织与财务管理体制

9.1.1　企业集团的含义与特征

1）企业集团的含义

"企业集团"这一概念于20世纪50年代首先出现在日本。1996年日本学者编著的《经济词典》将企业集团定义为"多数企业相互保持独立性，并相互持股，在金融关系、人员派遣、原材料供应、产品销售、制造技术等方面建立紧密关系而协调行动的企业群体"。我国复旦大学伍柏麟先生是中国较早研究企业集团的学者。他认为"企业集团是在现代企业高度民主发展的基础上形成的一种以母子公司为主体，通过产权关系和生产经营协作等多种形式，有众多的企事业法人组织共同组成的经济联合体"。目前，世界各国企业集团的具体形式不同，人们对企业集团的认识也不一致。新中国成立初期一直采用计划经济体制，不具备企业集团的产生条件，直至1987年"企业集团"这一术语才首次出现在国家的规范性文件中。我国国家工商行政管理局颁布的《企业集团登记管理暂行规定》中将企业集团定义为："企业集团是指以资本为主要联结纽带的母子公司为主体，以集团章程为共同行为规范的母公司、参股公司及其他成员企业或机构共同组成的具有一定规模的企业法人联合体。企业集团不具有企业法人资格。"企业集团应具备的条件有：①企业集团的母公司注册资本应在5 000万元人民币以上，并至少拥有5家子公司；②母公司和子公司的注册资本总和在1亿元人民币以上；③集团公司的成员单位均具有法人资格。

经常与企业集团概念混淆的一个概念是"集团公司"。如前所述，企业集团是若干个企业法人组成的联合体，而集团公司则是在这个"联合体"中的核心企业，通常被称为母公司、控股公司、集团总部等，分公司、子公司或其他企业则紧紧围绕在它的周围形成紧密层和松散层。通常情况下，企业集团产生的方式有自我组建、空间扩张、业务扩张和资本运作。随着企业经营规模逐渐扩大，资本积累丰富，企业可以通过自我积累组建新的子公司。还有的企业为了不断开拓市场，扩大产品的市场占有率，在其他地区设立子公司，进行空间扩张。更为常见的方式是，企业为了降低风险进行相关多元化经营，或者在行业机会的诱惑下进行不相关多元化经营，或者是为了降低交易成本，通过控股、兼并等资本运作方式向上下游产业延伸，不断进行业务扩张。企业集团产生的方式如图9-1[①]所示。

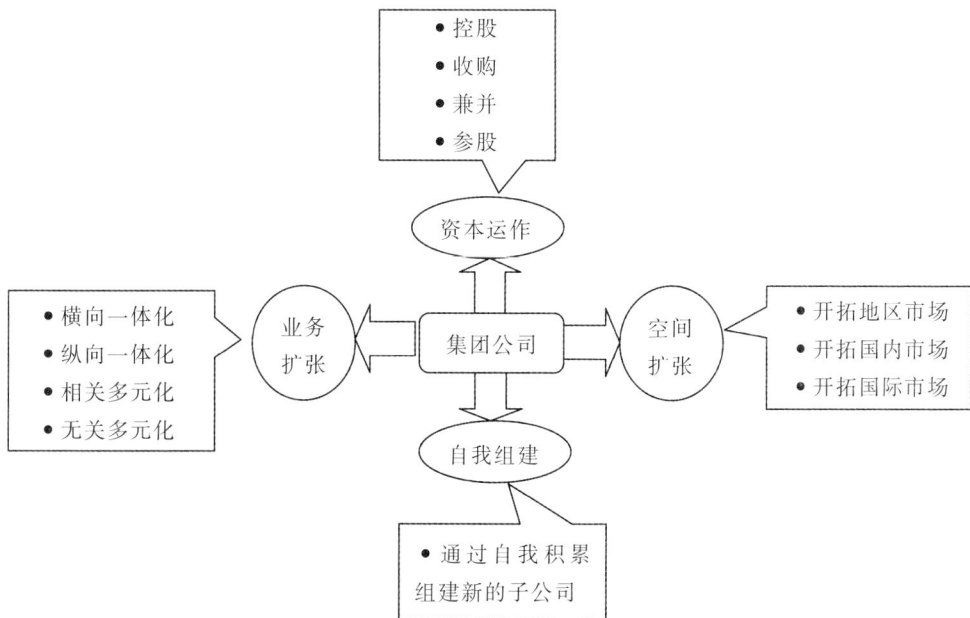

图9-1　企业集团产生的方式

　　企业集团之所以具有强大的生命力，一方面在于其管控更大的资产和更多的业务；另一方面，在于通过集团化的组织结构和管理模式，可以实现多项业务之间的战略协同，提高集团核心竞争力，最终达到"1+1＞2"的效果。

　　2）企业集团的特征

　　（1）主体多元性

　　企业集团是由若干个具有独立法人资格的企业组成的联合体。企业集团本身并不是法人，不具备法人资格以及相应的民事权利，但是企业集团的成员企业都是具有独立法人资格的个体，它们有独立核算、自主经营、自负盈亏的权利和义务。即使核心企业对下属企业具有经营管理的特权，每个成员企业的管理仍是自主的、自立的。这就使企业在瞬息万变的市场竞争中能及时、灵活、有效地处理各项生产、经营事务，同时有利于培养成员企业的独立竞争意识和市场风险意识。成员企业的高效、合理的管理是企业集团具有运作的秩序性和凝聚性的基础。

---

　　① 罗清亮，戴剑. 集团管控之道［M］. 上海：上海财经大学出版社，2015：4.

（2）多层次性

现代企业集团主要表现为母子公司制，子公司对外投资会形成孙公司，由此在一个企业集团内形成多个企业层级。由于控股关系与控股比例等方面的原因，各成员企业与核心企业之间的紧密关系有所不同，从持股关系和依存度来看，可将企业集团的组织结构划分为核心层、紧密层、半紧密层和松散层等层次。核心层即指在企业集团中的控股公司，通常具有母公司的性质；紧密层通常由核心企业的全资或控股的子公司组成；半紧密层一般由核心企业参股的企业组成；松散层一般由与核心企业无产权联系但有固定、长期协作关系的企业组成。

（3）以产权为主要联结纽带

企业集团不是企业的简单聚合，其内部各成员之间有着多种联结纽带，将各成员紧密联系在一起，包括资本、技术、人事、契约、管理等方面的联系。其中资本联结纽带应当是企业集团最基本、最主要的联结纽带，是企业集团得以稳定和发展的基础。以资本为纽带形成的企业集团，其组织形式是以集团公司为母公司，通过控股或参股的子公司构成紧密层或半紧密层；作为松散层的关联企业，则主要以契约为联结纽带。这种契约一般表现为集团章程、具有法律效力的互惠性合同或协议等。

（4）多元化经营方式

企业集团的经营方式通常都具有多元化、差异化的特点，经营范围比较广泛，不仅包括相关产品的多元化，还包括不相关产品的多元化。这种经营方式有助于企业集团充分实现规模经济、分散经营风险、提高资源的综合利用率。

（5）资源配置效率化

由于集团内各成员企业拥有不同的投资机会，集团总部为了追求整体利益最大化，就需要在不同成员企业之间调配资本、人力和技术等内部资源，以提高整体的投资效率。企业集团的成员企业之间大都具有资金、产品或技术等方面的协作关系，这为集团内资源的重新配置提供了较大的活动空间和可行性。

9.1.2 企业集团的组织结构

1979年诺贝尔奖经济学奖的获得者西蒙教授认为："有效地开发社会资源的第一个条件是有效的组织架构。"也就是说，组织架构是否合理和科学，直接影响组织能否高效运转。企业集团的组织架构大体可分为3种基本类型，即U形结构、H形结构和M形结构。

1）U形结构：过度集权的组织架构

U形结构（united structure），也称为"一元结构"，是由泰勒首先提出的，是现代企业最基本的一种组织结构形式。它将管理工作按职能划分为若干个部门，各个部门只有很小的自主权，权力主要集中在企业的最高决策者手中，其基本架构可概括为图9-2：

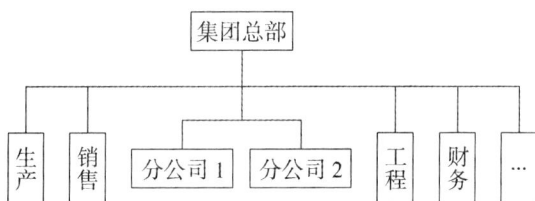

图9-2 企业集团的U形结构

U形结构的优点是：有利于集中领导，统一指挥，便于调配人、财、物；有利于落实总部的战略部署，加强对分部的控制，使整个企业有较高的稳定性。

U形结构的缺点是：高层领导者陷于日常的经营活动，无力顾及长期发展战略决策与控制；由于企业的行政机构越来越庞大，各部门之间的协调也越来越困难，管理成本逐渐上升；下级部门的主动性、积极性不能有效发挥。

从企业集团的发展历程看，U形结构主要适合处于初创期且规模相对较小的企业集团，或者业务单一型的企业集团。

2）H形结构：过度分权的组织架构

H形结构（holding company，H-form），也称为"控股公司结构"，集团总部持有子公司部分或全部股份，下属各子公司具有独立的法人资格，所从事的产业一般关联度不大，从而形成相对独立的利益中心和投资中心。控股公司依据其所从事的活动内容，可分为纯粹控股公司（pure holding company）和混合控股公司（mixed holding company）。纯粹控股公司是指其控股目的只是掌握子公司的股份，支配被控股子公司的重大决策和生产经营活动，而本身不直接从事生产经营活动的公司。混合控股公司是指其控股目的是既从事股权控制，又从事某种实际业务经营的公司。H形结构是与U形结构形成鲜明对照的分权结构形式，其基本架构可概括为图9-3：

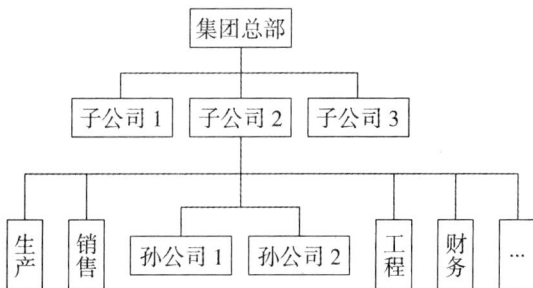

图9-3 企业集团的H形结构

H形结构的优点是：子公司作为独立的法人和利润中心，对其经营管理享有高度的自主权，有利于调动其积极性；子公司的经营业务可以分布在完全不同的行业，有助于分散集团的经营风险；集团总部可以摆脱日常经营管理事务，专注于整个集团发展战略的规划与推进。

H形结构的缺点是：集团总部不能直接对子公司行使行政指挥权，必须通过股东大会和董事会，这就加大了控股公司的管理成本；子公司拥有很大的独立性和自主权，集团总部在资源调配方面比较困难；母子公司为独立的纳税单位，相互间的经济往来和盈利需双重纳税。

3）M形结构：集权与分权有机结合的组织架构

M形结构（multidivisional structure），也称为事业部制或多部门结构，是U形结构和H形结构两种结构的进一步演化。在这种结构中，各个事业部拥有一定的经营自主权，实行独立经营、独立核算，通常是半自主的利润中心，按产品、区域和服务等来设立。各事业部通常下设职能部门来协调、管理分部的生产经营活动。各事业部虽然以利润为中心，但其利润的计算并非完全依赖市场，而只能在企业统一发展战略的框架内谋求自我发展，其基本架构可以概括为图9-4：

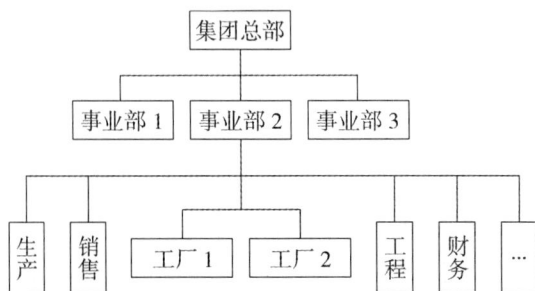

图9-4　企业集团的M形结构

M形结构的优点是：各事业部虽不是独立的法人，但却是相对独立的利益主体，在利润分配和投资决策等方面有较大的自主权，能灵活自主地适应市场变化；有利于高层领导者摆脱日常事务，集中力量用于重大事项的决策；实现了集权和分权的适度结合，既调动了各个事业部发展的积极性，又能通过统一协调与管理，有效制定和实施集团公司的整体发展战略，能做到上下联动，互相有效配合，反应更加敏捷。

M形结构的缺点是：事业部之间的横向联系差，容易产生本位主义，影响各成员企业之间的协调；管理层次增加，协调和信息传递困难加大，从而在一定程度上增加了内部交易费用。

M形结构有利于企业集团实行向前、向后一体化，对供应商和客户先前有可能在市场上完成的交易进行内部化，把越来越多的业务活动置于一个企业之中，从而扩大了生产线的规模和产业组织的范围。因此，这种结构适合规模较大、多元化经营的控股公司。

由于现代企业集团的业务日益复杂，不同的组织结构又各具不同的优缺点，因此为适应不同的情况，企业集团多采用混合的组织架构，即U形、H形和M形的混合状态。

9.1.3　企业集团的财务管理体制

1）企业集团财务管理体制的类型

根据权利在母子公司配置的不同，企业集团财务管理体制分为集权型财务管理体制、分权型财务管理体制和混合型财务管理体制3种基本类型。

（1）集权型财务管理体制

集权型财务管理体制，是指企业集团的财务决策权几乎都集中于集团总部，集团总部对分部或子公司的人、财、物和产、供、销实行统一经营、管理、决策和核算，子公司的主要职责是严格执行集团总部下达的财务预算和业务规划。集权型财务管理体制突出母公司对子公司的过程控制，子公司虽然在法律上与母公司地位平等，但是实际上子公司没有独立的决策权。采用集权型财务管理体制的集团一般从事大规模产品生产或自然垄断业务，如电力、电信、铁路、钢铁、煤炭等。

集权型财务管理体制的优点是：①有利于集团财务资源的整合。财权集中有利于母公司发挥财务调控功能，便于整体协调，使各子公司与母公司的总体财务目标保持一致，使财务资源变无序为有序和共享，实现集团整体利益最大化。②有利于提高财务资源配置效率，强化一体化协同效应。集权型财务管理体制通过强有力的资金控制、人事控制、审计控制等使集团战略方针、经营计划在集团成员之间得以实施，避免集团成员做出为局部利益而有损集团利益的行为。③有利于实现规模经济。规模经济是集团作为一个经济实体竞争力的主要来源。集权型管理体制的企业集团，可以很好地获取在产业、资金方面的规模效应。

集权型财务管理体制的缺点是：集权过度会使各所属单位缺乏主动性、积极性，丧失获利机会；集团总部不直接面对市场，决策信息依赖内部信息传递，造成市场应变能力差，丧失市场机会，同时也存在决策过程及信息传递效率低下甚至失误的问题。

（2）分权型财务管理体制

分权型财务管理体制，是指集团公司负责总部的资产运营、投资决策、财务情况，并对子公司的资产运营、投资决策、财务情况实施监控，基本不参与子公司的战略决策和运营，以控股股东的地位，获得对子公司的控制权，各子公司拥有完整的决策和经营自主权，子公司通过完成年度财务指标实现对集团总部的贡献。

分权型财务管理体制的优点是：①有利于企业集团高层能够将时间和精力集中于战略规划与重大财务决策，而财务决策权和管理权下放有利于调动成员单位的积极性；②把决策权下放到比较接近信息源的子公司层面，减少财务决策的盲目性和官僚化，具有较强的市场应变能力，提高决策的准确性与效率性；③成员单位拥有充分的理财权，有利于分散母公司的融资风险，提高经济效益。

分权型财务管理体制的缺点是：过度强调成员单位独立的财务决策权，很可能使集团的战略规划、经营方针难以得到贯彻和实施，集团财务资源整合成本加大，整合效率不高。同时，由于财权分割，集团公司难以统一指挥，不利于及时发现成员单位面临的风险和可能出现的重大经营问题；各所属单位大都从本单位的利益出发安排财务活动，易形成诸侯割据、各自为政的局面，从而失去集团财务整合优势，导致内部资源配置上的重复浪费。

（3）混合型财务管理体制

混合型财务管理体制，是指集权和分权相结合的财务管理体制，集团总部负责企业集团的资产运营、战略规划以及整体的财务状况，子公司要制定子公司自己的业务战略规划，而且其规划必须经集团总部审批。各子公司业务之间有着较高的关联度，集团总部监督和协助子公司顺利完成集团总部下达的年度目标。集团总部为了实现集团整体战略目标，在一些重大问题的决策和处理上实行集权，但是子公司有一定的自主权，是"有控制的分权"。

混合型财务管理体制的优点是：①有利于综合吸收集权与分权的优点，克服或最大限度地消除过度集权或过度分权的弊端；②由集团公司对重大问题统一领导，有利于提高企业集团的整体经济利益，增强其在竞争中的实力和应变力；③各成员单位对其他经济活动拥有相对独立的自主权，能有效地调动其工作积极性并实现其自我约束。

混合型财务管理体制的缺点是：集团公司往往会造成管理链条较长，相关的监督成本较高，集权和分权的尺度较难把握。

2）企业集团财务管理体制选择的影响因素

企业集团只有采用适宜的财务管理体制才能优化各方资源，激发各层级管理者及员工的积极性，从而实现集团的规模效益。影响企业集团财务管理体制选择的因素是多方面的，概括起来有以下几个方面：

（1）企业集团的发展阶段

每个企业的发展都要经过一定的发展阶段。最典型的企业一般要经过初创阶段、成长阶段、成熟阶段和衰退阶段4个阶段。在不同的发展阶段，企业集团的管理体制存在很大的变化。在初创阶段，集团的抗风险能力不高，对资金的筹集和投放要求更大的稳定性，同时初创阶段的企业集团还面临管理不规范、各成员企业对总部战略意图缺乏充分认识及市场竞争优势尚未确立等问题，因此这一阶段，企业集团多采取高度集权的财务管理体制。在成长阶段，为了追逐更大的利润，客观上要求企业集团牺牲部分控制权利，以获得更大的灵活性，因此，财务管理体制的集权度降低，子公司获得充分的经营、资金运用权和一定的决策权。处于这一阶段企业集团适宜采用以集权为主，适当分权的财务管理体制。进入成熟阶段后，企业集团所经营的各项业务处于稳定状态，市场风险小，集团多样化经营对财务管理体制的效率性和灵活性提出更高的要求，因此，此阶段的企业集团分权度进一步扩大，集团总部仅关注整体战略规划，而子公司拥有更多的投资决策权。衰退阶段，企业集团一方面通过出售、剥离、分立子公司等以求生存，另一方面要选择进入新的行业以求发展，因此，这一阶段财务管理体制适于高度集权。

（2）企业集团的规模

不同规模的企业集团，在财务管理制度上有明显差别。根据管理幅度和管理层次论，管理者受其时间和精力等的限制，在企业规模扩大到一定程度后，就有必要实行分层次的授权管理。因此，当企业集团的规模不大，经营范围较小，业务比较单一，子公司数量不多，而集团内部关系较为简单时，财务管理就可以相对集权；若企业集团的规模较大、经营业务多样化，或子公司数量较多，则集团内部关系较为复杂，集团公司总部难以统一管理子公司财务或统一管理的效率过低，那么，就会采取相对分权的财务管理体制。

（3）企业集团的业务性质

企业集团按业务的性质一般可以划分为专业化、关联型多元化和非关联型多元化 3 种业务。当集团从事专业化经营时，其各子公司的业务大致相同，母公司对各子公司实施集中经营和统一管理的集权型财务管理体制有利于企业集团发挥规模效应。针对从事多元化业务发展的企业集团，其各子公司跨行业发展，母公司很难对其进行统一管理与决策，应该适当地分权。

（4）子公司的管理成熟度

企业集团母公司对子公司进行财务管控的目的是降低子公司所面临的财务风险。如果子公司的管理成熟度很高，能够实现自我规避财务风险，则母公司应当给予子公司更加宽松的经营管理空间，即子公司拥有更多的经营自主权；反之，则子公司拥有较少的经营自主权。

（5）子公司对集团的重要性

资源依赖理论认为：次级单位在本质上是组织的一项资源，资源越重要，组织对其的依赖性越强，组织越会对其进行控制。另外，根据 Jaeger 和 Baliga（1984）的研究，若企业集团内某一子公司拥有其他子公司的优势资源，则其对企业集团的影响越大，母公司对其集权程度会相对较高；而对母公司来说地位不太重要的子公司，母公司对其集权程度会相对较低。这一方面可以减轻母公司的决策压力；另一方面，可以有效地调动子公司的积极性，促进其自主发展。

除了上述几项因素外，企业集团战略、信息化水平、管理者素质、企业集团文化、集团地理位置、市场竞争状况等也是影响集团财务管理体制选择的重要因素。企业集团应深入分析本集团的特点，综合考虑上述多种因素的影响，设计一套行之有效、切合实际的财务管理体制。

9.2　企业集团投资管理

9.2.1　企业集团投资管理目标

投资是拉动集团业务及规模增长的引擎，它决定着企业集团的扩张速度，因此投资管理是企业集团管理实践的重要内容。投资活动的成败关系到企业集团的经营效益，甚至关系到企集团的生死存亡。任何投资必须有助于整个企业集团的长远利益、企业集团核心竞争能力的形成以及企业集团整体价值的最大化。投资的目标具体而言主要有：

1）确保集团总体战略的贯彻执行

企业集团的投资战略是指在企业集团经营总战略的指导下，根据各项条件的分析及对未来的预测所选择的最佳资源组合和运用方案。企业集团的投资战略是总体战略的一个构成要素，它的实施进程和最终结果必然影响集团总体战略的贯彻执行。比如，企业集团确定了扩张型的总体战略，投资管理就需要考虑是通过多元化还是一体化来实现扩张目标，应选择进入哪些行业等。如果企业集团采用的是稳健型的发展战略，投资管理则需要考虑集团多余现金流量的投资方向。因此，对外投资管理的首要目标则是要能使企业集团的总体战略被有效地贯彻执行。

2）保证投资规模与结构的合理性

集团投资整合自营资产可以维持并发展其竞争优势，延续企业的生命周期，但随着生产经营规模的不断扩大，更需要外部交易扩张型的发展战略使集团获得持续的、跳跃式的发展。由于集团的投资规模受到生产要素资源和市场容量的双重限制，不可能无限增大。因此，通过投资管理，可以使集团确定有效投资和无效投资甚至负投资的界线，选择合适的对外投资规模。

3）促使投资决策的科学性

科学的投资决策是投资战略目标得以实现的重要基础，是有效实施投资运作过程管理的前提条件。盲目地做多做大，会造成集团偏离发展方向，资金周转陷入困境，管理鞭长莫及。因此，投资管理的目标是要规范企业集团的投资决策程序，认真考虑国家的宏观政策导向和行业的竞争程度，评估投资风险，审视自身的资源结构和管理能力，考虑企业集团的经济规模和发展目标，合理确定投资战略，以有效地配置资产，实现企业价值最大化。

4）保证投资实施的有效性

投资实施是集团企业依据投资决策方案，通过制定一系列的管理流程与制度，对投资立项、实施、跟踪分析到最后投资退出进行全过程的规范、制约和保证，以实现投资战略，获得预期收益的过程。投资实施过程是投资战略得以落实的最终环节，也是对外投资管理战略效果的集中体现。如果没有有效地对投资过程实施管理，投资活动难以保证最终的成功。

5）有效地识别和控制投资风险

投资风险贯穿于投资的全过程，投资管理通过开展风险评估，准确识别、控制与投资目标相关的内部风险和外部风险，确定相应的风险承受度，并结合风险分析的结果，权衡风险与收益，采取适当的控制措施，避免经营风险、财务风险、市场风险以及因个人风险偏好给企业集团经营带来的重大损失。

9.2.2　企业集团投资的动因与方式

从资产分类管理的角度出发，可以将企业集团的对外投资分为证券投资和实体投资。由于实体投资是作为企业集团对外投资最主要的内容被纳入企业整体战略而通盘考虑的，因此，这里重点阐述企业集团对外实体投资的动因与方式。

1）企业集团对外实体投资的动因

（1）实现集团外部扩张

实现企业集团外部扩张是企业集团开展实体投资的根本动因。企业集团进行外部扩张主要有两种形式：

第一，横向扩张，即通过对其他同类企业的投资，扩充现有产品或劳务市场的份额，使企业集团的规模不断扩大，从而取得市场定价或竞争的话语权，获取规模效益。例如，企业通过横向并购，对与本企业产销相同或相近产品的企业并购后，就可能在经营过程的任何一个环节和任何一个方面获取规模经济效益。大部分行业都存在规模经济现象，在公用事业、钢铁制造、制药业、化工业和航空制造业等具有极高固定成本的行业，其规模经济尤为明显。

第二，纵向扩张，即通过向主导产品上游企业或下游企业进行投资，实现上下游一体化经营，以此来解决主导产品的原材料供应问题和产品的市场销售问题，提高企业集团整体的市场竞争能力。例如，钢铁厂为了保证铁矿石的来源而兼并铁矿厂，纺织厂为扩大产品销路而兼并印染厂等。

（2）谋求其他特定的目的

除了实现集团外部扩张以外，集团进行实体投资还有其他一些目的：

①通过对外实体投资，投资企业可以获得被投资企业的资金、技术、销售、品牌等优势资源，以优化自身的资源配置。例如，京东方收购韩国现代显示株式会社（2002年，目标是TFT-LCD显示技术）、沈阳机床集团收购德国希斯公司（2004年，目标是高端数控机床技术）、万向集团收购美国A123公司（2013年，目标是锂电池技术）等。即使是综合性并购，如联想收购IBM个人电脑部门、TCL收购法国汤姆逊电子的电视机业务、吉利收购沃尔沃等，大多也把技术作为重要的考量对象。

②为内部产生的现金寻找更好的投资机会。当一个企业的产品生命周期处于成熟期、拥有充足的财务资源（如充足的现金流量、大量未被抵押的优质资产等）未被充分利用时，而另一个企业产品生命周期处于成长发展期、拥有较多投资机会而急需现金的情况下，可以通过并购、联营、合营等形式，将企业内部多余的现金投入到被投资企业，寻找更好的投资机会，获得较高的投资回报。

③寻找新的利润增长点。对投资企业来说，通过自己购买新设备、开发新产品来实现内部增长，不仅投资大、周期长，而且还有较大的风险，但是通过并购活动就可以快速进入某一垄断行业、某一地域、某一新兴市场，获得某一关键技术，取

得某一品牌，打破行业、地域、市场、技术的封锁和限制，从而实现收益增值。例如，美国 Philip Morris 公司原为一家烟草公司，该公司为了进军食品业而收购了卡夫食品公司。

2）企业集团对外实体投资的方式

在实践中，企业集团可以通过合并收购、成立合营公司、联营等途径来实施对外实体投资。每一种投资方式都存在对投资公司特定的收益和成本。因此，公司必须对各种投资方式进行权衡，认真地分析每种方式的优缺点以及自身的需要和在特定竞争环境中的具体情况。

（1）并购

并购，即兼并与收购的统称。兼并是指一家企业以现金、证券或其他形式购买其他企业的产权，使其他企业丧失法人资格或改变法人实体，并取得对这些企业决策控制权的投资行为。与其他投资方式一样，并购也存在自身特有的优点和缺点。并购的主要优点是，它可以迅速地确定投资企业在新业务中的位置。通过并购已经存在的竞争者，公司可以省去在新的业务领域重新构建自己势力所需的时间和精力，或节约公司开发从事该业务的资源所需要的时间，尤其是当这些关键性资源很难被模仿或积累时。除此之外，并购还可以获得市场协同效应、管理协同效应、财务协同效应和税收效应等。

尽管并购存在上述优势，但它也存在严重的缺点。例如，并购是一种相当昂贵的市场进入方式，这是并购最主要的缺点。通常，为了完成一项收购交易活动，收购方需要支付高于目标公司目前股票市值30%的费用甚至更高。所以，无论收购能创造出多少价值，"价值的升水"都有可能使这些价值在收购交易的竞争中损失殆尽。除了存在标价过高的可能性之外，并购活动还存在着并购后整合失败的问题。

（2）合营

合营是指由两个或多个企业或个人共同投资建立的企业，合营各方按合同约定对某项经济活动所共有的控制，被投资企业的财务和经营政策必须由投资双方或若干方共同决定。企业通过合营的形式对外投资而不采取并购或其他形式是由于合营各方均掌握着对方所必须依赖的优势（如资金、技术、营销网络），为了实现优势互补，不得不互相妥协，形成任何一方都可以控制但又无法完全控制合营企业的格局。例如，在20世纪七八十年代，许多生产高质量产品的日本公司都缺乏进入美国市场所必需的分销服务网络。但是，多数公司既没有收购一家美国公司，也没有建立自己的网络，而是设法合营，使自己的产品与美国本地公司的分销与服务网络结合，并取得成功。由此可见，合营最大的优点就是可以较低成本、迅速地获得本企业所需的互补资源。但是合营企业也存在一系列问题，如可能援助了潜在的竞争对手、企业整合难度较大、长期有效性存在问题，尤其是如何界定合营各方为企业所做的贡献以及如何监控这些贡献，公司的战略应该由谁来负责制定等，这些问题常常纠缠合作双方而使合营的最初设想与计划的功效大打折扣。

（3）联营

联营是指由有关单位共同出资，组成联合经营的对外投资活动。联合经营的各方共同协商签订章程或契约合同，履行相应的手续、程序，承担相应的经济、社会责任，参加联合经营的各单位一般都具有一定的协作关系。一般而言，投资企业直接或通过子公司间接拥有联营企业20%以上但低于50%的股权时，投资企业对联营企业的财务和经营政策有参与决策的权力，但并不能够控制这些政策的制定。联营最主要的优势体现在融资方面，当有些大型项目涉及流动资金金额巨大，而一家企业无法承担时，只能由数家企业组成联营体共同承担，而且通过联营也可以弥补企业自身在某些技术方面的不足从而增强竞争实力，或者无须购买某些昂贵的大型设备而节省大量资金。另外，通过多家企业组成联营体也可以分散风险。但是联营也存在一些缺点，如联营各方在经营观点和经营策略等方面可能存在差异，会导致意见的分歧，管理层次多，利害关系复杂，控制力度不大，并且在投资企业自身优势不明显时控制的有效性就值得怀疑等。

9.2.3　企业集团投资决策管理

企业集团投资的目标是最大限度地实现资源的有效配置，实现企业集团整体价值最大化。投资决策应围绕这个目标确定投资的战略规划，进行投资的规模与结构优化分析、投资对象选择等，同时要充分识别和评估投资风险，把握集团自身的投资能力和影响因素，以确保投资决策的可行性与科学性。

1）投资的战略规划

投资的战略规划应该属于企业集团总体战略的一部分，因为从形成性质看，投资战略是有关企业全局发展、整体性的、长期性的战略行为；从参与战略的人员看，投资战略制定与实施的人员主要是企业集团的高层管理人员。因此，对投资的战略规划可以依据企业的总体战略思路，按照公司的发展阶段划分为保守性投资战略、进取性投资战略和收缩性投资战略。

（1）保守性投资战略

保守性投资战略是一种维持现有投资水平的战略。一般在企业的生命周期处于萌芽期时，企业的规模实力往往不够大，核心竞争力不强，资本积累较少，如果盲目进行扩张，就会造成小马拉大车的现象，因此这一阶段的对外投资采取保守性的投资战略，投资规模较小。

（2）进取性投资战略

进取性投资战略是一种不断扩大现有对外投资水平的战略。通过资本的外部扩张可以获得对企业发展有利的资源，而且从时间效率角度讲，外部扩张比内部扩张的速度更快，因此进取性投资战略是企业在成长时期最主要的投资战略。

（3）收缩性投资战略

收缩性投资战略是一种收缩现有对外投资规模的战略。收缩性投资战略是一种消极的发展战略，即企业从竞争领域退出，从现有经营领域抽出资金，缩小经营范围，收缩市场，撤出某些经营领域，减少生产经营的产品种类等。

2）投资规模与结构优化分析

投资规模是指一定时期企业集团投资的总水平或投资总额。投资规模与经济效益之间存在着密切的联系，如果投资规模设置不当，就很难实现效益目标，甚至会产生负效益。那么实体投资的规模应该是多少？实体投资与自营资产的最优结构比例是多少？这很难用一个具体的数字来概括，但是企业集团在确定实体投资规模及结构时通常要考虑以下因素：

（1）企业的生命周期

在企业生命周期的不同阶段，企业发展、竞争的目标各不相同，为达到目标而制定的投资战略各有侧重，从而导致实体投资和自营资产投资的规模和结构的变化。一般而言，企业在发育萌芽时期的投资行为主要是为了整合内部资源，优化内部经济结构。在企业的成长时期，企业已积累了相当的规模实力和竞争实力，其生产能力、资金、技术、管理都日趋成熟，这些都为企业增加对外实体投资的比重提供了条件。

（2）企业的经营规模

企业进行实体投资必须具备的一个基本条件就是企业的生产经营必须达到一定的规模，企业的净资产必须达到一定的规模。实体投资所实现的生产要素优化配置或产权流动实质上就是资本关系的重新界定，企业的并购、合营等都依赖于一定的资本规模这一基础。没有一定规模的生产经营，没有一定规模的净资产，企业的融资和投资策略都会受到限制，此时企业就不应该把自己的资金大量投向其他企业。

（3）企业的内部资源

企业进行实体投资必须有相应的资源与之配套，因此对企业的财力资源、物力资源和人力资源都有更高的要求。如果投资企业的自有资本有限，那么采用债务融资方式兼并其他企业或收购其他企业的部分股权和资产时，就会面临较大的财务风险，而在物力资源和人力资源不足的情况下，加大对外实体投资也难以保证投资目标的实现。

3）投资对象选择

在企业集团确立了对外进行实体投资的战略规划后，如何选择合适的投资对象呢？其最重要的标准就是要看被投资企业是否具有潜在价值。这种潜在价值主要表现在：①有助于集团公司战略转型，实现多元化发展。②投资对象与本企业的发展有互补性，增加对它的投资可以给企业带来更大的发展。③投资对象控制着本企业自身发展必需的关键技术或人才。④投资对象生产本企业发展必需的原材料。⑤被投资企业目前处于亏损状态，本企业有能力使其扭亏为盈，并获得资本增值。⑥投资对象将来可能成为集团的竞争对手。⑦投资对象在行业中有较高的市场占有率和极高的品牌价值和商誉。例如，2016年6月三峡集团对外宣布以126亿元收购德国最大的海上风电 Meerwi 风电项目 80%股权。同时，美的集团发起了一笔高达 292 亿元对全球四大机器人公司之一的德国库卡要约收购。对于大量的制造、能源等传统企业而言，其当前发展转型已经步入深水期，单靠内部的力量和手段已经很难继续引领和发展，必须借助全球化的平台和资源进行整合，推动自身的跨越式发展。在海外市场上，对优秀企业的并购将是最有效、最快捷的手段。收购德国等先进企业，正是为了弥补中国制造企业在生产自动化、机器人等方面的差距，在短时间内获得快速提升。

4）投资风险的识别与评估

投资风险是企业承受的主要风险之一，它直接影响企业的资金流向、发展趋势以及中长期发展规划的实施。实体投资的风险是指企业在投资活动中承受损失或不能获利的可能性。这种投资风险来源于企业集团的外部和内部：外部风险主要来自于客观经济环境的不确定性，如国家法律法规政策的变化、金融市场利率变化、通货膨胀程度、市场销售和生产技术、各种要素价格的变化等，这些都会造成对外投资收益的不确定；内部风险主要体现在企业集团内部管理体制和经营水平上，而风险大小在很大程度上取决于管理者的素质和企业集团对投资对象、投资时机、投资方式、投资规模的选择、控制与决策能力。企业集团在对实体投资风险进行识别时，重点关注影响投资资产安全性以及投资利益不能实现的风险发生的可能性。在对这些风险的影响程度进行评估时要重点考虑以下因素：已识别的投资风险的特征、相关历史数据的充分性与可靠性、管理者进行投资风险评估的技术能力、投资成本与收益的考核与衡量等。

5）企业集团自身的投资能力分析

除了考虑企业集团的投资目标、投资行业以及投资风险以外，集团还要客观地分析自身的投资能力，它是企业集团进行实体投资的先决条件，具体可以从以下 3 个方面分析：

（1）分析评价企业集团主营业务的发展水平

对于选择通过实体投资对外扩张的企业集团来说，稳定且具有相当优势的主营业务是实现扩张战略的前提。扩张战略的实施意味着企业集团规模要扩大，也可能要进入新的领域。如果是进入新的领域，由于对新领域的信息掌握不完全以及缺乏相应专长，进入的风险往往较高，至少要承担比在自己熟悉的主营业务领域更高的风险，因此扩张之初格外需要稳定的保障和雄厚的实力支持，这不仅是实体投资成功的前提条件，也是企业集团避免因对外投资的风险而受到致命打击的客观要求。因此，对外实体投资的一个最基本的原则就是：主营业务领域的发展是第一位的。对企业集团主营业务的发展水平应从国内、国外两方面进行评价。这样既便于确定企业集团在国内市场的竞争地位，也便于为其在国际市场进行定位。具体评价指标包括：第一，产品方面。其主要包括产品差异性、产品质量、产品价格水平、成本水平、技术水平。第二，市场占有方面。其主要包括产品销售额、市场份额。第三，盈利水平。其主要包括销售利润率、资产利润率等。通过对以上指标进行定性、定量分析，就可以评价出企业集团的主营业务是否精干、稳固，是否可以作为企业集团对外实体投资的基础。

（2）分析评价企业集团的资本能力

实体投资具有资金需求量大、周期长、变现能力差等特点，这对投资企业的资金周转能力提出了很高的要求，因超过自身能力而过量使用资金引发债务危机或者因资金周转不灵而错失投资机会都会造成投资计划的失败。因此，分析评价企业集团的资本能力非常重要。在分析评价企业集团投资的资本能力时不仅要考虑初期的投入，而且还要考虑在正常运转中需追加的周转资本。除了考虑企业集团现有的资产外，企业还需考虑未来的资本变化情况，即需分析企业的盈利记录，分析其目前的盈利状况并合理预测未来的盈利趋势。如果企业集团的自有资金不足，需考虑其资本结构、筹资能力等问题。

（3）分析评价企业集团的营销能力

营销能力包括营销技能、营销渠道、市场反应能力及售后服务水平等几方面。营销能力的好坏将对企业规模起限制作用，也将对企业集团能否在新涉足的领域取得稳固地位以及能否扩大市场份额产生极大影响，从而成为判定企业可否进行投资的一个重要依据。

9.2.4 企业集团投资过程管理

在制定了投资决策之后，企业集团将面临更为复杂的管理过程，即通过制定一系列的管理流程与制度，从投资立项、实施、跟踪分析到最后投资退出进行全过程的规范、制约和保证，以规避风险，实现预期收益。

1）投资立项管理

投资立项管理的目标是确保投资行业选择符合集团发展的战略；地域选择具有政策、资源优势，符合集团业务的布局要求；投资规模适度，投资回报符合要求；如果是参股、控股，要确保其与股权相对应的控制权。对投资立项的可行性研究，要坚持实事求是的原则。通过对市场的分析，研究产品的销路、发展趋势、工艺流程和技术数据，预测产品的销售价格、成本、税金和利润，涉及外汇的还要考虑汇率风险，以及规避这些风险的措施。如果是借入资金进行项目投资，还必须考虑筹资成本。另外，还要从不同角度和不同意见中分析利弊得失，从而取得比较切合实际的可行性研究结论。通过可行性研究、论证后，应予以立项。立项的投资项目，应履行企业规定的审批手续。一般长期、重大投资项目及其决策，必须经过董事会集体决策、审批并实行联签制度。

2）投资实施管理

投资项目实施管理的目标就是建立合适的管理控制体系，保持企业集团对投资项目的控制力度，保证投资支出运作程序的规范性。例如，集团以数额较大的实物资产、无形资产对外投资，必须经过国家认可的评估机构进行资产评估，评估结果经国有资产管理部门确认后，才能作为投入资产入账价值的依据。投资部门还要跟踪检查投资项目的进度与投资资金使用量的匹配程度。如果是参股、控股其他公司，还涉及组织文化融合、各方股东关系理顺、财务体系接轨改制、冗员安排、制度体系改革等。

3）投资跟踪管理

项目投资以后，必须加强对投资项目的跟踪管理，不能以投代管，投资后不闻不问，放任自流。对企业集团投资的管理或资产投资管理的内容主要包括：对投资比例较大、控股权较高的企业，应考虑向被投资企业委派参与管理的人员，并对委派的管理人员建立相应的联系汇报制度；对投资的资产要建立、健全管理备查制度和会计核算制度；投资管理部应对投资项目的经济效益及相关信息进行收集、整理、报告，企业财务部门应对投资项目的价值及增减、收益变动等情况进行跟踪管理；对被投资单位除了听其汇报、审阅其方案外，还应及时了解其经营情况，发现问题尽可能及时解决。这样既帮助了被投资企业，也维护了投资企业的合法权益。

4）投资退出管理

一般而言，如果集团总部的战略发生了调整，由于环境的改变导致子公司不再符合母公司的发展战略，子公司的经营绩效不佳，或者通过转让能比继续维持经营产生更大的经济价值，企业集团都可以考虑退出投资。通常退出的流程分为退出项目选择、退出方案制订评估、退出方案实施、退出交接等步骤。

（1）退出项目的确定

退出项目的确定包括以下程序：①投资部门根据集团发展战略和投资回报率的要求，分析投资项目持续经营的可能性与必要性，在初步估算继续经营与处置收益对比结果以及评估退出成本后，提出退出项目名单。②财务部门在审核投资项目年度经营报告和财务报告的基础上，对退出项目名单给出初步意见。战略发展部门分析退出项目与企业战略的偏差程度，结合投资部门和财务部门的意见，对属于战略退出的项目给出退出时机的专业意见，对有战略意义的项目提出复评建议。③投资委员会对投资部门、财务部门和战略发展部门的意见进行审查，包括战略符合性审查、经济效益指标审查和非经济效益指标审查，并给予批复。

（2）退出方案的制订

项目退出方案制订的要点有：①投资部门根据投资委员会的批复，会同财务部门、战略部门和法律部门组成项目退出管理小组，分析市场环境、企业的经营状况与前景、接触潜在的受让者并进行协商谈判，提出退出时间、退出方式以及退出的策略。②财务部门要审查财务报表，清理抵押、担保、应收应付款项，规范财务报表；分析项目退出的避税空间；聘请资产评估机构客观评估投资项目的投资价值；③投资委员会根据企业发展战略及行业现状、发展趋势，分析退出方案，报董事会或股东大会审核，并给予批复。

（3）退出方案的实施

退出方案的实施包括：①投资部门履行退出计划，保障退出后各种资源的合理利用，减少退出损失；评估员工安置方案，减少退出影响；协调供应商、客户资源的移交方式。②财务部门监督退出财务制度的执行，完善各种退出财务监管制度，如收回货币资金的，应及时办理收款业务；收回实物资产的，应编制资产回收清单并由相关部门验收；收回债权的，应确认其真实性和价值；核销对外投资，应审核因被投资单位破产等而不能收回投资的法律文书和证明文件，并报相关部门审议批准。③投资委员会审查投资、财务、法律等部门的报告资料，评估各职能部门的工作绩效和管理水平；对大额损失进行冲销审查。

9.3 企业集团筹资管理

9.3.1 企业集团筹资的特点与方式

1）企业集团筹资的特点

与单一企业筹资相比，企业集团筹资具有以下几个特点：

（1）筹资内涵扩大

对于单个企业而言，内部筹资主要是指企业的积累，而对于企业集团的内部筹资除了通常意义上的自我资金积累，还包括集团内部企业之间的内部融资，即母公司与子公司、子公司与子公司之间相互提供资金的融通。集团内部企业之间相互提供资金融通的方式是多种多样的，可采取相互持股、发行债券、短期商业信用等形式。集团内部筹资可以更好地发挥内部筹资的优势，即筹资成本相对较低，交易费用减少，降低信息不对称，提高资金使用效率，优化资源配置等。

（2）筹资聚合效应显著

一个集团公司是否具有财务优势，最主要的不是业已占有或拥有财务资源的规模，而在于是否拥有或创造出更多、更顺畅的融资渠道，以及有无足够的能力有效地利用这些渠道筹措资金。在这一点上，集团公司的能力要远远大于单一成员企业。

（3）筹资决策多层化

在集团公司中，母公司作为核心企业，与其属下各级子公司处于不同的管理层次，各自的融资决策权利、内容大小也各不相同，导致在集团公司内融资决策的多层次化。母子公司的融资决策权的界定，取决于集团财务管理体制的不同。集团公司在牢牢确立母公司主导地位的基础上，必须充分考虑不同产业、地区、管理层次的企业的不同情况，合理处理集权与分权的关系，从而最大限度地减少内部矛盾，真正调动集团各层次成员企业的积极性和创造性，保证集团发展规划和经营战略的顺利实施。

（4）财务主体多元化

集团公司的一个重要特点是母公司与被控股的子公司之间在法律上彼此独立的法人资格，并以资本的结合为基础而产生的控制与被控制机制。这是集团公司与事业部机制的重大区别。事业部制虽然是大公司所采取的高度分权的体制，但是每个事业部一般没有独立法人资格；集团公司的各子公司均为独立法人，都是利润管理中心或投资管理中心，是较为彻底的分权单位，各子公司具有独立的经营管理机构并独自负有利润责任，拥有独立筹资能力，形成"公司内的公司"，所以集团公司本身就意味着多个理财主体。

2）企业集团筹资的方式

企业集团的资金融通包括外部资金融通和内部资金融通两种方式。

（1）外部资金融通

集团公司与单一企业一样，对外融资的方式有股权融资、债权融资和混合融资3种形式，但是企业集团可利用的具体融资方式更为广泛，如企业债券、银行的集团统一授信、银行间交易商协会发行的短期融资券和中期票据等。依据筹资决策主体又分为两种形式：集中型筹资，即由集团公司统一对外筹资，然后以一定方式投入各成员企业使用；分散型筹资，即由成员企业根据规定直接对外筹资。

（2）内部资金融通

内部资金融通是指集团公司利用自身拥有的资金和各成员企业的闲置资金在集团内部进行资金融通使用。具体来讲，集团公司内部资金的调剂和融通主要方式有成员企业之间的借款、相互担保、股权转让或调拨、内部资产重组和内部产品交易等。利润留存也是集团内部融资的主要方式。在企业集团内部，不仅成员企业的内部留存会形成自身的资金来源，成员企业对母公司的利润分配，也会形成自身的资金来源。

9.3.2　企业集团内部资本市场

1）内部资本市场的含义与功能

（1）内部资本市场的含义与特征

内部资本市场（internal capital market，ICM）是伴随着企业组织结构的创新和多元化经营浪潮的兴起而出现的一个新兴研究领域。内部资本市场的概念由 Alchian（1969）、Wilmson（1970，1975）等人最早提出，他们认为 M 形的联合大企业中存在着内部资本市场，其在强化内部资本配置、缓解外部融资约束方面发挥着重要的作用。20世纪90年代中后期，随着组织创新和内部资本市场研究视野的不断拓展，学术界将对内部资本市场的研究拓展到 H 形的控股企业集团（Khanna and Palepu，2001）。所谓内部资本市场是指，在企业集团内部形成的，企业集团总部和各成员企业参加的集团企业内部的资本融通市场。在这个市场中，主要以企业集团总部为资本提供者，需要投资的成员企业为资本需求者。

内部资本市场的特征表现为：①内部资本市场是基于企业集团的内部资本配置机制，该资本配置机制是计划与市场的结合体，相比于外部资本市场，单一的市场价格配置机制显得更为灵活；②内部资本市场的资本配置基于信息对称的情况，因此资本成本低、效率高；③内部资本市场运作的主体是集团总部，而集团总部是筹资和投资活动的主体。

（2）内部资本市场的功能

企业集团的内部资本市场主要有三大功能：缓解融资约束、优化资本配置、监督激励。①缓解融资约束主要是指内部资本市场可以规避外部融资由于信息不对称等因素造成的高成本，可以通过资本整合缓解内部成员企业的投资对本部门现金流的依赖性，增强成员企业的融资承受能力，提高集团整体的财务协同效应，降低公司陷入财务困境的可能性；②优化资本配置主要体现在内部资本市场能根据市场环境变化调整资本配置方向及数量，将资本配置到效率最高的环节；③监督激励作用则体现在集团总部能通过有效的监督和激励降低股东和经理之间的代理成本，提高资本的使用效率。

2）内部资本市场与外部资本市场的区别

Gertner et al.（1994）认为，内部资本市场与外部资本市场的本质区别表现在：在内部资本市场中，公司总部是资金使用部门资产的所有者，拥有剩余控制权；在外部资本市场中，出资者不是资金使用部门资产的所有者。他们认为，正是由于这一本质的区别，导致内部资本市场在企业的监督、激励和资产的重新配置3个方面产生了不同于外部资本市场的后果。第一，内部资本市场增加了出资者的监督激励，即使内、外部出资者有相同的监督能力，内部出资者也会选择更加严格的监督，这是因为他们拥有对资产的剩余控制权，能从监督中获得更多回报；第二，内部资本市场降低了部门经理的激励，这是因为部门经理没有剩余控制权，他们容易受到公司总部机会主义行为的侵害；第三，内部资本市场有利于更好地重新配置企业的资产。

Stein（1997）进一步指出，内部资本市场解决资金在企业内不同分部之间的分配问题；外部资本市场则解决资金在不同企业之间的分配问题。由此可见，内部资本市场与外部资本市场的主要区别集中体现在对资产的剩余控制权上。对资产的剩余控制权不同导致内部资本市场和外部资本市场在激励、监督、重新配置资产等方面的能力和作用机制有较大差异。从本质上看，内部资本市场更多地依靠权威、等级制并配合使用价格机制来配置资源；外部资本市场则主要依靠价格机制来配置资源。配置手段的差异必然导致配置结果和配置效率的差异。表9-1反映了内外部资本市场的区别。

表 9-1　　　　　　　　　　内外部资本市场的区别[①]

	资金来源	资金使用	市场媒介	分配调节	配置导向
外部资本市场	拥有剩余资金的社会主体	社会各生产单位	金融中介和资本市场	市场交易	各项目预期收益率
内部资本市场	拥有剩余资金的社会主体和集团内部各成员单位	集团内部各成员单位	集团总部和内部金融中介	市场和企业内部交易	管理者的判断与项目预期收益率结合

从我国的实践来看，近几十年来，随着企业多元化战略的兴起和并购重组的日益频繁，我国涌现出了大量的企业集团。但是，由于我国正处于剧烈的经济社会变革时期，金融体制仍存在诸多问题，以"新兴加转轨"为特征的外部资本市场远远不能满足这种迅猛发展的要求。内部资本市场规避了外部资本市场的信息不对称、激励弱化和融资约束的缺陷，在一定程度上成为外部资本市场的补充和替代。

3）内部资本市场交易

（1）交易主体

正如外部资本市场必须有投资者、筹资者、商业银行、投资银行、证券公司、保险公司、其他中介机构和证监会等参与一样，内部资本市场的运行也必须通过内部资源配置中心、内部资本市场中介、资源提供者与需求者等才能完成。其中，企业集团总部为内部资源配置的中心，内部结算中心或财务公司为内部资本市场的金融中介，集团内部的母公司、各分部或子公司为内部资源的提供者和需求者。

①集团总部。内部资本市场的核心功能是对内部资源进行配置。企业集团总部作为"剩余控制权"的拥有者，利用自身权威将一个分部的资源配置给另一个效率更高的分部，保证资源的使用符合集团总部的战略决策，因此集团总部是内部资源配置的中心。

首先，集团总部将分部的资源通过结算中心或财务公司集中起来，再按照战略决策为各分部提供资源，并通过对各分部的资源使用效率进行评价，决定对某个分部是增加还是减少资源供应，保证资源从低效率部门转移到高效率部门，从而使集团的经济资源配置到效率最高或效用最大的项目上，为此集团总部必须采取一定措施：第一，制定资源配置的标准，即通过量化指标对众多竞争性项目进行评价，选出最优项目。常用的资源配置标准是财务标准和战略标准。财务标准是在投资项目可行性评价时使用的净现值和内部收益率指标；战略标准以投资项目与公司战略的符合度作为项目取舍的依据。总部不仅考虑项目本身的收益，更要考虑项目在公司整体投资组合中与其他项目相比较所具备的相对优势。第二，配置投资决策权。不

① 张运来，王峰娟. 内部资本市场主体及功能定位 [J]. 商业研究，2010（7）：45-46.

同的财务管理体制，其投资决策权的配置是不同的。在集权式的财务管理体制下，投资决策实行集中化，集团总部是集团唯一的投资中心；在分权式的财务管理体制下，各级投资中心享有一定的投资权，但必须执行集团统一的战略和投资政策。第三，制定借贷款内部利率、内部转移价格。集团总部通过设定内部借贷款的内部利率、内部转移价格等来传达集团的战略意图，并由金融中介贯彻于各分部，从而规范并调控各分部的资金行为，推动集团整体目标的实现。[①]

其次，集团总部还负责融资规划，建立集中的融资机制。资金集中融通包括两个方面：一是外部资金集中融通。其方式有两种：一种由集团总部负责集团内部所有公司的融资；另一种由集团总部统一规划和审批，由总部和子公司各自对外筹资，总部根据投资规划将资本配置到效率最高或具有投资机会的子公司。中国五矿集团公司采用的是第一种方式进行资金的集中融通。集团总部负责集团内所有公司的融资，与银行签署统一的授信协议，并依据全面预算保证各子公司的资金需求。除总部外，任何单位均无权对外融资。二是内部资金集中管理。内部资本市场的显著特征之一就是内部资本"并不是取之于谁就用之于谁"，集团总部需要对内部资金进行集中管理。子公司在经营过程中产生的现金流，以及在总部规划下从外部筹集的资金均需通过资金集中管理系统纳入内部资本市场。

②内部结算中心或财务公司。内部结算中心或财务公司是内部资本市场的金融中介，为成员企业的结算、融资、投资等提供一个操作或服务平台。它们为成员企业开立结算账户，统一拨付各成员企业因业务需要而必备的货币资金等。结算中心或财务公司按照市场机制和集团总部要求管理集团成员的资本需求，既减少了外部资本市场因信息不对称产生的交易成本，也避免了集团总部行政命令对下属成员企业激励不足的问题。此外，内部结算中心或财务公司还通过内部借贷款利率引导资源配置。结算中心或财务公司一方面吸收集团成员的存款，并按照内部存款利率计算其利息收入；另一方面，根据成员企业的资金需求，对其发放贷款，计算贷款利息，并通过类似于外部资本市场中的银行，对成员企业的信用品质、偿债能力、资金用途等进行评价，将资金贷放给资信高、收益好的企业，有助于资金从低效企业转移到高效企业，从而实现资金的优化配置。

③分部。分部是内部资本市场中资源的提供者和接受者。正是由于分部的存在，才使得内部资本市场有存在的必要和可能。一个分部向总部或其他分部提供资源的方式包括：分配股利，对其他分部投资，将存款存入结算中心或财务公司，出售部分资产，将自身或其他分部的投资向外部资本市场融资，为其他分部的融资提供担保，代其他分部支付款项，向其他分部提供借款、提供内部融资租赁，在内部商品交易中提供商业信用、内部资产交易等。上述交易的对方即内部资源的接受者。[②]

---

① 张运来，王峰娟. 内部资本市场主体及功能定位 [J]. 商业研究，2010 (7)：45-46.
② 张运来，王峰娟. 内部资本市场主体及功能定位 [J]. 商业研究，2010 (7)：47.

（2）交易形式

内部资本市场交易分成下列两类：

第一类，内、外部资本市场之间的交易。这类交易包括两方面的内容：一是通过各种形式从外部资本市场筹集资金，如发行新股、债券或向其他财务公司拆借资金等。资金筹集的主体可以是集团总部（母公司），也可以是成员企业，但这种资金筹集通常是在集团统一规划下进行的。二是偿还借款、支付股利和利息等。

第二类，集团内部交易。集团内部交易是指集团总部与成员企业之间，以及成员企业相互之间的资本交换与分配，具体可分为以下3种：①由总部直接完成的交易，包括将一个项目（或分部）的现金流用于另一个项目（或分部），成员企业向总部（母公司）分配股利或提供贷款，将总部自身创造或筹集的现金流以股权投资或借款的形式配置给成员企业，为成员企业提供担保、租赁资产，出售成员企业财产或产权，资产在成员企业间的无偿划拨等。②由内部中介完成的交易，包括成员企业在结算中心或财务公司存、贷款业务，委托贷款业务等。③成员企业间的直接交易，包括成员企业间的直接借贷款、以资源转移为目的的产品或资产交易、相互担保、代垫款项等。[①]

9.3.3　企业集团资金集中管理

在欧美国家，资金集中管理是目前跨国公司普遍采用的管理模式。世界500强的公司有80%采用资金集中管理的模式。西门子、GE、Intel、IBM和TNT等知名跨国公司都建立有财务公司或资金结算中心，对集团内部资金和市场风险实行集中管理和控制。资金集中管理所带来的优势逐步为我国企业集团所认识。发达国家企业集团的成熟运作所产生的巨大效益起到了示范作用。

1）集团资金集中管理的意义

集团资金集中管理是指将整个集团的资金归集到集团总部，在集团总部设立专职部门代表集团公司实施对资金的统一调度、管理、运用和监控。通过资金的集中管理，企业集团能够实现集团范围内资金的整合与调控，充分盘活资金存量，有效提高资金使用效率，降低财务成本和资金风险，具体而言：

（1）集团资金集中管理可以发挥集团资源配置优势，实现集团整体利益的最大化

由于企业集团的各成员企业处于不同的行业或地域，面临的竞争形势和发展机遇也不尽相同。有的企业由于业务增长迅速出现资金短缺，有的企业由于业务水平增长平稳出现资金大量结余而无法有效利用。同时，由于处于不同生命周期的企业，其融资能力也不同，新兴产业处于初创阶段，资金需求量大，融资成本高，而处于成熟阶段的企业现金流充沛，融资成本低。企业集团通过资金集中管理中心统揽全局，可以使各成员企业服从总部对资源的一体化整合重组，可以充分发挥资源

---

① 王峰娟. 企业集团财务管理［M］. 北京：经济科学出版社，2012：127.

的聚合优势，从而降低财务成本，提高资金的使用效率，保障集团战略目标的实现以及整体利益的最大化。

（2）集团资金集中管理可以强化财务监控力度，控制财务风险

集团公司通过对资金进行集中控制和管理，首先，可以获得成员企业重大财务事项的知情权；其次，通过对成员企业收支行为的有效监督，实现对企业经营活动的动态控制，保证资金使用的安全性；最后，通过资金集中管理，可以规范成员企业之间的内部拆借行为，有效防范互相担保的风险，避免集团整体的信用级别下降，维护集团整体的外部信用形象。

（3）集团资金集中管理有助于加速资金周转，提高资金使用效率

企业集团的成员企业通常会在不同的经营范围或地域范围进行内部交易，产生大量的内部资金结算业务。将集团资金集中管理，通过网络技术和资金管理系统，可以实现成员企业的内部网上结算。在交易发生时，直接在结算中心实现资金划拨，没有中间环节和时间间隔，划转效率高，能有效提高资金周转速度。由于使用内部结算系统，不需要支付任何额外的费用，因此也能节约大量的财务费用。

2）资金集中管理的模式

企业集团资金集中管理有多种模式，包括传统的统收统支模式、拨付备用金模式，以及现代的内部银行模式、资金结算中心模式和财务公司模式等。

（1）统收统支模式

统收统支模式是指企业的一切现金收付活动都集中在企业的财务部门，各分支机构或子公司不单独设立账号，一切现金支出都通过财务部门付出，现金收支的批准权高度集中在经营者或者经营者授权的代表手中。统收统支模式有助于企业实现全面收支平衡，提高现金的流转效率，减少资金的沉淀，控制现金的流出，但是不利于调动各层次开源节流的积极性，影响各层次经营的灵活性，以致降低集团经营活动和财务活动的效率。

（2）拨付备用金模式

拨付备用金模式是指企业按照一定的期限统拨给所属分支机构和子公司一定数额的现金，以备使用。在各分支机构或子公司发生现金支出后，持有关凭证到企业财务部门报销，以补足备用金。与统收统支模式相比，拨付备用金模式使得集团所属的各分支机构有了一定的现金经营权。集团所属的各分支机构或子公司在集团规定的现金支出范围和支出标准之内，可以对拨付的备用金的使用行使决策权，但是集团所属的各分支机构或子公司仍不独立设置财务部门，其支出的报销仍要通过集团财务部门的审核，现金收入必须集中到集团财务部门，超范围和超标准的支出必须经过经营者或其授权的代表批准。拨付备用金模式的优点是有助于企业实现资金预算管理，达到减少内耗的目的。其缺点是资金整合力度偏弱，无法解决资金过多占用的问题。

（3）内部银行模式

内部银行模式是将社会银行的基本职能与管理方式引入企业内部管理机制，从而建立起来的一种内部资金管理机构，主要职责是进行企业或集团内部日常的往来结算和资金调拨与运筹。该模式要求企业内部所有的单位都必须在内部银行设立账户，各单位遵照内部银行统一制定的结算制度进行日常现金结算及往来核算；内部银行实施银行化管理，对下属各单位统一发放贷款、对外统一筹措资金，实施对企业资金的统一监控。这种模式的优点是子公司之间通过内部银行的资金调度解决了内部资金盈缺失衡的问题，使得集团整体的对外债务规模降低，提高集团公司整体的信贷信誉等级。其缺点是内部银行不是独立的机构，集团内公司与集团外公司通过内部银行进行结算很不方便；内部银行只是模拟银行职能，与真正的市场化运作还有一定差距；相比投资职能，内部银行更关注融资职能，其投资管理职能有待加强。

（4）资金结算中心模式

资金结算中心模式通常是由企业集团内部设立的，办理内部各成员或分公司的现金收付和往来结算业务的专门机构。它通常设立于财务部门内，是一个独立运行的职能机构。在资金结算中心模式下，企业集团需要在银行开设一个集中账户，要求各成员企业在此账户下向其所在地的商业银行实名开设两个账户，一个收款账户、一个付款账户，用于收支两条线。成员企业还要在结算中心开设虚拟账户，用于内部往来结算及内部计息。集团总部、成员企业、开户银行应就账户的开设、管理及资金结算签订相关的协议。

资金结算中心的主要功能有5个方面：①账户管理。统一管理企业集团的银行资金账户，为各成员企业在资金结算中心设立内部结算账户并进行统一管理。对各成员企业在银行独立开设的资金账户实行审核和备案，并对该类资金账户进行管理和监控。②内部结算。办理各成员企业内部相互之间的资金往来和资金结算业务。为在资金结算中心开设内部结算账户的成员企业及时办理对内、对外资金往来和资金结算业务，及时提供资金账户信息并核对资金账簿。③内部资金配置。负责制定各个企业内部资金调度、配置、使用的管理制度和管理流程。根据集团总部决策和财务部门的指令对各成员企业的资金进行统一管理、统一调度、统一配置和统一使用，保证资金在体系内的高效循环和流转，从整体上保证资金使用的最大效益。④外部资金往来业务。作为统一的对外资金管理单位，负责办理各成员企业同银行和体系外其他各成员单位的存贷业务、资金往来业务和资金结算业务。⑤投资融资。配合资本运营部门、财务部门进行对外投资和对外融资，具体负责在对外投资计划和对外融资计划中资金管理的业务操作。①

资金结算中心模式通过账户管理，实现资金融通、资金流动和投资等决策过程

---

① 王峰娟. 企业集团财务管理［M］. 北京：经济科学出版社，2012：131.

的集中化，各子公司仍然拥有较大的经营权和决策权，母公司也能及时掌握子公司的资金状况和经营情况。该模式能够促进集团内部资金管理专业化，发挥规模优势，提高管理效率。该模式的缺点是，作为企业集团的内部管理机构通过行政手段约束子公司的行为，不是完全市场化的资金管理模式；同时结算中心缺乏丰富的融资手段，资金的投资管理力度较弱。因此，结算中心模式主要适用于成长速度较快、资金管理要求较低且集团管控力强的大中型企业集团。

（5）财务公司模式

财务公司是一种经营部分银行业务的非银行金融机构。其经营范围除抵押放款以外，还有外汇、联合贷款、包销债券、不动产抵押、财务及投资咨询等业务。我国的财务公司大多是当集团公司发展到一定水平后，由中国人民银行批准，作为集团公司的子公司而设立的，所以它还担负着集团公司的理财任务。财务公司与资金结算中心的区别是财务公司是一个独立的法人企业，与其他企业的关系是一种等价交换的市场竞争关系，承担集团公司募集资金、供应资金和投资的功能，并且为集团所属子公司寻找项目供应资金，因而财务公司也行使对子公司和对投资项目资金使用的监控功能。

我国成立财务公司的门槛较高，需经银监会审批，对母公司的成立年限及注册资本、专业人才、法人治理、内部控制、业务操作、风险防范等方面有较高要求。财务公司的经营范围包括：向集团成员单位吸收存款、发放贷款、办理票据承兑和贴现，提供买方信贷及融资租赁，投资有价证券，发行、承销债券，办理财务和投融资顾问等业务。财务公司在投融资和理财方面的功能体现为：①对外融资功能。一般运用同业拆借、发行债券及新股、从事有价证券及外币交易等手段，为集团所属的各子公司的项目供应资金，同时监控子公司和投资项目对资金的使用情况。②进行资金调剂和对外投资。财务公司负责将集团闲置的资金用于集团自身发展的重大项目或投向高效的产业和行业，实现资金效率最大化。③提供金融中介服务。办理集团成员单位之间的内部转账结算业务，办理财务和融资顾问、信用鉴证及相关业务，为成员公司提供担保。

财务公司除了担任集团结算中心的职能外，还为集团提供多元化的金融服务，拓展多元化的投融资渠道，因此财务公司在整个集团公司中承担投资中心、筹资中心、结算中心和信贷中心等多重职能。财务公司模式的优点是，实现了完全的市场化运作，资本运作能力和风险防范能力更强；运用多种融资手段，结合集团优势，可进一步优化融资结构，降低融资成本；通过合理的投资，可使集团的闲置资金得到充分、有效的利用。其缺点是，需要大量高素质的人才，且需要经过中国人民银行的审批，设立比较困难；此外，财务公司模式对子公司的资金监控职能较弱，需要子公司具有健全的公司治理能力。

表9-2对各种资金集中管理模式进行了对比。

表9-2   资金集中管理模式对比表[1]

资金集中管理模式	资金集中管理程度	权利配置	机构设置	账号设置	功能
统收统支模式	高度集中	成员企业无现金经营权和决策权	成员企业不独立设置财务部门，资金管理部门为集团总部财务部门	成员企业不单独设立账号	报账中心
拨付备用金模式	高度集中	成员企业以集团规定的支出范围为限，具有少量现金经营权与决策权	成员企业不独立设置财务部门，资金管理部门为集团总部财务部门	成员企业不单独设立账号	报账中心
内部银行模式	相对集中	成员企业有现金经营权与决策权，但超出核定限额要申请	成员企业设置财务部门，内部结算中心是设立于集团总部财务部门内的独立的职能机构	成员企业有独立账号，一般为二级账号	结算中心监控中心
资金结算中心模式	相对集中	成员企业有现金经营权与决策权，对贷款也有权自行安排	成员企业设置财务部门，内部银行是内部资金管理机构	内部银行统一开立账号，成员企业在内部银行开立存款账户和贷款账户	结算中心监控中心借贷中心
财务公司模式	相对集中	成员企业有现金经营权和决策权	成员企业设置财务部门，财务公司是独立的法人企业，是非银行金融机构	成员企业有独立账号	结算中心融资中心信贷中心投资中心信息中心

9.4 企业集团财务控制

9.4.1 企业集团财务控制概述

1）企业集团财务控制的内涵

财务控制作为现代企业管理水平的重要标志，它是运用特定的方法、措施和程序，通过规范化的控制手段，对企业的财务活动进行控制和监督。由于企业集团的

---

① 杨雄胜、陈丽花. 集团公司财务管理［M］. 北京：人民出版社，2007：62.

特殊性，财务控制包括母公司自身的财务控制和母公司对子公司的财务控制。由于母公司自身的财务控制与单一企业的财务控制相同，所以这里重点讨论母公司对子公司的财务控制。

2）企业集团财务控制的意义

（1）实现企业集团理财目标的需要

企业集团的理财目标是集团价值最大化，但由于其下属成员企业有一定的决策权，出于自身的利益考虑，往往会做出与集团总体目标不一致的行为。为克服这一现象导致的资源浪费和效率低下，必须加强企业集团财务控制，使得成员企业确定理财目标时考虑集团的整体利益，协调好局部与全局的利益冲突，实现企业集团价值的最大化。

（2）实施集团战略决策的需要

集团资源与市场优势的生成，来自共同利益目标下聚合运行的协同性与有序性，集团发展战略的贯彻实施离不开集团成员的配合与努力，加强对子公司的财务控制，能够引导成员企业服从集团总体战略决策的需要，顾全大局，并确保必要的财力支持。

（3）解决母子公司信息不对称的需要

在两权分离条件下，企业集团的母公司不直接管理子公司的日常财务活动，而是授权下属子公司的经营者进行日常管理，这就造成母子公司之间的信息不对称。这种信息往往引发子公司道德风险和逆向选择问题。可能出现子公司出于眼前局部利益的追求而扭曲上报到母公司的财务信息，从而误导整个集团的经营决策。因此，母公司必须加强财务控制，通过派驻财务总监或财务人员，对财务人员统一配置和管理；完善子公司财务决策的程序；对子公司的经营者进行业绩评价，通过事后监督来减少经营者的机会主义行为。

（4）防范集团财务风险的需要

在财务实践中，企业集团依靠其在市场上的整体实力，能够对子公司的对外信贷提供担保或统一借贷资金给子公司，并负责统一偿还。众多的子公司贷款，不可避免地会增加企业的资本成本，集团存在更多的现实与潜在的财务风险。预防控制财务风险也因此成为集团总部的重要职责。科学的财务控制体系无疑是防范和化解集团财务风险的有力手段。

3）企业集团财务控制的内容

依据不同的分类标准，企业集团财务控制的内容也不相同。

（1）按照集团财务控制的内容划分

按照集团财务控制的内容划分，集团财务控制通常包括组织结构控制、制度控制、人员控制、授权审批控制、预算控制、资金控制、业绩评价控制、内部报告控制、风险控制、信息技术控制等。

（2）按照集团财务活动的种类划分

按照集团财务活动的种类划分，集团财务控制包括投资控制、融资控制、资产控制和利润分配控制等。

（3）按照财务控制与财务活动的顺序关系划分

按照财务控制与财务活动的顺序关系划分，集团财务控制可分为事前控制、事中控制和事后控制。其中，事前控制包括预算编制控制、组织结构控制、授权控制；事中控制包括内部结算中心控制、预算执行控制；事后控制包括内部审计控制、业绩评价控制等。

随着现代企业集团的发展，预算控制和业绩评价在企业集团财务控制中的地位日益重要。这两种财务控制的方法在一定程度上解决了对子公司实施过程的控制和对子公司经营者的约束和激励问题，因此，这里重点探讨集团的预算控制与业绩评价。

9.4.2　企业集团的预算控制

1）预算控制的内涵与特征

（1）预算控制的内涵

预算控制是借助于特定的组织机构、制度和技术手段，把企业的全部业务、全部经营过程、全部财务会计信息和全部人力资源都纳入预算体系，形成一整套有关管理、控制、协调、监督、考核与激励系统，其目标也从最初的控制支出、控制成本，向前延伸到内部资源、要素的配置和经营目标的落实，向后延伸至企业收入安排和经营成果的分配。

（2）预算控制的特征

预算控制的基本特征是以企业战略为出发点，以企业经营目标为导向。

首先，企业的战略目标是企业预算编制的依据和方向。1999 年《财富》杂志在总结了公司 CEO 失败的典型原因的基础上，得出结论：“认为好的战略即代表了企业成功全部因素的理念误导了企业高层管理者。在绝大多数情况下，真正失败的原因并不是战略本身的问题，而是战略不能得到有效地执行的问题。”[1]可见，战略的有效实施对公司的成败至关重要。战略实施是将战略转化为实际行动并取得成果的过程。为确保战略的有效实施，需要将战略转变为年度预算，从而将战略指标转化为详细的预算目标和指标体系，并运用价值管理手段，实现企业内部资源的高度整合，同时将企业价值与各职能部门、各层级责任单位的具体目标、岗位职责相联系，强化了业绩考核和业绩评价的战略导向作用。因此，预算管理是战略实施的重要保障，对企业战略具有全方位的支持作用。图 9-5 反映了预算管理与企业战略的内在联系。

---

① CHARAN，GOLVIN. Why CEO fail [J]. Fortune，1999，6（21）.

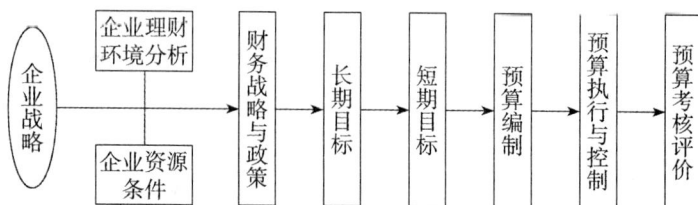

图9-5 预算管理与企业战略的内在联系①

其次，企业预算是以企业经营目标为导向，运用目标管理的思想，通过预算的编制、执行和考核，对企业经营管理目标进行确定、分解并落实到各责任单位，进而延伸并细化到每位员工，在企业内部形成一个纵横交错、完整严密的目标连锁体系，将各职能部门、每位员工的工作目标都与预算目标联系起来。因此，预算控制是一个确定目标与实现目标的过程，企业目标通过预算的编制得以细化，预算执行为企业目标的实现提供了可靠保障，即以目标指导预算，以预算支持目标。

2）企业集团预算管理组织体系设置

集团多级法人制要求建立多级预算管理组织体系，具体包括集团公司股东大会、集团公司董事会（含预算委员会）、集团预算工作组、下属单位预算工作小组等。与单一法人企业不同的是，企业集团的预算管理组织更加复杂，主要体现在母子公司多级预算管理组织在上下之间的互动管理关系上。企业集团典型的预算管理组织架构如图9-6所示。其中，集团公司的股东大会是预算审批机构，而集团公司的董事会（含预算委员会）则是预算决策机构。预算委员会是集团董事会下设的专门委员会之一，要在董事会授权的范围内行驶集团预算决策权或审议权。集团预算工作组是预算的综合管理机构，直接对集团公司董事会（含预算委员会）负责。各责任中心则是具体预算的执行机构。集团预算工作组成员一般由总部经营团队（集团总经理、副总经理、总会计师等）、集团总部相关职能机构的负责人（如战略规划部、财务部、人力资源部等）及下属主要子公司的总经理等组成。集团预算工作组的组长由集团总经理或主管财务的副总经理（集团总会计师）担任。作为常设机构，工作组可以单独设立，也可以附设在集团财务部名下。

下属成员单位预算工作小组是集团下属成员单位所设立的预算管理机构。它应在集团董事会（或预算委员会）、预算工作组的统一指导下，组织开展本部门、本企业的预算管理工作。预算工作小组一般由子公司的经营团队、主要职能部门的负责人等构成。其中，子公司的总经理或主管财务的副总经理（总会计师或财务总监）担任工作小组组长。同集团总部一样，它既可独立设置，也可附设在子公司的财务部下。

---

① 贡华章. 企业集团财务管理［M］. 北京：经济科学出版社，2009：115.

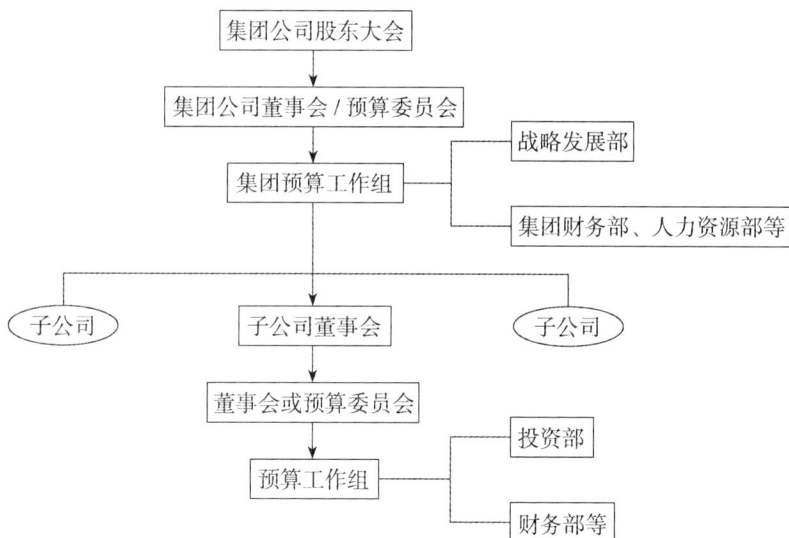

图9-6　企业集团典型的预算管理组织架构[1]

3）企业集团预算编制控制

预算的编制是整个预算控制体系的基础和起点。如果没有合理的预算编制依据、适当的预算编制程序和科学的预算编制方法，预算控制工作也就无从开展。

通常，预算编制可以采用自上而下、自下而上或上下结合的主动参与式编制方法。整个过程为：①自上而下设置目标。先由集团总部根据集团战略、行业和市场分析报告以及当年经营总结分析，制定总体经营目标、经营计划和预算大纲以及预算编制方法。②自下而上制订计划和预算。各部门和下属公司依据市场开发情况、内部资源能力分析以及当年计划完成情况，编制下年度经营计划和预算。③汇总平衡。各子公司的目标汇总、平衡，子公司与总部共同讨论并解决目标设置中发生的冲突、重复和不协调等问题。④制定激励措施，公布预算目标。正式发布总体目标和实施计划，将目标分解到各子公司。子公司将目标分解到各个细分市场，分解到个人，同时制定与目标相一致的激励措施。⑤跟踪执行进度监督评价。定期监督目标的执行情况，明确预算执行中的实际情况与预计的差异，定期讨论执行中出现的问题和对策，将讨论要点反馈给子公司，以利于业务目标设置的改进，并根据新情况修改目标。

4）企业集团预算执行控制

预算执行主要包括预算的分解、下达和具体实施等步骤。年度预算经批准后，为保证执行顺利，通常需要进行分解。分解包括两个方面：一是时间方面的分解，需要把年度预算分解到更具体的经营期间内，如分为季度、月度，乃至旬等，有条件的企业甚至可以分解到更具体的时间段；二是内容方面的分解，将企业的年度总预算按照涉及内容的不同，分解到各个不同的责任中心和责任人。

---

① 王斌. 企业集团财务管理［M］. 北京：中央广播电视大学出版社，2010：136.

预算一经批复下达，各项预算的执行单位就必须认真组织实施，将预算指标层层分解，从横向和纵向落实到内部各部门、各单位、各环节和各岗位，形成全方位的财务预算执行责任体系。在企业的生产经营活动中，各个责任部门都应当对照自己的预算目标组织生产经营，以保证企业预算的顺利执行。

5）企业集团预算调整控制

预算调整是指当企业的内外环境发生变化，预算出现较大偏差，原有预算不再适宜时所进行的预算修改。但是，预算调整并不是随意进行调整，应保持预算的严肃性。预算调整的只有在满足一定条件时才能提出，并由相应的责任单位提出申请，依照一定的程序，经预算管理部门批准之后，按照预算调整的权限与流程进行。

6）企业集团预算考评控制

预算考评是对企业集团内部各级责任单位和个人预算执行情况的考核与评价。俗话说："在管理活动中，如果没有监督与考核，再美丽的天使都会变成可怕的魔鬼。"没有预算考评，企业预算就会因失去控制力而流于形式，预算管理将变得毫无意义。在企业全面预算管理体系中，预算考评起着检查、督促各级责任单位和个人积极落实预算任务，及时提供预算执行情况的相关信息，以便纠正实际与预算的偏差，有助于企业管理层了解企业的生产经营情况，进而实现企业总体目标的重要作用。同时，从整个企业生产经营循环来看，预算考评作为一次预算管理循环的结束总结，为下一次科学、准确地编制企业全面预算积累了丰富的资料和实际经验，是以后编制企业全面预算的基础。

9.4.3 企业集团的业绩评价

1）企业集团业绩评价的含义与特征

企业集团业绩评价是指评价主体（控股股东或母公司）运用一定的方法，采用特定的指标体系，对照一定的评价标准，按照一定的程序，对评价客体（被评价企业及其负责人等）在目标经营期间的经营业绩进行评价与考核，旨在改善集团内部管理、增强激励。

与单一法人企业相比，企业集团业绩评价具有以下3个特点。[1]

（1）多层级性

企业集团由多级法人构成，其控股结构复杂、控股链条较长，在业绩评价上呈现出多层级特征：①分部业绩评价。它是集团母公司对下属成员企业的业绩评价。②集团整体业绩评价。它是集团股东对母公司业绩及集团总体业绩（以集团合并报表为基础）的评价。

（2）战略导向性

不同企业集团、同一集团不同时期、同一集团同一时期内不同业务部，因其战略不同，而体现业绩评价体系的差异性（尤其体现在指标体系及指标权重的设置

---

① 王峰娟. 企业集团财务管理［M］. 北京：经济科学出版社，2012：174.

上）。评价指标体系设计对未来管理导向具有诱导性。例如，如果集团以"做大"为导向，那么"营业收入""市场占有率"等指标将可能成为业绩评价的主导指标；反之，如果集团以"做强"为导向，那么"净利润""净资产收益率""营业活动现金利润率"等将可能成为业绩评价的主导指标。

（3）复杂性

相对于单一的企业组织，企业集团业绩评价更为复杂，这主要因为：①关联交易复杂。企业集团是交易内部化的产物，尤其是产业型企业集团。关联交易业务及其关联交易定价的复杂性，使集团内部"业绩切分"存在不确定性，甚至利益冲突。②业绩影响因素复杂。除关联交易影响业绩因素外，还有很多其他复杂的业绩因素影响集团业绩评价。企业集团作为法人联合体，集团下属各成员单位因行业或产业属性、产品、成长周期和管理成熟度、资源占用等各种业绩影响的不同，存在较大的业绩差异，集团总部如何用"不同尺子、不同刻度单位"去衡量、评价其业绩成果，将是非常复杂的问题。

2）企业集团业绩评价体系

业绩评价是管理的重要内容，通过业绩评价，既可以了解企业集团战略的实施情况，又可以了解各种生产经营行为对集团价值的影响。有效的业绩评价能够促进集团激励约束机制的建立，有利于正确引导企业的经营行为，提高集团的竞争力。

（1）绩效评价体系的设计思路

科学的绩效评价体系设计思路是从公司目标和战略开始，提高关键成功因素分析和关键指标分解，把目标分解到各基层/部门和岗位，从而把岗位目标与公司整体发展战略联系起来。[①]企业集团绩效评价体系的设计思路如图9-7所示。

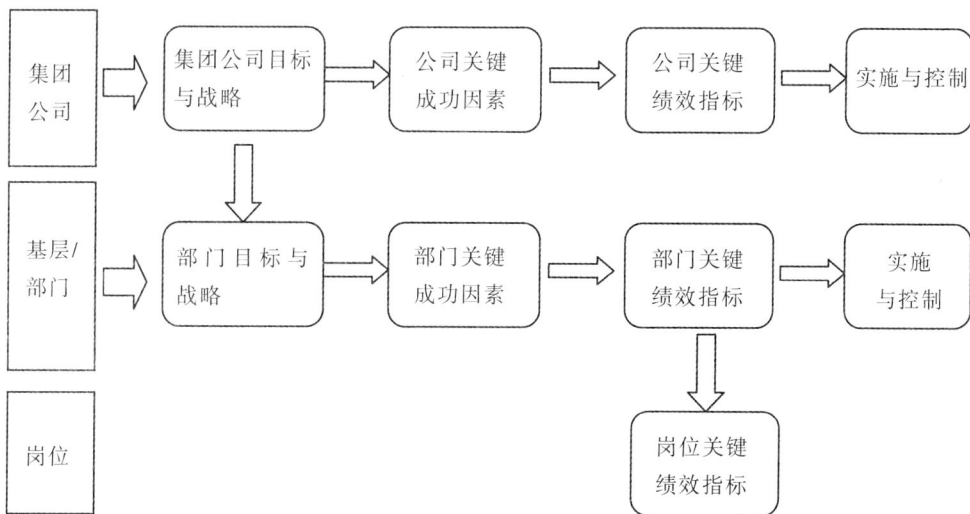

图9-7 企业集团绩效评价体系的设计思路

① 罗清亮，戴剑. 集团管控之道［M］. 上海：上海财经大学出版社，2015：103.

340
高级财务管理

如图9-7所示，首先明确集团公司的战略目标，在此基础上分析实现这些战略目标的关键成功因素，并找出正确衡量这些关键因素的关键绩效指标，具体在实践中实施控制。为实现集团战略目标，下属单位或部门要明确自身的目标与战略，并找出实现部门战略目标的关键成功因素，以及在部门层面衡量关键成功因素的关键绩效指标，并分解到具体岗位，实施与控制。

（2）绩效考核方法

企业集团采用何种绩效考核方法，需要对集团及下属单位进行全面分析。企业所属行业不同以及发展阶段不同，采用的绩效考核方法也不同。企业集团绩效管理的宗旨是要贯彻集团长期的发展战略，确保各子公司的目标与总部协调一致，关键业绩指标（KPI）与平衡计分卡是较有代表性的两种方法。

①关键业绩指标。

关键业绩指标（Key Performance Indicator，KPI）体系是为实现目标而设定的战略管理工具，也是衡量公司及各部门目标达成、组织和人员行为绩效的关键指标体系。关键业绩指标是依据企业组织、成员行为与战略目标之间的价值创造关系、因素因果关系建立起来的指标体系。

制定关键业绩指标应从企业集团的战略和愿景出发，关键业绩指标的制定过程是对那些为实现战略愿景的经营目标的分解，通过识别价值驱动因素，将经营目标转化为一套综合平衡的、可量化计量的指标体系，然后对这些指标周期性设定目标值并进行考核，为企业战略目标的实现建立起可靠的执行基础。

制定关键业绩指标应坚持以下原则：一是战略目标引导原则，即指标确定要从集团的整体发展战略出发。例如，当集团主要的战略目标是规模扩张时，很多企业会采用收购、并购和增加新业务来实现，增长率是集团保持业绩的一个重要因素，但是同时还要考虑另一个关键要素就是良好的投资回报率，否则很难维持持续增长。二是综合平衡原则，即考核指标要在集团的长期目标和短期目标之间进行平衡。例如，集团短期内的利润数据好，股价上涨并不能说明企业是否能够维持现有业绩并在未来开拓能够盈利的业务。因此，需要评价企业业绩的持续性，以衡量其创造的实际业绩和潜在能力。三是责任中心差异性原则。由于各责任中心情况各不相同，因此要根据各责任中心的责任特点和实际现状来确定考核指标和所占权重。四是可控相关原则，即业绩考核指标是责任中心管理者能够控制的，且指标的导向与公司整体业绩改善是相关的。

②平衡计分卡。

Robert S. Kaplan 和 David P. Norton（1992）提出平衡计分卡思想。平衡计分卡（Balance Score Card，BSC）主要通过财务、客户、内部业务流程、学习与成长等四个维度，将抽象的企业战略目标通过具象的图表以及可操作的评价指标表现出来，是一种可操作性强、能够保障企业实现战略经营目标的新型业绩评价管理体系。

平衡计分卡强调，传统的财务会计模式只能衡量过去发生的事项，但无法评估企业前瞻性的投资（领先的驱动因素），因此，必须改用一个将组织的愿景转变为一组由四项维度组成的绩效指标架构来评价组织的绩效。此四个维度分别是：财务维度、客户维度、内部流程维度和学习与成长维度。其具体内容如下：

财务维度：主要关注如何满足股东的利益。企业在市场竞争中，必然要通过盈利获取生存和发展，因此公司财务性绩效指标能够综合地反映公司业绩，可以直接体现股东的利益。企业力争改善内部流程，关注学习和成长，获取客户的满意度最终都是为了提升财务方面的表现。

客户维度：主要关注客户如何看待企业。这一维度重点关注企业在多大程度上提供客户满意的产品和服务。这方面的指标主要有：客户满意程度、客户保持程度、新客户的获得、客户获利能力和市场份额等。

内部流程维度：主要关注企业在哪些流程上表现得优异才能实现战略目标，例如为获得客户的满意，为提高产品质量，在内部各个流程上分别应做到什么程度。

学习与成长维度：主要关注企业必须具备或提高哪些关键能力才能提升内部流程进而达到客户和财务的目标。从本质上来看，企业的学习与成长是基于员工的学习与成长，因而主要的评价指标有员工培训支出、员工满意程度、员工的稳定性、员工的生产率等。

平衡计分卡作为其中一项重要的业绩评价工具，能够反映财务与非财务指标、短期行为与长期目标、过程与结果、组织内部与外部之间的平衡，进而能够更加客观地反映企业的真实经营状况。但是，不同企业集团的实际情况和战略规划不同，因此还需要从静态、动态两个方面设计属于集团自身的业绩评价体系。

本章小结

1.企业集团是由许多独立法人组成的经济联合体，它具有主体多元性、多层次性、以产权为主要联结纽带、资源配置效率化和多元化经营方式的特征。

2.根据权利在母子公司配置的不同，企业集团财务管理体制分为集权型财务管理体制、分权型财务管理体制和混合型财务管理体制3种基本类型。

3.企业集团可以通过合并收购、成立合营公司、联营等途径来实施对外实体投资。每一种投资方式都存在对投资公司特定的收益和成本。公司必须对各种投资方式进行权衡，认真地分析每种方式的优缺点以及自身的需要和在特定竞争环境中的具体情况。

4.企业集团投资的目标是最大限度地实现资源的有效配置，从而实现企业集团整体价值最大化。投资决策应围绕这个目标确定投资的战略规划、投资的规模与结构、投资对象的选择等问题，同时要充分识别和评估投资风险，把握集团现有能力和影响因素，以确保投资决策的可行性与科学性。

5.在制定了投资决策之后，企业集团将面临的是更为复杂的管理过程，即通过制定一系列的管理流程与制度，从投资立项、实施、跟踪分析到最后投资退出进行全过程的规范、制约和保证，以规避风险，实现预期收益。

6.内部资本市场是企业集团内部形成的，由企业集团总部和各成员企业参加的集团企业内部的资本融通市场。在内部资本市场中，公司总部是资金使用部门资产的所有者，拥有剩余控制权；在外部资本市场中，出资者则不是资金使用部门资产的所有者。

7.资金集中管理是指将整个集团的资金归集到集团总部，在集团总部设立专职部门代表集团公司实施对资金的统一调度、管理、运用和监控。通过资金的集中管理，企业集团能够实现集团范围内资金的整合与调控，充分盘活资金存量，有效提高资金使用效率，降低财务成本和资金风险。

8.企业集团资金集中管理有多种模式，包括传统的统收统支模式、拨付备用金模式，以及现代的内部银行模式、资金结算中心模式和财务公司模式等。

9.企业集团的预算控制包括预算组织设置、预算编制控制、预算调整控制、预算执行控制和预算考评控制。业绩评价指标体系是集团业绩评价系统的核心部分。

讨论题

讨论题指引

1.请讨论企业集团与集团公司的区别。

讨论题指引

2.集团总部既希望子公司发挥积极性、能动性，又怕子公司失去控制，总是在集权与分权中反复，请讨论如何处理集权与分权的关系。

讨论题指引

3.德国之声电台网站2016年12月27日报道，无论在数量上还是金额上，中资在德国的企业收购都打破了纪录。据安永公司调查，从2016年1月至10月底，中国投资人总共收购了58家德国企业，比2015年全年还多了19家。更惊人的则是中方用于德企收购的资本量：116亿欧元（约合884亿元人民币）。这是2015年全年的20倍，比过去历年的总和还多。请讨论为什么我国企业偏好并购德国企业。

讨论题指引

4.6S管理体系是华润集团公司从自身实际出发探索出的管理多元化集团企业的一种系统化管理模式。请查阅资料了解6S管理体系产生的背景、内容及演变过程，讨论华润集团推行6S管理体系的价值，以及对我们的启示。

5.以中石油为例，了解其资金集中管理的发展历程，探讨公司资金集中管理的效果及其经验，以及对其他企业集团的启示。

讨论题指引

案例分析

三峡集团内部资本市场的运作[1]

在2002年改制重组之后，三峡集团制定了"构建以大型水电开发与运营为主的一流清洁能源集团"的战略目标，自2003年开始对金沙江流域的水电项目进行前期勘探，自2005年开始进入"多项目同步开发"格局。"多项目同步开发"格局使三峡集团的资金需求在短时期内急剧增加，在建项目的总投资额达到1 993.43亿元。其中，三峡三期工程的资金需求为750亿元，溪洛渡工程的资金需求为675亿元，向家坝工程的资金需求为541亿元，风电的资金需求为27.43亿元。那么，三峡集团总部如何解决巨额资金需求的难题？

作为政策性资金来源的三峡基金、开行贷款和三峡债券很难满足三峡集团2003—2009年的资金需求。同时，内部资金市场提供的1 232.19亿元占两类资金来源总额（2 848.09亿元）的43.26%，占所有在建项目资金总需求（1 993.43亿元）的61%是，溪洛渡和向家坝工程资金总需求（1 216亿元）的101.3%。因此，内部资金市场是三峡集团最重要的资金来源。以下阐述三峡集团的内部资本市场运作过程：

1）2002—2003年的内部资本运作

第一阶段的内部资本运作包括葛洲坝电厂改制上市和三峡机组收购两项内容。三峡集团主要的业务单位有三峡工程、葛洲坝电厂、三峡财务公司和专业化子公司。2002年，三峡集团总部经发改委等6部委核准，对原葛洲坝电厂进行清算改组，与华能集团等5家单位共同发起设立了长江电力，并于发起时持有长江电力89.5%的股份。长江电力于2003年11月18日上市，股票发行价为4.3元/股，首日收盘价为6.18元/股。依据招股说明书将在三峡电站首批机组发电之后实施逐步收购方案。2003年11月5日，长江电力向社会公开发行23.26亿股，募集资金100亿元，用于收购三峡电站首批投产的2#、3#、5#、6#机组，以及对应的大坝、厂房和共用发电设施等"主体发电资产"，总价值为187.53亿元。

2）2004—2007年的内部资本运作

第二阶段的内部资本运作的主要内容是三峡机组收购。一方面，长江电力依据三峡机组收购方案，在2005年通过银行借款收购三峡电站1#、4#机组（价值98.37亿元），在2007年对"长电CWB1"认股权证行权获得资金65.55亿元，用于收购三

---

[1] 案例改编自"王化成，曾雪云. 专业化企业集团的内部资本市场与价值创造效应——基于中国三峡集团的案例研究［J］. 管理世界，2012（12）：155-168"。

峡电站的 7#、8# 机组（价值 104.42 亿元）。另一方面，三峡集团总部从 1#、4#、7#、8# 机组出售中获得现金 390.29 亿元。这部分资金主要用于"三峡三期和金沙江流域的梯级项目"以及新能源的开发。在金沙江流域，溪洛渡和向家坝水电站分别于 2005 年、2006 年正式开工。在新能源方面，慈溪风电工程的总投资是 6.43 亿元，响水风电工程投资额是 21 亿元。

3）2008—2009 年的内部资本运作

第三阶段的内部资本运作的主要内容是整体上市。2009 年，三峡集团总部与长江电力之间进行了重大资产交易。交易资产的评估总值为 1 073.2 亿元，包括以下三大类：第一，"主体发电资产"，即三峡电站 9# ~ 26# 共 18 台发电机组；第二，"公共配套设施"，即与发电业务直接相关的办公大楼、道路、桥梁和供水系统等；第三，"专业化子公司"，即"设备公司""招标公司""实业公司""水电公司""三峡高科"。通过 2009 年整体上市，三峡集团总部从对价中获得现金 348.6 亿元，向长江电力转移三峡债券等债务 493.2 亿元。这说明内部资本运作是三峡集团总部进行资金筹集的主要方式，同时也解决了母子公司之间电力生产同业竞争的问题。

综上所述，葛洲坝电厂改制上市的资金并非用于葛洲坝电厂的运营与建设，而是用于三峡电站的二期和三期建设。三峡电站的机组出让收益也没有用于三峡电站的三期建设，而是用于金沙江流域水电项目的梯级开发。这就形成了项目与项目之间的资金支持性活动。三峡集团称之为"多项目滚动投融资模式"，也就是由已完建项目为资金需求量大的新建项目提供资金来源，并且每一个新投产项目的现金流向都与它自身无关，而是与集团总部对下一个建设项目的资金需求有关。

根据以上分析资料，请思考：

1. 三峡集团的产业战略对内部资本市场运作有何影响？

2. 三峡集团内部资本市场的运作内容有哪些？

3. 结合本案例查阅相关资料，说明三峡集团内部资本市场的价值创造效应体现在哪些方面。

案例分析指引

跨国公司财务管理

◇ 了解跨国公司财务管理的环境和特征
◇ 了解外汇的含义及外汇汇率的决定理论
◇ 掌握跨国公司资本预算的程序和方法
◇ 掌握跨国公司融资的来源及计价货币的选择
◇ 熟悉跨国公司内部资本转移的一般方式

党的十七大报告明确指出："坚持对外开放的基本国策，把'引进来'和'走出去'更好地结合起来，扩大开放领域，优化开放结构，提高开放质量，完善内外联动、互利共赢、安全高效的开放型经济体系，形成经济全球化条件下参与国际经济合作和竞争的新优势。"这预示着我国"走出去""引进来"的双向开放战略开始向纵深发展。"引进来"旨在积极利用外资，进一步扩大商品和服务贸易，实施市场多元化战略，发挥我国的比较优势，巩固传统市场，开拓新兴市场，努力扩大出口；作为海外投资战略的"走出去"，旨在支持本土企业进行全球布局，同时发展本国和国际市场。无论是"引进来"还是"走出去"，都离不开跨国公司的发展和壮大。以我国为例，2016 年 9 月 22 日，商务部、国家统计局、国家外汇管理局联合发布《2015 年度中国对外直接投资统计公报》（以下简称《公报》），正式公布了 2015 年我国对外直接投资的年度数据。《公报》显示，2015 年，在全球外国直接投资流出流量 1.47 万亿美元，较上年增长 11.8% 的背景下，中国对外直接投资流量创下 1 456.7 亿美元的历史新高，同比增长 18.3%，超过日本成为全球第二大对外投资国。截至 2015 年年底，中国 2.02 万家境内投资者在国（境）外设立 3.08 万家对外直接投资企业，分布在全球 188 个国家（地区）；中国对外直接投资累计净额（存量）达 10 978.6 亿美元，位居全球第 8 位，境外企业资产总额达 4.37 万亿美元。

从投资的国家和地区分布看，投资的国家地区高度集中，对"一带一路"相关国家投资快速增长，2015年，对"一带一路"相关国家的投资占当年流量总额的13%；投资存量的83.9%分布在发展中经济体，分布在发达经济体的存量占比为14%，另有2.1%的存量分布在转型经济体；从投资的行业构成看，投资涉及国民经济各行业，制造业、金融业、信息传输/软件和信息服务业等领域的投资大幅增长[①]。

第10章首先介绍跨国公司财务管理的环境及特征，在介绍外汇的相关概念及汇率决定理论的基础上，从跨国公司角度出发，说明跨国公司资本预算的方法、跨国公司的融资管理以及跨国公司内部资本转移管理的相关内容。

10.1　跨国公司财务管理环境及特征

10.1.1　跨国公司财务管理环境

根据联合国"跨国公司行动准则政府间工作组"提出的定义，跨国公司是一个由经济实体构成的工商企业，其主要内容包括：由一系列企业在两个或两个以上国家开展经营活动；这些企业推行总公司的全球战略，并且共担风险、共享资源；这些企业在一个共同控制体系下开展经营活动。该控制体系以股权、合同或其他安排为依据。所以，跨国公司是在一定程度上通过集中控制，并且在两个或两个以上的国家从事跨国界生产经营活动的现代经济实体[②]。

按照环境内容的不同，可以将跨国公司面临的财务管理环境分为政治环境、法律环境、经济环境和社会文化环境四大类。

1）政治环境

任何一个独立的国家都拥有允许或禁止国外企业在其政治边界内开展业务的正当权利，因此跨国公司要想在其他国家进行经营和财务管理，就必须认真考虑东道国的政治环境，包括东道国政府对国外企业的政策态度以及东道国的政治稳定性等。

（1）东道国政府对国外企业的政策态度

各国政府对待在本国领域内进行经营的跨国企业可能采取不同的政策态度。有的国家政府认为，国外企业与国内企业的自由竞争会对国内企业产生促进作用，维护市场公平，因此对国外企业与国内企业一视同仁，不干涉国外企业的经营和资本运作；有的则认为国外企业在本国的经营会损害本国企业的利益，或者危害本国的文化和价值观念，因此采取禁止或严格限制的政策，比如进口管制、严格限定企业的形式和股权比例、限制借款、限制利润汇出等。东道国政府对国外企业的政策态度直接影响跨国公司的经营和财务管理决策，尤其会对跨国公司的现金流量、资本成本、资本结构等财务决策的重要指标产生直接的影响。

---

① 中华人民共和国商务部2013年商务工作年终述评，整理自商务部网站：http://www.mofcom.gov.cn/。
② 毛付根，林涛. 跨国公司财务管理［M］. 2版. 大连：东北财经大学出版社，2008.

（2）东道国的政治稳定性

政治稳定性包括政权的稳定、社会的稳定，如有没有暴乱、政治性罢工或恐怖活动等，以及政策的连续性和稳定性。东道国政治稳定可以使跨国公司财务决策所需的变量变化较小，企业决策的准确性更高。但是，对跨国公司的经营和财务管理来说，政治稳定到底是利还是弊不能一概而论。政治稳定不一定意味着跨国公司经营的经济利益高，因为当前稳定的政府或政策并不一定是对跨国公司有利的政府或政策。因此，对东道国政治变化的预测以及分析和判断政治变化会给企业带来何种影响是跨国公司经营和财务管理的一项非常重要的内容。

政治环境中其他的一些政治因素，如东道国的政治制度是公有制还是私有制、政府形式是民主共和还是军人专政等，也会给跨国公司的财务管理带来风险和机会，因此也要纳入考虑范围之内。另外，政治环境决定了法律环境和经济环境，因为政体和社会制度往往决定了该国法律的原则和内容，政府的政策本身都是通过各种法律法规、文件条例等形式颁布，并经执法和检察部门落实的，政治体制决定了经济体制和经济运行规则，决定了经济中各种关系的处理方式。因此，政治环境、法律环境和经济环境在很多方面是相互作用、相互影响的。

2）法律环境

跨国公司的经营和财务管理活动涉及多个国家和地区，其面临的法律问题不仅局限于本国的有关规定，东道国、国际社会的法律也会对它的活动产生效力。实际上，东道国政府对待国外企业的很多政策措施都是通过法律形式颁布的。因此，跨国公司的财务人员不仅需要了解东道国的法律特征、国际法和东道国法律对跨国公司的法律管制内容、国际经营活动中的司法权管辖权问题等，而且需要了解东道国的法律状况以及有关经营和财务管理方面的法律条文，因为遵循这些法律法规是跨国企业在东道国取得经营资格和顺利经营的前提，同时，熟悉并利用这些法律法规可以保护跨国企业在东道国的利益。

3）经济环境

与政治环境和法律环境相比，经济环境变化更快，对跨国公司财务管理的影响也最直接。例如，东道国的经济制度往往会影响跨国公司财务管理活动的灵活性；经济周期、经济发展水平和发展速度能够决定跨国公司投资的规模；金融体系会影响跨国公司资金筹措的渠道和方式；税收制度会对跨国公司财务管理的资本成本、现金流量产生最直接的影响；东道国的通货膨胀、国际收支状况还可能导致跨国公司现金流量汇率的改变等。

（1）通货膨胀

通货膨胀或通货紧缩都可能会给跨国公司的经营带来风险。东道国的通货膨胀主要会对跨国公司的现金流量、国外子公司的财务状况产生影响，另外还会通过汇率和利率对财务管理产生综合影响。

（2）经济状况

东道国的经济状况包括其经济发展水平及发展速度，以及所处的经济周期的阶段。经济发展水平较高的国家或地区市场细分程度高，产品需求多样性好，人们的购买力也相对较高；经济发展速度快的国家，产品市场、投资需求会迅速扩大，给跨国公司提供了更多的销售和投资机会。经济周期会对一国或一个地区甚至世界范围的产品需求规模和投资需求规模产生重要的影响。例如，在经济周期的繁荣阶段，产品市场的需求量扩大，企业的销售和投资需求旺盛，那么跨国公司在该国可以扩大收入、扩大投资；在经济周期的衰退和萧条阶段，产品市场萎缩，企业销售减少，投资需求减少，甚至现金流量急剧减少可能会导致资金短缺，引起财务困难发生。

（3）金融市场

跨国公司在全球范围内进行资金的筹集和投放，如果某个国家金融市场具有优势则可以吸引跨国公司在其中进行融资和投资的操作。比如是否具有丰富或特殊的金融工具可供跨国公司选择，是否有足够大规模和高流动性的股票市场吸引跨国公司筹集大额资金，投资者对收益率要求的高低等。跨国公司的财务管理人员可以根据不同国家金融市场的特点设计融资和投资战略。

（4）税收制度

投资者最为关心的是税后收益的多少，因此，每个企业对税收制度的内容和变化都非常敏感。研究各国的税收制度对跨国公司而言具有更加重要的意义，因为与非跨国公司相比，跨国公司的财务管理人员可以在世界范围内利用不同的税收制度，有更多的途径和方式进行税收筹划，可以最大限度地减少税收支付。

4）社会文化环境

各国的社会文化环境不尽相同，这将直接影响到东道国消费者的生活方式、消费倾向、购买动机和购买种类，从而影响跨国公司投资的国别与项目的选择等。社会文化因素包括宗教制度、教育和劳动力的素质、社会心理因素、国民感情和民族意识等。如果跨国公司所处的文化环境与投资地的文化环境有较大冲突，则会给跨国公司带来很多不便，在投资过程中产生种种不协调的现象，必将会对投资的经济效益产生不良影响。

10.1.2　跨国公司财务管理特征

跨国公司财务管理是企业国际化与金融市场一体化的必然产物，其研究的领域涵盖了一般财务管理的范围，但研究的角度却和一般财务管理有所不同。跨国公司财务管理从全球的角度探讨各个问题，并且还要考虑公司跨越不同的文化、政治及经济背景以及由于国际形势变化所导致的利率、汇率、商品价格等因素的变动，但同时这些也有可能为跨国公司带来更多的经济机会。与非跨国公司相比，跨国公司财务管理具有以下特征：

1）面临外汇风险

外汇风险是指由于汇率发生变动而对企业财务收支和成果产生影响的风险。浮动汇率制度的引入和汇率的波动增加了跨国公司经营环境的不稳定性，它会对跨国公司的经营活动和国际投资组合的收益产生影响。跨国公司面临的外汇风险主要可以分为三大类[①]：

（1）交易风险

交易风险是指公司在以外币计价的各种交易过程中，由于汇率变动使折算为本币的数额增加或减少的风险。交易风险具体又可以分为：商品进出口交易的外汇风险，即公司在进行商品、劳务进出口的交易过程中用外币计价结算，由于从成交日到结算日的汇率变动，使公司以外币计算的收入、支出可能增加或减少而导致的风险，又可以分为出口交易的外汇风险和进口交易的外汇风险等；外汇借款的汇率风险，即公司借入某种外汇，由于从借入日到偿还日的汇率变动，使公司还本付息折合本币数额增多或减少的风险；外汇买卖的汇率风险，即公司买入外汇，持有一段时间后卖出，由于从买入到卖出这一期间内汇率发生变动从而使本币数额增多或减少的风险；远期外汇交易的汇率风险，即在远期外汇交易中，由于合约规定的远期汇率与合约到期日的即期汇率不一致，使按远期汇率付出的货币数额多于或少于按即期汇率付出的货币数额而发生的风险；对外投资中的外汇汇出、利润汇回和原本撤回的汇率风险，即公司以外汇对境外投资，在外汇汇出到汇回利润和投资本金撤回这一期间内由于汇率的变动使公司发生的外汇风险；其他获得外币资产或带来外币债务的交易活动的汇率风险。

（2）会计折算风险

会计折算风险也可以称为折算风险。所谓折算是指将国外子公司的外币会计报表，采用一定的方法，按照一定的汇率进行折算，以母公司所在国的货币来表示，以便汇总编制整个公司的合并会计报表。折算风险就是指由于汇率变动，报表的不同项目采用不同汇率折算，因而产生损失或利得的风险。

（3）经济风险

经济风险是指由于汇率变动对公司的产销数量、价格、成本等经济指标产生影响，从而使公司未来一定时期利润和现金净流量减少或增加，引起公司价值变化的一种潜在风险。

上述 3 种风险对公司的影响程度是不同的。就交易风险来说，汇率的变化随时间的推移而不断对交易过程产生影响；就折算风险来说，汇率的变化只对某一变动点之前或到这一变动点时的过去情况产生影响；就经济风险来说，汇率的变化只对变动后的情况产生影响。在这 3 种风险中，按其影响的重要性不同，排序依次应为经济风险、交易风险和折算风险。

---

① 罗菲. 公司理财［M］. 北京：经济科学出版社，2011.

2）面临政治风险

政治风险是指因东道国发生政治事件或者东道国与跨国公司所在国甚至与第三国政治关系发生变化而引起的对跨国公司价值产生影响的可能性。跨国公司面临的政治风险主要原因有以下两项[①]：

（1）跨国公司与东道国政府之间目标上存在冲突

从历史上来看，跨国公司与东道国政府在目标上的冲突主要集中在：跨国公司是否对东道国经济的发展、东道国国际收支状况以及东道国货币的外汇价值产生影响；跨国公司是否侵犯了东道国的国家主权；跨国公司是否拥有股权并对当地股权形成控制；东道国政府是否应该对出口进行控制；应该使用当地还是外国的经理及员工以及对自然资源的掠夺等问题。

（2）跨国公司经营可能与东道国政府的法规产生冲突

各国政府为达成其战略目标所实施的一些法规通常会限制跨国公司的经营。例如，规定最高管理职位及董事会的成员必须由本国人担任；出口行业在国内销售必须按规定价格销售；对外国投资企业征收额外的税费；要求外国公司必须通过政府有关机构招收员工，并按高于本地企业的标准发放工资等。

3）市场机会增加

企业的财务活动如果跨越国界，就会有更多的市场机会。这些机会产生的主要原因体现在：

（1）国际金融市场的快速发展和金融工具的不断创新

货币市场和资本市场全球一体化进程的发展使企业可以在不增加风险的情况下，在全球范围内进行融资或投资。国际金融市场上有充沛的资金，企业在国内融资困难的情况下，可以比较容易地从国外筹集到大量资金。同时，企业向多个国家进行直接投资或证券投资也能够为股东提供在世界范围内分散风险和增加收益的机会。

（2）各国资本的供求状况以及获取资本的难易程度不同

跨国公司在全球范围内进行经营，而在全球范围内，货币有软硬、税种有不同、税率和利率有高低、劳动力和商品价格有差距、外汇和外贸管制有宽严，因此企业在经营和财务管理方面有很多可选择之处，可以获得更多的市场机会。例如，企业可以利用国外众多的资金市场，从资本成本较低的国家筹集资金，向利润率较高和税率较低的国家投资；可以从原材料价格较低的国家进口原材料，生产出产品后运到价格较高的国家销售；还可以到劳动力和原材料价格低廉的国家建厂，就地生产和销售，以获取更多的利润。

以上3个特征是相互联系的。正是由于跨国公司能够在新的环境下进行经营，因而才会面临外汇风险和政治风险，同样也是因为这些新的环境才能够给跨国公司

---

① 毛付根，林涛. 跨国公司财务管理［M］. 2版. 大连：东北财经大学出版社，2008.

带来新的市场机会。总之，机会和风险总是并存的。

10.2　外汇与汇率决定理论

10.2.1　外汇与外汇汇率

跨国公司财务管理与外汇管理密切结合，外汇管理会渗透于财务管理的各个方面。因此，了解跨国公司财务管理的首要前提就是理解有关外汇的内容。本节将对外汇及汇率决定理论的有关内容进行简要的阐述。

1）外汇的含义及其内容

外汇（foreign exchange）是"国际汇兑"一词的简称。其动态的含义是指把一个国家的货币兑换成另一个国家的货币，借以清偿国际间债权债务关系的一种专门性的经营活动；其静态的含义是指以外币表示的用于国际结算的支付手段。财务管理中的外汇一般都是采用其静态含义。

外汇一般需要具备 3 个条件：必须是以外币表示的资产；必须可以兑换成其他形式的资产或以外币表示的支付手段；必须能被实行一定货币制度的一国政府所控制。

按照我国外汇管理条例的规定，外汇的具体内容包括：外国货币，包括纸币、铸币；外币支付凭证，包括票据、银行存款凭证、邮政储蓄凭证；外币有价证券，包括政府债券、公司债券、股票等；特别提款权（SDR）、欧洲货币单位（ECU）；其他外汇资产。

2）外汇汇率

汇率是两种货币兑换的比率，即一国货币用另一国货币表示的价格。汇率又称为汇价或外汇行市。通过银行将本国货币按汇率购买外汇或将外汇按汇率兑换成本国货币，就是进行外汇买卖，汇率是外汇买卖的兑换标准。

（1）外汇汇率的标价方法

国际外汇市场上有两种不同的外汇汇率标价方法。

第一，直接标价法。直接标价法是指以一定单位（1 个单位或 100 个单位）的外国货币作为标准，折算成若干本国货币来表示其汇率的标价方法。在直接标价法下，外国货币数额固定不变，汇率涨跌都以相对的本国货币数额的变化来表示。一定单位外币折算的本国货币增多，说明外币汇率上涨或本币汇率下跌，即外国货币币值上升，或本国货币币值下降；相反，一定单位外币折算的本国货币减少，说明外币汇率下跌或本币汇率上涨，即外国货币币值下降，或本国货币币值上升。

除英国和美国外，世界上绝大多数国家和地区都采用直接标价法。同国际上绝大多数国家一样，我国的人民币外汇牌价也采用直接标价法。

第二，间接标价法。间接标价法是指以一定单位的本国货币为标准，折算成若干数额的外国货币来表示其汇率的标价方法。在间接标价法下，本国货币的数额固定不变，汇率涨跌都以相对的外国货币数额的变化来表示。一定单位的本国货币折算的外币数量增多，说明本币汇率上涨或外币汇率下跌，即本国货币升值或外国货币贬值；相反，一定单位的本币折算的外币数量减少，说明本币汇率下跌或外币汇率上涨，即本币贬值或外币升值。

英国一向采用间接标价法，美国在第二次世界大战之前长期使用直接标价法。在第二次世界大战以后，美元在国际收付和国际储备中逐步取得统治地位，从1978年9月1日开始，除对英镑继续使用直接标价法外，对其他货币一律改用间接标价法公布美元汇率。英国和美国使用间接标价法的目的是与其他国家外汇市场上各国货币对英镑和美元的标价一致。

（2）外汇汇率的种类

按照不同的标准，汇率可以分为许多不同的类型，主要有以下几种：

从银行买卖外汇的角度划分，可以分为买入汇率、卖出汇率、中间汇率和现钞汇率；按照制定汇率的方法划分，可以分为基本汇率与套算汇率；按照外汇交易的期限划分，可以分为即期汇率与远期汇率；按银行外汇汇兑的方式，可以划分为电汇汇率、信汇汇率与票汇汇率；按外汇管制的宽严程度，可以划分为官方汇率和市场汇率；按国际汇率制度，可以划分为固定汇率与浮动汇率；按外汇市场营业时间划分，可以分为开盘汇率和收盘汇率；按外汇买卖对象划分，可以分为银行同业汇率和商业汇率等。

10.2.2　汇率决定理论

从理论上说，一种货币对其他货币的汇率取决于外汇市场上对该货币的需求和供给关系，但外汇市场上同时还存在着一些基本的等价关系。这些等价关系表现为：购买力平价理论、费雪效应、国际费雪效应、利率平价理论和无偏差理论等。

1）购买力平价理论

购买力平价理论讨论的是汇率变化和货币购买力变化之间的关系。这一理论的基本思想是：某一种货币之所以被需要，是因为它具有购买力。一个国家的货币价值由其在该国国内所能购得商品及劳务的量，也就是购买力来决定，因此对本国和外国货币比价的衡量主要取决于两种货币的购买力。如果一国发生了通货膨胀（假设为中国），而另一国（假设为美国）的物价水平保持不变，那么，人民币的购买力就会相对降低。如果两国都发生通货膨胀，则两国的货币购买力都下降，此时人民币与美元的相对购买力的变化取决于两国物价上涨的幅度。如果美元物价上涨幅度小于人民币，则人民币的价值相对于美元下降；反之则上升。

以上原理可以用公式表示如下：

$$\frac{S_t}{S_0} = \frac{1+P_d}{1+P_f} \tag{10.1}$$

或 $\quad S_t = S_0 \dfrac{1 + P_d}{1 + P_f}$ (10.2)

其中：S_0 表示以直接标价法表示的当前的即期汇率；S_t 表示一段时间以后的即期汇率；P_d 表示当前本国的通货膨胀率；P_f 表示当前外国的通货膨胀率。

假设中国的通货膨胀率为3.6%，美国的通货膨胀率为2.3%，则公式（10.1）的右边等于1.013，即 $S_t = 1.013S_0$，这说明年末时一单位外币所能兑换的本币数将为年初时的1.013倍，这意味着年末时人民币相对于美元贬值了。也就是说，通货膨胀提高引起货币购买力降低，从而导致了货币贬值。

如果将 Δ 定义为 $0 \sim t$ 期间汇率的预计变化率，则有：

$$\Delta = \frac{S_t - S_0}{S_0} = \frac{P_d - P_f}{1 + P_f}$$ (10.3)

公式（10.3）左边是直接标价法下的汇率变动百分比，而公式右边的分子是两国通货膨胀率之差。这一公式就是购买力平价理论的基本公式。如果外国通货膨胀率很小，则可以忽略分母项。简化后，可以得到购买力平价理论的近似公式为：

$$\Delta = \frac{S_t - S_0}{S_0} = P_d - P_f$$ (10.4)

从公式（10.4）可以看出，汇率的预计变化率应等于两国通货膨胀率之差。

购买力平价理论能够很好地理解汇率的变动，各国的中央银行经常按照这一理论制定新的汇率平价，很多公司也常使用这种方法对未来的汇率进行预测。

2）费雪效应

费雪效应是以美国经济学家 Irving Fisher 的姓氏命名的。这一理论论述的是利率与通货膨胀率之间的关系。其基本思想是：各国的名义利率可以简单地分为投资获得的真实利率和预期通货膨胀率两个部分。在资本可以在国际市场上自由流动的条件下，两国名义利率的相对差别可以大体上反映两国一般价格水平的预期相对变动，也就是说，名义利率（i）与真实利率（r）和预期通货膨胀率（P）之间具有如下的关系：

$1 + i = (1 + r)(1 + P)$ (10.5)

费雪效应认为，世界上每个国家的真实利率都是相同的，即世界上只有一个真实利率，记作 r_w。这是因为，如果一个国家货币的真实利率高于其他国家，那么大量的资本就会流入这个国家。只要政府不加干涉，这种套利活动就会持续进行，直到真实利率相等为止。因此根据公式（10.5），两国（本国记为 d，外国记为 f）之间就会存在下列关系：

$$1 + r_w = \frac{1 + i_d}{1 + P_d} = \frac{1 + i_f}{1 + P_f}$$

也就是：$\dfrac{1 + i_d}{1 + i_f} = \dfrac{1 + P_d}{1 + P_f}$ (10.6)

公式（10.6）说明费雪效应所表明的两国名义利率与通货膨胀率之间的关系是成立的，也可以对费雪效应进一步简化。公式（10.5）也可以表示为：

$i = r + P + rP$ (10.7)

由于真实利率和通货膨胀率都小于1，两者相乘之积（rP）就更小，因此可以忽略公式（10.7）中的最后一项，则可以得到以下公式：

$$r = i - P \qquad (10.8)$$

同样，由于各个国家的真实利率相等，因此可有：

$$r_w = i_d - P_d = i_f - P_f$$

即：$r_w = i_d - i_f = P_d - P_f \qquad (10.9)$

公式（10.9）表明，两国名义利率之差等于两国通货膨胀率之差。

3）国际费雪效应

把购买力平价理论和费雪效应结合起来就可以得到一个新的平价理论：国际费雪效应。购买力平价理论建立了汇率与预期通货膨胀率之间的关系，而费雪效应反映的是名义利率与预期通货膨胀率之间的关系，它们之间存在着一个共同因素，即预期通货膨胀率。根据公式（10.1）和公式（10.6）则有：

$$\frac{S_t}{S_0} = \frac{1 + P_d}{1 + P_f} = \frac{1 + i_d}{1 + i_f}$$

如果上式中的中间项忽略不计，就可以得到国际费雪效应的公式：

$$\frac{S_t}{S_0} = \frac{1 + i_d}{1 + i_f} \qquad (10.10)$$

还可以推导出：

$$\Delta = \frac{S_t - S_0}{S_0} = \frac{i_d - i_f}{1 + i_f} \qquad (10.11)$$

如果公式（10.11）中的 i_f 相对较小，则可以得到国际费雪效应的近似公式为：

$$\Delta = \frac{S_t - S_0}{S_0} = i_d - i_f \qquad (10.12)$$

根据公式（10.12），国际费雪效应的含义是：即期汇率的变化率（直接标价法下的外币升值率或贬值率）应等于两国的利率之差。

4）利率平价理论

不同国家的利率差异必然引起利息套汇，大量的利息套汇者不断地进行利息套汇，就会出现利率平价。利率平价说明的是外汇市场与货币市场的平衡关系。根据利率平价关系，如果以证券代表金融资产，两国风险与期限相同的证券的利率差别（本国利率减外国利率）在扣除交易成本后应等于外币的远期升水或贴水[1]。

如果 S_0 表示即期汇率，F_0 表示一年期远期汇率，则利率平价理论可用公式表示如下[2]：

$$\frac{1 + i_d}{1 + i_f} = \frac{F_0}{S_0} \qquad (10.13)$$

如果公式（10.13）两边都以分子减去分母，再除以分母，则可以得到：

$$\frac{i_d - i_f}{1 + i_f} = \frac{F_0 - S_0}{S_0} \qquad (10.14)$$

---

[1] 远期升水是指一种货币的远期汇率高于即期汇率，在直接标价法下表现为远期汇率的具体数值大于即期汇率的具体数值；远期贴水反之。

[2] 具体推导过程略。

公式（10.14）右边就是在直接标价法下外币的远期升水或贴水。如果该公式中的 i_f 相对较小，则可以忽略公式（10.14）左边的分母项，因而可以得到：

$$\frac{F_0 - S_0}{S_0} = i_d - i_f \tag{10.15}$$

公式（10.15）就是利率平价的近似表达式，式中左边表示外币的远期升水或贴水，右边表示本国利率与外国利率之差。

5）无偏差理论

无偏差理论说明了远期汇率与未来即期汇率之间的关系。将国际费雪效应公式（10.10）和利率平价公式（10.13）结合起来，就可以得到：

$$\frac{F_0}{S_0} = \frac{1 + i_d}{1 + i_f} = \frac{S_t}{S_0} \tag{10.16}$$

由上式可得：$F_0 = S_t$ \qquad (10.17)

公式（10.17）表明，目前的远期汇率等于一定时期（一年）后预计的即期汇率。上式也可以表示为：

$$\frac{F_0 - S_0}{S_0} = \frac{S_t - S_0}{S_0} \tag{10.18}$$

公式（10.18）表明，外汇远期升水或贴水等于预计的外汇升值或贬值。无偏差理论说明，在没有干扰的情况下，当前的远期汇率应等于未来的即期汇率。也就是说，根据远期汇率可以无偏差地预测到期时的即期汇率。上述5种汇率决定理论可用图10-1表示如下[①]：

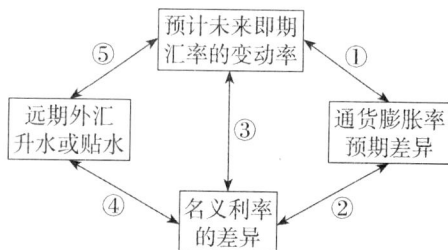

图10-1 汇率平价关系图

注：

①购买力平价理论 $\dfrac{S_t}{S_0} = \dfrac{1 + P_d}{1 + P_f}$ \qquad 公式（10.1）

②费雪效应 $\dfrac{1 + i_d}{1 + i_f} = \dfrac{1 + P_d}{1 + P_f}$ \qquad 公式（10.6）

③国际费雪效应 $\dfrac{S_t}{S_0} = \dfrac{1 + i_d}{1 + i_f}$ \qquad 公式（10.10）

④利率平价理论 $\dfrac{F_0}{S_0} = \dfrac{1 + i_d}{1 + i_f}$ \qquad 公式（10.13）

⑤无偏差理论 $F_0 = S_t$ \qquad 公式（10.17）

① 刘淑莲. 公司理财［M］. 北京：中国金融出版社，2005.

在图 10-1 中，尽管每一种平衡关系强调的是某一对因素的相互关系，但实际上，它们之间是相互交叉相互影响的。例如，根据无偏差理论，可以利用当前的远期汇率预测未来的即期汇率，但名义利率差值率、通货膨胀率的差值率都会对即期汇率产生直接的影响。同时也应注意，上述这几种平价关系是在外汇市场充分发达和完全开放情况下外汇汇率变化的规律，这些平价关系完全由市场调剂作用完成，因此在实际中，外汇可自由买卖的程度对这些平价关系可以应用的程度起到决定性作用。

10.3　跨国公司资本预算

10.3.1　跨国公司资本预算基本特性及主体选择

1）跨国公司资本预算基本特性

跨国投资项目是否可行，关键的一步是对投资项目的经济可行性进行科学的评价。跨国公司投资项目的经济可行性评价，其原理类似于国内投资项目的经济评价，但由于跨国投资项目处于其他国家，其面临的政治、经济、社会环境等与国内有所不同，涉及的可变性因素很多，更加复杂，因此其经济可行性评价也具有其自身的特殊性。

与国内投资项目的经济评价相比，跨国投资项目经济评价具有以下基本特性：

（1）项目评价的主体选择不同

对跨国投资项目进行经济评价必须区分投资项目本身的现金流量和母公司的现金流量，从而有助于从总公司角度分析和评价跨国投资项目对公司整体所做的贡献。

（2）项目评价涉及不同的货币体系

跨国生产经营会涉及不同国家、地区的多种货币体系，这些货币体系在各自的资本市场上会形成不同的利率水平、不同的通货膨胀率水平以及不同的汇率水平，并都具有不同程度的变动情况。因此，跨国投资项目的经济评价，必须考虑各国不同的通货膨胀率水平及外汇汇率水平变动对公司竞争地位的影响，以及由此引起的公司现金流量的变动。

（3）项目评价涉及不同的税收制度

跨国生产经营会涉及不同国家和地区的不同税制。这些国家和地区的关税、所得税税率等有所不同，同时，其实施的外汇管制、进出口管制等也有所区别。因此在对项目评价时必须考虑到，跨国投资项目的实际现金流量可能受到汇回母公司的现金形式，如利息、本金、管理费、股利等的影响，同时还会受到当地政府干预程度及金融市场财务功能的影响。

（4）项目评价涉及不同的风险

在不同国家和地区进行投资会有不同的投资风险和经营风险，因此跨国投资还必须考虑不同国家或地区投资风险及经营风险等因素对现金流量的影响。

2）跨国公司资本预算主体选择

由于受税制、外汇管制、汇率变动、跨国公司内部的财务结算制度以及出口替代等因素的影响，在对跨国公司投资项目进行可行性分析时，以子公司为主体和以母公司为主体进行评价，其现金流量差异可能会很多，因而评价结果也可能有所不同。例如，假定东道国政府规定，子公司收益的一定百分比必须留在该国，那么在这类国家进行投资的项目可能对母公司没有吸引力，因为母公司可能永远也无法得到这笔被留在东道国的投资资金。但该项目对子公司可能却是非常不错的。因此，主体的选择至关重要。

（1）以子公司为评价主体

通过跨国投资在国外形成的子公司是具有较强独立性的经济实体。因此，从子公司这一主体出发，对投资项目本身建成投产后能否取得相应的经济效益进行独立地经济评价，是必不可少的。以子公司为主体进行经济评价，其所用的方法和原理同一般国内投资项目的经济评价基本相同。

（2）以母公司为评价主体

经济理论认为，一个投资项目的价值取决于投资者可以得到的未来现金流量的现值，而跨国公司及其股东是进行跨国投资的投资者，因此从母公司的角度分析和评价跨国投资项目，即在国外创建一个子公司对公司整体收益的影响也是非常必要的。

10.3.2 跨国公司资本预算程序及方法

跨国投资可以分为直接投资和间接投资两种基本方式。间接投资是指投资者在国际金融市场上购买外国公司的股票、债券等，其目的是获取证券投资的股息或债息。直接投资是指投资者在国外经营公司，并通过直接控制或参与其生产经营管理以获取利润的投资。直接投资的结果通常是建立子公司或分公司。本节以跨国公司为例介绍与直接投资有关的几个问题。

1）跨国投资环境分析

跨国投资环境是指在跨国投资过程中影响跨国资本运行的东道国（资本输入国）的综合条件。与国内投资环境相比，跨国投资环境更为复杂、多变，对投资的效益和风险产生的影响更大、更直接。为了正确地做出投资决策，首先必须对有关国家的投资环境进行分析和评价。关于跨国投资环境分析方法的研究，国外已进行多年，常见的跨国投资环境分析方法主要有以下两种[1]：

（1）冷热分析法

这种方法是由美国学者伊西阿·利特法克和彼得·班廷二人通过对美国、加拿大等

---

① 夏乐书，李琳. 国际财务管理［M］. 大连：东北财经大学出版社，2010.

国的大批工商界人士进行调查和对大量资料进行综合分析后得出的。在这里，把一国投资环境的好坏归结为以下7个因素：政治稳定性、市场机会、经济发展和成就、文化一元化、法令阻碍、实质阻碍（指一国的自然条件、气候等）、地理及文化差距。根据上述7个因素进行分析，一国的投资环境好，即为"热国"，反之则为"冷国"。

（2）投资环境评分法

对跨国投资环境的"冷热"分析，主要是从宏观因素进行的，对于干扰跨国投资环境的微观因素考虑得较少。为此，美国学者罗伯特·斯托鲍夫于1969年提出了"投资环境评分分析法"。这种评价方法是从东道国政府对外国投资者的限制与鼓励政策出发，对影响投资环境的八大微观因素及其若干个子因素进行具体分析，并根据各子因素对投资环境的有利程度给予评分，以表格的形式逐级评分，并相加得出总分。分数越高，表明该地投资环境越好；分数越低，表明该地投资环境较差，当低到一定程度时则不适宜在该地进行投资。表10-1为投资环境评分法的评分标准。

表10-1　　　　　　　　　　　投资环境评分法的评分标准

投资环境因素	评分
一、资本抽回	0~12分
无限制	12
只有时间上的限制	8
对资本有限制	6
对资本和红利都有限制	4
限制繁多	2
禁止资本抽回	0
二、外商股权	0~12分
准许并欢迎全部外资股权	12
准许全部外资股权但不欢迎	10
准许外资占大部分股权	8
外资最多不得超过股权半数	6
只准外资占小部分股权	4
外资不得超过股权的三成	2
不准外资控制任何股权	0
三、对外投资管理制度	0~12分
外商与本国企业一视同仁	12
对外商略有限制但无管制	10
对外商有少许管制	8
对外商有限制并有管制	6
对外商有限制并严加管制	4
对外商严格限制并严加管制	0
禁止外商投资	0

续表

投资环境因素	评分
四、货币稳定性	4 ~ 20分
完全自由兑换	20
黑市与官价差距小于一成	18
黑市与官价差距在一成至四成之间	14
黑市与官价差距在四成至一倍之间	8
黑市与官价差距在一倍以上	4
五、政治稳定性	0 ~ 12分
长期稳定	12
稳定但因人而治	10
内部分裂但政府掌权	8
国内外有强大的反对力量	4
有政变和动荡的可能	2
不稳定，政变和动荡极有可能	0
六、给予关税保护的意愿	2 ~ 8分
给予充分保护	8
给予相当保护但以新工业为主	6
给予少许保护但以新工业为主	4
很少或不给予保护	2
七、当地资金可供程度	0 ~ 10分
成熟的资本市场，有公开的证券交易所	10
少许当地资本，有投机性的证券交易所	8
当地资本有限，外来资本不多（世行贷款）	6
短期资本极其有限	4
资本管制很严	2
高度的资本外流	0
八、近5年的通货膨胀率	2 ~ 14分
小于1%	14
1% ~ 3%	12
3% ~ 7%	10
7% ~ 10%	8
10% ~ 15%	6
15% ~ 35%	4
35%以上	2
总计	8 ~ 100分

资料来源：夏乐书，李琳. 国际财务管理［M］. 大连：东北财经大学出版社，2010：371.

投资环境评分法是目前国际上较为流行的投资环境的定量评价方法，投资者只需要将表上各项评分进行比较，即可对不同投资环境做出合理评估，以确定投资环境的优劣，从而做出正确的投资决策。

2）跨国投资现金流量分析应注意的问题

从方法论上讲，跨国投资现金流量分析与国内投资现金流量分析并无差别，但国外投资面临的实际情况更为复杂。在分析时，应注意以下几个问题：

（1）资本预算主体的不同

从不同的资本预算主体出发，现金流量可能会有较大差别。跨国公司对外直接投资后形成了分处两个国家中的不同经济实体：母公司的现金流量和国外投资项目（即子公司）的现金流量。两种不同的现金流量因其国别不同，性质也不同，因此投放在项目上的现金流量与流向母公司的现金流量必须严加区分。

（2）跨国投资具体环境的影响

在分析时要充分认识各国的税收体系、金融机构、外汇管制、会计准则以及金融资产流动的限制等方面对现金流量的影响。同时，汇率变化、利率变化、通货膨胀率变化不仅会改变国外投资项目的竞争地位，还会改变母公司与子公司之间的现金流量的价值，因此在投资分析中应给予充分的重视。

（3）政治风险的影响

在跨国投资中，政治风险的高低会使对外投资的价值发生很大变化。

3）国外子公司资本预算分析

国外子公司投资现金流量表与国内一般项目现金流量表编制方法的基本原理是一样的，但必须考虑以下两点：第一，在估计投资项目的成本和收益时，要充分考虑由于汇率变化、通货膨胀率变化引起的货币贬值、东道国干预等因素；第二，对外投资发生的有关成本和收益的货币与母公司的货币不同。

确定国外投资项目的净现值一般有两种方法：第一种方法是以子公司所在国货币估计现金流量，并按计划汇率换算成母公司所在地货币，然后按母公司所在地货币的资本成本折现，从而得出以母公司所在地货币表示的投资净现值；第二种方法是为了避免进行外汇汇率预测，跨国公司完全以子公司所在国的货币计算净现值，然后按现行汇率将计算结果换算成母公司所在地货币。

假设我国某跨国公司在美国建立一子公司，其净现值的计算步骤见表10-2：

表10-2　　　　　　　　　国外投资项目净现值计算步骤

第一种方法	第二种方法
第一，以美元估计未来的现金流量	第一，以美元估计未来的现金流量
第二，根据预测汇率将美元换算成人民币	第二，根据美元的折现率计算现值
第三，根据人民币的折现率计算现值	第三，根据即期汇率将美元换算成人民币

这两种方法的差别在于外汇汇率的预测是否准确，如果各国的利率、汇率、通货膨胀率之间存在着简单的平价关系，那么这两种方法所得出的结论就是一致的。

[例10-1] 某中国跨国公司在美国的子公司期望现金流量见表10-3。

表10-3　　　　　　　　　　　　美国子公司期望现金流量表　　　　　　　　单位：万美元

年份	第1年	第2年	第3年	第4年	第5年
现金流量	80	95	102	115	130

假设该跨国公司要求以15.5%的投资收益率从美国的投资中收回人民币，经母公司财务经理预测，名义投资利率在美国为8%，在中国为10%；美国的预期通货膨胀率为5%，中国的预期通货膨胀率为7%；假设第1年年初的即期汇率为1美元=6.2人民币元。试根据上述资料按两种方法计算投资项目的净现值。

首先，计算未来即期汇率。根据购买力平价理论，未来的即期汇率（第1年年末）为：

$$S_1 = S_0 \times \frac{1 + P_d}{1 + P_f} = 6.2 \times \frac{1 + 7\%}{1 + 5\%} \approx 6.318 \text{（人民币元/美元）}$$

据此可依次计算各年年末的即期汇率，借以预测以人民币表示的各年现金流量，见表10-4。

表10-4　　　　　　　　　　　　　现金流量预测表

项目	第1年	第2年	第3年	第4年	第5年
现金流量（万美元）	80	95	102	115	130
预测的即期汇率（人民币元/美元）	6.318	6.438	6.561	6.686	6.813
现金流量（万人民币元）	505.44	611.61	669.22	768.89	885.69

其次，将以人民币元表示的各年现金流量按要求的最低收益率或风险调整折现率（无风险利率+风险补偿率）进行折现。其有关指标计算如下：

1+风险调整折现率=（1+名义利率）（1+风险补偿率）

假设预测风险补偿率为5%，则：

以人民币元计算：1+风险调整折现率=（1+10%）×（1+5%）=1.155

以美元计算：1+风险调整折现率=（1+8%）×（1+5%）=1.134

根据上述计算结果，采用第一种方法将以人民币表示的现金流量按最低收益率15.5%进行折现，则投资现值（PV）为：

$$PV = \frac{505.44}{1.155} + \frac{611.61}{1.155^2} + \frac{669.22}{1.155^3} + \frac{768.89}{1.155^4} + \frac{885.69}{1.155^5} \approx 2\,193.36 \text{（万人民币元）}$$

采用第二种方法时，由于美元的名义利率低于人民币元的利率，因此调整后的折现率为13.4%。以这一折现率对美元表示的现金流量进行折现，则：

$$PV = \frac{80}{1.134} + \frac{95}{1.134^2} + \frac{102}{1.134^3} + \frac{115}{1.134^4} + \frac{130}{1.134^5} \approx 353.23 \text{（万美元）}$$

将美元现值按1美元=6.2人民币元的即期汇率折算为人民币元：

$$PV = 353.23 \times 6.2 \approx 2\,190.03 \text{（万人民币元）}$$

如排除计算误差，两种计算结果相同。根据以上计算结果，即可按一般方法计算投资项目的净现值或内部收益率。

4）母公司资本预算分析

国外投资项目的评价不但应从投资项目本身进行评价，还要站在母公司的立场上评价该项目。在评价时应考虑以下几个问题：净现金流量从子公司转换到母公司的可能性；子公司所在国有关汇兑资本方面的税收规定；两国外汇汇率变化等。

从母公司角度进行分析，其现金流入量主要来自子公司的净现金流量、许可证收入、监管费收益等。现金流出量主要是从子公司获得股利收入而应向本国政府缴纳的各种税款等。现金流入量减现金流出量的净现金流量是母公司可以运用的净收益。据此可以按最低收益率计算母公司进行国外投资的净现值和内部收益率。

5）跨国投资风险调整

跨国投资风险的调整与一般投资项目风险调整的方法基本相同。常见的方法有：缩短投资回收期、提高折现率、调整现金流量等。例如，如果预计投资回收可能会受到东道国外汇管制的限制，跨国母公司可以将正常的折现率10%提高到12%，或者把原定5年的回收期缩短到3年。又如，为防止投资风险可以从每年的现金流量中提取一笔保险金用于政治和经济风险的保险。保险金可以用于向保险公司购买保险，也可以用于支付其他规避风险的费用。如为了防止汇率变动的损失，可以利用远期外汇市场进行套期保值等等。

10.4 跨国公司融资管理

跨国公司融资管理主要包括以下3个方面，即跨国公司的资本来源、跨国公司计价货币的选择以及跨国融资风险管理。

10.4.1 跨国公司资本来源

1）跨国公司内部融资

公司内部融资是指资本从母公司流向子公司或从一个子公司流向另一个子公司。其形式主要有：

（1）股权融资

股权融资是母公司通过购买子公司股票，即向子公司投资，使资本流向子公司。通过母公司来源取得的股票融资，其主要优点是能够加强母公司对子公司的所有权和控制权、能够加强海外子公司的举债能力，便于其筹措资本。缺点是外汇风险较大、汇付利润和偿还投资资本的风险较高、财产被没收和国有化的风险较大。

（2）举债融资

举债融资就是母公司利用自有资本或从银行取得的借款向子公司放贷。通过母公司来源的举债融资，优点是支付利息可以获得税收利益，易于得到较低成本的资本，易于汇付利润和偿还资本。缺点是子公司从国外借入资本的外汇风险较大。

（3）其他子公司向某一子公司放贷或公司内部转移

跨国公司内部融资是跨国公司最主要的资本来源，而在以上3种来源中，前两种是跨国公司内部融资中最主要的。

2）东道国融资

东道国是跨国公司补充资本的重要来源。跨国公司可以根据东道国的经济状况和金融环境筹集所需要的资本，如通过当地的证券市场进行股权或债券融资，或通过当地银行取得借款等。

通过东道国融资的优点是政治风险低、支付利息扣税、外汇风险小、可与当地公司或其他金融机构建立良好的关系，其缺点是东道国的资本可供量有限、母公司对子公司的控制权较弱。

3）国际代理机构和第三国来源融资

跨国公司可以通过各种国际机构，如世界银行、国际开发协会、亚洲开发银行、进出口银行等筹集所需要的资本，也可向第三国银行借款或向第三国资本市场发行股票或债券等进行融资。

跨国公司通过各种金融机构贷款可以分为两种情况：一种是意向贷款，即贷款与一定的目的（例如商品出口、工程项目招标）相联系，这种贷款一般利率低、期限长，有时带有一定的优惠条件；另一种是自由外汇贷款，即由国际金融市场上的外国商业银行提供。这种贷款与其他国家贷款方式相比：优点是贷款方式灵活、手续简便，资本供应充足，允许借款者选择借款币种，贷款可以自由使用，不受贷款银行限制；缺点是贷款利率较高，期限较短。

4）国际贸易融资

跨国公司在对外贸易结算中，通常会有融资活动伴随发生，如远期汇票折现、出口押汇、保理账款（出售应收账款）、进口押汇、信托押汇等，这些都可以作为跨国公司的资本来源。

10.4.2　跨国融资计价货币的选择

跨国公司在举债融资过程中面临的一个重要问题就是如何权衡利率水平和外汇风险水平之间的关系。

1）无风险条件下计价货币的选择

无风险条件下计价货币的选择是指在借款利率不变，未来汇率变动已知的情况下计价货币的选择。在这种情况下，一般可以通过比较两种货币借款成本的大小进行选择。

［例10-2］假设某公司年初准备借入一笔1年期借款供美国子公司使用，当时国际金融市场上有美元和欧元两种货币可供选择，两种货币当时的汇率为1欧元=1.0850美元。该公司可以直接从银行借入500万美元，假定1年期借款的利率为

4.45%；也可以先借入460.83万欧元，1年期借款的利率为6.5%，然后兑换成500万美元。假设借款在年末1次还本付息。如果公司借入欧元，年末还须用美元购买欧元以偿还欧元借款本息490.78万欧元（460.83+460.83×6.5%）。公司将选择哪一种计价货币呢？

在利率不变的情况下，期末汇率（1年后的即期汇率）的变动相对于期初汇率（现行的即期汇率）来说，有3种情况：

第一，如果期末汇率仍然为：US$1.0850/EUR，该公司显然应选择美元借款，因为美元借款的利率低于欧元借款利率。如果借欧元，1年后还本付息数为490.78万欧元，相当于532.5万美元，其借款成本为32.5万美元（532.5-500）；如借美元，一年后还本付息数为522.25万美元，其借款成本为22.25万美元。

第二，如果期末汇率为：US$1.0910/EUR，即欧元升值。如果借欧元，1年后需还本付息数仍为490.78万欧元，按期末汇率换算成美元数为535.44万美元，这表明公司必须支付535.44万美元认购490.78万欧元，借款成本为35.44万美元；如借美元，借款成本为22.25万美元。因此，当欧元升值时，该公司需要用更多的美元才能购得等额的欧元。在这种情况下，公司仍应选择美元作为其债务的计价货币。

第三，如果期末汇率为：US$1.0523/EUR，即欧元贬值。如果借欧元，1年后还本付息数为490.78万欧元，按期末汇率换算美元数为516.45万美元，这表明公司只需用516.45万美元便可以认购490.78万欧元。因此，当欧元贬值时，公司可用较少的美元购入等额的欧元。在这种情况下，公司应选择欧元作为其债务的计价货币。

如果公司的管理者能够准确地预测1年后的汇率，也就是贷款偿还时的汇率，计算和比较预测汇率下的美元或欧元借款成本，就可以做出正确的融资决策。但事实上，汇率受各种因素的影响，无法确切预知，所以大多数情况下公司都要在风险条件下进行计价货币的选择。

2）风险条件下计价货币的选择

虽然借款人不可能事先得知未来的确切汇率，但可以在充分分析汇率未来走势的基础上，对汇率的不确定性进行量化。

[例10-3] 假设上例中该公司对未来汇率变化情况进行分析测算，得到如下资料：

汇率（US$/EUR）	1.0523	1.0910	1.1125	1.1231
概率	0.25	0.20	0.45	0.10

汇率期望值=1.0523×0.25+1.0910×0.20+1.1125×0.45+1.1231×0.10=1.094

根据以上资料，可以采用两种方法比较每种贷款方案的预期成本：

（1）公式分析法

这种方法是将借款方案的成本表示为期末汇率的函数。假设期末汇率用X_1表示，则欧元的借款成本为：

C_{EUR}=借款本金×（期末汇率−期初汇率）+借款利息×期末汇率

=460.83（X_1−1.0850）+29.95 X_1

=490.78 X_1−500

假设1年后期末汇率为1.0943，则当X_1=US\$1.0943/EUR时，代入上式可得欧元借款的预期成本为37.06万美元。如前所述，美元借款成本为22.25万美元，由于$C_{EUR}>C_\$$，即借欧元成本高于美元借款成本，该公司应选择成本较低的美元借款。

（2）临界分析法

临界分析法是先将期末汇率的不确定性量化为X_1，然后通过预期成本与汇率的函数关系求出欧元借款成本。临界分析法不必用特定的概率将风险量化，只需要求出在两种借款成本相等时的汇率X_b就可以进行决策。按上例，当$C_{EUR}=C_\$$时，可以得到下式：

490.78 X_b−500=22.25

$X_b = \dfrac{500 + 22.25}{490.78} = 1.0641$

上式中的US\$1.0641/EUR是两个借款方案成本相等时的汇率，也称成本重合点。如果期末汇率X_1<US\$1.0641/EUR，则欧元借款便宜；反之，美元借款更合适。上述结果如图10-2所示：

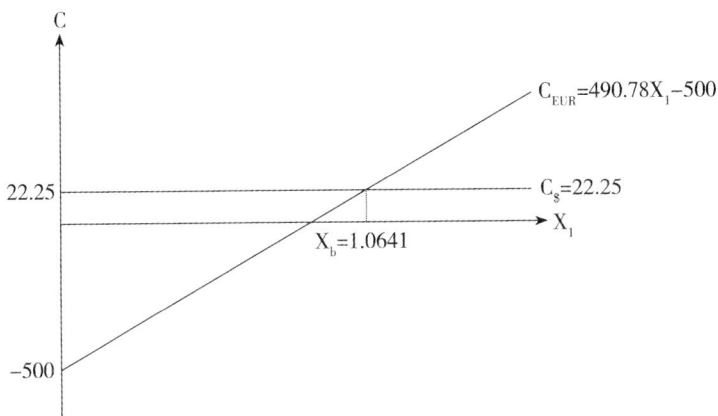

图10-2　计价货币选择临界图（万美元）

图10-2中C_{EUR}线是根据函数C_{EUR}=490.78 X_1−500绘制而成的；$C_\$$线表示函数式$C_\$$=22.25万美元。两条直线的交点所决定的均衡汇率为X_1=X_b=1.0641。从图中可知，当$X_1>X_b$时，欧元借款成本高于美元借款成本；当$X_1<X_b$时，美元借款成本高于欧元借款成本。因此，公司可以根据预期汇率做出正确的融资决策。按上例，当期望汇率X_1=US\$1.0943/EUR时，由于$X_1>X_b$，则该公司应选择美元借款。

除此之外，借款的计价货币与投资项目的收益货币保持一致也是选择计价货币的一个重要原则，这样可以直接使用投资项目的收益偿还借款本息，避免不必要的汇率风险。

10.4.3 跨国融资风险管理

1）跨国融资风险管理的原则

融资风险管理主要是控制与防范在对外融资过程中以及所融资本在使用和偿还过程中发生的利率和汇率风险。在进行风险管理时应坚持以下原则：

（1）均衡原则

均衡原则主要指融资币种、使用币种和偿还币种相平衡，软货币与硬货币相平衡；融资长短期限相平衡；总体利率结构（固定利率与浮动利率）相平衡；融资市场结构相平衡；融资成本结构（利率、汇率、费用）相平衡等。

（2）保值原则

融资管理的目的是防范并减少因汇率和利率等变化所引起的对外债务的增加，而不是获利。由于一些防范风险的金融工具，如掉期交易，既可以用来保值，也可以用作投机性交易，因此在使用时应明确使用目的。

（3）全过程原则

风险管理要贯穿始终，包括借、用、还3个环节，即不仅在筹措阶段要采取防范风险的措施，在融入资本使用阶段和偿还阶段同样应注重风险的防范。

2）跨国融资风险管理中的保值工具

目前，国际上比较流行的保值工具主要有以下几种类型：远期合约套期保值、期货合约套期保值、货币互换、利率互换以及期权合约套期保值等。因大部分内容已在第6章中进行了详细的论述，在此不再赘述。

10.5 跨国公司内部资本转移管理

10.5.1 跨国公司内部资本转移的类型和作用

在跨国公司内部，由于存在着投资关系、借贷关系、服务关系和买卖关系而形成了种类繁多、数额庞大的跨国公司内部资本的转移。跨国公司内部资本转移管理，在很大程度上影响着资本的配置和使用效益。

1）跨国公司内部资本转移的类型

跨国公司内部资本转移大体有3种类型：

（1）母公司向子公司转移资本

这种方式主要包括母公司对子公司的股权投资，母公司向子公司提供贷款，母公司按转移价格从子公司购进商品等。

（2）子公司向母公司转移资本

这种方式主要包括子公司偿还母公司的贷款本息，子公司向母公司支付股利，子公司向母公司支付的各种专利权使用费、许可证费、管理费及出口佣金等，母公司从子公司抽回部分投资的资本等。

（3）子公司之间转移资本

子公司之间转移的资本包括相互间贷款的发放与回收、利息的收入与支付、按转移价格买卖货物时转移的资本等。

2）跨国公司内部资本转移的限制因素

在跨国经营中，公司会面临大量的资本转移障碍或限制。这些限制因素包括：

（1）政治限制

东道国政府实行外汇管制，使该国货币不可兑换，将资本转移完全封锁；对外资公司的股利汇回征收带有没收性质的税款；通过各种制度拖延向外资公司发放必要的许可证明；实施索要高额费用等法律性限制等。

（2）税收限制

在税收方面，一方面东道国政府可以对资本流出课以重税；另一方面，许多国家税种繁多，税务部门重叠交叉，纳税程序错综复杂，也使资本流出十分困难，有时甚至出现同一笔外资收入被多次征税的情况。

（3）交易成本

这不但包括通过银行进行外汇交易和资本转移时所需要支付的费用，还包括当地管理部门的一些规定，比如，要求国际资本的转移必须交由当地指定银行办理，或禁止跨国公司对内部成员公司之间应收、应付账款的国际冲兑等等。

（4）流动性限制

在跨国经营中，母公司通常对子公司或分公司资本的流动性提出要求，以确保母公司将来及时收回自己的贷款。这种流动性要求在很大程度上降低了子公司或分公司将自己的流动资本以最佳的币种存放于最安全项目上的能力。

3）跨国公司内部资本转移的套利效应

虽然跨国经营给公司内部资本转移带来了很多不利因素，但也可能给跨国公司带来获利的可能。跨国公司可以通过建立资本内部转移机制获取 3 种新的套利机会：

（1）税收套利

跨国公司可以将利润从高税率国家的子公司转移到低税率国家的子公司，或从那些处于应税状态的子公司转移到处于亏损状态的子公司，这样可以减轻其总的税收负担。

（2）金融市场套利

内部资本转移可使跨国公司绕过外汇管制，为母公司或子公司的过剩资本寻找投资场所、为资本不足的子公司寻找新的资本来源。

（3）管理体制套利

当跨国公司子公司的利润不受市场影响，而受政府或工会的影响时，跨国公司可以通过内部转移价格等方式重新分配利润，进而粉饰其真实的获利水平，这样可以使跨国公司在与当地政府谈判时占有一定的优势。

另外，内部资本转移管理还可以让跨国公司的子公司不受东道国信贷管制的影响。如果政府对当地的借款有限额，那么子公司利用内部资本转移管理获得外部资本，就可能给子公司带来较高的短期利润，并且能使其在长期竞争中占据良好的市场地位。

10.5.2 跨国公司内部资本转移的一般方式

跨国公司内部资本转移的方式有很多，以下将介绍几种常用的方法。

1）股利

股利是跨国公司的子公司向母公司转移资本的最重要方式。股利将影响到母公司与母公司所在国、子公司与子公司所在国以及股东的利益，所以跨国公司应详细考察各种因素，对各方的利益进行平衡，认真制定股利政策。股利支付率是股利政策中的核心要素。例如，如果母公司规定子公司的股利支付率为30%，那么国外子公司就应将30%的利润交给母公司。跨国公司采取股利汇出资本时，应着重考虑以下几个因素：

（1）税收因素

东道国与本国的税法都会对跨国公司的股利政策有重大影响。因此跨国公司应该了解各国的实际税率，通过调整各子公司的股利支付率可以大大降低跨国公司的整体税负水平。

（2）外汇风险因素

如果可以预计汇率变动的趋势，那么跨国公司就能通过股利政策的调整将资本从弱币区转至强币区。也就是说，当子公司所在国的货币将贬值时，跨国公司可以通过增加股利汇出的数量，从而达到减少当地的货币资产的目的；反之，当子公司所在国的货币将升值时，跨国公司则可以采用减少股利汇出数量或推迟股利发放时间的策略等。

（3）外汇管制因素

通常情况下，国际收支发生困难的国家会采取一定措施限制外资公司支付股利，如只允许按注册资本的一定百分比汇出股利等。为了降低外汇管制的危害，一些跨国公司会采取相对稳定的股利支付率，以表明股利支付是既定股利支付计划的一部分，而不是对东道国货币的投机，即使股利不能汇出，也照常宣布分配。这样就可以建立一个将来放松或取消管制时汇出股利的基础。如果一国发生政局变动或外汇危机时，母公司会要求子公司尽快转移剩余资本，这时一般可以通过增加股利汇付来实现资本的转移。

（4）融资因素

确定股利支付政策时还应考虑各子公司资本的机会成本和融资能力。例如，与持有剩余资本的子公司相比，一个必须借入资本的子公司通常具有更高的机会成本。也就是说，有些子公司拥有低成本的融资来源，而另一些子公司则只能按相对较高的利率借入资本。在一般情况下，母公司要给资本机会成本相对较低的子公司确定一个较高的股利支付比例，同时只从借入成本较高或面临有利投资机会的子公司提取较少的股利。

（5）子公司具体状况

通常情况下，小型子公司很少制定股利汇出的基本原则，往往是随机应变；中型子公司在运用股利政策配置资金方面具有较大的灵活性；大型子公司一般在确定股利汇出政策后就不再随意变更。同时，跨国公司在制定股利政策时还应考虑子公司的建立时间：如果子公司的建立时间较长，一般会将利润的很大一部分作为股利汇回给母公司，反之，刚刚建立时间不长的子公司向母公司转移的资金相对少些。

（6）其他股东的态度

国外子公司中的当地股东也会影响跨国公司股利政策的制定和调整。与当地股东相比，跨国公司更多的是从长期全球战略出发，所以当地股东追求的是较短的投资回收期，而跨国公司更关心的是全球范围内资金的最佳配置。

2）特许权费、服务费及管理费

子公司向母公司支付或子公司之间支付的特许权费、服务费与管理费，也是跨国公司内部转移资本的一种基本方式。因为各种服务、管理建议、专利等基本没有市场参考价，所以这种方式给了跨国公司更大的调节空间，子公司所在国一般难以控制。

（1）特许权费

特许权费是指子公司为获取技术、专利或商标的使用权而向拥有该技术、专利、商标权的母公司或子公司支付的报酬，通常是通过签订许可证合同的方式进行的。特许权费可以用每单位产品支付一定金额的方法进行支付，也可以按提成方式进行。如果使用提成方式，一般不需要规定提成费的具体金额，但要约定提成年限、提成基础、提成比例、交费币种和时间。提成的具体金额取决于子公司引进技术、专利或商标使用权后所产生的实际经济效果。

子公司以支付特许权费的方式向母公司转移资本主要有以下优点：第一，因为特许权费在许可证合同中具有明确的支付标准，故当由此形成的资本从子公司向母公司转移时，东道国一般无法施加限制。在拉丁美洲等实行严格外汇管制的国家，当地子公司经常以支付特许权费的名义打破东道国政府的资金封锁。第二，特许权费属于子公司的正常营业费用，因此可以抵减应在东道国缴纳的所得税，同时该所得税可以在母公司所在国得到抵免。如果子公司不是以特许权费的方式，而是以股利的形式向母公司转移资本，那么不仅在分派股利之前需要在当地缴纳所得税，而且在股利汇出时还要缴纳股利预扣税。在这种情况下，如果包括东道国所得税税率和预扣税税率在内的联合税率高于母公司所在国的所得税税率，那么该项股利已在东道国缴纳的税金就可能无法在母公司得到完全抵免，从而加重跨国公司整体的税收负担。

（2）服务费

服务费是指由于母公司向子公司提供修理、安装、人员培训、技术指导和咨询等专业性服务而向子公司收取的补偿费。由于服务费是针对向某子公司提供的特定服务而收取的，因此一般是按照服务的类型、时间和等级确定费用的支付标准。

（3）管理费

管理费是母公司对跨国经营活动进行全面管理而发生的一般性费用，如现金的集中管理成本、宣传或公关费用、最高管理层的工资费用等。管理费通常按规定的标准或比率在各子公司之间平均分摊。

由于服务费和管理费不像专利权、商标权、版权和专有技术的特许权费那样明确和具体，因此通常会受到东道国政府和当地合作经营者的密切监督，过高的收费标准必然会遭到他们的反对。但是，这些费用的收取一般没有可比的外部标准做参考，因此只要母公司与子公司事先为此签订明确的书面协定，并且前后一贯地执行，东道国政府也就很难提出反对意见。

3）内部信贷

内部信贷是跨国公司在全球范围内转移资本的一种主要方式。内部信贷是指境内母公司与境外子公司之间以及各子公司相互之间提供的信贷。内部信贷主要有4种形式：直接贷款、背对背贷款、平行贷款及存贷调换等。

（1）直接贷款

它是母公司向子公司、子公司向母公司或子公司向另一子公司直接提供贷款的方式。借贷的货币可以是任何一方或第三国的货币。直接贷款的优点是简便易行，并且由于贷款利息率可以高于或低于市场利息率，使得跨国公司可以有效利用转移价格的优势。其缺点是可能存在资金汇回限制和外汇风险。

直接贷款方式适用于资金移动不受限制或很少受到限制以及外汇风险较小的情况。当预测资金移动将受到限制，并且外汇风险较大时，跨国公司可以选择使用以下各种间接贷款的方式。

（2）背对背贷款

背对背贷款是指两个国家的企业（母公司）通过协议分别向对方在本国的子公司发放贷款，如图10-3所示。

在上例中，A国的某母公司在B国有一子公司，B国的某母公司在A国有一子公司。A的子公司和B的子公司都需要一定数量的资金。如果母公司对自己的子公司提供直接贷款，由于贷款和还本付息要涉及两个国家、两种货币的汇兑，因此可能发生由于汇率变动引起的外汇风险以及本息汇回受限制的转移风险。于是，经过这两家母公司协议，双方可以采用背对背贷款的方式给各自的子公司提供贷款。采用这种贷款方式，贷款与还本付息的货币相同，货币收付不跨越国界，因而避免了上述的外汇风险和转移风险。

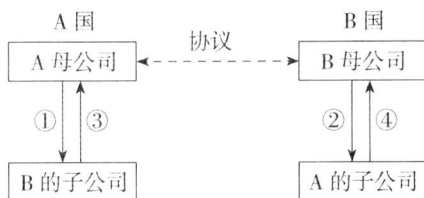

图 10-3　背对背贷款

注：

①A 母公司给 B 的子公司提供 A 元贷款；

②B 母公司给 A 的子公司提供 B 元贷款；

③到期时，B 的子公司用 A 元还本付息；

④到期时，A 的子公司用 B 元还本付息。

（3）平行贷款

平行贷款是在两个母公司之间、两个子公司之间分别贷款，解决资金余缺的问题，如图 10-4 所示。

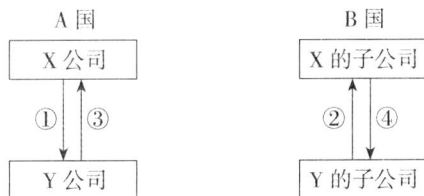

图 10-4　平行贷款

注：

①X 公司给 Y 公司提供 A 元贷款；

②Y 的子公司给 X 的子公司提供 B 元贷款；

③到期时，Y 公司用 A 元还本付息；

④到期时，X 公司的子公司用 B 元还本付息。

在上例中，A 国的两家母公司都在 B 国有子公司，它们的资金余缺刚好相反，X 公司的资金有多余，而它在 B 国的子公司资金短缺；相反，Y 公司资金短缺，但它在 B 国的子公司资金有多余，但由于东道国实行外汇管制，这些多余的资金无法汇回。在这种情况下，经第三方介绍，A 国的两家母公司就可以商定采用平行贷款的方式，两笔贷款期限相同，利息率由借贷双方商定，到期时，借方向各自的贷方还本付息。从图 10-4 可以看出，平行贷款的资金也不跨越国界，因而也可以避免外汇风险和转移风险。

（4）存贷调换

各国政府冻结资本的重点对象是外国的跨国公司，而对银行，特别是对有国际威望的金融机构，一般不会严加限制。因此，当母公司预计向境外子公司贷款，其本息汇回将受到限制时，可以采用存贷调换的方式。也就是说，母公司向境外子公司提供资金时，不是由母公司直接贷款给子公司，而是由母公司事先在某国际金融机构存入一笔资金（等于是向该国际金融机构提供贷款），再由该国际金融机构向子公司提供相应金额的贷款。期满时，先由子公司向国际金融机构还本付息，再由国际金融机构向母公司归还存款的本金和利息。存贷调换的具体过程如图 10-5 所示：

图 10-5　存贷调换

注：汇率为 1A 元=5B 元。

①母公司向国际金融机构存款 100 万 A 元，存款利率 5%；

②国际金融机构为子公司提供贷款 500 万 B 元，贷款利率 7%；

③子公司定期向国际金融机构支付 35 万 B 元贷款利息；

④到期时，子公司向国际金融机构偿还本金 500 万 B 元；

⑤国际金融机构定期向母公司支付 5 万 A 元存款利息；

⑥到期时，国际金融机构向母公司归还本金 100 万 A 元。

通过上述贷款方式，既能及时满足境外子公司对资金的需求，又保障了母公司的资金本息能够顺利收回，避免受到子公司所在国的限制。由于上述存贷款都不经过外汇市场，因此也避免了外汇风险。由于在向子公司提供贷款之前国际金融机构已有母公司的存款作为保证，因此这种贷款也叫作前向贷款。这种贷款方式也可以不通过金融机构，而是通过子公司所在国的银行，或该银行在母公司所在国的分行来进行。

4）转移价格

转移价格，是指跨国公司管理当局从全球经营战略出发，为谋求公司整体利益最优，在母公司与子公司、子公司与子公司之间购销商品以及提供劳务时所采用的内部价格。对于跨国公司来说，转移价格既可以加速跨国公司内部的资本转移，又可以降低整个公司的税负并保持外汇平衡。其作用主要表现在：

（1）优化资本配置

母公司或其他子公司为了能从某一子公司吸收或转移资本，可以通过转移价格将其所赚取的利润调回母公司或其他子公司。如果母公司要从某国转出资本，则可以提高卖给该国子公司产品的价格；反之，母公司也可以通过压低价格的方式来为该子公司提供资本。同样，资本的这种配置方式还可以通过调节子公司卖给母公司产品的价格以及各子公司之间的交易来实现。

（2）降低整体税负

降低公司整体税负是跨国公司在制定转移价格策略时需要考虑的一个主要问题。跨国公司希望利用转移价格尽可能地减少或逃避有关主权国征收的所得税和关税。

第一，降低所得税。当产品在不同的国家间转移时，出口国和进口国企业的所得税都将受到影响。在出口国的企业中，转移价格是应税收益；在进口国的企业中，转移价格是可抵税的费用。跨国公司应在税法允许的范围内制定出能使在这两个国家的整体税负最小的价格作为转移价格。各国的税率是不一样的，跨国公司通过转移价格降低所得税负担的原则是：将尽可能多的利润转移到税率较低的国家。

如果有关国家或地区的税率相近，跨国公司还可以利用避税港来进一步加大转移价格，降低所得税负面影响的程度。避税港是指单方面向其他国家和地区的投资者提供无税、低税或其他优惠条件的国家和地区，如百慕大群岛、卢森堡、中国香港等。除了税负很低，甚至不需要纳税外，避税港的当地政府对外国公司的法律管制也较松，公司的资金调拨与利润分配比较自由。跨国公司可以在避税港设立象征性的分支机构，利用转移价格，将其他子公司的利润调入避税港，就能够最大限度地降低公司的整体税负。

第二，降低关税。进口关税一般采用从价计征的比例税率，也就是按照进口货物的到岸价格乘以进口关税税率计算。跨国公司可以通过转移价格调整进口产品的到岸价格。在关税税率既定的前提下，调整到岸价格就可以调整进口子公司的关税负担。比如对位于高关税国的子公司销售产品时，就可以采取低价出售策略减轻关税负担。

（3）调节利润水平

跨国公司可以根据经营需要，通过调高或调低转移价格来影响子公司的利润水平。如果某一子公司在当地获得较高的利润，这不但会引起东道国政府的注意或反感，也可能会导致更多的竞争对手进入同一市场，因此跨国公司可以利用调整转移价格、降低利润的方法，掩盖子公司获利的真实情况。又如，跨国公司为使其在某国新建的子公司在竞争中具有较高的资信水平，在东道国树立良好的形象，易于在当地出售股票、债券或获取信贷，可以通过调整转移价格的方法使该子公司显示出较高的利润水平。

10.5.3 资本冻结条件下的资本转移策略

当一国政府遇到外汇短缺而又不能通过借债或吸引外国投资获得资本时，就会限制外汇从该国流出。有的国家政府会要求一切外汇流出都需要报经当地外汇管理部门审查批准，有的可能只允许资金部分汇出，而更严重的，有的国家政府可能强行规定本国货币不能自由兑换，从而完全封锁资金转移。因此，当东道国推行较为严格的外汇管制政策时，跨国公司就很有可能会遭遇资本被冻结在东道国而无法调回国内使用的风险。冻结资本长期滞留在国外，不但使其无法得到充分利用，而且其实际价值很可能因东道国的货币贬值而受到侵蚀。因此，在跨国公司财务管理中，一项区别于国内公司的特殊工作就是要想方设法对冻结资本采取各种可能的预防和善后措施。根据实施的时间不同，这些措施可以分为投资之前的策略、冻结之前的策略和冻结之后的策略 3 种。

1）投资之前的策略

跨国公司在向海外子公司投资之前，就应充分考虑资本被冻结的可能性及其程度，并在投资资本预算中进行敏感性分析。某项海外投资是否可行取决于考虑到资本冻结后的期望净现值是否大于零。一旦母公司决定在当地投资，就应事先采取措施对该项投资的各个重要方面做出安排，以增加未来资本转移的弹性，并且削弱资本被冻结的潜在危害。

公司可采取的措施主要有：第一，与其他子公司建立贸易关系。这样做可以使跨国公司在日后能够通过内部转移定价机制从该国转移资本。第二，尽量在当地借款。这样做可使该子公司降低当地货币贬值的风险。此外，当地融资比重越大，需要向母公司汇回的利润就越小，这样即使在东道国政府禁止股利汇回的情况下，跨国公司的损失也不会过大。第三，利用特殊的融资方式，如背对背贷款、平行贷款、存贷调换等，这些融资方式在上一部分的"内部信贷"中已有详细论述，故此处不再赘述。第四，投资前与东道国政府谈判达成特殊协议。例如如果投资项目属于东道国优先鼓励发展的高科技行业项目，对东道国很有吸引力，则跨国公司可以以此为砝码与东道国政府事先协商，达成允许资本汇回和防止冻结的协定。第五，母公司资本以债务方式投资代替股权方式投资。与股利汇出和股本返还相比，东道国可能更愿意允许贷款的偿还，因此如果母公司初始资本全部为股权资本，日后投资的收回就可能会遇到困难。

2）冻结之前的策略

进入生产经营期以后，跨国公司必须密切注意东道国的国际收支状况和宏观金融政策的变化。当有迹象表明该国政府可能会采取严格的外汇管制手段来改善其日益恶化的国际收支状况时，跨国公司就必须尽快采取一切可行的直接或间接的资本转移手段，将多余资本从该国调出，只保留最低限度的维持生产经营所必需的资金。其中，直接转移手段包括利用转移价格调整、特许权使用费、提前或延迟结汇以及支付股利等；间接转移手段包括平行贷款或背对背贷款，为向外转移资本购买商品，为整个公司范围内的使用而购买资本商品和当地的服务，进行研究和开发工作以及举行公司大会、度假等消费性活动等。当然，跨国公司在从该国抽逃资本时，最好以隐蔽的方式进行，否则很可能会增加其面临的政治风险，或招致资本的提前冻结。

3）冻结之后的策略

如果跨国公司在采取上述各种方法进行资本转移后，仍有相当多的现金无法汇出。在这种情况下，跨国公司就只能考虑将资本在当地进行再投资，以确保这部分资金的实际价值不会因当地货币贬值而遭到侵蚀。这种被迫进行的再投资可以分为短期投资和长期投资两种：

（1）短期投资

如果预计资本冻结只是暂时性的，就应该在当地进行短期投资，以便在资本解除冻结后迅速将它们撤回。可供选择的短期投资方式有：第一，投资于当地货币市场工具，如购买企业债券、国库券、定期存单等，但通常情况下，在实行外汇管制的国家，其金融市场往往不健全，货币市场工具种类和数量较少，流通性也较差，某些货币市场工具的实际收益率甚至还有可能低于当地的通货膨胀率。在这种情况下，跨国公司应选择其他的短期投资方式。第二，大量购买存货。在通货膨胀情况下，存货可以起到保值的作用。虽然大量购买存货会导致资金占用成本和仓储费用的增加，但在当地货币大幅贬值后，存货的价值增值一般会弥补这些成本和费用。第三，向当地的公司提供短期贷款。在通货膨胀率较高和实行外汇管制的国家，政府往往会严格控制银行放款的规模，因此会令当地公司融资困难。如果跨国公司可以将冻结的资本贷款给当地的其他公司使用，则有可能赚取较高的利息收入。

（2）长期投资

如果跨国公司无法在资本被冻结的国家进行短期投资，或者跨国公司仍然希望能够在东道国进行长期经营，那么它可以考虑将冻结资本进行长期投资，例如扩大现有的生产规模、兴办新的生产投资项目、收购濒临破产的企业，或购买公司并不需用的土地、写字楼或通用厂房等，以达到资本保值增值的目的。

本章小结

1.跨国公司面临的财务管理环境与非跨国公司环境有所不同，具体可以分为政治环境、法律环境、经济环境和社会文化环境四大类。与非跨国公司相比，跨国公司财务管理要面临外汇风险和政治风险，但也会有更多的市场机会。

2.外汇是"国际汇兑"一词的简称。汇率是两种货币兑换的比率，即一国货币用另一国货币表示的价格。汇率的决定理论包括购买力平价理论、费雪效应、国际费雪效应、利率平价理论和无偏差理论等。

3.跨国公司资本预算涉及不同的货币体系、不同的税收制度以及不同的风险。通常在进行资本预算时，应首先进行环境分析，然后可以站在母公司和子公司的角度分别进行现金流量的预测，同时还应注意对跨国投资的风险进行调整。

4.跨国公司资本来源包括跨国公司内部融资、东道国融资、国际代理机构和第三国来源融资以及国际贸易融资等；在举债融资中，要权衡利率水平和外汇风险水平之间的关系，还要对跨国融资风险进行管理。

5.跨国公司内部资本转移管理在很大程度上影响着资本的配置和使用效益。跨国公司内部资本转移的方式有很多，主要包括股利、特许权费、服务费及管理费、内部信贷及转移价格等。

讨论题

讨论题指引

讨论题指引

讨论题指引

1.A 国和 B 国货币当前的即期汇率为 1A 元=5B 元。预测 A 国的通货膨胀率为 5%，实际利率为 6%；B 国的通货膨胀率为 8%，实际利率也是 6%。假设利率平价理论是成立的，那么 A、B 两国货币间的一年期远期汇率应为多少？

2.1993 年 7 月，第一只 H 股——青岛啤酒 H 股——在中国香港上市，之后我国陆续有企业成功发行 N 股、S 股等，实现了在我国香港、美国和新加坡等地进行股权融资的目的。请问，跨国公司利用这种东道国融资来源有什么好处？

3.什么是转移价格？举例说明跨国公司如何利用转移价格中的低价出售策略和高价出售策略调整跨国公司的资本配置？如何利用这些策略降低应支付的所得税和关税？如何调整利润水平？

4.登录一家你感兴趣的跨国公司的网站，查看近期的年度报表。总结年度报表中关于以下问题的讨论：

（1）该跨国公司的国际销售水平如何？

（2）该跨国公司未来有没有继续向外扩展的计划？

（3）该跨国公司的国外经营业务是否获利？获利水平如何？

讨论题指引：略。

5.2010 年，位于美国加利福尼亚州圣克拉拉市的一家破产的新兴技术公司——美国三叶（3Leaf）公司停止运作。在没有其他买主收购三叶公司知识产权的情况下，从 2010 年 5 月起，华为公司分两次以 200 万美元收购了三叶公司的部分专利。2010 年 9 月 17 日，华为公司主动就收购涉及的技术出口问题向美国商务部申请许可，并获得了美国商务部"无须许可"的批示，但随后在 2011 年 2 月 10 日，有 5 位美国国会议员致信美国财政部长和美国商务部长，称华为收购美国三叶公司技术的尝试给美国国家安全带来了风险，应当接受严格审查。2 月 11 日，美国外国投资委员会通知华为，建议华为公司撤销收购三叶公司特定资产交易的申请。时隔一周，华为公司最终不得不选择了放弃，决定撤回收购三叶公司技术的申请。

讨论题指引

请问，华为公司经历的是什么风险？跨国公司应如何防范这种风险？除这类风险外，跨国公司还有可能遇到哪些风险？

案例分析

中远集团的海外扩展①

中国远洋运输（集团）公司（以下简称中远集团，COSCO），成立于 1961 年 4

---

① 根据中远集团公司网站（http://www.cosco.com/）及相关网站（如经济观察网：http://www.eeo.com.cn/2011/0902/210446.shtml 等）资料整理。

月 27 日，是中国大陆最大的航运企业，中国中央政府直管的特大型国有企业，全球最大的海洋运输公司之一，2011 年中国物流企业 50 强排名第一，2013 年《财富》世界 500 强企业排名第 401。中远集团是最早进入国际资本市场的中国企业之一。1993 年 10 月，中远集团在新加坡借壳上市，顺利进入国际资本市场，成为第一家进入海外资本市场的中国国企。目前在境内外控股和参股的有中国远洋、中远投资、中远太平洋、中远国际、中远航运和中集集团等 6 家上市公司。

中远集团始终在参与国际竞争的过程中不断发展壮大，是中央企业实施"走出去"战略最早的企业之一，也是国际化经营程度最高的中国企业之一。目前，中远集团已形成以北京为中心，以中国香港、美洲、欧洲、新加坡、日本、澳洲、韩国、西亚、非洲等九大区域公司为辐射点的全球架构，在 50 多个国家和地区拥有千余家企业和分支机构，员工总数 13.5 万人，其中境外员工 4 600 多人，资产总额超过 3 300 亿元人民币，海外资产和收入已超过总量的半数以上。

自 20 世纪 80 年代以来，中远集团主要的海外扩展活动大体如下：

1988 年 11 月 29 日，中远总公司收购"中好船务代理有限公司"英方股份，使之成为中远在英国的独资公司，并于 1989 年 8 月 18 日更名为"中远（英国）有限公司"。这是中远第一家海外独资公司。从此，中远开始了跨国经营的历程。

1989 年 2 月 15 日，由中远总公司德国航运代表处改组的中远总公司海外独资企业——中远欧洲有限公司成立。

1993 年 9 月 30 日，中远集团与日本正和海运株式会社在日本合资组建"远和船务有限公司"（中远总公司于 1995 年 10 月将日方 50% 的股份买断后，成为独资的中远日本公司）。

1993 年 10 月，中远集团投资（新加坡）有限公司在新加坡证券交易所买壳上市，是中远集团第一家海外上市公司，同时也是第一家中国国有企业在海外上市的公司。

1994 年 8 月 28 日，中远（香港）集团有限公司正式成立。同年 11 月 1 日，中远（香港）集团有限公司正式开业。

1994 年 12 月，中远太平洋有限公司在香港联交所挂牌上市。自 2003 年 6 月 9 日起，中远太平洋有限公司入选香港恒生指数成分股。

1995 年 6 月 28 日，中远韩国有限公司在韩国成立。

1997 年 5 月 7 日，中远集团在阿联酋迪拜市独资设立"中远西亚有限责任公司"。

2005 年 6 月 30 日，中国远洋控股股份有限公司（简称中国远洋 1919 HK）股票开始在香港联合交易所有限公司主板正式挂牌交易。

2008 年 11 月 25 日，中远获得希腊"比雷埃夫斯集装箱码头专营权"。

2009 年 10 月 1 日，中远太平洋全资附属公司 Piraeus Container Terminal S.A.（PCT）正式接管希腊比雷埃夫斯集装箱码头。

2016年4月8日，中远海运集团和希腊共和国发展基金正式签署比雷埃夫斯港口管理局股权的转让协议和股东协议，中远海运集团以3.685亿欧元收购比雷埃夫斯港管理局67%的股权，标志着中远海运集团收购比雷埃夫斯港股权项目取得了里程碑式的重要进展。

但中远集团的海外投资也曾有过失败。

早在2007年6月，中远集团就与菲律宾总统初步达成投资意向，计划在菲律宾投资兴建造船厂、海运物流中心等，总投资约50亿美元，而菲律宾方面也表示，"期待中远这样有实力的中资企业能够扩大与菲律宾的海运合作"。但在投资意向达成两年以后，中远集团最终放弃了在菲律宾的综合投资项目。究其放弃的原因，可能与当时航运业的整体低迷有关，但更大的原因在于投资所在地的投资环境不佳，如果进行投资，工期将要延长，而这极大地增加了中远集团的经营风险。另外在2011年，中远集团旗下的中国远洋还曾经使用"拒付手段"，以逼使船东接受其提出的租船费率下调的请求。虽然最终中远支付了款项，但曾有船东同时也是某公司的CEO对中远进行过这样的评价："中国远洋缺乏处理长期国际租赁合同的经验，未能在合同中对冲租金变化风险。"

阅读以上案例，回答以下问题：

（1）中远集团进行跨国经营的主要目的是什么？

（2）近年来，越来越多的国内公司进入国外市场成为跨国公司。你认为与非跨国公司相比，跨国公司这样做的好处是什么？它们的目标可能包括哪些方面？

（3）中远集团海外投资失败给我们带来什么启示？

案例分析指引

主要参考文献

［1］吴晓求．中国资本市场研究报告（2013）［M］．北京：北京大学出版社，2013．

［2］汪昌云．公司财务政策与公司治理：中国的实践［M］．北京：中国人民大学出版社，2006．

［3］中国证券监督管理委员会．中国证券监督管理委员会编年报（2012）［M］．北京：中国财政经济出版社，2013．

［4］中国证券监督管理委员会．中国资本市场二十年［M］．北京：中信出版社，2012．

［5］中国证券监督管理委员会．中国证券期货统计年鉴2012［M］．上海：学林出版社，2012．

［6］刘淑莲．公司理财［M］．北京：北京大学出版社，2013．

［7］科普兰，温斯顿，萨斯持里．金融理论与公司政策［M］．柳永明，温婷，田正炜，译．上海：上海财经大学出版社，2007．

［8］李维安，牛建波，等．CEO公司治理［M］．北京：北京大学出版社，2011．

［9］刘淑莲．财务管理学［M］．2版．北京：中国人民大学出版社，2016．

［10］拉帕波特．创造股东价值［M］．北京天则经济研究所，译．昆明：云南人民出版社，2002．

［11］加布里埃尔．经理人员财务管理——创造价值的过程［M］．王全喜，译．北京：机械工业出版社，2006．

［12］戴维，斯蒂芬，斯蒂奥伯恩．EVA与价值管理——实用指南［M］．李丽萍，史璐，等，译．北京：社会科学文献出版社，2002．

［13］邱创，蔡剑．资本运营和战略财务决策［M］．北京：中国人民大学出版社，2011．

［14］DAMODARAN．投资估价——评估任何资产价值的工具与技术［M］．朱武祥，邓海峰，译．北京：清华大学出版社，1999．

［15］刘淑莲．高级财务管理理论与实务［M］．2版．大连：东北财经大学出版社，2012．

［16］张先治，池国华．企业价值评估［M］．大连：东北财经大学出版社，2010．

［17］北京交通大学中国企业兼并重组研究中心．中国企业并购年鉴［M］．北京：中国经济出版社，2003—2012．

［18］全球并购研究中心．中国企业并购报告［M］．北京：人民邮电出版社，2005—2011．

［19］邹瑜骏，黄丽清，汤振宇．金融衍生产品——衍生金融工具理论与应用［M］．北京：清华大学出版社，2007．

［20］陈威光．金融衍生工具［M］．武汉：武汉大学出版社，2013．

［21］惠利．衍生工具［M］．胡金焱，等，译．北京：机械工业出版社，2010．

［22］钱斯，布鲁克斯．衍生工具与风险管理［M］．丁志杰，郭凯，等，译．7版．北京：机械工业出版社，2010．

［23］赫尔．期权、期货及其他衍生产品［M］．王勇，索吾林，译．8版．北京：机械工业出版社，2011．

［24］陈欢．金融危机冲击下的企业集团内部资本市场研究［M］．北京：经济科学出版社，2014．

［25］王峰娟．企业集团财务管理［M］．北京：经济科学出版社，2012．

［26］王斌．企业集团财务管理［M］．北京：中央广播电视大学出版社，2010．

［27］罗清亮，戴剑．集团管控之道［M］．上海：上海财经大学出版社，2015．

［28］谷祺，刘淑莲．财务管理［M］．大连：东北财经大学出版社，2003．

［29］陈工孟，芮萌，许庆胜．现代公司财务困境预测［M］．上海：上海财经大学出版社，2006．

［30］李秉成．公司财务困境研究［M］．北京：中国财政经济出版社，2005．

［31］张鸣，张艳，程涛．公司财务预警研究前沿［M］．北京：中国财政经济出版社，2004．

［32］张友棠．财务预警系统管理研究［M］．北京：中国人民大学出版社，2004．

［33］JOSEPH，FRANK，PHILIP．Advanced corporate finance: Polices and strategies［M］．影印版．北京：中国人民大学出版社，2004．

［34］FAMA，EUGENE F，FRENCH．The cross-section of expected stock returns［J］．The Journal of Finance，1992，47（2）：427-465．

［35］FAMA，MACBETH．Risk，return and equilibrium: empirical tests［J］．

The Journal of Political Economy, 1973, 81 (3): 607-636.

[36] LINTNER. The valuation of risk assets and the selection of risky investments in stock portfolios and capital budgets [J]. The Review of Economics and Statistics, 1965, 47 (1): 13-37.

[37] MARKOWITZ H. Portfolio selection [J]. The Journal of Finance, 1952, 7 (1): 77-91.

[38] MERTON, ROBERT C. Theory of rational option pricing [J]. The Bell Journal of Economics and Management Science, 1973, 4 (1): 141-183.

[39] MILLER, MERTON H. Debt and taxes [J]. The Journal of Finance, 1977, 32 (2): 261-275.

[40] MODIGLIANI, MILLER. The cost of capital, corporation finance and the theory of investment [J]. The American Economic Review, 1958, 48 (3): 261-297.

[41] MODIGLIANI, MILLER. Corporate income taxes and the cost of capital: a correction [J]. The American Economic Review, 1963, 53 (3): 433-443.

[42] MOSSIN.Equilibrium in a capital asset market [J]. Econometrica, 1966, 34 (4): 768-783.

[43] REILLY, FRANK K, AKHTAR. The benchmark error problem with global capital markets [J]. The Journal of Portfolio Management, 1995, 22 (1): 33-52.

[44] ROLL, RRCHARD. A critique of the asset pricing theory's tests Part I: on past and potential testability of the theory [J]. Journal of Financial Economics, 1977, 4 (2): 129-176.

延时阅读文献